BAEDEKER

T

THÜRINGEN

»

Bin ich weit in der Welt,
habe ich Verlangen,
Thüringer Wald,
nur nach dir.

«

Rennsteiglied, von Karl Müller (Text) und Herbert Roth (Musik)

baedeker.com

DAS IST THÜRINGEN

TOUREN

LEGENDE

Baedeker Wissen
● Textspecial, Infografik & 3D

Baedeker-Sterneziele
★★ Top-Reiseziele
★ Herausragende Reiseziele

ZIELE VON A BIS Z

HINTERGRUND

ERLEBEN & GENIESSEN

PRAKTISCHE INFORMATIONEN

ANHANG

PREISKATEGORIEN

Restaurants
Preiskategorien für ein Hauptgericht

€€€€	über 20 €
€€€	15 – 20 €
€€	10 – 15 €
€	bis 10 €

Hotels
Preiskategorien für ein Doppelzimmer

€€€€	über 120 €
€€€	90 – 120 €
€€	60 – 90 €
€	bis 60 €

MAGISCHE MOMENTE

ÜBERRASCHENDES

Nach über 600 Jahren wird der Erfurter Schatz wieder ausgestellt.

D

DAS IST …

Thüringen

Die fünf großen Themen rund um das Bundesland in Deutschlands Mitte. Lassen Sie sich inspirieren!

Ein Klassiker wird geehrt: Konzert an Goethes Geburtstag am Römischen Haus in Weimar. ►

Roland

LUST AUF GRÜN

Wandern, draußen sein, das ist das große Mantra im Thüringer Wald. Eine legendäre Route ist der Rennsteig.

◄ Tief im Wald: die Ebertswiese bei Eisenach

DER Rennsteig zählt zu den Legenden unter den deutschen Fernwanderwegen. Immer am Hauptkamm des Thüringer Walds entlang zieht sich die **169 km** lange Tour. Acht Tage lang viel Bewegung, noch mehr Natur, Sonne auf der Haut, Wind im Haar. Mal fluchen, mal begeistert sein. Wandern, meist auf dem Hauptkamm von Thüringer Wald und Schiefergebirge, selten einmal die Täler und Dörfer touchierend.
Der Rennsteig ist kein im jüngsten Wanderhype angelegter Trail. Er tritt schon 1330 als »Rynnesteig« ins Licht der Geschichte und ist daher sicherlich sehr viel älter. Jäger und Reisende, Pilger und Händler gingen ihn, wobei ihnen die Landschaft ziemlich egal war. Sie wollten ohne kräftezehrende Umwege ans Ziel und ohne sich im Wald zu verirren. Der Bamberger Bischof Otto I. zog mit seinem Tross zur Missionierung gen Pommern, der Reformator Martin Luther ging ihn von Coburg kommend auf dem Weg nach Torgau, und Napoleons Soldaten marschierten ihrem Sieg bei der Doppelschlacht von Jena und Auerstedt entgegen.
Der Rennsteig verbindet – und trennt. Südlich werden Sie fränkische Klänge vernehmen, nördlich spielt der Dialekt ins Sächsische. 789 Grenzsteine rechts und links des Wegs, oft mit stolzen Wappen verziert, grenzten die Territorialstaaten des 17. bis 19. Jahrhunderts voneinander ab. Die Teilung Deutschlands riss auch den Rennsteig auseinander. Gleich sechs Mal durchschnitt die innerdeutsche Grenze den alten Weg.

Waldeslust und Fichtenfrust

Geburtshelfer für den Rennsteig als Wanderweg war **Julius von Plänckner**, der in seiner 1830 erschienenen Topografie des Thüringer Walde ihm ein eigenes Kapitel widmete. Er gab dem Weg einen willkürlich gewählten Anfang und ein Ende. Nicht nur theoretisch: Höchstpersönlich wanderte er in rund 44 Stunden die 169 km lange Strecke zwischen Hörschel im Westen und Blankenstein im Osten ab. Millionen sollten ihm folgen. Seit 1951 hat der Weg sogar ein eigenes Lied: Karl Müllers Text »Ich wandre ja so gerne auf dem Rennsteig«, vertont von Herbert Roth. »Die Städte flieht er und birgt im Dickicht seinen scheuen Lauf«, jubelte

BAEDEKER DAS IST ...

STIPPVISITE AUF DEM INSELSBERG

Wer den Rennsteig selbst erleben will, braucht neben wetterfester Wanderkleidung und gutem Schuhwerk auch Kondition. Die Höhenunterschiede bewegen sich zwischen 196 und 911 m; weite Strecken auf dem Kamm besitzen jedoch nur wenig Steigungen. Wenn Sie nicht so viel Zeit haben, aber trotzdem ein wenig Rennsteig-Luft schnuppern wollen, dann besuchen Sie den Großen Inselsberg. Der gehört zu den Höhepunkten der Tour und kann auch mit dem Auto angefahren werden. (▶ S. 204)

Auch Radlern weist das »R« den Weg. Teilstrecken sind separat für sie ausgewiesen.

1863 Joseph Victor von Scheffel. Der Dichter hat recht: Waldeseinsamkeit finden Wandernde hier in Fülle. Oft sind es allerdings monotone Fichtenwälder – Aufforstungen lassen grüßen. Teils haben Orkane Lücken ins Fichtenmeer gerissen und geben **Aussicht** frei. Einen natürlichen Überblick bieten der Große Inselsberg (916 m) und der Große Beerberg (982 m).

Unter Denkmalschutz

Größtes Plus des Wanderweges ist seine **Authentizität**: Nirgends sonst erlebt man Natur, Geschichte, Land und Leute so intensiv – und so ungeschminkt. Denn genauso wenig wie Wasserblasen lassen sich Strukturschwächen wegdiskutieren. Ab und zu werden Sie unterwegs keinen Metzger finden, der Vesper vorhält, und kein Gasthaus, denn die haben im Niemandsland abseits der (Tourismus-)industrie dichtgemacht. Die Strecke selbst ist leicht zu finden: Auf der gesamten Länge weist ein weißes R den rechten Weg, manchmal im XXL-Format auf Fichten gepinselt. An manchen Stellen haben Tausende Wanderstiefel den Weg tief in die weiche Erde gegraben. Doch nur knapp die Hälfte der Wege besteht aus solchen naturbelassenen weichen Waldböden, gut 80 km sind geschottert, weitere 14 km verlaufen auf Asphalt. Kein optimales Ergebnis für einen Wanderweg, doch der Rennsteig steht unter Denkmalschutz. Daher lässt sich die Streckenführung nicht einfach verlegen. Aber die Wegwarte fanden einen Ausweg: Ein blaues »R« markiert **Alternativrouten**, die öde Asphaltwege und wenig attraktive Passagen meiden. Das weiße »R« blieb erhalten, sodass Puristen nach wie vor die alte Strecke wandern können.

WAHRE ORTE

Kein Weimar ohne Klassiker, kein Thüringen ohne Bach. Ausnahmetalente geben hier den Ton an. Erinnerungsorte beflügeln die Begegnung mit den großen Namen.

In Öl, Gips oder Marmor: In der Anna-Amalia-Bibliothek in Weimar sind die Klassiker versammelt, darunter natürlich vorne links Goethe mit seinem Schreiber John und rechts Schiller. ▶

GROSSE Namen: Johann Sebastian Bach wurde in Eisenach geboren, Johann Wolfgang von Goethe verbrachte hier die meiste Zeit seines Lebens, Friedrich Schiller lehrte in Jena, Otto Dix aus Gera zählt zu den Epoche machenden deutschen Malern. Luther übersetzte auf der Wartburg das Neue Testament, Nietzsche starb in Weimar. Thüringen ist das ideale Pflaster, um den berühmtesten Geistern der deutschen Kultur nahe zu kommen. Denn:

»Wer den Dichter will verstehen/
Muß in Dichters Lande gehen.«
J. W. v. Goethe, 1819)

Falsche Adresse

Johann Sebastian Bachs Spuren verlaufen quer durch Thüringen, denn er verbrachte sein halbes Leben hier. Seit Mitte des 19. Jh.s. wird sein Geburtshaus mit angemessener Verehrung gewürdigt, und heute gilt das Bachhaus als herausragendes Musikermuseum. Aber: das 500 Jahre alte Fachwerkhaus hat gar nichts mit dem musikalischen Wunderkind zu tun. Mittlerweile identifizierten Forscher die Lutherstr. 35 ca. 100 Meter nördlich als Geburtshaus, doch dieses Gebäude steht längst nicht mehr. Fällt also das große Bach-Erlebnis aus? Keineswegs. Gehen Sie in den **Instrumentensaal**: Jede Stunde wird hier im Kreise von ergriffen Lauschenden ein kleines Bach-Stück auf Spinett, Clavichord oder Orgel aus der Bachzeit gespielt – und das hat wirklich Gänsehauteffekt!

In der Gartenlaube

1789 kommt **Friedrich Schiller** nach Jena, wo er zehn Jahre als Professor lehrte. Glücklich bezog er dort sein Sommerhaus: »Eine schöne Landschaft umgibt mich, die Sonne geht freundlich unter, die Nachtigallen schlagen. Alles um mich herum erheitert mich...«
Ein schmaler Weg führt noch heute zum Gartentor. Über knarrende Holztreppen erreichen Sie die Wohnräume, die Schiller nach seinem Geschmack umgestaltet hatte. Ganz still ist es hier, und nachdenklich schweift der Blick über Stehpult und Schränke, über die Bilder an der Wand. Die Tapeten und Wandfarben sind der Schillerzeit nachempfunden, vom Mobiliar bliebt wenig, etwa der Ofen immer Zimmer seiner Frau Charlotte.
Insbesondere der Garten macht das Anwesen zu einem Erlebnis. Goethe regte an, hier einen **Erinnerungsort für den großen Freund** einzurichten, denn auch ihm hatte es der Garten angetan: »In dieser Laube, auf diesen jetzt fast zusammengebrochenen Bänken haben wir oft an diesem alten Steintisch gesessen und manches gute und große Wort miteinander gewechselt.«

BAEDEKER DAS IST ...

DICHTERS KOST

Kosten Sie Goethes Lieblingsgericht: Tafelspitz im Kalbsfond mit Petersilienkartoffeln, Wurzelgemüse, Meerrettich und Grüne Soße. Am besten gleich im Restaurant **»Zum Weißen Schwan«** neben Goethes Wohnhaus. Einst soll er selbst gerne dort eingekehrt sein. (▶ S. 223)

Jena: An diesem Pult schrieb Schiller »Wallenstein« und »Die Jungfrau von Orleans«.

Kosmos Weimar

Keine Stätte kann es jedoch mit Weimar aufnehmen, dem zentralen Schauplatz der deutschen Klassik. **Johann Wolfgang von Goethe** ist ein Glücksfall für die Liebhaber von Erinnerungsorten. Er hatte Geld, viele Interessen und bewohnte sein Haus am Frauenplan fast 50 Jahre. Die 18 Räume richtete er ganz nach seinen Idealen ein. In heiterem Gelb leuchtet der Speisesaal, in Konzentration beförderndem Grün das Arbeitszimmer; Möbel und Bilder, Gipsabgüsse und Sammlungsschränke legen Zeugnis von einem reichen Dichter- und Denkerleben ab. Wer sich vom Rumoren der Besuchergruppen innerlich frei machen kann, kommt hier Goethe ziemlich nahe. Und wenn Sie einmal auf Goethe anstoßen wollen, dann kommen Sie am 28. August nach Weimar. Am Römischen Haus im Park an der Ilm feiert die Stadt jedes Jahr seinen Geburtstag mit einem bunten Fest.

Zahn der Zeit

Erinnerungsorte sind keine unantastbaren Konserven. Goethes Wohnhaus wurde im Februar 1945 von einer Bombe getroffen und der Westteil zerstört, doch hatten vorausschauende Zeitgenossen das Mobiliar ausgelagert. Komplett erhalten blieben das Arbeitszimmer und seine Privatbibliothek mit 7250 Bänden. Anders in der Anna-Amalia-Bibliothek: Ein Brand richtet 2004 größte Verwüstungen an. Der Rokokosaal ist zwar wieder instandgesetzt ,und all die Klassiker begegnen Ihnen dort in ihren Schriften und dargestellt in Gips und Öl. Doch viele graue Schuber in den Regalen markieren die Leerstellen, wo einmal Bücher standen.

WEISSES GOLD

Porzellanverkauf und Töpfermarkt: Die Freude am Handwerk findet in Thüringen reichlich Nahrung. Keramik- und Porzellanhersteller liefern Schönes zum Mitnehmen und zeigen in modernen Erlebniswelten, wie komplex die Herstellung der feinen Ware ist.

Experimente sind in den Porzellanwelten der Leuchtenburg erlaubt. ►

Kaolin
Feldspar
kaolin
Kaolin

SEIT Jahrhunderten wird in Thüringen in Holz geschnitzt und in Blau gedruckt, Glas geblasen und Eisen gegossen. Besonders erfolgreich sind bis heute neben den Töpfern auch die Porzellanhersteller.

Beabsichtigt hatte es Johann Friedrich Böttger (1682 – 1719) zwar nicht, Porzellan zu erfinden. Eigentlich sollte der Alchemist im Auftrag Augusts des Starken Gold herstellen. Doch das »Weiße Gold«, das er und Ehrenfried Walther von Tschirnhaus (1651 – 1708) schufen, füllte die Kassen des sächsischen Kurfürsten nach Gründung der Manufaktur Meißen im Jahre 1710 genauso gut. Auch andere tüftelten erfolgreich, um das von den Chinesen streng gehütete Geheimnis zu lüften. In Thüringen gelang dies **Georg Heinrich Macheleid** (1723 bis 1801). 1757 wurde die erste Porzellanmanufaktur Thüringens in Gotha gegründet mit Sitz, es folgten u. a. Kloster Veilsdorf (1760) und Volkstedt (1762).

RUHIGE HAND

Die Aelteste Porzellanmanufaktur (Rudolstadt) zeigt bei Werksführungen das »Spitzen legen« und andere Techniken der Porzellanproduktion. Auch eingekauft darf werden. (► S. 177)

Standortvorteile

Die Voraussetzungen vor Ort waren prächtig: **Kaolin (Porzellanerde), Feldspat und Quarz**, die Grundbestandteile des Porzellans, bot der Thüringer Wald in Fülle, dazu Holz als Brennmaterial und Wasser für das Betreiben der Steinmühlen. Um 1900 stellten allein in Thüringen 978 Betriebe Porzellan her.

Nicht mehr nur der Adel schmückte seine Wände mit erlesenen Porzellanfiguren und trank aus feinen Porzellantassen, auch das Bürgertum deckte sich nun mit dem einstigen **Luxusgut** ein. Anders als die sächsische Staatsmanufaktur erhielten die Porzellanhersteller jedoch keine Subventionen von den Landesherren und konkurrierten mit immer billigerer Massenware.

Heute arbeiten in Thüringen noch 15 Manufakturen. Die älteste ist die in **Volkstedt**. In reiner Handarbeit entstehen hier hochwertige Figuren sehr unterschiedlicher Themen und Stile, dazu Vasen und Tafelaufsätze. Die Porzellanfabrik **Kahla** bietet neben dem klassisch-weißen Geschirr ein breites Angebot an Gebrauchsporzellan und mit Designpreisen prämierte Erzeugnisse. Einen ungewöhnlichen Einblick in die

Ein Service aus feinem Prozellan zeigt die Leuchtenburg.

Porzellangeschichte gibt die Ausstellung »Porzellanwelten« in der Leuchtenburg (▶S. 142). Besucher gehen hier durch spektakulär gestaltete Erlebnisräume. Die führen ihn vom fernen China über ein Alchemistenlabor (▶ Abb. S. 16/17), wo jeder sich im Porzellanmischen versuchen kann, bis hin zur modernen Porzellanherstellung.

Die neue Lust am Handwerk

Thüringen steht auch für **Keramik**. In Bürgel fanden sich schon 1660 die örtlichen Töpfer in einer Zunft zusammen. Ab 1874 gründeten sich sogar vier Keramikfabriken am Ort. Der technische Fortschritt brachte dieses Gewerbe in schweres Gewässer. Industriell gefertigtes Geschirr fegte alle Töpfereien hinweg, die nicht neue Wege beschritten. Staatliche Subventionen, bessere Ausbildung und Inspirationen von **Henry van de Velde**, der 1902 bis 1914 als Berater in Weimar wirkte, gaben einen neuen Schub. Er inspirierte mit modernen Formen und schnitt auch in der Herstellung manchen alten Zopf ab, indem er industrielle Verfahren wie die Gießtechnik propagierte. Das spätere Bauhaus lässt grüßen, wo Handwerk, Kunst und Industrie Hand in Hand arbeiten sollten.

Zwei Weltkriege später mauserte sich in der DDR die blaue Keramik mit weißen Punkten aus **Bürgel** zum Verkaufsschlager. Weil aber 90 % der Produktion in den Westexport gingen, hatte das hübsche Geschirr im Osten Seltenheitswert. Heute fördert der Zeitgeist die Freude am Handgemachten, Regionalen. Und es macht Spaß, durch Bürgel zu bummeln und sich einzudecken. Ein kleines Stück Thüringen nehmen Sie damit immer mit.

EINE NEUE WELT

Aufbruch in eine neue Zeit: In Weimar gründete sich mit dem »Bauhaus« die wichtigste Architektur- und Gestaltungsschule der Moderne. Viele Designikonen gingen aus ihren Werkstätten hervor. Und Ideen, die bis heute inspirieren.

Schlichte Funktionalität in der Bauhaus-Küche im Haus am Horn in Weimar ▶

SALZ

IM April 2019 eröffnete in Weimar das neue Bauhaus-Museum, 100 Jahre nach der Gründung des Staatlichen Bauhaus. Damit würdigt die Stadt eine Kunstschule, die Architektur und Design der Moderne grundlegend beeinflusste.

Offen für Neues

1902 hatte Großherzog Wilhelm Ernst den belgischen Architekten und Designer **Henry van de Velde** (1863 – 1957) als künstlerischen Berater zu sich nach Weimar gerufen. Er sollte dem schwächelnden Kunstgewerbe auf die Beine helfen und mit der Industrie verzahnen. Der Belgier begründete das kunstgewerbliche Seminar und gilt als Wegbereiter und Vordenker des Bauhaus. Er wandte sich einem Stil mit klaren Linien, edlem Material und eleganten Formen zu, heute noch erlebbar in seinem Weimarer Wohnhaus (Haus Hohe Pappeln), dem von ihm gestalteten Nietzsche-Archiv und Haus Schulenburg in Gera. 1915 schlug er den Architekten **Walter Gropius** (1883 – 1969) als seinen Nachfolger vor. In den Räumen des Seminars, heute Bauhaus-Universität, eröffnete Gropius am 1. April 1919 das »Staatliche Bauhaus«. Hier sollten Lösungen in Architektur und Design erarbeitet werden für eine Zeit, in der die Industrie immer prägender wurde. Grundidee war eine enge **Zusammenarbeit von Künstlern und Handwerkern**. Als Lehrkräfte gewann Gropius große Künstler, darunter Wassily Kandinsky (Wandmalerei), Oskar Schlemmer (Wandmalerei und Bühne), Paul Klee (Buchbinderwerkstatt), Lyonel Feininger (Druckerei) und Ludwig Mies van der Rohe (Architektur). Sie, »Formmeister« genannt, unterrichteten gemeinsam mit Handwerksmeistern, den »Werkmeistern«. Jeder Student hatte in seinem Fach eine Gesellenprüfung abzulegen, sei es als Tischler, Weber, Bildhauer, Keramiker oder Metallhandwerker. Gropius schuf mit diesem Konzept einen soliden Boden für interdisziplinäres Arbeiten in einem freien, kreativen Ideenlabor. In Weimar entstanden zahlreiche Objekte, die heute als **Design-Ikonen** gelten, darunter Stahlrohr-Möbel von Marcel Breuer (1924), Lampen von Wilhelm Wagenfeld (1924) oder die Wiege von Peter Kehler (1922).

BAEDEKER DAS IST ...

BAUHAUS ABSEITS

Es muss nicht immer Weimar sein: Besuchen Sie die Bauhaus-Keramik-Werkstatt im Marstall der Dornburger Schlösser. Sie ist die einzige noch verbliebene Werkstatt aus dieser großen Ära. (▶ S. 139)

Wie wollen wir leben?

Nicht nur das Ausbildungskonzept brach mit Konventionen. Auch im Sozialen erprobten die Bauhäusler einen **neuen Lebensstil**. Man lebte zusammen, aß zusammen, badete auch mal gemeinsam nackt im Fluss. Das faszinierten viele Jüngere, befremdete aber so manchen braven Bürger. Persönlichkeiten wie der Formmeister **Johannes Itten**, der als Mitglied des Mazdaznan-Ordens in einer Art Mönchskutte durch

Wandbild von Oskar Schlemmer in der Bauhaus-Universität Weimar

Weimar schritt, kein Fleisch aß, sich das Haupt kahlschor und meditierte, unterstrichen die Freiheiten der Kunstschule. Grenzenlos waren diese jedoch nicht: Zwar proklamierte das »Bauhaus-Manifest«, Menschen »ohne Rücksicht auf Alter und Geschlecht« aufzunehmen. Doch seine Studentinnen schob Gropius in die Webklasse ab, und zum Werkmeister berief er nur eine einzige Frau, **Gunta Stölzl**. Ihre Textilklasse gehörte gleichwohl zu den erfolgreichsten Werkstätten und finanzierte das oft klamme Bauhaus entscheidend mit.

Der große Wurf

Gropius drängte es, seine Vision vom zeitgemäßen Wohnen zu demonstrieren: 1923 entstand mit dem **Haus am Horn** ein erstes Modellhaus, in dem alle Werkstätten ihr Können zeigten. Der Bau selbst schneeweiß mit Flachdach und einfachen Linien, innen mit Zentralheizung versehen, dazu praktische Einbauschränke und neuartige Bauhaus-Möbel, z. B. der Kinderspielschrank, der sich zum Puppentheater umfunktionieren ließ. Das Publikum reagierte begeistert.

Doch seit 1924 saßen in Weimar die Konservativen am Ruder und kürzten der Kunstschule die Mittel. 1925 zog das Bauhaus nach **Dessau**, wo die gute Zusammenarbeit mit der Industrie das Bauhaus in eine neue Phase führte. 1933 schlossen die Nationalsozialisten das Bauhaus endgültig. Doch die frischen, modernen Ideen und Entwürfe der Bauhäusler inspirieren Designer und Architekten auf der ganzen Welt bis heute. **Bauhaus-Erlebnisse** bietet Thüringen an vielen Orten, insbesondere in Probstzella, Gera, Jena und natürlich in Weimar selbst, seiner Wiege.

MEDICUS AUS DEM WALDE

Vom Schwarzatal aus zogen Kräuterhändler weit in die Ferne hinaus und versorgten Kranke mit Tees, Tinkturen und Balsamen. Als »Olitätenhändler« gingen sie in die Geschichte ein.

Aus der Olitätensammlung im Fröbel-Museum Oberweißbach ▶

THYMIAN, Bärwurz, Johanniskraut, Arnika und viele andere Heilpflanzen gedeihen im Thüringer Schiefergebirge ganz vorzüglich. Dieser Reichtum an Heilkräutern bildete die Basis für die Entwicklung eines einzigartigen Gewerbezweigs: die Herstellung von und den Handel mit »Olitäten«.
Der Name Olitäten leitet sich von lat. »oleum« (»Öl«) ab und bezeichnet selbst hergestellte Öle, Balsame, Pülverchen, Pillen und Essenzen aus dem **Schwarzatal**. Hochburgen des Olitätenwesens waren Oberweißbach, Deesbach, Lichtenhain und Meura:
»In jenen Waldgegenden hatten sich nämlich, von den dunkelsten Zeiten her, geheimnisvoll nach Rezepten arbeitende Laboranten angesiedelt und vom Vater zum Sohn manche Arten von Extrakten und Geisten bearbeitet, deren allgemeiner Ruf von einer ganz vorzüglichen Heilsamkeit durch emsige sogenannte Balsamträger erneuert, verbreitet und abgenutzt ward«, weiß Goethe zu berichten.

Flaschen aus Lauscha

Unter »Laboranten« darf man eine Art fortgeschrittener Kräuterkundige und -sammler verstehen, die aus verschiedenen Zutaten mittels einfacher chemischer Praktiken ihre Öle, Wässerchen und Salben anrührten. Erstmals urkundlich bezeugt sind diese Laboranten nach dem Dreißigjährigen Krieg.
Mehrere Faktoren waren für die Entwicklung des Olitätenwesens genau in diesem Gebiet ausschlaggebend: Die natürlich vorkommenden Heilpflanzenarten, Zugriff auf wichtige Rohstoffe wie z. B. Buchenholzasche von den Köhlern, Alaun und Vitriol aus dem Bergbau, sodann die Glashütten in Lauscha: Sie lieferten Destilliereinrichtungen und die unförmigen Fläschchen, in die die Olitäten abgefüllt wurden. Gut geschützt in Spanschachteln und umhüllt von Kalbfell, traten die Elixiere auf dem Rücken der **»Buckelapotheker«**, wie die Olitätenhändler auch genannt wurden, ihre Reise an. Bis zu 70 km täglich legten die »Balsamträger« mitunter zurück und versorgten Menschen in Regionen ohne Arzt und Apotheker mit ihrer Naturmedizin.

Heilmittel der Wälder

Ein einträglicher Job, aber auch ein gefährlicher: Denn die Waren selbst wie auch die prall gefüllten Geldkatzen weckten oft genug die Begehrlichkeiten von Wegelagerern. Bis nach Polen und in die Schweiz, nach Leipzig und Ungarn zogen die Händler aus dem Thüringer Wald. Denn auch die Städter suchten in den nach und nach berühmt gewordenen Hausmitteln Linderung von allerlei Gebrechen.

BAEDEKER DAS IST …

BEIM GIFTMISCHER

Besuchen Sie das Haus des letzten Buckelapothekers im Thüringer Wald. Wo Oswald Unger lebte, zeigt heute das Museum »Beim Giftmischer« eine kleine Olitätensammlung (▶ S. 217). Auch das Fröbel-Museum Museum in Oberweißbach (▶ S. 213) und das Thüringer Frelichtmuseum in Rudolstadt (▶ S. 177) geben Auskunft rund um dieses so spannende Kapitel der Thüringer Heimatgeschichte.

Jedes Kräutlein der Umgebung kannten die wackeren Kräuterhändler.

Basis der Mittel bildeten die Arzneipflanzen der Umgebung, rund weitere 30 Prozent stammten aus Kulturen und ca. 45 Prozent wurden importiert. Man kann davon ausgehen, dass viele Hausmittel tatsächlich halfen, ist die blut- und schmerzstillende oder verdauungsfördernde Wirkung vieler Heilpflanzen doch erwiesen. Auch Opium oder der teils hohe Alkoholgehalt verlieh zahlreichen Mixturen eine durchschlagende Wirkkraft. Stoffe wie Weihrauch und Myrrhe sorgten für einen angenehmen Duft der Wässerchen, von denen viele auf fantasievolle Namen hörten wie **Lebensöl, Meurasan oder Hingfong**. Etliche Mittel wirkten universal; das Berg-Öl zum Beispiel »erwärmet das kalt Geblüt, vertreibt Schwindel und dienet zum Gehör; ist gut dem kalten und verschleimten Magen, dient vor das Fieber, die Darmgicht, Colica und Mutterschmerzen, Blasen-, Lenden- und Nierenstein«. Dass es auch zum Kurieren der Kühe und Pferde geeignet war, versteht sich fast von selbst.

Eine Ära endet

Jeder Hersteller hielt seine Rezepte streng geheim und schrieb sie in der Regel aus Angst vor Nachahmung auch nie auf. 1710, zur Blütezeit des Olitätenwesens, werkelten 31 Laboranten und 343 Olitätenhändler in der Schwarza-Region. Den etablierten Apothekern waren die selbsternannten Pillendreher jedoch ein Dorn im Auge, und sie setzten alle Hebel in Bewegung, um der Konkurrenz das Leben schwer zu machen. Mit dem Aufstieg der Schulmedizin setzte im 19. Jh. der endgültige Niedergang des Olitätenhandels ein.

T

TOUREN

Durchdacht, inspirierend, entspannt

Mit unseren Tourenvorschlägen
lernen Sie Thüringens beste Seiten kennen.

Erst mal orientieren, bevor es weitergeht ▶

Rennsteig
R Schillerbuche 5,1 km
Hörschel 30,3 km
Brotterode
Information
Winterstein

UNTERWEGS IN THÜRINGEN

Wartburg und Weimar, Thüringer Wald und Kyffhäuser – die Kombination aus Kultur und Natur auf engstem Raum verleiht diesem Bundesland einen besonderen Reiz. Auf unseren Touren lernen Sie Deutschlands Mitte bestens kennen.

Unterwegs in Thüringen

Mit dem Auto ist jede Ecke von Thüringen gut erreichbar, und das ist auch gut so, denn mit öffentlichen Verkehrsmitteln (Busse) muss man auf dem flachen Land hin und wieder längere Zeiten einplanen. Denn der Takt ist teils sehr weit gefasst – und gute Planung daher

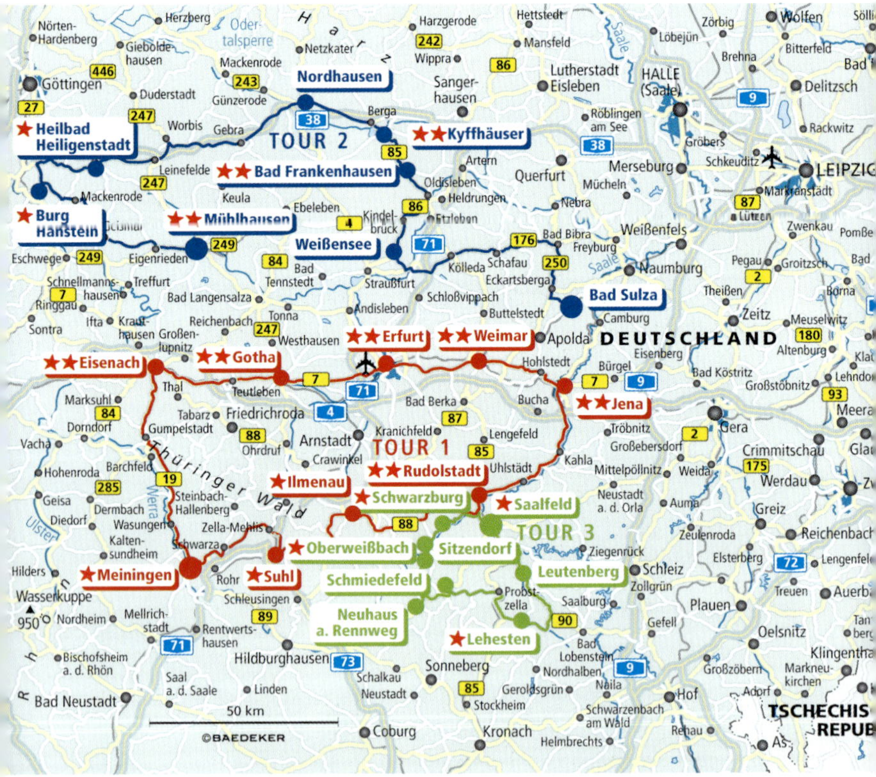

erforderlich (Informationen zu den Verkehrsverbünden ►Verkehr). Von Mai bis Oktober sind samstags und sonntags sind viele Regionalverkehrsbusse mit Fahrradgepäckträgern ausgestattet, ideal für die Anfahrt zu Startpunkten der Fernradwege (► S. 296).
Mit der Regionalbahn lassen sich alle größeren Städte, teils auch kleinere Gemeinden problemlos erreichen. Linienbusse verbinden die einzelnen Ortschaften und die Touristenziele.

KLASSIKER UND WANDERER

Start und Ziel: Meiningen, Eisenach oder Jena | **Länge:** ca. 300 km

Tour 1

Goethe! Schiller! Hegel! Bach! Viele der größten deutschen Geister haben in den Städten Thüringens gelebt und gewirkt. Diese Rundreise bietet Kunst und Kultur und für Wanderer auch Abstecher ins Grüne, vor allem in den Thüringer Wald.

Mit der Bahn machbar

Der große Vorteil dieser Tour: Sie ist in weiten Teilen auch mit der Bahn machbar. Und während der Bahnfahrer sich konsequent seinem Programm widmen kann, sieht sich der Automobilist immer wieder mit den Verlockungen reizvoller Nebenziele konfrontiert – und gerät leicht in Zeitnot. Aus dem Süden Deutschlands kommend, starten Autofahrer die Tour in Meiningen, vom Norden aus ist Jena die bessere Ausgangsposition. Bahnfahrer aus dem ICE-Einzugsgebiet Stuttgart, Frankfurt, Hamburg beginnen in Eisenach, aus dem ICE-Großraum Berlin und München ist Jena am günstigsten.

Stippvisite in der Rhön

Im Folgenden wird die Tour aus dem Süden kommend beschrieben. Reizvoller als über die A 71 direkt Meiningen anzusteuern, ist es, die Autobahn schon bei Mellrichstadt zu verlassen. Denn bei Eußenhausen quert man sehr viel bewusster die ehemalige **deutsch-deutsche Grenze**. Die alten Grenzanlagen können besichtigt werden, und von der Bergkuppe herab kann man einen ersten Blick auf Thüringen und dessen Teil der Rhön werfen. Mit Henneberg passiert man einen der geschichtlich wichtigsten Orte, hatte doch sein Grafengeschlecht einst großen Einfluss. Dann ist auch ❶ ★**Meiningen** rasch erreicht.

Meiningen – Eisenach

In der Theaterstadt Meiningen bietet sich ein Aufenthalt mit Theaterbesuch an. Wichtigste Sehenswürdigkeiten sind Schloss Elisabethenburg und das benachbarte Theatermuseum. Friedrich Schiller

fand als 23-jähriger Flüchtling Unterschlupf im 8 km entfernten Dörfchen **Bauerbach**, auch heute noch ein idyllischer Flecken natürlich mit Schillerhaus und guter Einkehrmöglichkeit nebenan. Die nächste Etappe führt über die dicht befahrene B 19 Richtung Eisenach immer entlang der Werra. Viele interessante Ziele locken seitab: z. B. **Schmalkalden** mit Schloss Wilhelmsburg und das Keltenbad in Bad Salzungen.

Abstecher Statt direkt Eisenach anzusteuern, lohnt bei gutem Wetter der 10-km-Umweg über **Bad Liebenstein** mit Abfahrt in Barchfeld. Bad Liebenstein liegt landschaftlich ganz herrlich. Von dort schraubt sich die Straße Richtung Steinbach/Ruhla steil empor, und mitten in den Laubwäldern liegt **Schloss Altenstein**, dessen Park und Aussicht gute Gründe sind, sich hier die Füße zu vertreten. Auf dem Weg zurück zur B 19 über Ruhla kreuzt die Straße zwei Mal den Rennsteig – viele Wanderer und das große weiße »R« an den Bäumen signalieren dies. Dann ist die B 19 wieder erreicht, die sich hier durch das Auf und Ab des westlichen Thüringer Walds zieht.

Eisenach: Luther und Bach Die Drachenschlucht markiert das Ende der Etappe. Kurz vor dem Ortseingang von 2 ★★**Eisenach** zweigt hier links die Straße zur **Wartburg** ab, Hauptsehenswürdigkeit der Stadt und UNESCO-Weltkulturerbe. Martin Luther übersetzte auf der markanten Festung 1521/1522 das Neue Testament ins Deutsche. Seine Schulzeit wiederum verbrachte er für einige Jahre im heutigen **Lutherhaus**, das ein Museum beherbergt. 1685 wird in Eisenach Johann Sebastian Bach geboren. Ebenbürtig steht das neue **Bachhaus** in der Stadtmitte als eine weitere Sehenswürdigkeit ersten Ranges neben der Wartburg.

Theaterfreuden in Gotha

Der Weg zum nächsten Etappenziel, 3 ★★**Gotha**, führt über die B 7 vorbei an den Hörselbergen. Rechts grüßen die grünblauen Höhen des Thüringer Walds, links lässt das flache Kulturland voller Kornfelder und Wiesen schon das Thüringer Becken erahnen. Gotha zeigt sich von seiner besten Seite, wenn im Ekhof-Theater das sommerliche Festival steigt. Auf **Schloss Friedenstein**, Blickfang hoch über der Stadt und heute ein umfangreiches Museum (bzw. mehrere Museen), war Voltaire im 18. Jh. längere Zeit zu Gast. Auch Goethe schätzte und liebte die Stadt.

Drei Burgen im Blick

Landschaftlich gibt die Strecke nach Erfurt nicht viel her, sieht man von den Seebergen ab. Sie stellen eine geologische Besonderheit dar und sind Ziel vieler Exkursionen. Außerdem ist der Blick vom höchsten Punkt, dem Düppel, hervorragend. Hat man die Seeberge passiert, zeigt der Blick nach Süden ein klassisches Panorama: das Burgenensemble der **Drei Gleichen**. Flugzeuge im Sinkflug, Autobahnen und Straßen kündigen Thüringens Hauptstadt an.

Thüringens Hauptstadt

4 ★★**Erfurt** wirkt bei der Ankunft wenig einladend, so dicht ist der Ring der gesichtslosen Vorortsiedlungen. Bei der Anfahrt über die Gothaer Straße liegt rechts das ega-Gelände rund um die Cyriaksburg, dem Freunde des Gartenbaus am besten gleich einen Besuch abstatten. Denn Erfurt ist neben vielem anderen eine Hochburg des Gartenbaus. Hier, im »thüringischen Rom«, wo Luther studierte, Wieland predigte, Goethe immer wieder vorbeikam, sollte man **mindestens zwei Tage** verbringen, um das Flair der Landeshauptstadt aufzusaugen und Zeit für all die Sehenswürdigkeiten zu finden. Ein Muss sind die **Krämerbrücke** und der **Domberg**.

Goethes Wahlheimat

Ebenfalls mit mindestens zwei Tagen zu veranschlagen ist der nächste Höhepunkt der Reise, 5 ★★**Weimar**. Auf der Fahrt von Erfurt gen Osten sticht im Norden ein Bergrücken mit einem auffallenden Turm hervor: Hier auf dem Ettersberg lag das KZ Buchenwald, der Turm gehört zur Gedenkstätte. Wenn im Erfurter Dom die mächtige Gloriosa klingt, hört man dies angeblich bis nach Weimar. Hier, in Goethes Wahlheimat, stößt man **ins Herz der Klassik** vor. Zum Minimalprogramm für Schnellreisende zählen das Haus Goethes am Frauenplan, Schillers Wohnhaus, Goethes Gartenhaus im Park an der Ilm sowie das 2019 eröffnete Bauhaus-Museum. Zur

Weiterfahrt nach Jena wählt man am besten den Weg über Ehringsdorf / Mellingen, um auch **Schloss Belvedere** einen Besuch abstatten zu können.

Quirlige Unistadt

Stand in Weimar alles im Zeichen von Goethe, ist 6 ★★**Jena** Schillers Stadt. Hier lehrte er viele Jahre an der Universität, die heute seinen Namen trägt. Die Jenaer Atmosphäre ist eine ganz andere als in Weimar: städtisch, weltoffen, modern, mit Kneipenviertel und überall Studierenden. Zwar stören die Plattenbauten und Industrieanlagen die Optik ein wenig, dafür entschädigen die vielen Wälder, die sich bis in die Stadt hineinzuziehen scheinen. Jena ist die Stadt der Wissenschaft und der optischen Industrie. Wer das berühmte **Optische Museum** in all seinen Facetten erleben will, braucht dafür mindestens einen halben Tag.

Die Saale aufwärts

Immer den sanften Mäandern der Saale entlang schlängelt sich die B 88 Richtung Rudolstadt. Kahla bietet sich an, um Porzellan einzukaufen und den Porzellanwelten in **Schloss Leuchtenburg** einen Besuch abzustatten. In 7 ★★**Rudolstadt** hingegen gibt die Porzellansammlung auf **Schloss Heidecksburg** einen hervoragenden Einblick in die vollendete Kunst der Thüringer Porzellanherstellung. Wer den Umweg nicht scheut: Der Weg zu einem der Lieblingsorte Goethes, **Schloss Kochberg**, zweigt schon vor der Stadtgrenze von Rudolstadt bei Kirchhasel ab.

Abstecher zum Kloster

Auch die Fahrt nach Ilmenau bietet reizvolle Nebenstrecken an, etwa zum **Kloster Paulinzella**. Wer die romantische Ruine besichtigen will, biegt bei Rottenbach von der B 88 in Richtung Stadtilm ab und passiert somit automatisch das stille Rottenbachtal.

Durch den Thüringer Wald

Goethe kam viele Male in die alte Bergbaustadt 8 ★**Ilmenau** am Thüringer Wald und förderte dort den Bergbau. Goethe-Freunde zieht es vor allem auf den **Kickelhahn** und ins Jagdhaus Gabelbach, beides wichtige Schauplätze in Goethes Leben und heute sehr schöne Wanderreviere: »... der Herzog geht auf Hirsche, ich auf Landschaften aus«, schrieb Goethe aus Ilmenau.

Jetzt wandern!

Durch Stützerbach und Schmiedefeld zieht sich die Straße Richtung Suhl mit vielen erstklassigen Aussichtspunkten über den Hauptkamm des Thüringer Walds, an dem sich oft die Wolken und Nebelschwaden stauen. Wer wandern will, wird ausreichend Möglichkeiten finden. Das Herz geht dem Naturliebhaber besonders auf im **Biosphärenreservat Vessertal**, das allerdings einen kleinen, gut 3 km langen Abstecher verlangt: Kurz hinter Schmiedefeld biegt hierzu das winzige Sträßchen Richtung Vesser ab. Hauptziel ist 9 ★**Suhl**, die »Waffenstadt« mit ihrem berühmten Waffenmuseum.

Zurück nach Meiningen

Noch einmal steuert die Reise einem Höhepunkt zu: Bei der Fahrt zurück nach Meiningen über die L 1140 passiert man das Fachwerkstädtchen **Rohr**. Die einzigartige Kirche des ehemaligen Benediktinerklosters und ottonischen Königshofs ist auf jeden Fall einen letzten Stopp wert, bevor es über ein steiles Sträßchen in vielen Windungen wieder nach Meiningen hinuntergeht.

DURCH THÜRINGENS NORDEN

Start: Mühlhausen | **Länge:** ca. 250 km

Tour 2

Zu den Kirchen und Burgen zwischen Mühlhausen, Eichsfeld und dem südlichen Harz, dann Barbarossa sehen im Kyffhäuser und als Geheimtipp noch auf ein Gläschen Wein nach Auerstedt – das verspricht die Tour am nördlichen Rand von Thüringen.

Von Mühlhausen durchs Eichsfeld

Eine der schönsten Thüringer Städte ist der Ausgangspunkt der Tour: 1 ★★**Mühlhausen**. Es verlockt mit einer komplett erhaltenen Stadtmauer, mit Fachwerkidyll, Kirchen und hausgebrautem Bier im Gasthof Löwen zum Bleiben. Das völlige Kontrastprogramm setzt bei der Fahrt via Struth, Geismar und Mackerode durchs Eichsfeld ein: Äcker, Wiesen, stille Wälder. Ziel ist 2 ★**Burg Hanstein** bei Bornhagen in rund 50 km Entfernung von Mühlhausen. In und unterhalb der Burg bestehen Möglichkeiten zum Einkehren, im Klausenhof kann auch übernachtet werden.

Berge und Bären

Die Weiterfahrt gen Osten bringt den Reisenden zurück in die Zivilisation. Rund um das 3 ★**Heilbad Heiligenstadt** ziehen sich die Gewerbegebiete, Fernstraßen führen gen Osten, nördlich bei Bischoferode hat der Kalibergbau dem Land seinen Stempel aufgedrückt. Heiligenstadt ist nicht nur Zentrum des Eichsfelds, sondern auch Geburtsort von Tilman Riemenschneider und erfreut sich einer bildschönen Altstadt. Auf der Weiterfahrt nach Westen werden sich besonders Kinder über einen Stopp im Bärenpark Worbis freuen. Eilige brausen nun über die A 38 nach Nordhausen; eine gemütlichere Alternative ist die Landstraße.

Am Rand des Harz

Zur Industriestadt geworden ist auch 4 **Nordhausen**, eine der ältesten Städte Thüringens und bekannt für ihre Kornbrennerei, die zudem noch schwere Kriegszerstörungen zu verkraften hatte. Beein-

druckend und bewegend: ein Besuch in der KZ-Gedenkstätte **Mittelbau-Dora**, wo Hitlers »Vergeltungswaffen« in Sklavenarbeit produziert wurden.. Im Norden zeichnen sich schon die grünen Höhenzüge des Harzes ab, an dem Thüringen einen kleinen Anteil hat.

Deutschlands kleinstes Gebirge

Auf der halbstündigen Fahrt zum Kyffhäuser lohnt es sich für Vogelfreunde, in **Kelbra** einen Zwischenstopp einzulegen, um die Wasservögel an der gleichnamigen Talsperre (auch Helmestausee genannt) zu beobachten, dem bedeutendsten Wiesenbrüter- und Vogelrastgebiet Thüringens. Im Herbst rasten hier die Kraniche, auch See- und fischadler ziehen durch. Ab Kelbra führt die kurvenreiche Straße, die bei Motoradfahrern sehr beliebt ist, immer aufwärts zum legendären 5 ★★**Kyffhäuser**, wo angeblich Kaiser Friedrich Barbarossa im Berg schläft, bis seine Zeit gekommen ist. Das monumentale, auf einem Bergsporn gelegene Kaiser-Wilhelm-Nationaldenkmal bietet einen Einblick in die deutsche Geschichte und einen umwerfenden Ausblick über das Land.
Von der Reichsburg Kyffhausen abwärts schlängelt sich die Straße immer durch den Wald bis 6 ★★**Bad Frankenhausen**, einem beschaulichen Kurort. Hier kann man im Panorama-Museum eines der größten Gemälde der Welt bewundern.

Durchs Thüringer Becken

Bei Oldishausen bricht die Unstrut durch die Hainleite und bildet so die burgenbewehrte **Thüringer Pforte**. Die 182 km lange Unstrut begegnet nun schon zum zweiten Mal: Sie entspringt im Eichsfeld bei Dingelstädt, fließt durch Mühlhausen, sammelt dann die Wasser aus dem gesamten Thüringer Becken und schickt sich von der Thüringer Pforte dann auf die Reise Richtung Sachsen, bis sie schließlich bei Naumburg in die Saale mündet. Südlich der Hainleite dehnt sich das

Thüringer Becken aus, eine waldlose, fruchtbare Ebene der Kornfelder und Äcker, die sich bis zum Horizont zu ziehen scheint. Wer sich ein einzigartiges archäologisches Highlight nicht entgehen lassen will, das aber schon in Sachsen-Anhalt liegt, fährt von Bad Frankenhausen bzw. Oldisleben Richtung Osten und besucht **Nebra**. Dort wird die berühmte bronzezeitliche **Himmelsscheibe** ausgestellt (www.himmelsscheibe-erleben.de).

Unser Urahn

Eine weitere geschichtsträchtige Burg bietet der nächste reguläre Tourpunkt, das bildhübsche **7 Weißensee** mit der Runneburg. Sie war im 12. und 13. Jh. Residenz der Landgrafen von Thüringen. Die Burg wurde vielfach umgebaut, sodass von der romanischen Anlage nur Reste erhalten blieben. Bedeutend sind auch die archäologischen Fundstätten hier im Kreis Sömmerda: Bilzingsleben und Leubingen. In **Bilzingsleben** widmet sich ein kleines Museum der Lebenswelt des altsteinzeitlichen Homo erectus, Leubingen steht für die Fürsten der Bronzezeit.

Bad Sulza

Über Sömmerda, Kölleda und Buttstädt ist in einer knappen Autostunde das Ziel der Reise erreicht: Auerstedt und **8 Bad Sulza**, Thüringens »Toskanaworld«. In der Toskanatherme von Bad Sulza können Sie den Reisestaub abwaschen und entspannen.

INS LAND DES BLAUEN GOLDES

Start und Ziel: Saalfeld | **Länge:** 118 km inkl. Abstecher nach Lauscha

Tour 3

Eine Fahrt durch den östlichen Thüringer Wald verspricht Begegnungen mit drei der wichtigsten Erzeugnissen der Region: Glas, Porzellan und dem »Blauen Gold«, wie der Schiefer hier genannt wird. Außerdem bieten sich viele Wandermöglichkeiten, daher lohnt es, entsprechend ausgerüstet und mit Zeitpolster auf Tour zu gehen.

Über Land

Städte werden Mangelware sein auf dieser Rundreise durch das Thüringer Schiefergebirge, das den östlichen Teil des Thüringer Wald bildet. Die Gegend wird charakterisiert von großen Wäldern, tief eingeschnittenen Flüssen und Bächen, die am Oberlauf durch blumenübersäte Wiesen fließen, sich dann aber scharf und schroff ins Waldgebirge einschneiden.

Durchs Schwarzatal

Ausgangspunkt der Tour ist 1 ★**Saalfeld**. Für Stadt und Umgebung lohnt ein Tagesaufenthalt: Die **Feengrotten** zählen zu den Lieblingskindern des Thüringen-Tourismus. Saalfeld liegt in einer weiten Talebene, die sich die Saale nach ihrem Austritt aus dem Mittelgebirge geschaffen hat. Hinter Saalfeld steigt dieses Gebirge steil auf. Die ersten Reisekilometer führen westwärts am Saum des Waldgebirges entlang nach Bad Blankenburg. Von dort aus schwenkt man auf die Straße Richtung Oberweißbach ein. Sie führt Richtung Südwesten mitten durch das **Schwarzatal**. Rechts und links ragen steil die bewaldeten Hänge auf. Schließlich kommt unvermittelt 2 ★**Schwarzburg** in den Blick. Wer der Versuchung widersteht, das Städtchen links liegen zu lassen, kommt in den Genuss eines malerischen Anblicks: Auf einem Sporn hoch über dem Fluss liegen die Reste des ehemaligen Schlosses der Grafen von Schwarzburg mit dem grandios restaurierten Kaisersaal und dem Zeughaus. Rund um das Schloss ziehen sich zahlreiche Wanderwege mit herrlichen Ausblicken auf das Schwarzatal.

Porzellan

Nächster Etappenstopp ist 3 **Sitzendorf** mit seiner Porzellanmanufaktur. Hier demonstrieren Porzellankünstler auf einer Vorführstraße, wie Porzellan hergestellt und verziert wird. Die Fahrt geht weiter nach Oberweißbach – wer allerdings die Thüringer (ehem. Oberweißbacher) Bergbahn erleben will, bleibt auf der L 1112 Richtung Mellenbach/Katzhütte. Leicht zu finden ist der große Parkplatz beim Bahnhof Obstfelderschmiede, von wo aus die steile Bergbahn gen Oberweißbach rumpelt. Ohne diesen Abstecher hält man sich hinter Sitzendorf Richtung Unterweißbach. Kurz vor Oberweißbach verlässt die Straße das Waldesdunkel, sonnige Wiesen tun sich auf, dann ist auch schon 4 ★**Oberweißbach** erreicht. Dort lohnt eine Stippvisite auf dem Fröbelturm, oder, wenn das Wetter schlecht sein sollte, auch in die größte Dorfkirche im Thüringer Wald.

Am Rennsteig

Ein paar Kilometer führt die Straße noch über die fast baumlose Hochfläche, um sodann wieder in die tiefen Wälder einzutauchen. 5 **Neuhaus am Rennweg** ist ein idealer Stützpunkt, um länger zu verweilen. Die größte Stadt auf der Rennsteigstrecke bietet zahlreiche Unterkünfte, dazu viele Restaurants, Cafés und Einkaufsmöglichkeiten. Ringsum erstrecken sich erstklassige Wanderwege, wobei der Rennsteig natürlich vorneweg zu nennen ist.

Abstecher nach Lauscha

Den kurzen Abstecher nach Lauscha (5 km) sollte man sich nicht entgehen lassen: Schiefergedeckte Häuser flankieren die steile Straße: In Lauscha geht man immer bergauf oder bergab, so hart an den Hang gebaut ist die alte **Glasbläserstadt**. Mehrere Glashütten zeigen hier ihre Arbeiten; das kleine, außergewöhnlich feine Glasmuseum ist fast ein Muss.

Zurück in Neuhaus wendet sich die Tour nun nach Osten. Wer in Sitzendorf auf den Geschmack gekommen ist oder Versäumtes nachholen will: Auch in Lichte kann Porzellan angeschaut und eingekauft werden. Ein Stopp in 6 **Schmiedefeld** beim »Giftmischer« zeigt, dass man sich bereits im Olitätenland befindet (▶ S. 24). Dieses kleine Museum verweist auf die Tradition des Kräutersammelns, das im Gebiet zwischen Bad Blankenburg/Oberweißbach und Schmiedefeld eine jahrhundertelange Tradition hat.

Im Schiefergebirge

Über Gräfenhain und Probstzelle bewegt man sich hart an der ehemaligen deutsch-deutschen Grenze entlang. Immer wieder ergeben sich weite Ausblicke über das Waldgebirge, und die Zahl der schiefer-

Das »Blaue Gold«

BAEDEKER ÜBERRASCHENDES

6X TYPISCH

Dafür fährt man nach Thüringen.

1. KLASSIK

Goethe, Schiller und andere Dichter und Denker ziehen nicht nur kulturbeflissenes Publikum magisch nach **Weimar.** Nirgends sonst kommt man dem Alltag der Geistesgrößen so nahe. (▶ **S. 219**)

2. MUSIK

Das musikalische Ausnahmetalent Johann Sebastian Bach lockt viele Gäste nach **Eisenach**. (▶ **S. 82**)

3. KLOSS

Angeblich wurden in **Meiningen** die berühmten Thüringer Kartoffelklöße erfunden. Dort können Sie in mehreren Restaurants kosten – aber nicht nur hier. (▶ **S. 145**)

4. SCHLÖSSER

Die Kleinstaaterei bescherte Thüringen jede Menge Schlösser, eines schöner als das andere. Besonder glanzvoll: Schloss Friedenstein in **Gotha.** (▶ **S. 120**)

5. GLAS

Viele der schönsten Christbaumkugeln werden im Thüringer Wald von Mund geblasen. In **Lauscha** hat handgemachtes Glas das ganze Jahr Saison. (▶ **S. 215**)

6. SCHIEFER

Graue Schieferdächer prägen viele Orte im Thüringer Wald und geben der Region einen ganz eigenen Charme. Alles über Schiefer erfahren Sie in **Lehesten.** (▶ **S. 217**)

gedeckten Häuser nimmt zu. In 7 ★**Lehesten** kommt das Handwerk dann zur vollen Blüte: Nahezu jedes Haus ist mit dem schwarzen Stein gedeckt. Es lohnt sich, den Schiefer nicht von vorneweg als düster und drückend abzutun: Er wandelt seine Farbe beständig, von Anthrazit über Blau – nicht umsonst wird er das »Blaue Gold« genannt –; das Sonnenlicht wirft er in mattem Silber zurück. Der Farbkontrast zwischen Gestein, Wald und Wasser ist oft wunderschön anzuschauen. Mächtige Abraumhalden am westlichen Ortsausgang zeigen an, wo einst die Schieferbrüche waren. Im ehemaligen Staatsbruch Lehesten, heute **Schieferpark**, stellt ein sehenswertes Museum die Arbeit der Schieferspalter dar. Im benachbarten Schmiedebach informiert die KZ-Gedenkstätte Laura über dieses Außenlager des von Buchenwald.

Im Sormitz-Tal

Über Schmiedebach geht es weiter nach 8 **Leutenberg**, das sich gerne »Stadt der Sieben Täler« nennt. Die Gegend rund ums Tal der Sormitz zählt zu den landschaftlich reizvollsten weit und breit, sodass auch hier wieder viele gute Gründe fürs Wandern sprechen. Auch sind die **Saaletalsperren** im Osten mit ihren Wassersportmöglichkeiten rasch erreichbar. Einen erstklassigen Einstieg in die Fauna und Flora der Region gibt das Naturparkhaus Leutenberg. Von hier aus starten auch geführte Wanderungen mit Naturführern, die nicht nur Auskunft über Fauna und Flora geben können, sondern auch die schönsten Wege kennen. Das Naturparkhaus vermittelt auch in anderen Regionen des Naturparks Thüringer Schiefergebirge/Obere Saale solche Auskünfte. Bei Kaulsdorf geht es über die Saale und über die B 85 ist rasch der Ausgangspunkt der Tour, Saalfeld, erreicht.

Z
ZIELE

Magisch, aufregend, einfach schön

Alle Reiseziele sind alphabetisch geordnet. Sie haben die Freiheit der Reiseplanung

Edle Einfalt trifft stille Größe im Schlosspark von Tiefurt. ►

★★ ALTENBURG

Einwohner: 31 100 | **Höhe:** 180 m ü. NHN

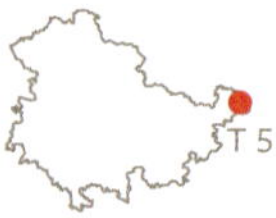

Ein erstklassiges Gespür für Kunst besaß Bernhard August von Lindenau. Kein Mensch interessierte sich zu seiner Zeit für die Malerei der frühen Renaissance. Er schon. Und legte damit den Grundstock für den Ruhm des Lindenau-Museums, heute eine der bedeutendsten Kunstsammlungen Thüringens. Botticelli lockt!

Und natürlich ist Altenburg Skatspielern ein Begriff: Hier wurde 1813 das beliebteste deutsche Kartenspiel erfunden. Seit 1927 existiert ein verbindliches Regelwerk. Gibt es Streit über die Auslegung, entscheidet das Internationale Skatgericht, das jährlich in Altenburg tagt. 1832 gründeten die Gebrüder Bechstein am Ort die erste **Spielkartenfabrik**, die heute unter dem Namen »ASS Altenburger Spielkartenfabrik« zum belgischen Konzern Cartamundi gehört. Die Stadt blickt auf eine große Vergangenheit zurück: Stauferkaiser Friedrich I. Barbarossa erhob sie 1180 zur Reichsstadt. Der Handel blühte, lag die Siedlung doch an der bedeutenden Route von Magdeburg und Leipzig nach Nürnberg und Böhmen. Altenburg stieg zur Residenzstadt auf. Umfangreiche Sanierungen haben die Altstadt nach der Wende außerordentlich verschönert.

Der Prinzenraub

Drama im 15. Jh.

1455 wurde Altenburg Schauplatz eines berühmten Entführungsfalls: In einer Nacht- und Nebelaktion entführte Ritter Kunz von Kaufungen die beiden Söhne des Kurfürsten Friedrich der Sanftmütige. Dieser weilte mit Gefolge bei einer Hochzeit, Schloss Altenburg blieb nahezu unbewacht. Kunz, der durch den Verlust seiner Ländereien im Sächsischen Bruderkrieg quasi ruiniert war, versuchte auf diesem Wege eine Entschädigung zu erpressen. Der Plan, die Prinzen nach Böhmen zu verschleppen, misslang: Dem elfjährigen Albrecht glückte unterwegs die Flucht, der 14-jährige Ernst konnte befreit werden. Friedrich der Sanftmütige ließ keine Gnade walten und Kunz und seine Spießgesellen hinrichten.

Wohin in Altenburg?

Ritter, Herrscher, Wahrsager

★★ Schloss

Die Slawen waren die ersten, die auf dem Porphyrfelsen eine Feste anlegten. Als Stauferpfalz beherbergte die Burg Friedrich Barbarossa, dann kamen die Wettiner in ihren Besitz. Heute noch ist erkennbar, dass die Gruppierung aller Gebäude dem Rundburgtypus ent-

ALTENBURG ERLEBEN

TOURISMUSINFORMATION
Markt 17
04600 Altenburg
Tel. 03447 51 13 40
www.altenburger-originale.de

WOCHENMARKT
Mi., Sa.

ALTENBURGER SPIELKARTENLADEN
Neue und antiquarische Spielkarten sowie allerlei rund ums Spielen, auch Bücher, Geschenke, Kleinigkeiten.
Markt 17, Mo.–Fr. 10–18, Sa. bis 14 Uhr

SKAT- UND SPIELEFEST
Jährlich im Mai am Skatbrunnen mit Bockbieranstich und Skatturnier

GASTHAUS GESECUS €
Essen wie bei Muttern: Altenburger Topfbraten mit hausgemachten Thüringer Klößen und andere Hausmannskost aus dem Kanon der sächsisch-thüringischen Küche erhalten Sie im kleinsten Gasthof der Stadt aufgetischt. Eben weil er so klein ist, ist er auch immer voll. Und das seit 1902. Die Essenszeiten sind auch wie anno dazumal: das Lokal schließt bereits um 20 Uhr, die meisten Besucher sind Stammgäste.
Topfmarkt 02
Tel. 03447 315066
www.gasthaus-gesecus.de
Ruhetage: Sa., So.

BRUNELLO €€
Mit Blick aufs Altenburger Schloss und in den Räumen einer ehemaligen Apothekervilla ist das Restaurant eine der besonderen Adressen der Stadt. Kleine Karte mit mediterraner Küche, auch der Brunello steht auf der Weinkarte.
Friedrich-Ebert-Str. 14
Tel. 03447 89 00 77
www.brunello-altenburg.de
Ruhetage: Mo., Di.

RIEBECK-BRÄUSTÜBL €
Sie könnten der gesuchte Dritte für die Skatrunde sein? Dann ins Riebeck-Bräustübl, wo häufig gespielt wird. Ist freilich kein Muss – man kann auch einfach nur in urig-rustikaler Umgebung Thüringer Küche genießen. Das Bräustübl gehört zum Hotel Rossplan, das mitten in der Altstadt liegt und Zimmer mit Blick aufs Schloss bietet.
Am Rossplan 8
Tel. 03447 5 66 10
www.hotel-rossplan.com

PARKHOTEL AM GROSSEN TEICH €€€
Wohnen in der ehemaligen Hutfabrik: Die Zimmer sind modern eingerichtet, mit Marmorbad versehen, die Böden fein gefliest. Die Küche des Restaurants »Da Angelo« bietet, wie der Name schon anhnen lässt, mediterrane Genüsse mit Schwerpunkt auf klassischer Holzofenpizza.
August-Bebel-Str. 16–17
Tel. 03447 5 15 40
Hotel: www.parkhotel altenburg.de, 60 Z.
Restaurant:
www.da-angelo-ristorante.de
Ruhetag: So.

sprach. Man erreicht die Höhenburg über die geschwungene Auffahrt (1725/1726) mit Triumphtor (1744), tritt ein durch den Glockenturm und findet sich im Schlosshof mit dem Neptunbrunnen (17. Jh.) wieder. Vom fensterarmen Hausmannsturm (10./12. Jh.) hat man eine schöne Aussicht. Die »Flasche«, ein kleiner dicker Rundturm aus dem 11. Jh., diente einst als Burgverlies.
Das dreiflügelige Schloss selbst wurde um 1700 barockisiert, die Renaissancegalerie stammt aus dem Jahr 1604. 1868 vernichtete ein Großbrand weite Teile des Gebäudes. Besonders opulent ausgestattet sind der wieder hergestelllte Festsaal mit dem Deckengemälde »Amor und Psyche« von Karl Moßdorf und der Bachsaal mit Deckengemälden zur wettinischen Fürstengeschichte. Blickfang von der Stadt aus ist die gotische Schlosskirche mit ihren mächtigen Stützpfeilern. Von 1439 bis 1473 erbaut, wurde sie nach dem Brand 1866 instand gesetzt. Innen zieht die barocke Orgel mit dem reichen Prospekt von Heinrich Gottfried Trost die Blicke auf sich. Johann Sebastian Bach spielte sie im Jahr 1739. Im Sommer werden hier Orgelkonzerte gegeben.
Das **Schloss- und Spielkartenmuseum** zeigt eine herrliche ostasiatische und Meißner Porzellansammlung sowie eine Waffenkollektion. Highlights sind im Spielkartenmuseum die **Kartenmacherwerkstatt** aus dem Jahr 1600 und eine Sammlung von mehr als 6000 historischen Kartenspielen. Dass Spielkarten weit mehr waren als nur Ge-

Seit über 500 Jahren werden in Altenburg Spielkarten hergestellt. Was es außer Skat sonst noch für Karten gibt, zeigt das Spielkartenmuseum im Schloss.

brauchsgegenstände, sondern qualitätsvolles Kunsthandwerk, wird eindrucksvoll in acht Räumen gezeigt. Selbst Salvador Dalí hat Karten gestaltet. Wahrsagekarten bereichern den Fundus des Museums. Durchquert man den 400 Jahre alten **Schlosspark**, gelangt man zum Teehaus (1706) mit großartigen Malereien und Stuckaturen im Inneren, sowie zur Orangerie (1712).

tgl. außer Mo. 10 -17, April - Okt. Fr. - So. bis 18 Uhr | Führungen: 11, 13, 15 Uhr | Eintritt: 8 € | https://residenzschloss-altenburg.de

Natur und Braunkohle

Mauritianum

An der Norostecke des Schlossparks liegt das Mauritianum. Das Museum stellt die Naturkunde Ostthüringens umfassend dar inklusive Braunkohleabbau in der Region, dazu Mineralien und Fossilien. Einige der ausgestopften Tiere stammen noch von dem berühmten Alfred Brehm, der zwar kein Wissenschaftler war, aber als Autor von »Brehms Tierleben« berühmt wurde.

Parkstr. 1, Di.-Fr. 13-17, Sa., So., Fei. 10-17 Uhr | www.mauritia num.de | Eintritt: frei, Spenden erlaubt

Rituale am Skatbrunnen

Brühl

Am Theaterplatz westlich unterhalb des Schlosses steht das **Landestheater** (1869–1871) im Stil der Neorenaissance. Eingeweiht wurde die Bühne mit der Oper »Freischütz« von Carl Maria von Weber. Hinter dem Theater öffnet sich der Brühl, der älteste der einst sechs Märkte von Altenburg. Zeuge merkwürdiger Rituale wird man am **Skatbrunnen** (Nachguss des Originals von 1903), an dem abergläubische Spieler ihr neu erworbenes Skatblatt zu »taufen« pflegen. Damit das Kartenglück sicher lächelt, muss man die bronzenen Schweinsköpfe tätscheln, aus denen das Brunnenwasser fließt. In der Burgstr. 8 unterhält der **Deutsche Skatverband** einen Infoladen. An der Südseite des Brühl steht das barocke **Seckendorffsche Palais** (1724/1725). Die spätgotische **Bartholomäuskirche** mit romanischer Krypta ist die älteste Kirche der Stadt.

Treffpunkt zwischen Kirche und Rathaus

Markt

Mittelpunkt der Stadt ist der Hauptmarkt mit seinen alten Bürgerhäusern. Dank seinem eindrucksvollen Turm macht das prächtige **Renaissance-Rathaus** (1562/1564), entworfen von Nikolaus Grohmann, fast der **Brüderkirche** (1901/1904) Konkurrenz. Sie strahlt in tiefstem Backsteinrot und wird von einem großen Wandmosaik geziert.

Barbarossa kam – nicht

Marienkirche

Die zwei »Roten Spitzen« gelten als Wahrzeichen der Stadt. Der spitze und der geschweifte Backsteinturm sind die Reste der Marienkirche eines Augustiner-Chorherren-Stiftes (»Bergerkloster«). Kaiser Friedrich I. Barbarossa, Stifter des Klosters, soll bei der Einweihung der Kirche 1172 zugegen gewesen sein und sein roter Bart als Vorbild für die Farbgebung gedient haben. Leider erwies sich die Urkunde, die seinen Besuch dokumentierte, als gefälscht. Trotzdem: Das Bauwerk selbst ist durch seine perfekte technische Ausführung und die hohe Qualität des Materials einzigartig.

Hier tagt das Skatgericht

Rossplan und Teichvorstadt

Über Topfmarkt und Kornmarkt erreicht man den Rossplan und den romanischen Nikolaiturm. Im Hotel am Rossplan tagt drei bis vier Mal im Jahr nichtöffentlich das Internationale **Skatgericht**. Vom Rossplan führt die Teichstraße zur Teichvorstadt. Auf dem Großen Teich kann man Boot fahren und den **Inselzoo** besuchen.

Inselzoo: Mitte April–Anf. Okt. tgl. 9–18, Winter 9–16 Uhr | Eintritt: 2,50 € | www.inselzoo.de

Botticelli in der Provinz

★★ Lindenau-Museum

An der Nordspitze des Großen Teichs hat das Lindenau-Museum ein **Interimquartier** bezogenc. Das eigentliche Museumsgebäude, ein 1873 errichteter, prachtvoller Bau in der Gabelentzstaße, wird in den kommenden Jahren grundlegend saniert. Dann werden die 180 wunderbaren Tafelbilder der frühen italienischen **Renaissance,** die schönste und größte Sammlung außerhalb von Italien, wieder in ganzer Pracht präsentiert ebenso wie eine bedeutende Kollektion etruskischer und griechischer Gefäße und die Abgusssammlung. Bis dahin werden im Interimsquartier Wechselausstellungen veranstaltet.
Bernhard August von Lindenau kaufte im 19. Jh., als sich noch kaum kein Mensch für Renaissancekunst interessiert, günstig Tafelbilder und Gemälde auf und bewies einen hervorragenden Blick für besonders herausragende Objekte. Einen weiteren Höhepunkt der Sammlung bildet das Bildnis einer vornehmen Frau als Heilige (vermutlich wird Catarina Sforza dargestellt) von **Sandro Botticelli**.

Kunstgasse 1 | Di.– So. 12–18 Uhr | www.lindenau-museum.de | Eintritt: 6 €

Bier und harte Sachen

Erlebnisbrauerei und Destillerie

Seit 1256 wird in Altenburg Bier gebraut. In der Erlebnisbrauerei Altenburg können Sie dabei zuschauen, die Ergebnisse probieren und das Brauereimuseum besuchen.
Am westlichen Stadtrand liegt die Altenburger Destillerie & Liqueurfabrik. Die bekanntesten Erzeugnisse sind der »Altenburger Klare« und der »Schwarzgebrannte«, ein Likör aus 47 Kräutern.

Brauerei: Brauereistr. 20 | Führung und Museum nach Voranm.: www.gastronomie-altenburger-brauerei.de o. Tel. 0171 657 49 47 | Preis: 5 €, mit Verkostung ab 10 € | www.brauerei-altenburg.de
Destillerie: Am Anger 1–2 | Führung und Museum nach Voranm.: www.destillerie.de | Preis: 12 €

Ruhige Stunden in der Provinz

Altenburger Land

Kleine Dörfer, Obstbaumwiesen und Felder prägen die Szenerie im Altenburger Land, das sich ideal zum Radfahren, Erholen und Nichtstun eignet. Ausflugsziele sind hier das Knopfmuseum in der Knopfstadt **Schmölln** (12 km südl.) und die Friedenskirche in **Ponitz** (17 km südl.) mit einer berühmten Silbermannorgel.

Knopfmuseum: Mi. 9 –13, Sa., So. 13 –17 Uhr | Eintritt: 2,50 €
Konzerte Friedenskirche: www.silbermannorgel-ponitz.de

APOLDA

Einwohner: 22 200 | **Höhe:** 205 m ü. NHN

Tief in eine Senke gebettet liegt Apolda, umgeben von Äckern und Obstbäumen. Viele Glocken, die in Kirchen auf allen Kontinenten, läuten, haben hier das Licht der Welt erblickt. Wer alles darüber wissen will, sieht und hört sich im GlockenStadtMuseum um.

Glockenstadt

1593 brachte ein Apoldaer seinen Mitbürgern das Stricken mit fünf Nadeln bei und legte damit den Grundstein für das **»thüringische Manchester«**. 1722 nahm die erste **Glockengießerei** ihren Betrieb auf. Bis 1988 stellten die Spezialisten rund 20 000 Glocken für die ganze Welt her. Die berühmteste unter ihnen ist der »Dicke Pitter«, die 25 Tonnen schwere St.-Petersglocke des Kölner Doms. Alle vier Jahre läuten viele der in Apolda gegossenen Glocken beim Weltglockengeläut. Zu DDR-Zeiten wurde vor allem die **Trikotagenfertigung** vorangetrieben, und die »Thüringer Obertrikotagen« sind nicht in Vergessenheit geraten. Nach der Wende schlossen fast alle Fabriken.
Heute feilt die Glockenstadt mit Modeevents und moderner Kunst an einem neuen Image. Zudem kommt ein erklecklicher Teil aller **Tiefkühlpizzen**, die in Europa verspeist werden, aus Apolda, wo die Liechtensteiner Firma Ospelt produziert.

Weltglockengeläut-Termine: www.weltglockengelaeut.de

Heimat des Dobermanns

Ecke Lindberg/Teichgasse erinnert seit 1999 ein Dobermann-Denkmal an den Apoldaer Züchter, Polizisten, Abdecker und Hundefänger Friedrich Louis Dobermann (1834 bis 1894). Er kreuzte eine bunte Mixtur aus Schäferhunden, Pinschern und Promenadenmischungen und stellte das Ergebnis um 1870 unter dem Namen »Dobermannpinscher« der Öffentlichkeit vor. Die Rasse gilt als »potenziell scharf« und wird als Schutz- und Gebrauchshund eingesetzt.

Wohin in Apolda?

Dreimal täglich Glockengeläut

Innenstadt

Am **Marktplatz** ist das barock umgestaltete **Renaissance-Rathaus**, erbaut 1558/1559, leicht zu erkennen an der goldgelben Fassade. Hier hat u. a. die **Touristeninformation** ihren Sitz. Die Stadtverwaltung residiert im benachbarten **Schloss**, das auf eine Burganlage aus dem 12. Jh. zurückgeht. Die Glockenstadt besitzt natürlich auch ein **Glockenspiel**: An der Rückwand des Stadthauses hängen 18 Glocken, die täglich um 9.55, 11.55 und 16.55 Uhr mit zwei Melodien schlagen. Man hört sie am besten vom Brauhaus der Apoldaer Vereinsbrauerei, das zwischen Rathaus und Stadthaus liegt; Führungen dort sind nach Voranmeldung für Gruppen ab 10 Personen möglich.

Brauereiführungen: Tel. 03644 84 84 33 | www.vereinsbrauerei-apolda.de

Glocken, Maschen und mehr

Glocken Stadt Museum

Hat Schiller in seinem Gedicht »Die Glocke« auch alles richtig geschildert? Das kann kontrollieren, wer dem GlockenStadtMuseum einen Besuch abstattet: Minutiös wird über Herstellungsverfahren und die Geschichte der Glocken informiert sowie die Frage beantwortet, wozu man überhaupt Glocken braucht. Selber mit den Exponaten zu läuten ist übrigens auch gestattet. Die Sammlung zur Stadtgeschichte dokumentiert u.a. den Aufstieg und Niedergang der **Apoldaer Strickindustrie**.

Bahnhofstr. 41 | Di.–So. 10–17 Uhr | www.glockenmuseum-apolda.de
Eintritt: 4 €

Kunst im Haus des Wollfabrikanten

Kunsthaus

Das Kunsthaus eröffnet 1995 in einer Villa im italienischen Landhausstil, die sich der Wollwarenfabrikant Robert Francke 1871 bauen ließ. Die wechselnden Ausstellungen präsentierten Künstler des beginnenden 20. Jh.s wie Lyonel Feininger und Camille Claudel.

Bahnhofstr. 42 | Di.–So. 10–17 Uhr | www.kunsthausapolda.de
Eintritt: 8 €

Trabbi, Perlodont und Ata

Museum »Olle DDR«

Ganz im Zeichen der Ostalgie steht die Museumsbaracke »Olle DDR« hinter dem Kunsthaus. Natürlich bildet ein »Trabi« das wichtigste Ausstellungsstück, darum gruppieren sich vom Honecker-Bild bis zum Ata-Päckchen thematisch sortiert allerlei Alltagsgegenstände aus der Zeit des Arbeiter- und Bauernstaats. Wer wissen will, wie das Büro eines Parteifunktionärs aussah oder eine Plattenbauwohnung eingerichtet war, ist hier richtig. Die Resonanz ist groß, und es musste ein Annahmestopp für Ausstellungsstücke ausgesprochen werden.

Bahnhofstr. 42 | Di.–So. 10–18, Nov.–März bis 17 Uhr | Eintritt: 3 € €

APOLDA ERLEBEN

TOURIST-INFORMATION
Markt 1
99510 Apolda
Tel. 03644 65 01 00
www.apolda.de

MODENACHT
Ein 40-Meter-Laufsteg auf dem Marktplatz: hier zeigen die regionalen Strickbetriebe und Modedesign-Studierende neue Kollektionen.
1. Wochenende im Juli

ZWIEBELMARKT
Jährlich hängen die Händler wie in ► Weimar auch in Apolda ihre Zwiebelzöpfe auf. Allerlei Kunstgewerbe, Musik, reichlich Essen und Trinken runden das Angebot ab.
Letztes Wochenende im Sept.

HOTEL AM SCHLOSS €€€
Hier logierte schon Karl Lagerfeld, als er zum Design-Award in Apolda weilte. Moderne Zimmer mit allem Komfort, darunter großzügige Badezimmer. Sauna und Solarium im Haus, dazu ein gutes Restaurant mit Thüringer und mediterraner Küche sowie Vollwertspezialitäten.
Jenaer Str. 2
Tel. 03644 58 00
www.hotel-apolda.de, 113 Z.

DIE MÜHLE €€
In Eberstedt hat sich die ehemalige Mühle zur »Erlebnisinsel« entwickelt. Im Mühlteich stehen mehrere achteckige Hütten. Ausgestattet mit Stockbetten, Tischen und Stühlen bieten sie zwei bis sechs Personen eine ausgefallene Art, zu übernachten. Wer es gerne komfortabel mag, nimmt sich eines der hübschen Zimmer im Landhotel. Für das rollende Eigenheim gibt es zehn Caravan-Stellplätze mit Stromanschluss, WLAN und Entsorgungseinrichtungen. Zur Anlage gehören noch die beiden Restaurants in der Mühlenschänke und Mehlkammer; von April bis Oktober hat der Biergarten mit Blick aufs Mühlrad geöffnet
Dorfstr. 28, 99518 Eberstedt
(9 km nordwestl.)
Tel. 036461 8 77 44
www.oelmuehle-eberstedt.com

Rund um Apolda

Überblick garantiert
Nördlich des Stadtzentrums bietet der 1904 errichtete, fast 24 m hohe Bismarckturm auf der Mattstedter Höhe eine gute Aussicht. Bismarckturm
Leipziger Str. | April–Sept. Sa., So., Fei. 10–18 Uhr

Hauptquartier der Preußen
Blickfang in Kapellendorf, 8 km südwestlich von Apolda, ist die **Wasserburg**, von der noch Reste der Mauer, des Palas sowie des Bergfrieds erhalten sind und damit die älteste Wasserburg des Landes Kapellendorf

darstellen. Im 12. Jh. angelegt, war sie 1806 bei der Doppelschlacht zu Jena und Auerstedt Hauptquartier des preußischen Heerführers Fürst zu Hohenlohe-Ingelfingen. Die Ausstellung **Thüringer Burgen** informiert umfassend über das hiesige Burgenland und das mitunter nicht sehr komfortable Leben auf einer mittelalterlichen Burg.

Museum: Di.–So. 10–12, 13–17 | Eintritt: 4 € | www.burg-kapellendorf.de

Wein und Wasser

Bad Sulza Unweit des Zusammenflusses von Saale und Ilm unmittelbar an der Grenze zu Sachsen-Anhalt liegt das idyllische Kurstädtchen Bad Sulza. Angenehm beruhigend wirkt die hiesige Landschaft mit ihren weiten Wiesen und Feldern. Die vielen Sonnenstunden lassen hier sogar Weinbau zu. Mit 40 ha Rebfläche ist Bad Sulza das **Zentrum des Thüringer Weinbaus**. Die Solequellen entfalten ihre Wirkung sowohl im Gradierwerk Louise als auch in der **Toskana-Therme**. In dieser Bäderlandschaft sorgt eine Liquid-Sound-Kuppel für das besondere Bade-Erlebnis. Ergänzt werden die klinischen Kureinrichtungen durch einen Wellness Park. Die heilkräftige Sole kann in der Jugendstil-Trinkhalle abgezapft werden.

Toskana-Therme: Wunderwaldstr. 2a | tgl. 10–22 Uhr | Eintritt: ab 17 € (2 St.) | Tel. 03646 920 00 | www.toskanaworld.net

Die Toskana Therme in Bad Sulza bietet auch ein »Liquid Sound«-Erlebnis.

Friedlicher Urlaubsort

Auerstedt

Die große Schlacht bei Auerstedt ist längst geschlagen. Wo 1806 die preußisch-sächsischen und napoleonischen Heere aufeinanderprallten, webt und wirkt heute ein alternativ angehauchter Geist. Im Ortszentrum bietet das ungewöhnlich anzusehende »Maloca-Haus«, angelehnt an die Baukunst der Regenwald-Bewohner, ökologischen Initiativen aus aller Welt ein Tagungszentrum.

Am Ortsrand steht ein mächtiges **Weidenhaus**, ein Prototyp der Weidenarchitektur. Im Winter scheint das hundertfach verstrebte Zelt zu schlafen, im Frühling verändern sprießende Triebe die Fassade, bis sich im Sommer die lebendige Kathedrale tiefgrün belaubt und das Innere in ein diffuses Dämmerlicht taucht. Das Haus ist zu jeder Jahreszeit ein Erlebnis.

Das Schloss von Auerstedt ist zum Hotel umgewandelt, das nobel renovierte Zimmer und Appartements anbietet. Im Restaurant **»Reinhard's im Schloss«,** speist man köstlich.

Hotel Resort Schloss Auerstedt: Schlosshof | Tel. 036461 9 20 00 www.toskanaworld.net | **Restaurant Reinhard's im Schloss:** Tel. 036461 8 77 62

★ ARNSTADT

Einwohner: 27 000 | **Höhe:** 288 m ü. NHN

17 Mitglieder der Musikerfamilie Bach wurden in Arnstadt geboren, und nirgendwo sonst gibt es noch so viele Originalschauplätze rund um die Bachs. Deren berühmtester Spross spielte vier Jahre lang die Kirchenorgel und sorgte für einige Unruhe.

Bachstadt

Johann Sebastian Bachs (► Interessante Menschen) überragendes Talent scheint man erkannt zu haben, immerhin bezahlte der Gemeinderat dem gerade mal 18-jährigen Organist ein unüblich hohes Gehalt. Allerdings gab der junge Bach immer wieder Anlass zum Stirnrunzeln: So schätzte es die Gemeinde keineswegs, dass er sich beim Orgelspiel nicht sklavisch an die Noten hielt, sondern »wunderliche variationes gemachet, viele fremde Töne mit eingemischet« habe. Auch soll er mit einer »frembden Jungfer« auf der Kirchenempore musiziert haben! Verbrieft ist eine handfeste Prügelei, nachdem Bach einen Chorschüler »Zippelfagotist« genannt hatte.

In Arnstadt geboren (wo sie auch starb) wurde Eugenie John (1825 bis 1887), unter dem Pseudonym **E. Marlitt** mit ihren zunächst in der »Gartenlaube« veröffentlichten süßlichen Romanen eine der meistgelesenen deutschen Autorinnen ihrer Zeit.

Tor zum Thüringer Wald

Älteste Stadt Thüringens

Arnstadt gilt als Tor zum Thüringer Wald: Schon in frühgeschichtlicher Zeit zog sich ein Weg von Oberhof hinab an die Gera. Wall- und Grabenanlagen südlich der Stadt lassen eine keltische Besiedlung aus der La-Tène-Zeit (5. bis 1. Jh. v. Chr.) vermuten. Erstmals erwähnt wird Arnstadt 704 und ist damit der **älteste urkundlich bezeugte Ort in Thüringen**. Bis 1776 war Arnstadt Nebenresidenz der Fürsten von Schwarzburg.

Wohin in Arnstadt und Umgebung?

Bachs Wohnhaus

Altstadt

Am höher gelegenen Markt fallen zwei im 16. Jh. errichtete Renaissancebaudenkmäler auf: das nach niederländischem Vorbild gestaltete **Rathaus** und die Tuchgaden, ein auf 18 Sandsteinsäulen stehendes Galeriegebäude. In Haus Nr. 12 wurde 1825 Eugenie John aka Marlitt geboren. Auf dem Marktplatz steht ein **Denkmal des jungen Bach**, wie er lässig an einem Meilenstein lehnt und sich um nichts zu kümmern scheint. Es wurde 1985 anlässlich des 300. Geburtstages des großen Komponisten aufgestellt und sorgte für einige Diskussionen wegen des »ungehobelten Lümmels«. Gewohnt hatte Bach von 1703 bis 1707 in der Kohlgasse 7 bei seiner Tante Martha Elisabeth Bach, heute **Bachhaus**. Später zog sein Vetter Johann Ernst ein .

Bachhaus: Di. 14–17, Do. 10–12 Uhr

Bachs Orgel

Bachkirche

Hell und licht erscheint das Innere der 1676 bis 1683 erbauten Neuen Kirche. Heute heißt sie Bachkirche, denn hier spielte Johann Sebastian Bach von 1703 bis 1707 Orgel. In der heutigen Kirche erklingen etwa bei den Bachtagen zwei Orgeln, darunter die von Bach gespielte Orgel von Johann Friedrich Wender (1655 – 1729).

Ein wuchtiger Kirchenbau

Liebfrauenkirche

Immer enger ziehen sich die Gassen rund um das Viertel der Liebfrauenkirche zusammen. Die im 13. Jh. errichtete, sehr dominant wirkende Kirche gilt als eines der wichtigsten Baudenkmäler dieser Zeit in Thüringen und besitzt ein romanisches Langhaus und einen gotischen Chor. Sehenswert sind die Grabmale der Schwarzburger Grafen, die Glasmalereien, der Flügelaltar (1498) und eine Madonna (um 1415). Der schmucke Fachwerkbau vor der Kirche ist die ehemalige **Papiermühle** (16./17. Jh.).

Kunterbunte Puppenwelt

★ Neues Palais

Am nordöstlichen Ende der Altstadt sieht man das Neue Palais, ein zwischen 1728 und 1732 errichteter Barockbau. Er wird von den Arn-

ARNSTADT ERLEBEN

TOURIST-INFORMATION
Markt 1
99310 Arnstadt
Tel. 03628 60 20 49
www.arnstadt.de

BACHFESTIVAL ARNSTADT
Johann Sebastian Bachs Geburtstag am 21. März wird zehn Tage lang mit exquisiter Musik gefeiert.
Karten und Programminfos: Tourist-Information
www.bachfestival.arnstadt.de

SCHELLHORNS RESTAURANT €€
Uriges Ambiente in der Altstadt, hausgemachter Apfelwein aus der ältesten Fruchtweinkellerei Thüringens und Thüringer Küche.
Ritterstr. 3–5
Tel. 03628 60 27 80
www.schellhorns-weinstube.arnstadt.de
Ruhetage: So., Mo.

HOTEL & RESTAURANT VESTE WACHSENBURG €€€€
»Drei Restaurants, ein Konzept« versprechen die Eheleute Wagner auf der Wachsenburg: Im Rittersaal, in der Bar Anno 1861 und im Burghof wird Regionales mit Pfiff aufgetischt. Palas und Kemenate der Wachsenburg sind zum Hotel umgebaut.
99334 Amt Wachsenburg, OT Holzhausen, Tel. 03628 7 42 40
www.wachsenburg.com
Ruhetage Restaurant: Di.

HOTEL STADTHAUS ARNSTADT €€€
2014 erhielt das Hotel den Denkmalschutzpreis für vorbildliche Sanierung. Hier wohnen Sie in einem Fachwerkhaus, das 1582 erbaut wurd. Viele Originalbauteile wurden wieder verwendet wie z. B. die Dielen. Die Zimmer mit Blick auf Pfarrhof oder Garten sind elegant-sparsam eingerichtet, teils mit historischem Mobiliar. Zum Frühstück gibt's viele Bioprodukte und allerlei frisch vom Bauern.
Pfarrhof 1
Tel. 03628 58 69 99-1
www.stadthaus-arnstadt.de

städtern zwar »**Schloss**« genannt, doch das ursprüngliche Residenzschloss ist bereits 1799 in sich zusammengefallen. Einzig der Neideckturm (s.u.) blieb übrig. Das Neue Palais beherbergt die berühmte Puppensammlung **»Mon Plaisir«** der Fürstin Auguste Dorothea, die kinderlos blieb. Sie ließ in mehr als 50 Jahren ihren ganzen Hofstaat als Puppen in zeitgenössischen Räumen basteln, und das Ergebnis beeindruckt noch heute: Die 82 Puppenstuben geben Einblick in eine herrschaftliche Küche und in Prunkräume, zeigen Böttcher- und Weberwerkstätten sowie buntes Jahrmarktstreiben.

Kostbarster Besitz des **Schlossmuseums** im Palais sind elf Brüsseler Bildteppiche (ca. 1550) und die überwältigende Sammlung ostasiatischen und Meißner Porzellans aus dem 18. Jh. sowie Meisterstücke der Dorotheenthaler Fayencen. Eine **Bachausstellung** rundet die Sammlungen ab.

Schlossmuseum: Di.–So. 10–17 Uhr | Eintritt: 6 €

Neideckturm

Das Schloss verfiel, die Aussicht blieb

Der Neideckturm ist das mit 65 m Höhe nicht zu übersehende **Wahrzeichen von Arnstadt** und ein hervorragender Aussichtspunkt. Er gehörte zu einer Renaissance-Schlossanlage, die im 18. Jh. verfiel.

Schlossgarten

Die Stadt im Jahre 1740

1839 traten die Schauspieler in der Königlichen Reitbahn im Schlossgarten erstmals auf. Aus dem Provisorium wurde eine Dauereinrichtung. Nach umfangreichen Sanierungen wird seit 1995 hier wieder gespielt. Im **Gärtnerhaus** wird ein Modell der Stadt im Jahr 1740 ausgestellt.

Theater: Tel. 03628 61 86 33 | www.theater-arnstadt.de | **Gärtnerhaus:** Mo.–Do. 10–14, Fr. 10–12, Sa., So. 14–16 Uhr | Eintritt: 1,50 €

Kunsthalle

Spanisches in Thüringen

Zeitgenössische Kunst zeigt die Kunsthalle in einer ehem. Industriehalle. Schwerpunkte sind heimische Künstler und Werke aus Spanien.

Angelhäuser Str. 1 | Mi.–Fr., So. 14–18 Uhr | Eintritt: 3 € | www.kunsthalle-arnstadt.de

Eisenbahnmuseum

Für Sammler und Liebhaber

Eisenbahnfans entdecken im Eisenbahnmuseum im historischen Bahnbetriebswerk etliche Schmuckstücke unter den Dampfloks. Auch eine Werkstatt halten die Vereinsmitglieder in Schuss.

Rehestädter Weg 2c | April–Okt. Sa., So., Fei. 10–17 Uhr | Eintritt: 7 € | https://lokschuppen-arnstadt.de

St. Bartholomäi

Bachs Hochzeitskirche

Noch ein Ziel für Musikliebhaber auf den Spuren Bachs: Die kleine Kirche St. Bartholomäi in **Dornheim**, 4 km östlich von Arnstadt. Am 14. Oktober 1707 heiratete Johann Sebastian Bach hier seine erste Frau Maria Barbara Bach, eine Cousine zweiten Grades.

★ Drei Gleichen

Burgenensemble

Drei Burgen, ein Blitz

Zwischen Arnstadt und Gotha bietet sich dem Reisenden ein beeindruckender Anblick: Aus dem relativ flachen Vorland des Thüringer

Walds erheben sich drei Kegelberge, deren bewaldeten Kuppen je eine Burg tragen. Die A 4 schlägt eine mächtige Schneise durch diese einzigartige Szenerie. Vorteil für die Autofahrer: Sie erfassen die »Drei Gleichen« auf einen Blick im Vorbeifahren. Anhalten lohnt aber, denn der Blick von den Burgen weit übers Land ist unvergesslich. Der Sage nach soll ein Blitz am 31. Mai 1231 in alle drei mittelalterlichen Burgen zugleich eingeschlagen und sie zerstört haben – Wurzel des Namens »Drei Gleichen«. Von Mühlburg und Burg Gleichen sind nach wie vor nur Ruinen geblieben, die restaurierte Wachsenburg dient heute als Hotel. Älteste der Drei Gleichen ist die 704 erstmals gemeinsam mit Arnstadt erwähnte **Mühlburg**, erkennbar an ihrem runden Turm. Im 14. Jh. gehörte es zur Hauptaufgabe ihrer Burgherren, die Handelsstraßen nach Erfurt zu schützen.
Burg Gleichen, als »Wanderslebener Gleichen« 1089 erstmals erwähnt, Heimat eines Grafen, der sich angeblich mit dem Segen des Papstes zwei Frauen verbunden hatte, ist heute ebenfalls Ruine. Ihr eckiger Turm ragt aber noch stolz in den Himmel.

Im Vordergrund die Mühlburg, dahinter Burg Gleichen. Beide sind heute Ruinen. In die dritte Burg ist ein Restaurant eingezogen – und alle bieten herrliche Aussicht.

Die Dritte im Bunde der Drei Gleichen steht auf dem höchsten Bergkegel, dem 421 m hohen Wassenberg. Die 932 gegründete, kastellartige Veste **Wachsenburg** mit ihrem leuchtend-roten Turmdach ist die einzige noch intakte Anlage. Sie wurde im 20. Jh. einer Rundumerneuerung unterzogen und dient heute als Restaurant (▶ S. 55).
Mühlburg: März–Okt. Mo.–Fr. 10–17, Sa., So. bis 18 Uhr | Eintritt: 1,20 € | Burg Gleichen: April–Okt. tgl. 10–18 Uhr | Eintritt: 3 € | Wachsenburg: s. Restaurant S. 55

Es bröckelt interessant

★ »Badlands«

Geologisch-botanisch Interessierte sollten sich unbedingt die eigentümlichen »Badlands« unterhalb der Burg Gleichen anschauen (Autobahn-Abfahrt Wandersleben, erster Parkplatz Richtung Burg, dann Pfad am Hang entlang). Der hier anstehende **Dolomit-Mergel** bröckelt unaufhörlich ab und zerfällt zu feinem Grus, sodass hier kein Gras und keine Blume Wurzeln schlagen können. Die kissenartig gewölbten, vegetationslosen Mergelflächen leuchten den Besuchern als violett-rote, graue und grüne Bänder entgegen. Am Fuß der trockenen Badlands haben sich seltene Pflanzen angesiedelt, die viel Sonne, aber wenig Wasser brauchen wie der Steppensalbei und die Küchenschelle. Auch am Hang der Wachsenburg gibt es solche Badlands.

★★ BAD FRANKENHAUSEN

Einwohner: 10 000 | **Höhe:** 132 m ü. NHN

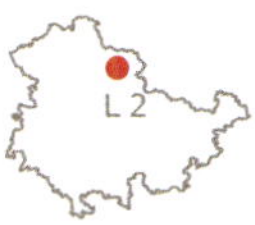

Ein schlafender Kaiser, ein schiefer Kirchturm und eine heftige Schlacht sind Markenzeichen des Städtchens. Grandios ist der Kyffhäuser, sagenumwoben und mit einzigartiger Natur gesegnet.

Bade- und Salzstadt

Schon aus der Altsteinzeit (um 12 000 v. Chr.) stammt reiches Fundmaterial, das belegt, dass die fruchtbaren Hänge am Südrand des Kyffhäuser-Gebirges attraktiver Lebensraum waren. Das befanden auch die Franken, die um 300 einwanderten und den Ort gründeten. 998 ist erstmals von den Salzpfannen die Rede. Salzgewinnung und Solequellen bildeten die Grundpfeiler der Wirtschaft des Orts.
Ins Licht der Geschichte rückte Frankenhausen 1525: Im **Bauernkrieg** wurde hier die letzte Schlacht geschlagen. **Thomas Müntzer** ergriff die Führung der Bauern, die sich auf dem Schlachtberg zusammengerottet hatten. Doch die Erhebung wurde von den Fürsten blutig niedergeschlagen, es kam zu einem beispiellosen Gemetzel.

BAD FRANKENHAUSEN ERLEBEN

TOURIST-INFORMATION
Anger 14
06567 Bad Frankenhausen
Tel. 034671 7 17 17
www.bad-frankenhausen.de
www.region-suedharz
-kyffhaeuser.de

FLIEDERFEST
Rings um Frankenhausen wächst reichlich Flieder. Das Fliederfest wird mit einem großen Umzug und der Wahl der Fliederkönigin begangen.
2. Wochenende im Mai

BAUERNMARKT
Mit historischen Kostümen, Waffen und 1000 Fackeln erinnert ein Umzug an den Bauernkrieg. Gut besucht ist der Mittelaltermarkt mit Brotbacken, Schmieden und Pranger für Tunichtgute. Höhepunkt: das große Feuerwerk.
September

KYFFHÄUSER-THERME
Zum Kuren kommen Menschen mit Atemwegs- und Hauterkrankungen nach Bad Frankenhausen und auch in die Kyffhäuser-Therme. Sie besitzt neben den Thermalbecken auch einen Sauna- und Wellness-Bereich.
August-Bebel-Platz 9
Tel. 034671 51 23
tgl. 9–22, Totes-Meer-Sazgrotte bis 20 Uhr, Eintritt: ab 11 €
www.kyffhaeuser-therme.de

SOLEWASSER-VITALPARK
Wo einst das alte Freibad lag, eröffnete 2016 ein neues Solebad mit Therapiebecken, Kneippanlage, Inhalierpavillon, Fitnessangeboten und einem Kinderspielbereich.
Am Quellgrund 14
Mai–Sept. tgl. 10–19,
März, April, Okt., Nov. 10–17 Uhr
Eintritt: 2 €
www.solewasser-vitalpark.de

ERLEBNISWELT GOETHE CHOCOLATERIE
In der Schaumanufaktur erleben Sie, wie man Pralienen von Hand hergestellt und in der kleinen Kaffeerösterei feine Bohnen röstet. Ganzjährig lockt das Café mit Torten, im Sommer mit selbst gemachtem Eis.
Oldisleben (7 km südöstl.)
Gewerbegebiet 13
Tel. 034673 77 65 50
www.goethe-chocolaterie.de
Manufaktur, Werksverkauf und Café: Di.– So. 11–17 Uhr

ZIEGENHOF PETER
Die vom Aussterben bedrohte »Thüringer Wald Ziege« zählt mittlerweile wieder rund 1300 Tiere. Etwa 100 davon springen munter auf dem »Arche«-Ziegenhof Peter umher und fressen, was an schmackhaften Kräutlein auf den Feldern und Streuobstwiesen gedeiht. Direkt auf dem Hof wird die Milch zu köstlichem Rohmilchkäse weiterverarbeitet. Dieser sowie zahlreiche andere Ziegenprodukte sind im Hofladen erhältlich. Auch den »Zickolo« gibt es zu kaufen: einen frisch-feinen Trinkjoghurt aus Ziegenmilch.
Niedertopfstedter Str. 1
99718 Greußen
Tel. 03636 70 16 41
www.ziegen-peter.de
April–Mitte Dez. Di., Fr. 15–18, Do., Sa. 10–12 Uhr, sonst nur Do.

ALTE HÄMMELEI €€
Gutbürgerliche Küche, ein schöner Biergarten und eine Weinkarte mit Saale-Unstrut-Weinen ziehen die Gäste an. Mit 10 einfachen Zimmern und einer Gruppenunterkunft unterm Dach.
Bornstr. 33, Tel. 034671 51 20
www.alte-haemmelei.de

HOTEL GARNI ANGER 5 €€
2016 eröffnete im historischen Stadtkern am ehemaligen Anger dieses Designhotel. Die 26 Zimmer sind komfortabel und nüchtern-modern möbliert, neun davon barrierefrei.
Anger 5
Tel. 034671 56 99-0
www.hotel-bad-frankenhausen.de

Müntzer wurde gefangen genommen, gefoltert, zum Widerruf seiner aufrührerischen Reden gezwungen und enthauptet. In der DDR besann man sich gerne auf Thomas Müntzer und setzte ihm auf dem Schlachtberg mitten in die Wiesenlandschaft hinein ein monumentales Denkmal: das Panorama-Museum, das sich gerne mit dem Superlativ »Sixtina des Nordens« schmückt.

Wohin in Bad Frankenhausen?

Schräge Sache

Oberstadt

Weil Wasser den Gips und das Salz im Untergrund unter dem 56 m hohen Turm der **Kirche »Unserer Lieben Frau«** (14. Jh.) auslaugt, neigte sich dieser immer stärker – heute ist die Turmspitze satte 4,60 m aus dem Lot. Mittlerweile wurde der Senkungsprozess gestoppt und der Turm mit Stahlrohrstützen vor dem Einsturz bewahrt. Mit einem Neigungswinkel von 4,93° ist der Turm schiefer als sein sehr viel berühmterer italienischer Kollege in Pisa (3,90°). Nahe der markanten Kirche steht der nicht weniger auffällige **Hausmannsturm**. Das fränkische Bauwerk, Rest einer Burg, wird 998 als Teil der Stadtbefestigung schriftlich erwähnt. Unterhalb des Turmes treten die beiden Salzquellen aus, die besonders im 16. Jh. für Wohlstand in der Stadt sorgten.

Wie Salz gewonnen wird

Schausiedehaus

Wo einst Siedehütten für Salz und damit Wohlstand sorgten, dehnt sich heute der Kurpark aus. Wie die Salzsiederei funktionierte, zeigt ein nachgebautes Salzsiedehaus. 1927 erhielt die Stadt den Beinamen »Bad«.

Vorführungen: April – Okt. Sa. 13–17, So. 10–17 Uhr

Hort der Knöpfe

Schloss

Vom Anger aus führt die Klosterstraße mit ihren schönen Fachwerkhäusern zum Markt. Nicht zu verfehlen ist via Schlossstraße das

Schloss der Fürsten zu Schwarzburg-Rudolstadt im Stadtzentrum. Zerstört 1525 und 1533 als Renaissanceschloss wieder aufgebaut, beherbergt es heute das **Regionalmuseum**. Hier wird neben Geschichte und Naturkunde auch die Geologie der Region anschaulich dargestellt – sehr interessant wegen der Gips- und Salzvorkommen. Rund ums Salz informiert eine Ausstellung. Ziemlich ungewöhnlich ist die Schau zu 300 Jahre Knopfherstellung in Bad Frankenhausen: Knöpfe, nichts als Knöpfe.

Museum: tgl. 10–17 Uhr | Eintritt: 4 €| www.regionalmuseum-bfh.de

Größtes Gemälde der Welt

★★ Panorama-Museum

123 x 14 m misst das Werk, das **Werner Tübke** und 15 Assistenten von 1983 bis 1987 malten. Unter dem Titel »Frühbürgerliche Revolution in Deutschland« widmet es sich der Bauernkriegs-Schlacht 1525. 3000 Personen, teils in doppelter Lebensgröße, sind hier in Öl festgehalten. Auch Luther, Cranach und Dürer wandeln durchs Bild, wollte der Maler doch nicht nur Schlachtengetümmel, sondern auch ein Lebensbild der Epoche, ja sogar ein »theatrum mundi«, ein Welttheater, auf die Leinwand bannen (▶ Abb. S. 268). Auch von außen wirkt der runde Monumentalbau ziemlich ungewöhnlich – im Volksmund nennt man ihn »Elefantenklo«.

Am Schlachtberg 9 | Di.–So. 10–17 Uhr | Eintritt: 8 € | www.panorama-museum.de

Blickfang am Ortsrand: das Panoramamuseum

★★ Reichsburg Kyffhausen

April–Okt. tgl. 9.30–18, Nov.–März tgl. 10–17 Uhr | Eintritt: 7,50 € | kostenloser Rufbus: Tel. 0391/ 536 31 80 (bis 1 St. vor geplanter Abfahrt anmelden) | www.kyffhaeuser-denkmal.de

Der sagenumwobene Kaiser im Berg

Der markante Rücken des Kyffhäusers (457 m) trug an seiner Westflanke einst die größte deutsche Burganlage des hohen Mittelalters. Die erste Burg »Kuffese« (»Kuppel«) entstand vermutlich im 10. Jahrhundert. Der Ausbau zu einer dreiteiligen Anlage mit Ober-, Mittel- und Unterburg erfolgte vermutlich in der zweiten Hälfte des 11. Jh.s, im 15. Jh. wurde sie endgültig aufgegeben. Von der Pracht der Reichsburgen der letzten Salier sind nur Ruinen geblieben, die im Zug einer Besichtigung des Kaiser-Wilhelm-Nationaldenkmals angeschaut werden können. Die gewaltige Burg beeindruckte nicht nur Goethe, der 1776 Teile der Ruinen malte. Sie hat wohl auch Stoff für die **Kyffhäuser-Sage** geliefert, die in etlichen Varianten kursiert: Der populärsten Fassung nach soll Kaiser Friedrich I. Barbarossa (bzw. der älteren Fassung nach Friedrich II.) im Berg ruhen. Sollte das Reich in Not geraten, würde er aus dem Schlaf erwachen und entschlossen zur Rettung herbeieilen.

Kaiser Wilhelms strenger Blick

Kaiser-Wilhelm-Nationaldenkmal

Schon von Weitem erblickt man auf der Westspitze des Kyffhäusers das 81 m hohe Kaiser-Wilhelm-Nationaldenkmal aufragen. Es entstand von 1890 bis 1896 im Auftrag der deutschen Kriegervereine. Das Monument trägt eindeutig die Handschrift von Bruno Schmitz, der auch das klotzige Völkerschlachtdenkmal in Leipzig entworfen hat. Die Anlage aus rotem Sandstein nimmt einen Teil des Geländes der drei ehemaligen Reichsburgen ein.
Vom Parkplatz mit seinen zahlreichen Andenkenläden und Thüringer-Bratwurst-Buden führt ein ca. 5-minütiger Fußweg zum Eingang. Über einen breiten Aufweg erreicht man die riesige Terrasse mit dem sogenannten Felsenhof: Dort denkt ein in Stein gehauener, mehr als 6 m großer Barbarossa mit wallendem Bart und düsterer Miene über den Lauf der Zeiten nach. Über ihm erhebt sich das stolze Reiterstandbild, das an **Kaiser Wilhelm I.** erinnert. Er hatte 1871 mit der Reichseinigung, wie man verklärte, Kaiser Barbarossa erlöst.
Markantestes Bauteil der Anlage ist der 57 m hohe Turm, den eine Krone abschließt. Die 247 Stufen hinaufzuschnaufen lohnt, denn von dort oben ist die Aussicht auf die Goldene Aue grandios. Bei gutem Wetter sieht man sogar den Brocken im Harz.
Eine kleine Ausstellung im Erdgeschoss stellt die Geschichte des Denkmals dar – und das Unbehagen, das es unter anderen politischen Vorzeichen hervorrief. Der Ideologie der Nazis entsprach das monarchistisch-nationale Element nur bedingt. Auch in DDR-Zeiten hatte

Reichsburg Kyffhausen: Der Blick vom Barbarossaturm geht zur Oberburg mit dem turmhohen Kaiser-Wilhelm-Denkmal.

man seine Schwierigkeiten damit und plante, die Krone zu entfernen und das Reiterstandbild zu verschrotten. Stattdessen sollten ein Ruhrkumpel, eine Bauersfrau oder ein Schmied als Flaggschiff dienen. Letztlich ist aus allen Plänen nichts geworden, und Wilhelm reitet stolz wie je.

Das Denkmal überdeckt große Teile der ehemaligen Reichsburg Kyffhausen, die einst die gesamte Spornspitze einnahm. Jenseits des Besuchercafés erheben sich die Ruinen der **Oberburg** mit dem eindrucksvollen Barbarossa-Turm. Das kleine Museum gleich daneben zeigt Modelle der Reichsburg. Eine besondere Attraktion ist der 176 m tiefe **Burgbrunnen,** der angeblich der tiefste der Welt sein soll. Kinder können sich »Steine« am Automaten ziehen, hineinwerfen und sich vom alten Barbarossa erschrecken lassen. Von der Unterburg sind noch Teile des Ringwalls und der Burgkapellen erhalten.

★★ Kyffhäuser

Kleinstes Gebirge Deutschlands

Ökologisch wertvoll

Der Kyffhäuser zählt zu den größten Attraktionen der Region. Ausgesprochen schöne Laubwälder überziehen den 19 km langen und 7 km breiten Bergstock. An der höchsten Stelle misst er 466 m. Manche Partien an der Süd- und Westflanke sind kahl: Hier wächst wegen der Verkarstung kein Baum, dafür überziehen ökologisch wertvolle Magerwiesen große Teile des Geländes.

Wo der Kiebitz brütet und 30000 Kraniche rasten

Talsperre Kelbra

Die Ausläufer des Kyffhäuser-Gebirges mit der Talsperre Kelbra (Helme-Stausee) gehören zu den ökologisch bedeutendsten Flächen der Region. In Thüringens wichtigstem Wiesenbrütergebiet leben noch Kiebitz und Wachtelkönig. Wasser, Schilf, Wiesen und Uferrandzonen bieten Bekassine und Brachvogel Lebensraum sowie Durchzüglern wie See- und Fischadler, Krick- und Tafelente. Für den Kranich ist dies der **wichtigste Rastplatz in Mitteldeutschland**. Frühjahr und Herbst sowie die Zeiten, in denen der See abgelassen wird, eigenen sich besonders zur **Vogelbeobachtung**. Beste Aussicht auf das Geschehen hat man vom Kranichturm beim Campingplatz Kelbra und rund um die Beringungs- und Naturschutzstation Numburg am Südufer (nur zu Fuß erreichbar). Naturparkexperten bieten ornithologische Führungen an.

Naturpark Kyffhäuser | www.naturpark-kyffhaeuser.de

Auch Barbarossa war schon hier

Königspfalz Tilleda

Auf dem Pfingstberg nahe der Gemeinde Tilleda am nördlichen Kyffhäuser stand einst die gleichnamige Königspfalz. Sie wurde im 10. Jh. angelegt. Mehrere Könige und Kaiser, darunter Friedrich I. Barbarossa

BAEDEKER ÜBERRASCHENDES

6X NATUR PUR

Entdeckungen im Grünen

1. KRANICHE

Talsperre Kelbra ist der wichtigste Rastplatz in Mitteldeutschland für die Kraniche auf ihrem Zug nach Süden. Am Stausee kann man die eindrucksvollen »Vögel des Glücks« in Ruhe betrachten. (▶ **S.64**)

2. BAUMRIESEN

Die prächtigen Buchenwälder im **Hainich** sind so außergewöhnlich, dass sie zum Nationalpark erkoren wurden. (▶ **S.159**)

3. ORCHIDEEN

Magere, kalkreiche Hänge, wo niemand düngt, säht und mäht charakterisieren die Saalehänge bei **Leutra-Cospoth.** Genau hier wachsen heimische Orchideen in großer Zahl. (▶ **S.141**)

4. WIESEN

Eines der lieblichsten Ecken Thüringens ist das abgelegene **Vessertal.** Rundwege erschließen die Welt der Wiesen und Bäche. Die Naturschönheit auch im Allerkleinsten wirkt in ihrer zarten Vollkommenheit durchaus berührend. (▶ **S. 199**)

5. WASSER

Feine Regenbogen bilden sich über der Gischt. Kein Wasserfall in Thüringen schüttet mehr Wasser und ist steiler als der von **Trusetal** im Thüringer Wald. (▶ **S.192**)

6. STILLE

Totales Hinterland. Natur und Stille überall. Wieso hat das kaum jemand entdeckt? Angler und Vogelbeobachter sind an den **Plothener Teichen,** fast immer unter sich. (▶ **S. 184**)

(1152–1190), hatten die Pfalz nachweislich aufgesucht. 1194 versöhnte sich hier Kaiser Heinrich IV. mit Herzog Heinrich dem Löwen. Im 13. Jh. wurde Tilleda aufgegeben. Umfangreiche Ausgrabungen brachten Aufschlüsse über das Leben in der Pfalz. Verschiedene Gebäude sind im **Archäologischen Freilichtmuseum** nachgebaut.

März – Nov. Di. – Fr. 10–16, Sa. u. So. bis 18 Uhr | Eintritt: 5 €
www.pfalz-tilleda.de

Rund um Bad Frankenhausen

Alles Gips

★ Barbarossa-Höhle

Die einzige Gips-Anhydrit-Schauhöhle Europas befindet sich bei Rottleben, nordwestlich von Bad Frankenhausen. Wie im Kalk- ist auch im Gipskarst das Wasser an der Entstehung der Höhlen beteiligt. Die Auswaschungen gehen im Gips sogar noch schneller voran. Sehr ungewöhnlich sind in der Barbarossa-Höhle die bis zu einem Meter langen Lappen aus Gips, die von der Decke hängen. Sie entstehen, weil sich das Anhydrit durch Wasseraufnahme in Gips umwandelt und dabei etwa 3 bis 5 cm in einem Jahrhundert »wächst«. Jacke nicht vergessen, in der Höhle ist es konstant 9 °C kalt.

Mühlen 6, Kyffhäuserland | April–Okt. tgl. 10–17, Nov.–März Di.–So. 10–16 Uhr, nur mit Führung | Eintritt: 8,50 € | www.barbarossa hoehle.de

Keine Tropfsteine, sondern bizarre Skulpturen aus Gips bestaunen die Besucher in der Barbarossa-Höhle.

Händler, Burgen, Kraniche

Thüringer Pforte

Bei Oldisleben südöstlich von Bad Frankenhausen bricht die Unstrut durch den Bergrücken von Hainleite und Schmücke. Durch diese Engstelle, genannt Thüringer Pforte, verliefen im Mittelalter die Handelsroten, heute fahren hier die Autos und Züge. Einst stellte diese auffallende Landmarke auch die **Grenze zwischen Thüringen und Sachsen** dar. Die Türme der Oberen und Unteren **Sachsenburg** (13. Jh.) und die Ruinen der **Hakenburg** bezeugen die ehemalige politische Bedeutung der Thüringer Pforte. Zwischen Oldisleben und Esperstedt liegt das **Esperstedter Ried**. Aufgrund von Salzauslaugungen wächst hier eine Pflanzengesellschaft, die sonst nur an der Küste vorkommt. Ein Blick vom Beobachtungsturm aufs Ried lohnt immer, insbesondere im Herbst, wenn die Kraniche rasten.

Trutzburg wird JuHe

Wasserburg Heldrungen

In Heldrungen, wenige Kilometer östlich der Thüringer Pforte, wurde 1525 **Thomas Müntzer** nach der Schlacht von Frankenhausen auf der Wasserburg gefangen gehalten. Die gewaltige Anlage geht auf eine mittelalterliche Burg (13. Jh.) zurück. Umfangreich umgebaut wurde sie von 1664 bis 1668, nachdem sie in den Schwedenkriegen stark zerstört worden war. Heute ist sie Jugendherberge.

Führungen nur nach Voranmeldung: Tel. 034673 9 12 30

Hotspot für Eisenbahnfreunde

Modellbahn Wiehe

Wiehe ist ein Muss für alle, die sich für Züge im Kleinformat mit liebevollen Details begeistern können: Auf 12 000 m² bauten akribische Liebhaber so berühmte Zugstrecken wie den Orientexpress, die amerikanische Ost-West-Verbindung oder die Harzquer- und Brockenbahn originalgetreu inklusive der Bahnhöfe und sonstiger Bauten nach. Nicht nur für Hobbyeisenbahner ein Erlebnis.

tgl. 10–18 Uhr | Eintritt: 10 € | www.modellbahn-wiehe.de

Ausflug zur Himmelsscheibe

★ Arche Nebra

Unmittelbar jenseits der Landesgrenze zu Sachsen-Anhalt liegt Nebra (12 km östl. Wiehe). Der Ausstellungskomplex »Arche Nebra« befasst sich mit der bronzezeitlichen **Himmelsscheibe von Nebra**, die Sondengänger 1999 im nahen Wald illegal ausgruben. Als sie an einen Sammler verkaufen wollten, flog die Sache auf, und dieser weltweit bedeutende archäologische Fund konnte sichergestellt werden. Die 3600 Jahre alte Bronzescheibe ist mit Darstellungen von Sonne, Mond und 32 Sternen versehen, mit deren Hilfe wohl kalendarische Berechnungen vorgenommen werden können. Allerdings ist hier **nicht das Original** zu sehen – das befindet sich im Landesmuseum für Vorgeschichte Sachsen-Anhalt in Halle.

März –Okt. tgl. 10–18, Nov. – Feb. Di.–Fr. 10–16, Sa., So. bis 17 Uhr | Eintritt: 9,50 € | www.himmelsscheibe-erleben.de

Eine riesige Burgruine

Runneburg

Viele Legenden ranken sich um Runneburg bei Weißensee, 25 km südlich von Bad Frankenhausen. War sie in grauer Vorzeit das Zentrum des thüringischen Königreichs? Gesichert ist, dass im 12. Jh. hier ein landgräflicher Sitz bestand. Geblieben sind von einer der größten romanischen Burgen Mitteldeutschlands nur Ruinen.

Grabmal eines namenlosen Fürsten

Leubingen

Am Rande von Leubingen legt ein riesiger, bronzezeitlicher Grabhügel von der Macht des »Fürst von Leubingen« Zeugnis ab (▶ Baedeker Wissen, S. 264). Der knapp 9 m hohe Hügel, 1942 v. Chr. errichtet, ist im Gelände noch heute gut zu sehen und war vermutlich einst mit weißen Kalk bedeckt. Die spektakulären Grabbeigaben, darunter auch Goldfunde, stellt das Museum für Ur- und Frühgeschichte in ▶ Weimar aus.

Urahn des Homo sapiens

Bilzingsleben

Im Thüringer Becken liegt noch eine weitere der wichtigsten archäologischen Fundstellen Europas: Nahe Bilzingsleben stießen Wissenschaftler im Fundplatz »Steinrinne« auf Reste des **Homo erectus Bilzingslebenensis**. Bislang kamen 37 Individuen zu Tag, die vor rund 370 000 Jahren lebten.

Führungen April–Okt. Di.–Fr. 10–16, Sa. u. So. 11 u. 14 Uhr, Winter nur nach Voranmeldung, Tel. 01512 920 15 71 | Eintritt: 5 € | www.steinrinne-bilzingsleben.com

★ BAD SALZUNGEN

Einwohner: 15 700 | **Höhe:** 241 m ü. NHN

Die Solequellen sprudeln hier so kräftig, dass das Salz seinen Weg sogar in den Ortsnamen gefunden hat. Im kurfreudigen 19. Jahrhundert wandelte sich das Dorf im Werratal zur gediegenen Kurstadt mit allen Annehmlichkeiten, darunter ein schmuckes Kurhaus. Bis heute stehen die Zeichen auf Kur und Wellness.

Stadt des Salzes

Salz war in der Vorgeschichte ein überaus wertvoller Stoff. So klingt es plausibel, dass sich 58 n. Chr. in Bad Salzungen eine regelrechte »Salzschlacht« zwischen den germanischen Stämmen der Hermunduren und Chatten zugetragen haben soll, von der Tacitus berichtet. Urkundlich werden die Solequellen bereits im Jahr 775 bezeugt. Bad Salzungen verfügt über **sehr starke Solequellen**. Deren Salzgehalt

BAD SALZUNGEN ERLEBEN

TOURIST-INFORMATION
Am Flößrasen 1 (im alten Inhalatorium)
36433 Bad Salzungen
Tel. 03695 69 34 20
https://tourismus-badsalzungen.de

Das Stadtfest mit fünf Musikbühnen und das Seefest werden in Bad Salzungen rauschend begangen.
Stadtfest: Mitte Juni
Seefest: Mitte August

SOLEWELT
In Bad Salzungen sprudelt die stärkste Sole Europas. Saunalandschaft und Thermalbecken erweiterten das historische Gradierwerk.
Am Flößrasen 1
Tel. 03695 6 93 40
www.solewelt.de
▶ S. 71

DIE VILLA 39 €€
Bad Liebenstein liegt auf der östlichen Seite des Werratals ca. 12 km von Bad Salzungen entfernt. Die Villa 39 gehört zu den interessantesten kulinarischen Adressen der Region: Dank offenerKüche kann der Gast verfolgen, wie der Edelwaller oder die peruanische Ceviche (ein Fischgericht)zubereitet wird. »Rustikal« gibt es ebenso wie vegetarisch. Es wird sehr bewusst auf gute Lieferanten aus der Region geachtet. Zur Villa gehören auch neun moderne Appartements, ideal für alle, die im Urlaub erne ein wenig mehr Platz haben wollen.
Herzog- Georg Str. 39
36448 Bad Liebenstein
Tel. 036961 69560
www.villa39.de
Do.-Sa. ab 18 Uhr

KURHAUS AM BURGSEE €€€
Platzhirsch seit 1851 direkt an Park und See. Die Zimmer sind modern-nüchtern im Tagungshotelstil eingerichtet, Sauna, Solarium und Fitnessraum sowie E-Bikes gehören zum Angebot. Das Restaurant bietet solide Thüringer und internationale Küche in einem gutbürgerlichen Rahmen. Herrlich sitzt es sich auf der Restaurant-Terrasse am See.
Burgseestr. 12
Tel. 03695 65 21 96
www.hotel-kurhaus-badsalzungen.de, 11 Z.

KULTURHOTEL KAISERHOF €€€
Eine gute Übernachtungsmöglichkeit nicht nur für Kurgäste bietet sich im benachbarten Bad Liebenstein: Großzügige, geschmackvoll eingerichtete Zimmer, teils mit freiliegendem Fachwerkgebälk, sanfte Farben, angenehme Atmosphäre offeriert der Kaiserhof. Erst Stadtschloss, dann Kurhaus, zählte der Kaiserhof zu den Nobeladressen im Kurbetrieb des Orts. Seine neoklassizistische Fassade hat er bewahrt, innen jedoch wurde alles auf gemütlich-modern getrimmt. Das Restaurant bewegt sich zwischen thüringisch und international.
36448 Bad Liebenstein
(10 km östlich)
Esplanade 9
Tel. 036961 7 33 70
www.kulturhotel-kaiserhof.de, 70 Z.

liegt zwischen einem und enormen 27 %. 1590 entsteht ein erstes Gradierwerk, 1650 wird in 24 Gradierhäusern aus Sole Salz gewonnen. Zwei haben die Zeiten überstanden, dienen aber heute ausschließlich Heilzwecken: Bad Salzungen ist ein staatlich anerkanntes **Soleheilbad**, in dem Atemwegserkrankungen behandelt werden.

Wohin in Bad Salzungen?

Sommerfreuden am See

Stadtzentrum

Wenige Schritte sind es vom Marktplatz mit dem barocken Rathaus (1790) und zahlreichen Geschäften zum **Burgsee**. Im Sommer kurven die einen Gäste im Tretboot um seine Fontäne, die anderen umrunden den See auf dem Promenadenweg. Der festungsartige **Haunsche Hof**, im 16. Jh. erbaut, ist eines der ältesten Häuser der Stadt. Sein Kellergewölbe wird als Kleinkunstbühne genutzt.
Zwischen Kurhaus (1939) – heute **Seeklinik** – und Haunschem Hof lag einst auf einem Felsen am See die **Schnepfenburg**, deren Herren über die Salzvorkommen wachten. 1786 brannte sie ab. Der 1792 errichtete Bau ist heute Sitz des Amtsgerichtes.

Kleinkunstbühne: www.kunsthaushh.de, Tel. 03695 85 28 40

Relikte der Salzzeit

Nappenplatz, Charlottenhall

Nördlich auf dem Weg zum Gradierwerk lohnt ein Abstecher durch Silge und Halber Mond: In diesen Stadtteilen stehen noch einige alte Salzsiederhäuser, auf dem Nappenplatz verkochten die Salzsieder die Sole. Auch Reste der **Stadtmauer** finden sich hier noch.
Eines der schönsten Fachwerkhäuser der Stadt ist die Kinderklinik **Charlottenhall** (Mathilde-Wurm-Str.). In dem 1887 eröffneten Haus wurde mittellosen lungenkranken Kindern eine Kur ermöglicht.

Singen verbessert den Kurerfolg

★ Gradierwerk

Aus dem Jahr 1796 stammt das östliche Haus und von 1892 sein Zwilling im Westen. Dazwischen schiebt sich der beeindruckende Mittelbau der **Kuranlage**. Er wurde 1993 nach dem Abriss wiederaufgebaut, Vorbild war das um 1890 in hennebergischem Fachwerk errichtete Haus. Heute befindet sich hier ein Restaurant mit Café, das über eine Terrasse im Gradiergarten verfügt. In den beiden ehemaligen Gradierhäusern rieselt die salzhaltige Sole über ein Weiß- und Schwarzdorn-Reisiggeflecht und zerstäubt dabei. Weiß gekleidete Gestalten wandeln vor den meterhohen Reisigwänden im feinen Salzdampf auf und ab. Wie das medizinische Fachpersonal erläutert, bringt Singen die besten Kurergebnisse. Und wer nicht alleine trällern will, macht beim »Singen im Gradierwerk« mit.

www.solewelt.de | wg. grundlegender Sanierungen geschlossen, Wiedereröffnung für 2023 geplant

Das prächtige Herz der Kuranlage – Haupthaus mit Gradierwerk (rechts)

Salz gewinnen

Das Museum am Gradierwerk zeigt, wie Salz entsteht und gewonnen wird, die Geschichte der Saline und Pfännerschaft sowie über 200 Jahre Kurgeschichte. Es ist gemeinsam mit der Tourist-Information im alten Inhalatorium neben dem Sole-Bohrturm untergebracht. Museum am Gradierwerk

tgl. 10–17 Uhr | Eintritt: 3 € | Schauvorführungen Salzsieden: April bis Okt. jeden 1. Do. 14. Uhr | www.museum.badsalzungen.de

Salz genießen

In der »Solewelt«, einem umfangreichen Anbau ans historische Gradierwerk, badet man in allen Becken der drei lichtdurchfluteten Rundbauten in **Sole**. Im Wohlfühlzentrum entspannen sich die großen Gäste bei einer hawaiianischen Tempelmassage, die kleinen genießen derweil eine Kindermassage. Im Salztopf mit seiner 15 %-igen Sole treibt man wie im Toten Meer, während durch Unterwasserlautsprecher Musik ertönt, und in der Saunalandschaft trifft man sich in einer der sieben Saunen und Schwitzräume. Solewelt

Bad: Di.–Do. 11–21, Fr. 11–22, Sa. 10–22, So. 10–21 Uhr | Eintritt: ab 12 € | www.solewelt.de

Gold der Nazis

Erlebnisbergwerk Merkers

Die Nationalsozialisten versteckten einen wahren Schatz im Kalibergwerk von Merkers vor den Alliierten: Gut **100 t Reichsbankgold** lagerten hier, Koffer voller Geld, Kunstschätze aus den Beständen der Berliner Museen, darunter die berühmte **Büste der Nofretete**. Die im April 1945 anrückenden US-Truppen erhielten von Zwangsarbeitern einen Tipp, woraufhin sogar der Oberbefehlshaber der Alliierten Eisenhower persönlich zur Besichtigung in den Schacht einfuhr. Die Amerikaner brachten den Schatz außer Landes, obwohl er in der vorgesehenen sowjetischen Besatzungszone hätte bleiben müssen. Die Kunstgegenstände sind mittlerweile zurück in Berlin; geraubtes Geld und Gold sollen an die Besitzer zurückgegeben worden sein.
Heute ist der »Goldraum« im Rahmen von Führungen zu besichtigen. Denn das ehemalige Bergwerk 11 km westlich von Bad Salzungen ist heute ein **Erlebnisbergwerk**. Mit dem Förderkorb geht es in 90 Sekunden 500 Meter tief ins Gestein. Dort fährt man mit Allradfahrzeugen durch die Stollen, besichtigt ein Museum, das über die Geschichte des Salz- und Kalibergbaus informiert sowie eine rund 10 m hohe Grotte, die über und über mit Steinsalzkristallen überzogen ist. Farbenprächtige Lichtinstallationen sorgen für das gewisse Flair. Weitere Stationen sind der Großbunker, einst Salzlager, heute Konzertsaal und Eventlocation.

Führungen (ca. 2,5 St.): Di.-Sa. 9.30 u. 13.30 Uhr | Eintritt: 23 €, Sa. u. Fei. 26 € | www.erlebnisbergwerk.de

★ Bad Liebenstein

Schöne Lage, bunte Wälder

Ältestes Kurbad Thüringens

Bad Liebenstein gilt als das älteste Kurbad Thüringens. Im 17. Jh. ließen die Herren von Stein die Heilquellen fassen, und in der Folgezeit stieg das Städtchen zum Modebad auf. Heute fällt die Stadt durch ihre besonders schöne Lage auf: Richtung Norden eingebettet in die Ausläufer des Thüringer Walds, öffnet sie sich gen Süden zum Werratal. Von der **Burgruine Liebenstein**, im 13. Jh. errichtet, lässt sich das besonders gut überblicken. Auffallend: die herrlichen Laubwälder, die ihren vollen Zauber im Herbst entfalten.

Burg Liebenstein: ganzjährig frei zugänglich.

Kur und Kuchen

Zentrum

Die Stadt hat einen viel versprechenden Umbruch erlebt: Dazu gehörte die Wiedereröffnung des ehemaligen Kurhotels, heute Sitz des Kulturhotels Kaiserhof, das Kurmittelzentrum eröffnete 2012 neu. Zum historischen klassizistischen Kurviertel gehört auch die **Wandelhalle**, in deren Mitte der Brunnen mit Heilwasser sprudelt. Sehr schön ist der **Elisabethpark** mit Rosengarten. Jenseits der Herzog-

Georg-Straße, die die Stadt teilt und an der im Palais Weimar die Touristeninformation zu finden ist, stehen das **Comödienhaus**, (1800 errichtet, 1937 umgebaut) und der Brunnentempel (1816). Ein viel fotografiertes Schmuckstück ist die historische **Post**, 1895 im hennebergischen Stil erbaut. Ein netter Treffpunkt ist das Café Olga am Park, eingerichtet im Stil Herzog Georgs II. (mit Pension).

Comödienhaus: www.bad-liebenstein.de/comoedienhaus
Café Olga: Esplanade 3 | www.pension-cafe-olga.de

Jeden Tag Champagner ...

★ Schloss Altenstein

Ursprünglich erhob sich nahe dem Ort **Schweina** (2 km nordwestlich von Bad Liebenstein) die Burg der Herren von Stein, die 1733 einer Brandstiftung zum Opfer fiel. Schloss Altenstein, 1736 erbaut, ließen sich die Herzöge von Sachsen-Meiningen 1798 zur luftigen Sommerresidenz inmitten der Laubwälder hoch über dem Werratal umgestalten. **Johannes Brahms** war oft zu Gast und schildert in vielen Briefen, wie wohl er sich hier fühlte: »Jeden Tag Champagner und was sonst für Herrlichkeiten.« Besonders der Park hatte es ihm angetan. 1982 brannte das Schloss 1982 vollkommen aus – ein unersetzlicher Verlust, auch wegen des Inventars. Der Außenaufbau ist seither weitgehend abgeschlossen, der Innenausbau in Angriff genommen. Bereits zugänglich ist die **Brahms-Gedenkstätte** mit Chinesischem Kabinett. Der vom Brand unberührt gebliebene, 160 ha großer **Park**, verwebt Gartenkunst und Natur gekonnt: Das **Luisental** wurde 1798 angelegt mit künstlichem Wasserfall und »Heidihütte«, einer Sennhütte im Schweizer Stil. Herzog Georg I. war die Idee dazu auf einer seiner Schweizreisen gekommen.
Vom **Bonifatiusfelsen** genießt man eine gute Aussicht und steht auf geschichtsträchtigem Grund: Hier soll 724 der angelsächsische Missionar Bonifatius gepredigt und damit die Christianisierung von Thüringen eingeleitet haben. Berühmte Gartenarchitekten haben je nach Geschmack des jeweiligen Schlossherrn den Park gestaltet und erweitert.

Schloss: Infozentrum März – Okt. Do. – So. 11 – 16 | **Führungen inkl. Gedenkstätte:** Sa., So., Fei. 11, 14, 15 Uhr | Eintritt: 7 € | **Park:** ganzjährig frei zugänglich | www.thueringerschloesser.de

Ein fingierter Überfall

Luthergrund

Eine gute Möglichkeit, die Wanderung durch den Altensteiner Park zu verlängern, erlaubt der Abstecher in den Luthergrund in der Nähe von Steinbach. Dazu wandert man einfach das Luisental immer aufwärts. Im Luthergrund erinnert ein Denkmal an den fingierten Überfall kurfürstlich-sächsischer Soldaten auf den Reformator Martin Luther, als sich dieser auf dem Rückweg vom Reichstag zu Worms befand. Vom Luthergrund aus wurde er auf die Wartburg oberhhalb von ► Eisenach gebracht.

EICHSFELD

Fläche: 1500 km² | **Höhe:** in Thüringen: bis 535 m ü. NHN

Noch liegt das Eichsfeld im touristischen Abseits. Nur wenige bereisen diese sehr ursprüngliche Landschaft aus sanft gewellten Hügeln, stillen Tälern und Wäldern, die kaum zersiedelt ist. So ist der Zwickel im Dreiländereck Thüringen–Niedersachsen–Hessen ideal zum Wandern und Ausspannen ohne große Ablenkungen.

Blauer Dunst, weiße Schafe

Lange Zeit war das Eichsfeld ein Zentrum der deutschen Zigarrenindustrie. Bereits 1656 sprossen die ersten Tabakspflanzen bei Duderstadt, ihre Blütezeit hatte die **Zigarrenproduktion** um 1900. Meist in Heimarbeit rollten die Eichsfelderinnen vor allem für Bremer Kontore Zigarren aus ausländischem Tabak; die Ernte aus dem eigenem Anbau wurde zu Kautabak verarbeitet.
Prägend blieb die jahrhundertealte Zugehörigkeit zum Fürsterzbistum Mainz. An der **katholischen Ausrichtung** änderten weder die Reformation noch wechselnde Landesherrschaften etwas. Ausdruck der noch heute oft tiefen Frömmigkeit sind die zahlreichen Wallfahrtsorte, Bildstöcke, Kapellen und Feldkreuze.
Zu Thüringen gehört das sog. **Obereichsfeld**, das im Folgenden beschrieben wird. In dieser wenig fruchtbaren Region etablierte sich die **Schafzucht** und in dessen Folge die Wollweberei. Ende des 19. Jh.s löste die Kaliindustrie nach und nach die Weberei als wichtigsten Wirtschaftsfaktor ab. Geblieben ist hiervon nur der Schacht in Bischofferode.

Wohin im Obereichsfeld?

Heimat des Meisterschnitzers

★ Heilbad Heiligenstadt

Älteste Stadt des Eichsfelds und einst Sitz des kurmainzischen Statthalters ist das sehr idyllisch im Leinetal gelegene Heilbad Heiligenstadt, neben Erfurt die einzige Stadt Thüringens, die Märtyrerreliquien besaß: Die römischen Heiligen Aureus und Justinus werden heute in **St. Ägidien** verehrt. Berühmtester Sohn der Stadt ist der Bildhauer **Tilman Riemenschneider**, geboren um 1460.
Seinen Beinamen »Heilbad« verdankt der Ort den Solequellen. Seit 1929 besteht ein Kneippheilbad, das Soleheilbad seit 1950, jüngstes Bad ist die Eichsfeld-Therme. Ältestes und kunsthistorisch herausragendstes Bauwerk ist die gotische Stifts- oder Bergkirche St. Martin (1304–1487) im Westen des Zentrums. Der dreigeschossige Barockbau neben der Kirche war kurmainzisches Schloss (1736–1738). Im Mainzer Haus, 1436 gebaut, informiert das **Literaturmuseum** über

EICHSFELD ERLEBEN

TOURISMUSINFORMATION

Marktplatz 15
37308 Heilbad Heiligenstadt
Tel. 03606 6 7 79 03
www.heilbad-heiligenstadt.de

PROZESSIONEN

Heiligenstädter Leidensprozession: Palmsonntag
Klüschen Hagis (Dingelstädt): Am 15. August treffen die Wallfahrer der Magdeburger Fußwallfahrt an der Kapelle ein. Männerwallfahrt: Christi Himmelfahrt

VITALPARK HEILIGENSTADT

Die Eichsfeld-Therme bietet eine Badelandschaft mit vielen Sauna- und Wellnessangeboten.
tgl. 8 – 21 Uhr, Eintritt ab 5,50 €
www.vitalpark-heiligenstadt.de

FLEISCHEREI WEBER

Schweine und Rinder aus der Region werden zu den Eichsfelder Wurstspezialitäten verarbeitet, darunter auch der »Feldgieker«.
Richteberg 20
37308 Heilbad Heiligenstadt
Tel. 03606 61 31 93
www.fleischerei-weber-gmbh.de

HOTEL AM VITALPARK €€€

Angenehmes Hotel in ruhiger Lage am Ortsrand von Heiligenstadt. Über einen Bademantelgang gelangt man direkt in den Vitalpark mit seinen Wellnesseinrichtungen. Eichsfelder Spezialitäten werden im Restaurant »Theodor Storm« serviert.
In der Leineaue 2
37308 Heilbad Heiligenstadt
Tel. 03606 6 63 70, 130 Z.
www.hotel-am-vitalpark.de

KLAUSENHOF €€

Die historische Herberge liegt genau unterhalb der Burg Hanstein. In der urigen Schankstube wird Eichsfelder Küche serviert, man legt Wert auf frische Zutaten und Kräuter. Die kulinarischen Höhepunkte sind Wild und Gerichte nach Rezepten der hl. Hildegard. Historische »Tafeleyen« gibt es auf Vorbestellung. Der Gasthof bietet auch Übernachtungsmöglichkeiten.
37318 Bornhagen/Eichsfeld
Tel. 036081 6 14 22
www.klausenhof.de
Ruhetage: Mo.–Mi.
Winterpause im Feb.

HOF SICKENBERG €€

Ein ganz bezauberndes Ensemble, das nach der Sanierung mit dem Thüringer Denkmalschutzpreis ausgezeichnet wurde. Der 1806 erbaute Vierseithof stand bis zur Wende im »Sperrbezirk« an der innerdeutschen Grenze. Kristina Bauer hat ihn mit viel Herzblut aus dem Dornröschenschlaf erweckt. Geboten werden vier liebevoll eingerichtete und baubiologisch korrekt sanierte Zimmer, dazu ein kunterbunter Bauerngarten mit majestätischem Nussbaum. Am Wochenende gibt's im Hofcafé frischen Kuchen.
Sickenberg 9
37318 Asbach/Sickenberg
Tel. 036087 9 76 96
www.hof-sickenberg.de
Hofcafé: Sa., So., Fei. 14–18 Uhr

Theodor Storm. Er arbeitete von 1856 bis 1864 am hiesigen Gericht als Kreisrichter. Große Freitreppen kennzeichnen St. Marien, auch Altstädter- oder Liebfrauenkirche genannt, die während einer langen Bauzeit von 1300 bis 1700 errichtet wurde. Sehenswert sind die gotischen Fresken von 1507 und die Madonna (1414). Sehr auffallend ist die Friedhofskapelle St. Annen, ein frühgotisches Oktogon (um 1300). Ebenfalls ein barocker Prachtbau ist das ehemalige Jesuitenkolleg (1739/1740), heute Sitz des **Eichsfeldmuseums**.

Literaturmuseum, Eichsfeldmuseum: Di.–Fr. 10–17, Sa.–So. 14.30 bis 16.30 Uhr | Eintritt je 2 € | https://stormmuseum.de

Eine Burg wie aus dem Bilderbuch

★ Burgruine Hanstein

Hanstein am Westzipfel des Eichsfelds ist eine der imposantesten Burgruinen Thüringens. Sie liegt malerisch auf einem Berg (390 m ü. NHN), weit geht der Blick bis zum Harz. 1070 wird der Hanstein erstmals genannt, ab 1308 wird die gotische Anlage mehrfach aus- und umgebaut. Heute finden jährlich Mittelalterfeste statt. Bornhagen am Fuße der Burg war bis 1990 Grenzlandgebiet.

März–Okt. tgl. 10–18, Nov. tgl. 10–16, Dez. Sa., So. Fei. 10–16 Uhr | Eintritt: 3,50 € | www.burgruine-hanstein.de

Bären live

Leinfelde-Worbis

Östlich von Heiligenstadt liegt an der A 38 Leinfelde-Worbis. Worbis ist dank seiner Fachwerk-Altstadt der schönere Teil der Doppelgemeinde. Opulent ausgestattet ist die **Wallfahrtskapelle St. Antonius** in Worbis, 1677 erbaut und später umgestaltet. Für Kinder und Erwachsene eine spannende Abwechslung: der **Alternative Bärenpark Worbis**. Hier laufen die Menschen in vergitterten Tunneln, draußen lassen es sich Bären gutgehen, die einst als Zirkus- und Tanzbären dienten oder aus nicht artgerechten Haltungen stammen.

Bärenpark: Duderstädter Str. 49 | März–Okt. tgl. 10–18, im Winter bis 16 Uhr | Eintritt: 9 € | www.baer.de

Am Eisernen Vorhang

Teistungen

Ebenfalls nach 1945 plötzlich zum Grenzort wurde Teistungen 10 km nordwestlich von Worbis. Das 1995 eröffnete **Grenzlandmuseum Eichsfeld** gibt Auskunft über den Eisernen Vorhang, der hier verlief. Abfertigungsanlagen und Reste der Mauern und Zäune sind erhalten. Breiten Raum nehmen auch die Auswirkungen auf die Natur ein, die sich im Niemandsland ungestört zu ungeahnter Pracht entwickeln konnte. Östlich (11 km) von Teistungen bietet der **Skywalk** auf dem **Sonnenstein** ungeahnte Weitblicke bis in den Harz.

Di.–So. 10–17 Uhr | Eintritt: 4 € | www.grenzlandmuseum.de | **Skywalk:** von Teistungen via L 2017/L 1011 nach Holungen, Sonnensteinstr.

Burg Hanstein prägt seit dem 11. Jh. die Landschaft im Obereichsfeld.

★★ EISENACH

Einwohner: 42 000 | **Höhe:** 215 m ü. NHN

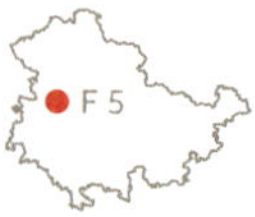

Luther! Wartburg! Bach! Eisenach gehört zu den Höhepunkten einer Thüringen-Reise. Nicht nur kulturell: Die Stadt am Fuße der Wartburg liegt landschaftlich bildschön am Westende des Thüringer Walds, wo auch der Rennsteig beginnt.

Die Wartburgstadt

Die Wartburg ist Eisenachs Juwel, und »Wartburg« hieß auch das Auto, das zu DDR-Zeiten hier gefertigt wurde. Eisenach war und ist jenseits aller Kulturattraktionen der wirtschaftlich stärkste Standort Thüringens. Die 1896 gegründete »Fahrzeugfabrik Eisenach« (FFE) legte den Grundstock für eine bis heute anhaltende Entwicklung. Nach der Wende entstanden hier Werke von Opel, BMW und Bosch. Das unterwirft die Stadt auch allen Unwägbarkeiten des **Automobilsektors**: 2019 lief der letzte Opel Corsa vom Band, und der neue Opel-Eigentümer PSA will die Belegschaft im Werk reduzieren.
Was für immer bleibt, ist der Glanz der Geschichte: 1067 soll der Sage nach die Wartburg gegründet worden sein. Im Schutz der Landgrafenburg entwickelte sich der Handel prächtig. Von 1521 bis 1522 weilte der Reformator **Martin Luther** auf der Wartburg und übersetzte das Neue Testament ins Deutsche, 1685 wurde **Johann Sebastian Bach** hier geboren. Auch politisch tat sich Wichtiges: 1817 war die Wartburg Schauplatz des berühmten **Burschenschaftlertreffens**. Auf dem Eisenacher Kongress (7.–9. August 1869) im Gasthaus »Goldener Löwe« gründete sich die **SPD**.

Wohin in Eisenach?

Herz des »Pfaffennests«

Karlsplatz

Keimzelle der Stadt ist der Karlsplatz, den allein seine dreieckige Form schon als alt ausweist. 1368 wird er erstmals erwähnt. Eintritt in die Stadt findet man noch heute durch das imposante romanische **Nikolaitor**, letztes erhaltenes Tor der Stadt von insgesamt fünf Toren und 20 Türmen. Wie am Tor festgewachsen wirkt die **Nikolaikirche**. Sie ist dem Schutzpatron der Kaufleute gewidmet und wurde 1180 als dreischiffige romanische Basilika für ein Benediktinerinnenkloster errichtet. Auffallend ist ihr achteckiger Turm. Im Inneren gehört der spätgotische Altar mit der Beweinung Christi zu den wichtigsten Ausstattungsteilen. Seit 1885 ziert ein **Lutherdenkmal** den Karlsplatz. Der große Reformator nannte Eisenach übrigens ein »Pfaffennest«, weil damals 300 Mönche und Nonnen auf 1000 Einwohner kamen.

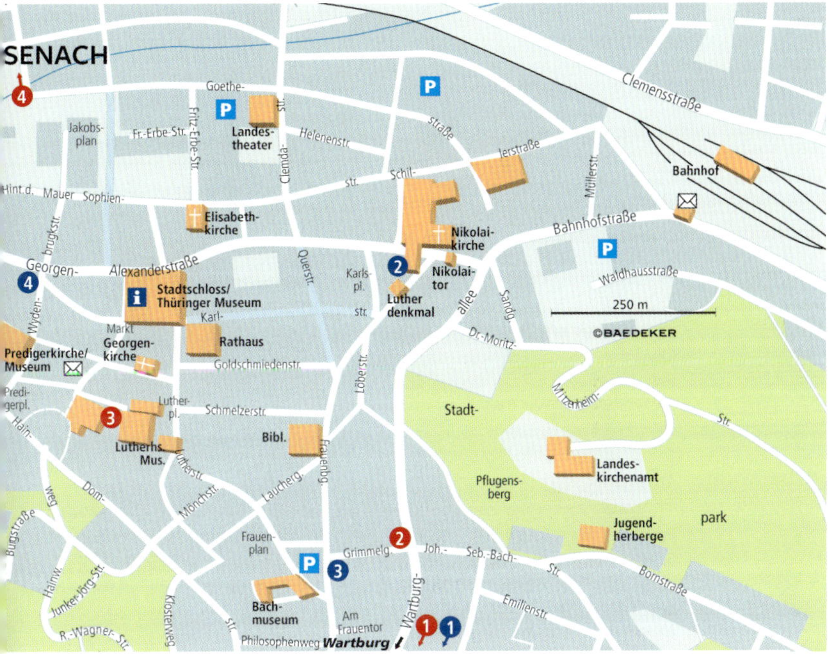

Essen und Trinken

1. Landgrafenstube
2. Turmschänke
3. Café Brüheim
4. Schorschl Kleinkunstkneipe

Übernachten

1. Hotel auf der Wartburg
2. Glockenhof
3. Schlosshotel Eisenach
4. Stiftsgut Wilhelmsglücksbrunnen

Porzellan und anderes im Stadtschloss

Über die Karlsstraße, heute Fußgängerzone, erreicht man den Markt. Markt
Das ehemalige Brothaus wurde 1636 zum barocken **Rathaus** umgestaltet. Goldgelb funkelt der 1549 erstellte **Marktbrunnen** in der Sonne, der einen hl. Georg als Drachentöter zeigt.

Unübersehbar erhebt sich am Markt das barocke **Stadtschloss**. Die 1742 errichtete Vierflügelanlage des Weimarer Hofbaumeisters Gottfried Heinrich Krohne ist heute Sitz des **Thüringer Museums**. Die umfangreichen Sammlungen für Volkskunde mit Trachten und einer historischen Apotheke sowie die Porzellanschau sind ein reines Vergnügen. Ein Höhepunkt der ehemaligen herzoglichen Residenz ist der prachtvolle Rokokosaal. In den jüngst komplett sanierten Räumen werden auch Wechselausstellungen präsentiert.

Stadtschloss: Mi.–So., Fei. 10–17 Uhr | Eintritt: 4 €

EISENACH ERLEBEN

TOURIST-INFORMATION EISENACH–WARTBURGREGION
Markt 24, 99817 Eisenach
Tel. 03691 7 92 30
www.eisenach.info

EISENACHER SOMMERGEWINN
Eines der größten Frühlingsfeste von ganz Thüringen mit Rummel, Essen, Trinken und Festumzug.
Jährlich am Wochenende drei Wochen vor Ostern
www.sommergewinn-eisenach.de

THÜRINGER BACHWOCHEN
Feines, überregional bekanntes Festival für Barockmusik und außerdem das größte Musikfestival in Thüringen. Ganz ungewöhnlich: Am Vorabend vor der Eröffnung steigt die Lange Nacht der Hausmusik. Mitmachen darf jeder, musiziert wird in Privaträumen oder kleinen öffentlichen Locations.
März/April
www.thueringer-bachwochen.de

LANDESTHEATER EISENACH
Das Theater wurde 1879 eröffnet und bietet Ballett, Musik und Schauspiel.
Theaterplatz 4–7
Theaterkasse: Tel. 03691 256-219
www.theater-eisenach.de

1 LANDGRAFENSTUBE WARTBURG €€€€
Thüringer und Fischspezialitäten sowie eine umfangreiche Weinkarte zeichnen das Restaurant aus. Die Küche lässt sich von alten Rezepten inspirieren und verfeinert diese gekonnt. Der Blick von der Terrasse ins Weite ist allein schon unbezahlbar.
im Romantik Hotel auf der Wartburg, s.u.
Tel. 03691 79 70

2 WEINRESTAURANT TURMSCHÄNKE €€€
Hier genießen Sie feinste Gerichte zu moderaten Preisen und wählen aus einer umfangreichen Weinkarte, die auch Spitzengewächse aus dem Saale-Unstrut-Gebiet bietet. Herrliche Gobelins und die hübschen Bleiglasfenster verbreiten eine heimelige Atmosphäre. Das Restaurant am Nikolaiturm zählt zu den besten der Region. Probieren Sie die hausgeräucherte Entenbrust.
Karlsplatz 28, Tel. 03691 21 35 33
www.turmschaenke-eisenach.de
Ruhetag: So.

3 KONDITOREI & CAFÉ BRÜHEIM €
2019 stand der Generationenwechsel an und alle drückten die Daumen, dass sich an der Qualität der Torten und Kuchen nichts ändert. Aber warum sollte es auch? Die Juniorchefin hat doch beim Vorgänger gelernt. Genau das Richtige für den kleinen Hunger zwischendurch sind die feinen Snacks. Das Café liegt in Sichtweite des Bachhauses.
Marienstr. 1,
Tel. 03691 20 35 09
www.cafe-brueheim.de

4 SCHORSCHL KLEINKUNSTKNEIPE €
Hier treffen sich die jüngeren Semester zu Baguette, frischen Salaten und mediterran angehauchten Speisen, fallweise angereichert durch feine Kleinkunst.

Georgenstr. 19
Tel. 0176 93 13 09 58
www.schorschl.de
tgl. ab 19.00 Uhr

1 ROMANTIK HOTEL AUF DER WARTBURG €€€€
Unmittelbar neben der Wartburg gelegen, wohnen Sie hier auf geschichtsträchtigem Terrain. Die Aussicht ist grandios, Ambiente einem Luxushotel entsprechend.
Auf der Wartburg 2
Tel. 03691 79 70
https://wartburghotel.de, 37 Z.

2 GLOCKENHOF €€€
Angenehmes, modern eingerichtetes Hotel mit großzügigen Zimmern. Die Zimmer zu den Seitenstraßen sind die ruhigeren. Wer abends gerne einmal im Haus bleibt: Im Hotelrestaurant isst man recht gut.
Grimmelgasse 4, Tel. 03691 23 40
www.glockenhof.de, 44 Zi.

3 STIFTSGUT WILHELMSGLÜCKSBRUNN €€
Als erstes kamen Kranke, um von den Solequellen zu profitieren. Später schaute Goethe vorbei, auch ein Kurbetrieb begann und endete. Nach der Wende übernahm ein evangelischer Verein das Stiftsgut, zog französische Lacaune-Schafe groß, stellte Bienenstöcke auf, fährt seither prominente Preise für den hofeigenen Käse ein und widmet sich der biologischen Landwirtschaft. Alles, was im Restaurant und Café »Saline« und im Hotel auf den Tisch kommt, ist überwiegend selbst angebaut, stets biologisch und Slow-Food-gerecht. Im Stiftsgut nächtigen Sie in vollholzmöblierten, teppichbodenfreien Zimmern oder genießen das Landleben im Dunstkreis der Wartburg in einer Ferienwohnung.
99831 Creuzburg
(12 km nördl.)
Tel. 036926 7 10 03 20
www.wilhelmsgluecksbrunn.de
20 Z., 7 FeWo

Bachs Taufkirche

Geschichtsträchtigstes Bauwerk am Markt ist die Pfarrkirche St. Georg. Elisabeth von Ungarn heiratete hier 1221 Landgraf Ludwig IV. Vom damaligen Interieur ist nichts geblieben, denn die Kirche wurde 1515 abgerissen und neu aufgebaut. In der nagelneuen Kirche predigte am 2. Mai 1521 **Martin Luther**, der zu diesem Zeitpunkt schon exkommuniziert war. Gerade mal vier Jahre später nahm die Kirche im Bauernkrieg schweren Schaden und diente während der Reformation als Pferdestall. Die Wiedereinweihung erfolgte 1558. Eisenachs berühmtester Sohn, **Johann Sebastian Bach**, wurde hier am 23. März 1685 getauft. Der Taufstein aus dem 16. Jh. ist noch heute zu bestaunen. Vier Generationen von Mitgliedern der Familie Bach spielten in dieser Kirche Orgel. Von 1898 bis 1902 wurde der schlanke Turm gebaut. St. Georg

Preisgekrönte Ausstellung

Südlich der Georgenkirche öffnet sich der Lutherplatz. Als **Martin Luther** von 1498–1501 in der Lateinschule von Eisenach die Schulbank drückte, wohnte er im Haus der Familie Cotta. Seit 1956 ein Luther-Museum, wurde es zum Reformationsjubiläum 2017 vollstän- Lutherhaus

dig saniert. Die Dauerausstellung »Luther und die Bibel« glänzt durch multimediale Präsentation und besondere Exponate.
Lutherplatz 8 | Di.–So. 10–17 Uhr | Eintritt: 10 € | www.lutherhaus-eisenach.com

Bach total

★★ Bach-museum

Heute weiß man, dass Johann Sebastian Bach (1685–1750) in der Fleischergasse geboren wurde, doch lange Zeit hielt man das Haus am Frauenplan Nr. 21 für sein Geburtshaus, das deshalb Sitz des 1907 eröffneten Bachmuseums wurde. Das kleine Fachwerkhaus wird optisch in den Schatten gestellt vom 2007 eröffneten **Anbau** des Architekten Berthold Penkhuis – ein radikaler Schnitt zwischen alt und neu. Wie ein Fremdkörper zwängt sich der Komplex aus rhombenförmigem Muschelkalk und Glas zwischen die Häuser am Frauenplan. Drinnen ist die Atmosphäre umso angenehmer, licht und hell, sowie Anziehungspunkt für ein internationales Publikum.
Der Rundgang führt zunächst in den **Altbau**, wo die Besuchergruppen an den Musikinstrumenten Hörbeispiele vorgespielt bekommen und sich an den zarten Klängen eines Clavichords oder eines Silbermann-Spinetts erfreuen können. Über knarzende Dielen durchschreitet man die engen Kammern und gewinnt ein Bild vom Leben Bachs, der in einer Familie mit sechs Kindern aufwuchs.

So klingt Bach! In den Hörkugeln im Bachhaus wird der große Meister erst richtig erlebbar.

Im **Neubau** wird Bachs Werk vorgestellt. Hier kann man Bachs Kompositionen lauschen und sich auf eine begehbare Bach-Kantate einlassen. Originalnoten demonstrieren die zahlreichen Änderungen, die jedes Werk von des Komponisten eigener Hand erfahren hat. Besonders interessant sind auch die Interpretationen, die Bachs Werke erfahren haben und die anhand vieler Einspielungen hörbar werden.
Frauenplan 21 | tgl. 10–18 Uhr | Eintritt: 10 € | https://bachhaus-eisenach.de

Grandiose Schnitzarbeiten

Predigerkirche

Markantestes Bauwerk der westlichen Altstadt ist die Predigerkirche, die einst Teil eines Dominikanerklosters war. Das Kloster ist das einzige erhaltene in der Stadt und wurde bereits 1240 zu Ehren der hl. Elisabeth gegründet. Heute ist hier eine außergewöhnliche Sammlung mittelalterlicher Kunst untergebracht. Der Bestand an Schnitzereien ist der umfangreichste in Thüringen. Die Holzplastiken Thüringer Meister sind überaus eindrucksvoll, besonders die um 1170 geschnitzte Figur des »Trauernden Johannes«.
Predigerplatz 2 | Mi.–So. 10–17 Uhr | Eintritt: 4 €

Das älteste Haus der Stadt

Hellgrefenhof

Von der Predigerkirche führt ein Weg entlang der alten Stadtmauer zum Hellgrefenhof (Ecke Georgenstraße/Schiffsplatz). In diesem vermutlich ältesten Gebäude der Stadt hat heute die Stadtbibliothek ihren Sitz. Der Gebäudeteil in der Georgenstraße 45 ist datiert auf das Jahr 1471.

Geologisches Kleinod

Stadtmauer

Gleich um die Ecke befindet sich der lauschige Biergarten »Am Storchenturm«. Hier wie auch am nördlich gelegenen Jakobsplan finden sich noch Reste der Stadtmauer (12. Jh.). Geologisch Beschlagene werden sofort erkennen, dass hier Steine des violett-rötlichen Wartburgkonglomerates verbaut wurden, für das sich schon **Goethe** sehr interessierte. Der Dichter besuchte Eisenach mehrfach und vertrieb sich die Zeit auch mit mineralogischen Spaziergängen.

Besuch bei Wartburg und Dixi

★ Automobile Welt

Jenseits der Bahnlinie zeigt sich die Stadt von ihrer produktivsten Seite. Seit 1898 werden in Eisenach Autos gebaut, zunächst bei der Fahrzeugfabrik Eisenach AG. 1928 übernahm BMW die Fabrik und stieg damit in den Automobilbau ein. Nach Kriegsende übernahmen die Sowjets, dann wurde 1952 der VEB IFA Automobilfabrik EMW Eisenach gegründet, die ab 1955 die »Wartburg«-Modellreihe baute. Sie endete mit dem »Wartburg 1.3« mit in Lizenz produziertem VW-Polo-Motor. Der Preis erhöhte sich damit allerdings um ein Drittel, was die Kundschaft, die oft jahrelang auf ihr Auto warten musste,

nicht eben entzückte. 1991 rollte der letzte Wartburg vom Band. Wie für seinen Kollegen, den »Trabi«, brach mit der Wende uder Markt komplett weg, wenige (N)ostalgiker ausgenommen. Auf dem ehemaligen Werksgelände zeigt die »Automobile Welt Eisenach« die Entwicklung der ersten Wartburg-Motorwagen von 1899 bis 1991, dazu AWE-Rennsportwagen von 1956 und BMW-Oldtimer.
Friedrich-Naumann-Str. 10 | April bis Okt. Di.–So. 10–18, Nov.–März 11–17 Uhr | Eintritt: 6 € | https://awe-museum.de

Gründungsort der SPD

Rote Geschichte

Südlich der Altstadt befindet sich die **Gedenkstätte »Goldener Löwe«**, in der 1869 unter Führung von August Bebel und Wilhelm Liebknecht die Sozialdemokratische Deutsche Arbeiterpartei (SPD) gegründet wurde.
Marienstr. 57 | Mo.–Fr. 10–17 Uhr | Eintritt: frei | www.august-bebel-gesellschaft.de

Tempel für Wagnerianer

★ Reuter-Wagner-Museum

Über die B 19 Richtung Wartburg ist schnell das Reuter-Wagner-Museum erreicht. In der 1866 erbauten Renaissance-Villa lebte zunächst Fritz Reuter (1810–1874). Nach seinem Tod wurde das Haus ein Museum ihm zu Ehren. 1895 kam die 6000 Bände umfassende Richard-Wagner-Bibliothek hierher. Nach Bayreuth beherbergt damit Eisenach die **zweitgrößte Richard-Wagner-Sammlung der Welt**. 2007 erfuhr das Haus eine beachtliche Aufwertung, nachdem es die Wagner-Sammlung des Musikwissenschaftlers Rüdiger Pohl, Vorsitzender der Deutschen Richard-Wagner-Gesellschaft, überlassen bekam, die u. a. eine erkleckliche Menge seltener Fotografien und Schellackplatten umfasst.
Reuterweg 2 | Fr.–So., Fei. 11–17 Uhr | Eintritt: 4 €

Eine prächtige Klamm

★ Drachenschlucht

Hochinteressant für Wanderfreunde und Naturliebhaber ist ein Gang durch die Drachenschlucht, erreichbar über den Wanderparkplatz am Ende der Wichmannpromenade (südlicher Ortsausgang der B 19). Spektakulär ist die 198 m lange Klamm, die an der engsten Stelle nur etwas über einen halben Meter breit ist. Im Juni sieht man den purpurroten Fingerhut blühen, in kalten Wintern hängen gewaltige Eiszapfen von den Felswänden, die aus dem Wartburg-Konglomerat bestehen. Auch im Sommer ist in der kühlen Klamm eine Jacke empfehlenswert, festes Schuhwerk ganzjährig.

Wuchtiges Denkmal mit Wartburgblick

Burschenschaftsdenkmal

Hoch über der Stadt mit traumhaftem Blick auf die Wartburg thront auf der Göpelskuppe das Burschenschaftsdenkmal. Der 1902 errichtete martialische Rundtempel mit der Darstellung der

Götterdämmerrung im Innern erinnert an die in den Auseinandersetzungen und Kriegen zwischen 1864 und 1870/1871 gefallenen Burschenschaftler sowie an das Wartburgfest 1817. Heute illustriert ein Video die Geschichte des Gebäudes; eine Ausstellung informiert über die Historie der Burschenschaften. Am Fuß des Turms treffen sich Verbandsbrüder heute noch im Berghotel Eisenach, früher »Burschenhaus«.

Denkmal: tgl. 10–18, Winter 11–16 Uhr | www.burschenschafts denkmal.de, www.berghotel-eisenach.de

★★ Wartburg

Burghöfe und Außenanlagen tgl. 9–18, Museum und Innenräume tgl. 9.30–16.30 Uhr | Eintritt: 12 € | www.wartburg.de

Am Ende steil hinauf

Anfahrt

Neben Weimar ist die Wartburg die meistbesuchte Sehenswürdigkeit in Thüringen. Die Feste mit dem markanten Bergfried und dem langgestrecken Burgkomplex zählt zum **UNESCO-Weltkulturerbe** und spielte in der Geschichte Deutschlands mehrfach eine wichtige Rolle. Richtig allein ist man auf der Wartburg eigentlich nie. Am Wochenende kommen viele Reisegruppen, unter der Woche zusätzlich Schulklassen.

Von Eisenachs Zentrum aus führen mehrere **Fuß- und Radwege** in ca. 30 bis 60 min. hinauf auf die Burg (steiler Anstieg!), darunter der Luthererlebnispfad vom Marktplatz über den Schlossberg.

Gebührenpflichtig geparkt (5 €) wird am Fuß der Burg und dann der letzte Steilanstieg zu Fuß bewältigt (ca. 20 Min.). Für Ältere und Gehbehinderte gibt es vom Parkplatz aus einen **Shuttle-Bus**. Von den Ausweichparkplätzen an der B 19 in Marienthal verkehrt die **Buslinie 23** ab Drachenschlucht, vom ZOB Eisenach via Markt die **Buslinie 03**.

Die in der Sommersaison beliebten **Eselritte sind bis auf Weiteres ausgesetzt**.

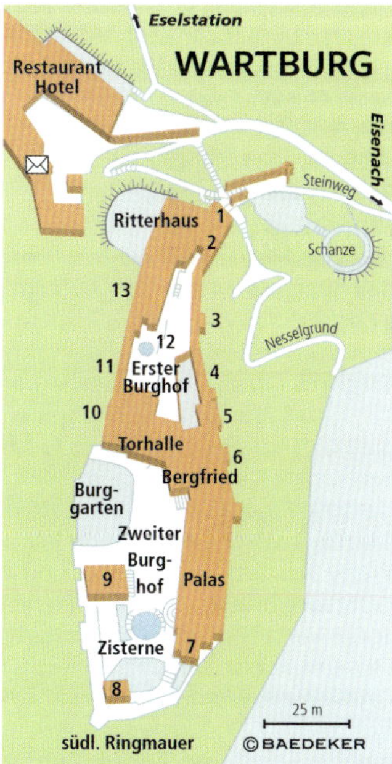

1 Zugbrücke
2 Torhaus
3 Nürnberger Erker
4 Elisabethengang
5 Luthererker
6 Neue Kemenate
7 Ritterbad
8 Südturm
9 Gadem
10 Dirnitz
11 Margarethengang
12 Brunnen
13 Vogtei mit Lutherstube

Wie aus einem Berg eine Burg wurde

Baugeschichte

Erbaut wurde die Wartburg um 1080. Der Sage nach war es **Ludwig der Springer**, Graf von Schauenburg, der die Burg 1067 gründete. Viele Darstellungen zeigen, wie diese zu ihrem Namen kam: Ludwig erklettert mit seinen Getreuen während einer Jagd den Berg. Dort rammen sie ihre Schwerter in den Boden, und Ludwig ruft aus: »Wart, Berg, du sollst mir eine Burg werden!« Der Platz war indes vom Gründer gut gewählt, schlängelt sich doch dem Berg zu Füßen die »Via regia«, eine wichtige Handelsroute jener Zeit, durchs Tal. Heute folgt die Autobahn ungefähr ihrem Lauf. Die lange Geschichte der Burg bildet sich auch in ihrer Architektur ab, die einen Mix aus Romanik, Gotik, Renaissance und Historismus bietet.

Ältester Bauteil ist der spätromanische **Palas**, der unter den Landgrafen von Thüringen zwischen 1157 und 1170 errichtet wurde. Die Fachwerkbauten und die Wehrgänge datieren ins 14. und 15. Jh. Weitere Bauelemente gehen aufs 19. Jh. zurück, als Erbgroßherzog Carl Alexander von Sachsen-Weimar-Eisenach die verfallenen Teile instand setzten ließ und dem Komplex den markanten **Bergfried** sowie Kemenate, Dirnitz, Torhalle und Gadem (Gästehaus) hinzufügte (alle 1850er-/60er-Jahre). Vor allem der **Festsaal im Palas** gehört zu den Schmuckstücken. Hier werden im Sommer Konzerte gegeben. Die Dauerausstellung im Museum zeigt Schätze aus der **Kunstkammer**. Weitere Details zur Burg: ▶Baedeker Wissen, S. 88–91.

Stoff für Wagner-Opern

Berühmte Burggäste

Die Burg zählte unter den Landgrafen Ludwig III. und Hermann I. zwischen 1172 und 1211 zu den bedeutendsten Fürstenhöfen im Reich und war Zentrum der hochmittelalterlichen Dichtung und des Minnesangs. Hermann I. förderte bekannte Dichter wie Walther von der Vogelweide und Wolfram von Eschenbach, der hier 1203 Teile des »Parzival« verfasste. Auch soll er an dem sagenhaften **Sängerkrieg** auf der Wartburg teilgenommen haben, gemeinsam mit Heinrich von Ofterdingen und Walther von der Vogelweide. Richard Wagners Oper »Tannhäuser« handelt von diesem »Sängerkrieg«. 1211 kam **Elisabeth von Ungarn** (▶ Baedeker Wissen, S. 286) auf die Burg, wo sie den größten Teil ihres kurzen, wechselvollen Lebens verbrachte.

Zentrale Figur in der Geschichte der Burg ist der große Reformator **Martin Luther** (▶ Baedeker Wissen, S. 90). Kurfürst Friedrich der Weise ließ Luther, von Papst und Kaiser verfolgt, zum Schutz auf die Wartburg bringen. Der Mönch hielt sich hier 1521/1522 als »Junker Jörg« versteckt und übersetzte das Neue Testament ins Deutsche. Seine Arbeitsstube zählt heute zu den Hauptattraktionen der Burg.

Ein weiteres wichtiges Ereignis war das **Wartburgfest** von 1817, bei dem sich ca. 500 Abgesandte deutscher Universitäten hier versammelten, um für die Einheit Deutschlands zu demonstrieren.

OBEN: Fast 1000 Jahre alt und eine der berühmtesten Burgen Deutschlands: die Wartburg bei Eisenach

UNTEN: Moritz von Schwinds Fresken im Sängersaal verklären den mythenumrankten Sängerkrieg auf der Wartburg.

WARTBURG

Die Wartburg bei Eisenach zählt zu den großartigsten Burgen Deutschlands und gehört zum UNESCO Weltkulturerbe. Martin Luther übersetzte in der Feste das Neue Testament ins Deutsche, Walther von der Vogelweide, Wolfram von Eschenbach und die heilige Elisabeth lebten und wirkten hier. Viel »echtes« Mittelalter ist der zahlreichen Umbauten wegen nicht geblieben, doch wie sich insbesondere die Burgherren im 19. Jh. das Mittelalter vorstellten, zeigen etliche Ausstattungsdetails.

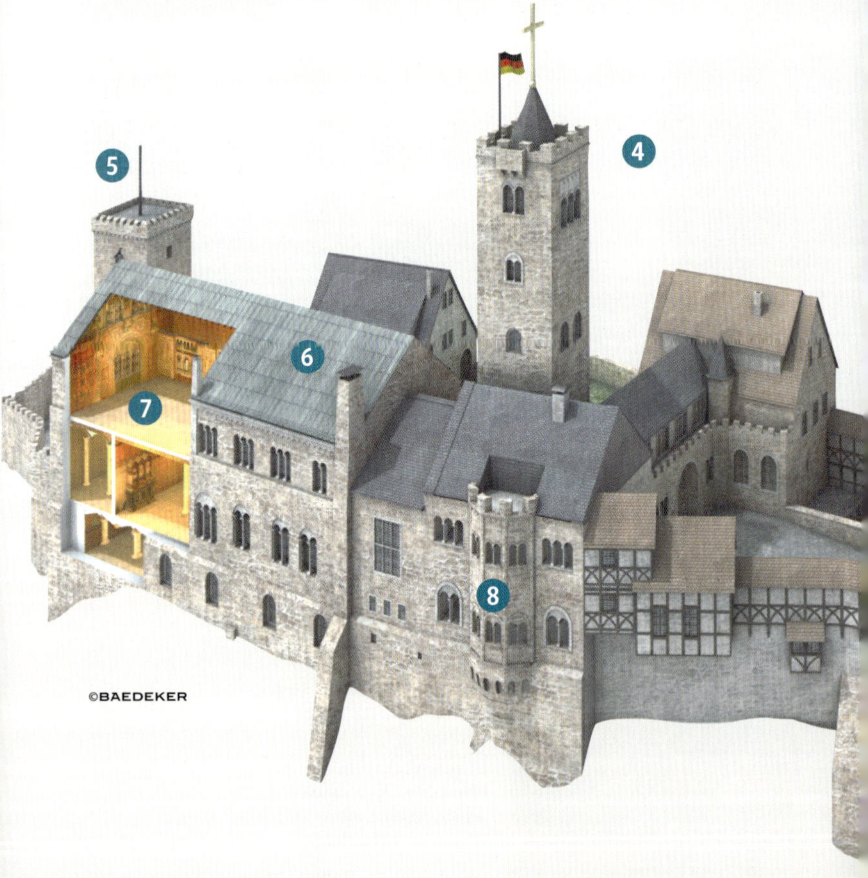

❶ Zugbrücke mit Torhalle
Die Brücke bildet den einzigen Zugang zur Burg, eng und schmal und seit dem Mittelalter nahezu unverändert.

❷ Vorburg
Zur Vorburg aus dem 14./15.Jh. gehören die imposanten Fachwerkbauten: rechts vom Eingang Ritterhaus, Vogtei und Margarethengang, links der Elisabethengang.

❸ Lutherstube
An der Wand hängen Gemälde von Lucas Cranach d. Ä., auf denen Luther als »Junker Jörg« zu sehen ist. Hier soll Luther ein Tintenfass nach dem Teufel, der ihn versuchen wollte, geworfen haben. Angeblich soll der Fleck jahrhundertelang immer wieder aufgefrischt worden sein. Vom Tintenfleck ist heute nichts mehr zu sehen, dafür ein Loch neben dem Ofen.

❹ Bergfried
1859 fertiggestellt, sitzt er auf den Fundamenten eines mittelalterlichen Bergfrieds auf. Ihn krönt ein prächtiges goldenes Kreuz, das Wahrzeichen der Wartburg.

❺ Südturm
Der romanische Turm von 1318 inklusive Verlies und bester Aussicht zählt nach dem Palas zum ältesten Teil.

❻ Palas
Im Erdgeschoss des spätromanischen Palas befinden sich Rittersaal, Speisesaal (1161) und Elisabeth-Kemenate. Im ersten Obergeschoss liegen das Landgrafenzimmer und der Sängersaal. Moritz von Schwind hat die drei letztgenannten 1854/55 farbenfroh ausgemalt. Die Galerie mit einer 1855 ausgeführte Darstellung des »Rosenwunders« führt von hier aus in die Burgkapelle (1320).

❼ Festsaal
Das zweite Geschoss des Palas nimmt der Festsaal ein. Herzog Carl Alexander ist die prunkvolle Ausstattung des Festsaals zu verdanken. Auch diese Fresken stammen vom Spätromantiker Moritz von Schwind. Die Fahne über dem Kamin erinnert an das Wartburgfest 1817.

❽ Neue Kemenate
Gotische Wandteppiche, Gemälde von Lucas Cranach d. Ä., Skulpturen aus der Werkstatt Tilman Riemenschneiders und ein Schrank nach Entwürfen Albrecht Dürers zieren den 1853–1860 angelegten Gebäudeteil.

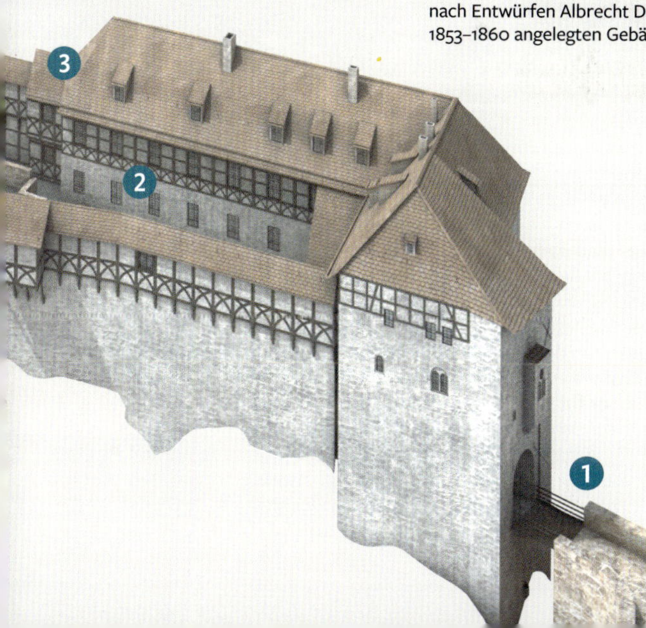

DER KIRCHENREBELL

In einer Nacht-und-Nebel-Aktion kam Martin Luther auf die Wartburg. Unter dem Schutz seines Landesherrn, Kurfürst Friedrichs III. von Sachsen, konnte der Augustinermönch inkognito unter dem Decknamen »Junker Jörg« von der Burg aus zwischen Mai 1521 und März 1522 die Reformation voranbringen – und die Bibel übersetzen.

»Und da mein Gewissen in den Worten Gottes gefangen ist, kann und will ich nichts widerrufen, weil es gefährlich und unmöglich ist, etwas gegen das Gewissen zu tun. Gott helfe mir. Amen.« Martin Luther sprach's gegen alle kirchlichen und weltlichen Autoritäten, nur seinem eigenen Gewissen verpflichtet. Nun musste er mit dem Schlimmsten rechnen, als er **exkommuniziert und geächtet** den Reichstag zu Worms April 1521 verließ.

Eine filmreife Flucht

Durch das Edikt **Kaiser Karls V.** vom Mai hätte Luther von jedermann ungestraft getötet werden können. Sogar seinen Freunden war jede Hilfe untersagt. Nur sein Landesherr, der Reichserzmarschall und **Kurfürst Friedrich der Weise**, konnte noch für eine Weile seine schützende Hand über ihn halten. Der Kurfürst hatte bei der Wahl Karls V. zum Deutschen König und erwählten Römischen Kaiser 1519 die Zusage erhalten, keinen Untertan des Reichs von einem fremden Gericht verurteilen zu lassen. So erwirkte er für Martin Luther ein Verhör auf dem Wormser Reichstag – und das ausdrücklich mit freiem Geleit für die Hin- und Rückreise.

Hätte Karl V. sein Versprechen gebrochen wäre, wäre es wohl sofort zum Aufstand gekommen, denn nicht nur ganz Worms stand auf Luthers Seite, sondern eine breite Öffentlichkeit, die durch eine Flut von Flugschriften unterrichtet war.

Als Luthers Kutsche während seiner Rückreise am 4. Mai 1521 schon auf kursächsischem Gebiet gen Altenstein rumpelte, wurde sie plötzlich gestoppt. Bewaffnete zerrten den Reformator auf ein Pferd und verschwanden mit ihm in einer Staubwolke. Schnell verbreitete sich das Gerücht, Luther sei entführt und umgebracht worden. Auch der sächsische Kurfürst ließ öffentlich erklären, er wisse nicht, wo Luther sei.

In Wirklichkeit fand der vogelfreie Augustinermönch und Wittenberger Professor Unterschlupf auf der Wartburg. Die kleine Burgbesatzung interessierte das Geheimnis ihres jungen Mitbewohners nicht weiter. Der trug ritterliche Kleidung, ließ sich Haare und Bart wachsen und führte als Junker Jörg ein ruhiges schriftstellerisches Dasein.

Martin Luther selbst verglich sich in seinen Briefen an Philipp Melanchthon in Wittenberg mit dem Apostel Johannes während dessen Exil auf der Insel Patmos, klagte über das **unbekömmliche Essen**, fand aber dennoch genügend Kraft, durchaus wirkungsvolle Schriften zu verfassen, darunter eine Abrechnung mit den Mönchsgelübden und Erläuterungen von Predigttexten.

Die Bibelübersetzung

Von größter Tragweite war auf **Philipp Melanchthons** Anregung hin Martin Luthers Übersetzung des Neuen Testa-

ments ins Deutsche aus den verglichenen griechischen und lateinischen Überlieferungen.
In rund elf Wochen entstand die Rohfassung, die Luther im März 1522 bei seiner Rückkehr nach Wittenberg mitbrachte, mit Melanchthon aufkorrigierte und durch den Drucker Melchior Lotter im Haus des Malers Lucas Cranach d. Ä. in 3000 Exemplaren drucken ließ. Er hatte damit die **Grundlage für die neuhochdeutsche Schriftsprache** geschaffen. Kurfürst Friedrich war über Luthers frühe Rückkehr nach Wittenberg nicht unbedingt erfreut, zeigte sich aber aufgeschlossen dessen Sinneswandel gegenüber.

Da der Landesfürst die Reformation schützte, verwarfen Luther und Melanchthon jede Form von aktivem Widerstand gegen die Obrigkeit. Sie begriffen den Staat als gottgegebene Institution und predigten eine Ethik des Gehorsams, die politische Teilnahmslosigkeit begünstigte und nicht unwesentlich zum Untertanengeist bis ins 20. Jh. beigetragen hat. So wandte sich der Reformator **gegen den Bauernkrieg**. Luthers Doppelrolle als Mönch und Junker auf der Wartburg hatte also Wirkung gezeigt und rückblickend dem evangelischen Kirchenlied »Ein feste Burg ist unser Gott« eine besondere Bedeutung verliehen.

Die Lutherstube auf der Wartburg, wo der Reformator das Neue Testament übersetzte. An der Wand seinn Porträt als Junker Jörg von Lucas Cranach d. Ä.

Rund um Eisenach

Tannhäusers Verhängnis

Hörselberge

Östlich von Eisenach liegen die landschaftlich schönen Hörselberge. Im Großen Hörselberg (484 m) hausen der Sage nach Frau Holle, Wotan sowie Frau Venus, die den Minnesänger **Tannhäuser** in ihr Reich gelockt und verführt haben soll. Richard Wagner greift dies in »Tannhäuser« auf. Von der Bergspitze geht der Blick weit ins Land. Unterhalb liegen Venus- und Tannhäuserhöhle und das beschauliche Jesusbrünnlein.

Eine Furt über die Werra

★ Creuzburg

Rund 13 km nördlich von Eisenach liegt Creuzburg auf einem kleinen Hügel, eingebettet in die Muschelkalkberge wie in einem Amphitheater. Schon seit fränkischer Zeit siedelten hier Menschen: Der Hügel bot ideale Übersicht und erstklassigen Schutz vor den Hochwassern der Werra; außerdem befindet sich hier eine der wenigen Furten: die Via regia querte hier den Fluss. Neben Mühlhausen, Erfurt und Nordhausen ist Creuzburg **eine der ältesten Städte in Thüringen**. Die Industrialisierungswelle des 19. Jh. ging an dem Ackerbürgerstädtchen vorüber. So fehlt hier der landschaftszerstörende Gürtel aus Fabriken und Gewerbegebieten. Zum Charme des Ortes trägt das liebevoll restaurierte Ortszentrum bei. Nichts erinnert mehr an die schweren Zerstörungen im Zweiten Weltkrieg.
Besonders malerisch wirkt die namengebende **Creuzburg** auf einem Hügel über der Stadt. In der 1165 bis 1170 erbauten Burg gebar 1222 **Landgräfin Elisabeth** (▶ Baedeker Wissen, S. 286), die 1235 heiliggesprochen wurde, ihren Sohn Hermann und ihre Tochter Gertrud. Von hier brach ihr Gemahl Ludwig IV. zu jenem Kreuzzug auf, von dem er nicht wiederkehren sollte. Die Elisabeth-Kemenate in der Burg ist der einzige erhaltene romanische Bauteil. Besonders hübsch ist der liebevoll angelegte Garten mit einer alten Linde. Heute finden sich hier ein Hotel mit Resaurant, das Trauzimmer der Gemeinde, eine Töpferei und das **Heimatmuseum**.

Museum: April–Okt. Di.–So. 10–17, Nov.–März Do.–So. 10–16 Uhr | Eintritt: 4 €

500 Jahre alte Fresken

Liboriuskapelle

Anstelle der Furt von Creuzburg, die einst den Ausschlag für eine Besiedlung gab, ließ 1222/1223 ließ Ludwig IV. eine steinerne **Brücke** mit sieben Bögen über die Werra anlegen. Sie wurde beim Anrücken der Amerikaner 1945 gesprengt, später wieder aufgebaut. Ebenfalls im Krieg zerstört und wiederaufgebaut wurde die Liboriuskapelle, die 1499 errichtet worden war. Innen hat sich die Ausmalung mit Fresken aus dem Jahr 1520 erhalten. Ein Stopp an der Brücke lohnt in jedem Fall, denn der Blick in die Werralandschaft ist wunderschön.

Vom Abhör- zum Aussichtsturm

Heldrastein

Rund 18 km nördlich von Eisenach bietet sich ein Abstecher zum Heldrastein an: Auf der 60 m hohen gigantischen Felswand thront ein 30 m hoher Aussichtsturm (**Turm der Einheit**), von dem man weit in die Rhön hineinblickt. Er war einst als Abhörstation »Kondor« von der Stasi gebaut worden, was eine kleine Ausstellung dokumentiert.

★★ ERFURT

Einwohner: 213 700 | **Höhe:** 195 m ü. NHN

Erfurt ist ein Mix aus den besten Seiten Thüringens: die Lebendigkeit von Jena, die kulturelle Gewichtigkeit von Weimar, das mittelalterliche Ambiente von Mühlhausen – dies alles wird in der Landeshauptstadt erreicht oder gar noch übertroffen. Die Fülle an Ausgeh- und Shoppingmöglichkeiten kommt noch dazu.

Schmucke Hauptstadt

Wer einmal in Erfurt war, wird davon schwärmen. Im Zentrum reihen sich die feinst restaurierten **Prachtgebäude** aus vielen Epochen aneinander. Überall herrscht Leben, nicht nur auf der berühmten Krämerbrücke. Früher oder später führt der Weg aus der malerisch-verwinkelten **Altstadt** hinaus auf den weiten Domplatz. Mariendom und Severikirche, die Wahrzeichen von Erfurt, stehen erhöht und bilden eine grandiose Kulisse. An Kirchen und Klöstern mangelt es der Stadt nicht. Den Grundstein für solch eine kirchliche Machtentfaltung legte 742 **Bonifatius**, der hier einen Bischofssitz gründete. Lange zuvor schon war die **Furt an der Gera** ein attraktiver Siedlungsplatz. Dank der Lage an der »Via regia« (Königstraße) zwischen Rhein und Russland stieg die »Erphesfurt« im Mittelalter zu einer bedeutenden **Handelsmetropole** auf.

Geist und Geld

Luther und Napoleon

Als **Stadt der Wissenschaft** genießt Erfurt eine lange Tradition: 1392 wurde die Universität eröffnet. Eine ihrer prominentesten Studenten – Martin Luther studierte hier vor seinem Eintritt ins Kloster von 1501 bis 1505 – ließ allerdings kein gutes Haar an der Stadt. »Im übrigen war Erfurt damals nichts besseres denn ein Hurenhaus und Bierhaus. Die 2 Lectiones haben die Studenten am fleißigsten allda gehört«, spottete er. Doch nach dem Dreißigjährigen Krieg sank Erfurt zum Provinznest ab. Erst als »Kaiserliche Domäne« Napoleons rückte Erfurt wieder in einen europäischen Fokus: 1808 war es Schauplatz des berühmten **internationalen Fürstentreffens**, auf dem Goethe Napoleon begegnete. Bis 1945 gehörte die Stadt zu Preußen. 1949 mit der Gründung der DDR löste Erfurt Weimar als Landeshauptstadt ab und wurde 1952 nach Auflösung des Landes Thüringen Sitz des Bezirks Erfurt.

Beruf: Waidpinkler

Färberstadt

Beim Bummeln werden Sie immer wieder einmal Textilien im schönsten Blau entdecken. Sie künden von der reichen Tradition rund ums Färben von Stoffen. Die Farbe der Könige, Blau, schuf die Grundlage für den Wohlstand vom 13. bis 16. Jh., war doch das **»Thüringische Waidpulver«** in ganz Mitteleuropa begehrt. Um schönes Blau zu erhalten, muss Färberwaid fermentiert werden, was Feuchtigkeit und Wärme benötigt. Eine wichtige Funktion erfüllten die »Waidpinkler«: Der mit Urin behandelte Pflanzenbrei wurde noch farbintensiver. Mit dem Import von Indigo brach der Farbhandel zusammen, eine Katastrophe für Erfurt. Erst als sich der Handel auf die Erzeugung von Feld- und Gartenbauprodukten konzentrierte, ging es aufwärts..

Südliche Altstadt

Große Bühne für Festspiele

★ Domberg

Nicht Hochhäuser, sondern Kirchtürme beherrschen die Silhouette von Erfurt: Drei schlanke Nadeln schickt die **Severikirche** in den Himmel, drei weitere Turmspitzen gehören zum **Mariendom**. Vom Domplatz aus gesehen steht links der Dom, rechts die Severikirche und zwischen beiden eine ausladende, sich nach oben verjüngende Treppe. Im Sommer finden auf ihr Theateraufführungen statt. Das Ensemble wirkt so ungewöhnlich groß, weil der Dom baulich bis an den Fuß seines Bergs heranzureichen scheint.

Ehrwürdigstes Bauwerk der Stadt

★★ Dom

Über Jahrhunderte bauten die Erfurter an ihrem Dom, der Maria geweiht ist. Begonnen wurde die romanische Basilika, von der noch das Sanktuarium und die unteren Geschosse des Turmes zeugen, 1153/1154. Doch sicher stand hier schon 742 eine Kirche, als Bonifatius das Bistum gründete. Der gotische Chor kam im 14. Jh. hinzu. In diese Zeit fällt auch der Bau der Kavaten, das sind Stützkonstruktionen, die den Dom optisch mit dem Domberg zusammenschweißen und dafür sorgten, dass überhaupt so nahe an die Hangkante herangebaut werden konnte. Aus diesen Bögen heraus scheint der Langchor des gotischen Doms himmelwärts zu streben – sehr beeindruckend! Ab 1455 verwandelte sich der Westteil wieder in eine Baustelle, als das Langhaus neu errichtet wurde.
Die drei Türme verschmelzen optisch fast mit dem Übergang von Chor zu Langhaus. Eine Berühmtheit tönt im mittleren Turm: die

OBEN: Weihnachtlicher Glanz hüllt den Domberg ein. Links der Dom, daneben die spitztürmige Severikirche.

UNTEN: Die Domstufen sind so ausladend, dass sie eine hinreißende Kulisse für Theater und Konzert abgeben.

Maria Gloriosa, die größte frei schwingende mittelalterliche Glocke der Welt, 1497 von Meister Gerhard Wou aus Kampen gegossen. Ihr Klang soll dank den bis zu 50 Obertönen weich und doch kraftvoll sein, allein ihr Nachhall dauert sechs Minuten! Für Glockengießer ist sie das weltweit bisher nie wieder erreichte Meisterstück ihrer Zunft. Doch ist die 11 450 kg schwere Glocke in die Jahre gekommen und darf nur noch selten geläutet werden. An den höchsten Kirchenfesttagen und allen Marienfeiertagen klingt sie aber noch immer.

Weil der Dom aufgrund des engen Raums auf dem Berg kein Westportal hat, bildet das Portal des so genannten Triangels am nördlichen Seitenschiff den **Haupteingang**. Am Portal lohnt es, sich die Frauengestalten genauer anzusehen, die »Zwölf törichten und klugen Jungfrauen«, trotz neugotischer Ergänzungen. Südlich des Langhauses entstanden bis ins 14. Jh. die Gebäude für das Domkapitel um einen dreiflügeligen Kreuzgang. Von den 15 Glasfenstern, 1370 bis 1420 geschaffen, sind noch 13 fast vollständig erhalten.

Unter den Kunstschätzen im Dom ragt die bronzene **Leuchterfigur des Wolfram** (um 1160) hervor, der ganz versunken schon dem Heiland entgegenzuschauen scheint, eine der frühesten rundplastischen Freifiguren auf deutschem Boden. Nicht weniger großartig ist die **romanische Thronende Muttergottes mit Kind** (1160) in einem Stuckretabel. In einer Nische gegenüber befinden sich das Faksimile der Heiligsprechungsurkunde der hl. Elisabeth (1235) sowie ein Reliquiar mit einem Knöchelchen der Heiligen. Unübersehbar prächtig ist auch das eichengeschnitzte Chorgestühl (um 1365) und sicherlich der von 1697 bis 1706 geschaffene barocke Hochaltar. Weitere bildhauerische Glanzleistungen sind das vielfigurige Sakramentshaus (um 1585) sowie die Taufe (1587) von Hans Fridemann d. Ä.

Dom: Mo.–Sa. 9.30–17, So., Fei. 13–17 Uhr | Eintritt: frei | **Domführung:** Mo.–Fr. 14 Uhr, 5,50 € | **Glockenführung**: April–Okt. stdl. Do. 9–13, Fr. 14–16, So. Sa. 11–16, 13–16 Uhr, 5,50 €, nur nach Voranmeldung Tel. 0361 6 46 12 65 | **Schatzkammerführung**: Mi., Sa. 15, 4,50 €, ebenfalls nach Voranmeldung | Führung zum **Marienmosaik**: am 1. Sa. im Monat 14.30 Uhr, nach Voranmeldung | www.dom-erfurt.de

Ein Taufstein von Meisterhand

★ Severikirche

Gleich nebenan steht die Severikirche, von 1278 bis 1340 erbaut, mit ihren drei spitzbehelmten Türmen. Auch ihr ging ein Vorgängerbau voraus, der wohl in die Zeit Bonifatius' datiert. Ihr mächtiges Walmdach erhielt St. Severi nach dem großen Stadtbrand 1472/1473. In der fünfschiffigen gotischen Hallenkirche beeindruckt vor allem der große Barockaltar von 1670. Ins Jahr 1467 datiert der filigrane Taufstein, ein Glanzstück spätgotischer Steinmetzarbeit. Besonders beachtenswert ist der um 1360 geschaffene Sarkophag des hl. Severus.

Mai–Okt. Mo.–Sa. 9.30–18, So., Fei. 13–18, Nov.–April Mo.–Sa. 9.30 bis 17, So., Fei. 13–17 Uhr | Eintritt frei, Führung 4,50 €

Ein Blick auf die Altstadt

Petersberg

Den besten Ausblick auf die Stadt hat man vom Petersberg gleich neben dem Domberg. Vom Kloster (706 gegr.) ist nur die **Klosterkirche St. Peter und Paul** erhalten, eine romanische Pfeilerbasilika. Die Maueranlagen gehören zur **Zitadelle** (1664, Umbau 1707 und 1814). Die Bastionen, Vorbefestigungen und Horchgänge gehören zu einer umfangreichen sternförmigen Anlage. 1813 beschossen preußische Truppen die Festung, wobei das Kloster ausbrannte.

Schatten der SED-Diktatur

Gedenkstätte Andreasstraße

Im ehemaligen Untersuchungsgefängnis des Ministeriums für Staatssicherheit wurden 1952 bis 1989 über 50 000 Menschen inhaftiert. Neben Kriminellen auch politische Häftlinge, Kriegsdienstverweigerer und andere dem System teils aus nichtigem Anlass verdächtige Menschen. Heute informiert die Gedenk- und Bildungsstätte über Geschichte und die Methoden der Stasi. Im 2. OG sind die ehemaligen **Zellen** zugänglich. Besucher können sich hier ein fast zu authentisches Bild vom Haftalltag und den schockierenden Stasi-Methoden machen. Besonders erschreckend: die Isolationszelle. Licht wird auch auf die **Häftlingsfreikäufe** geworfen: Ab 1962 verkaufte die DDR politische Gefangene in den Westen, insgesamt 33 862 Menschen. Zum Thema der Gedenkstätte »Haft, Diktatur, Revolution« gehört aber auch ein hoffnungsvoll stimmender Eindruck von den mutigen **Bürgerprotesten**, die letztlich in der Überwindung der SED-Diktatur gipfelten. Für den Stasi-Knast Andreasstraße ist der 4. Dezember 1989 wichtig: damals besetzten Erfurter das Gebäude, um die Vernichtung von Akten zu verhindern.

Andreasstr. 37a | Di., Do. 12–20, Fr.–So. 10–18 | **Führungen:** Sa., So. 14 Uhr | Eintritt: 2 € | www.stiftung-ettersberg.de

Thüringens Natur

Große Arche

Durch die Mettgasse führt der Weg vom Domplatz ins Viertel um die Große Arche. Hier befindet sich im 1577 erbauten Waidspeicher das **Naturkundemuseum**. Hingucker ist die 14 m hohe Eichenplastik, an der die Besucher zu einzelnen Baumstockwerken aufsteigen können. Dargestellt ist, wie sich die Thüringer Landschaft entwickelte. Als Arche Noah wird die Sammlung von Tierpräparaten dargeboten.

Große Arche 14 | Di.–So. 10–18 Uhr | Eintritt: 6 € | www.naturkundemuseum-erfurt.de

Jawort im Prachthaus

Haus zum Sonneborn

Sonnengelb leuchtet das Haus zum Sonneborn. 1546 erbaut, hat hier heute das Standesamt seinen Sitz. Die runden Löcher oberhalb des Portals, die sich auch an vielen anderen alten Häusern finden, dienten als Hinweisschilder: Steckte hier ein Strohbüschel, gab es frisch gebrautes Bier.

ERFURT ERLEBEN

ERFURT TOURISMUS
Benediktsplatz 1
99084 Erfurt
Tel. 0361 6 64 00
www.erfurt-tourismus.de

360 GRAD
Thüringen mit VR-Brille und Kuka-Roboter digital entdecken
Willy-Brandt-Platz 1

OBST- UND GEMÜSEMARKT
Mo.–Sa. 6.30–14.00 Uhr auf dem Domplatz

EINKAUFSMEILEN
Anger, Fischmarkt, Lange Brücke, Krämerbrücke

GOLDHELM
Die Schokoladenmanufaktur bereitet frische Pralinen, Schokolade, Brückentrüffel und Schokoladeneis zu.
Krämerbrücke 12–14
www.goldhelm-schokolade.de

BORN-SENF-LADEN
Thüringer Bratwurst schmeckt angeblich mit Born Senf am besten. 200 Jahre Senftradition ballen sich in dem Laden am sympathischen Wenigemarkt.
Wenigemarkt 11
www.born-feinkost.de

BACKSTUBE
Der Duft nach frischem Brot lockt die Kundschaft scharenweise an. Frische Brötchen, süße Stückchen, Brote aller Art gibt es nur, so lange der Vorrat reicht. Sind die Regale leer, wird die Fahne abgenommen. Der kleine Laden versteckt sich im Haus zum Schwarzen Adler neben dem Aufgang zur Krämerbrücke.
Kreuzgasse 2
https://backstube-erfurt.de

HANDWERKSKUNST DÜRERHAUS
Erfurt war einst berühmt für seinen Blaudruck. Im Dürerhaus lebt diese alte Kunst noch immer. Tischdecken, Servietten, Läufer und Meterware in herrlichem Blau bietet der angeschlossene Shop. Etwas besonderes sind die Vorführungen in der Blaudruckwerkstatt.
Schlösserstr. 38
www.duererhaus-erfurt.de

ROSTKULTUR
Thüringen grillt an: eine ideale Gelegenheit, um seine Lieblingsbratwurst herauszufinden. Gut 20 Metzger werfen die Nationalspeise auf mächtige Holzkohlegrills und hüllen den Domplatz in Rauch, lange Schlangen vor der Essensausgabe bezeugen die Beliebtheit von Wurst und Fest.
Mitte März, Domplatz

KRÄMERBRÜCKENFEST
Das größte Altstadtfest Thüringens. Wer kein Bad in der Menschenmenge mit viel Körperkontakt mag, schaut sich die legendäre Brücke an einem anderen Tag an.
Mitte Juni, Krämerbrücke

DOMSTUFEN-FESTSPIELE
Ganz groß und ein unvergessliches Erlebnis: Oper unter freiem Himmel auf den Domstufen.
Juli/August
Programm und Karten:
www.domstufen-festspiele.de

THEATER ERFURT

Im neuen urbanen Viertel »Brühl« hinter dem Dom ist das Theater in einen schicken Neubau gezogen.
Tel. 0361 2 23 31 55
www.theater-erfurt.de

WEIHNACHTSMARKT

Altstadt, Dom und eine 12 m hohe Weihnachtspyramide stimmen perfekt auf Weihnachten ein.
1. Advent bis 22.12.

MICHAELISTRASSE

Erfurts Kneipen- und Bargasse mit vielen netten Adressen, z.B. die
Modern Masters Bar & Lounge
Michaelistr. 48
www.modern-masters.de

CAFÉ NERLY

Aus dem Getümmel der Marktstraße führt ein Durchgang in eine andere Welt: Café Nerly, eingerichtet im Stil der 1920-Jahre, verspricht entspannte Stunden bis 1 Uhr nachts, teils bei Live-Events. Die Speisekarte bietet einen munteren Mix aus exotisch und heimisch angehauchter Küche.
Marktstr. 6
Tel. 0361 3 81 32 55
www.nerlyerfurt.de
So. Ruhetag

KLARA GRÜN CAFÉ

Ein entzückendes kleines Kaffee in lauschiger Lage gegenüber der Predigerkirche. Hausgemachte, vegane Kuchen und eine Leidenschaft für (fair gehandelten) Kaffee zeichen diese herzliche Bleibe aus. Mit der Sonne kommen auch die Sitzkissen raus, man schlürft den schwarzen Trunk auf der Kirchenmauer und lässt den lieben Gott einen guten Mann sein.
Predigerstr. 12
Tel. 0163 7 91 38 58
www.klaragruen.de
Mo.-Sa. 12-19 Uhr

❶ CLARA RESTAURANT IM KAISERSAAL €€€€

Das nobel gestaltete Restaurant im Kaisersaal blickt auf eine legendäre Geschichte zurück: Hier veranstaltete schon Napoleon diverse Galadiners, Schiller ließ hier seinen »Don Carlos« uraufführen. Wer sich in die Geheimnisse der Gourmetküche von Küchenchef Markus Prinz einweihen lassen will, bucht gleich noch einen Kochkurs bei ihm.
Futterstr. 15
Tel. 0361 5 68 82 07
Ruhetage: So., Mo.
www.restaurant-clara.de

❷ GLASHÜTTE PETERSBERG €€€

Eine grandiose Location: Durch die riesigen Fenster der Glashütte genießen Sie einen so herrlichen Blick vom Petersberg herunter auf die Altstadt, dass das Essen fast zur Nebensache wird. Im Restaurant stehen Filets, Hähnchen und Vegetarisches auf der Karte. Auch für einen Snack oder um an der Bar den Abend einzuläuten, trifft man sich hier.
Petersberg 11
Tel. 0361 6 01 50 94
www.glashuette-restaurant.de

❸ IL CORTILE €€€

Im Herzen der Altstadt liegt dieses italienische Restaurant der Spitzenklasse. »Erfurts bester Italiener ist ein Deutscher«, heißt es über Küchenchef Andreas Schöppe. Die kleine Karte wechselt ständig und steckt voll Besonderheiten. Oder wo bekommen Sie sonst noch Vellutata die Rapa, diese unvergessliche Suppe, die auf deutsch nur »Kohlrabisuppe« heißt?
Johannesstr. 150
Tel. 0361 566 44 11
www.ilcortile.de
Ruhetage: So., Mo.

4 KROMER'S RESTAURANT €€€

Slow Food im Bratwurstland: Was bei Kromer's auf den Tisch kommt, stammt aus regionalen Zutaten und ist möglichst biologisch angebaut. Eine legendären Ruf haben sich die Bratkartoffeln erobert. Auch Vegetariern macht die Karte Freude. Gespeist wird auch im hübschen Gartenrestaurant.
Kleine Arche 4
Tel. 0361 64 47 72 11
www.kromers-restaurant.de
Ruhetag: Mo.

5 ZUM GÜLDENEN RADE €€

Aus einer einstigen Tabakmanufaktur ist ein Restaurant geworden – mit viel Platz innen und im Außenbereich, wo der Biergarten in einem tollen, von Fachwerk umgebenen Hof wartet. Auch dort schmeckt die Thüringer Küche, die natürlich auf den Kloß setzt, den es auch vegan gibt.
Marktstr. 50
Tel. 0361 561 35 06
www.zum-gueldenen-rade.de

6 ZUM GOLDENEN SCHWAN €€

Hinter mittelalterlichen Mauern kommt klassische Thüringer Küche von einer ympathisch kleinen Karte auf den Tisch. Getrunken werden hausgebraute Biere. Bei einem Brauseminar kann man auch lernen, wie sie gemacht werden.
Michaelisstr. 19
Tel. 0361 262 37 42
www.zum-goldenen-schwan.de

7 FEUERKUGEL €€

Wer Thüringer Spezialitäten genießen möchte, ist in diesem urigen Lokal nahe der Krämerbrücke genau richtig. Tradition ist Programm, Oma Käthe hat das Rezept für die hausgemachten Thüringer Klöße geliefert.
Michaelisstr. 3/4
Tel. 0361 7 89 12 56
www.feuerkugel-erfurt.de

8 ZUMNORDE €€

In der gemütlichen Weinstube genießen Gäste frisch zubereitete Thüringer Spezialitäten, alle Variationen von Elsässer Flammkuchen und Schweizer Rösti. Bei schönem Wetter mit Biergarten. Im Winter lockt der offene Kamin, und – Achtung! – im Tabakskolleg werden zu Zigarren Wein, Cognac und Whisky gereicht. Der umtriebige Gastronomieleiter braut mittlerweile auch eigenes Bier. Die Besitzerfamilie Zumnorde ist nicht nur gastronomisch unterwegs: Sie kommt eigentlich aus der Schuhbranche und betreibt 24 Läden.
Grafengasse 2–6
Tel. 0361 5 68 04 26
www.hotel-zumnorde.de

1 BEST WESTERN PLUS HOTEL EXCELSIOR €€€€

Keine 2 Gehminuten vom Bahnhof und 5 Minuten vom Anger entfernt ist dieses erstklassige Hotel nicht nur für Reisende, die mit dem Zug ankommen, ideal. Seit 2019 bietet ein Neubau in der ruhigen Thomasstraße weitere komfortable, teppichboden- und barrierefreie Zimmer.
Bahnhofstr. 35
Tel. 0361 5 67 00
www.excelsior.bestwestern.de

2 ZUMNORDE AM ANGER €€€€

Zentraler als am Anger geht es nicht. Die noblen Zimmer sind mit schönen Kirschbaummöbeln eingerichtet. Ein echtes Highlight ist die Frühstücksterrasse im Innenhof. Angenehm: die teppichbodenfreien Allergikerzimmer. Eine interessante Option für längere Aufenthalte sind die Ferienwohnungen in der Nähe des Hotels.
Anger 50–51
Tel. 0361 5 68 00
www.hotel-zumnorde.de, 54 Z.

❸ HOTEL KRÄMERBRÜCKE €€€

Ruhig und doch zentral gleich hinter der Krämerbrücke gelegenes Designerhotel. 2018 sind die 91 Zimmer renoviert worden. Etwas besonderes sind die sechs Zimmer im historischen »Haus zum Roten Turm« auf der Krämerbrücke.
Gotthardtstr. 27
Tel. 0361 6 74 00
www.hotel-kraemerbruecke.de

❹ KRÄMERHAUS €€€

Direkt über der Goldhelm-Schokoladenmanufaktur versinken Sie in süßeste Träume. Die Zimmer in diesem restaurierten Fachwerkhaus gehen auf die Krämerbrücke und die Gera, bieten Platz für 2–4 Personen und sind geschmackvoll-rustikal eingerichtet.
Krämerbrücke 15
Tel. 0361 6 44 18 80
www.kraemerhaus.de

❺ AUGUSTINERKLOSTER €€

Die andere Art des Wohnens in Luthers Heimatkloster: kein Radio, kein Fernseher, kein WLAN auf den Zimmern, nur klösterliche Ruhe und schlichte, aber moderne Zimmer. Die Herberge liegt sehr zentral in der Altstadt. Wie gut es sich im Kloster logiert, hat sich mittlerweile herumgesprochen – daher früh reservieren.
Augustinerstr. 10
Tel. 0361 59 81 70
www.augustinerkloster.de, 51 Z.

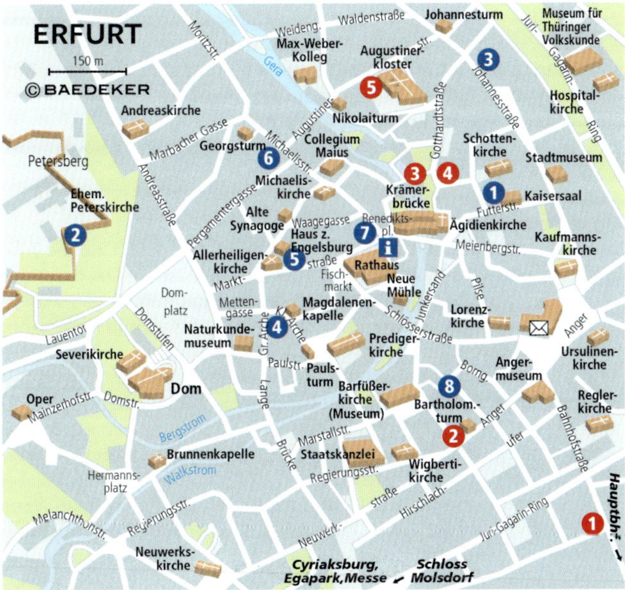

🍴 ❶ Clara Restaurant im Kaisersaal
❷ Glashütte Petersberg
❸ Il Cortile
❹ Kromer's Restaurant
❺ Zum Güldenen Rade
❻ Zum Goldenen Schwan
❼ Feuerkugel
❽ Zumnorde

🏠 ❶ Hotel Excelsior
❷ Zumnorde am Anger
❸ Krämerbrücke
❹ Krämerhaus
❺ Augustinerkloster

Unterwegs im alten Univiertel

Allerheiligenstraße

Die **Allerheiligenkirche** passt sich mit ihrem eigenwilligen Grundriss dem beschränkten Platzangebot an. Sehenswert hier ist die Pietà aus dem 14. Jh. Rund um die Allerheiligenstraße erstreckte sich ursprünglich das **Universitätsviertel**. Wichtigster Studententreff war die **Engelsburg**, in der schon Martin Luther vor seiner Zeit als Mönch einzukehren pflegte. Im **»Haus zum Güldenen Rad«**, heute ein Gasthof, stecken Strohbüschel – das Zeichen für frisches Bier.

Die schönsten Häuser Erfurts

★ Fischmarkt

Vielbestauntes Zentrum der Altstadt ist der Fischmarkt. Hier kreuzten sich die wichtigen Handelsrouten Königstraße und Nord-Süd-Straße. Schönstes und bedeutendstes Haus am Platze ist das neugotische **Rathaus**: Sein Festsaal ist mit Bildern zur Stadtgeschichte ausgestattet, das Treppenhaus illustriert die Thüringer Sagenwelt. An der Nordseite des Fischmarkts sticht das **Haus »Zum breiten Herd«** (1584) hervor. Die Reliefs am ersten Obergeschoss zeigen fünf Frauen, die die fünf Sinne repräsentieren. Mitten auf dem Platz steht der im Volksmund »Roland« genannte hl. Martin, gewandet wie ein römischer Krieger. Prachtvoll hebt sich das reich geschmückte Renaissancehaus **»Zum roten Ochsen«** (1562) ab. Heute ist es Sitz der **Kunsthalle Erfurt** – und damit eine bewährte Adresse für alle, die sich für moderne Kunst interessieren.

Kunsthalle: Di.–So. 11–18, Do. bis 22 Uhr | Eintritt: 6 € | www.kunstmuseen.erfurt.de

Ein weltweit einzigartiger Schatz

★ Alte Synagoge

Ihre ältesten Bauteile stammen aus dem 11. Jh. Somit ist die Alte Synagoge eines der ältesten jüdischen Gotteshäuser in Deutschland. Bereits bei dem **Pogrom 1349** kam die Synagoge in andere Hände und wurde als Lagerhalle genutzt, später als Tanzsaal und Kegelbahn. Auf ihre Wiederentdeckung folgten Jahre intensiver Renovierung, bis sie 2009 als **Jüdisches Museum** wieder eröffnet werden konnte. Die Schau im Erdgeschoss beleuchtet Baugeschichte und jüdische Ritualhandlungen. Im schummerig beleuchteten Keller ist der **»Erfurter Schatz«** ausgestellt, der anlässlich des Pogroms versteckt wurde, aber nie mehr geholt werden konnte. 1989 kam er durch Zufall bei Restaurierungsarbeiten ans Licht. Er besteht aus rund 30 kg Silber und Gold in Form von 3141 Silbermünzen, Silberbarren und feinstem gotischen Schmuck, darunter ein herrlicher jüdischer Hochzeitsring. Im ehemaligen Ballsaal im Obergeschoss werden jüdische Handschriften gezeigt. Unweit der Alten Synagoge wurde ein mittelalterliches Ritualbad (Mikwe) wiederentdeckt und rekonstruiert.

Waagegasse 8 | Di.–So. 10–18 Uhr | Eintritt: 8 € | **Mikwe-Führungen**: April.–Okt. Do. 15, Sa. 14, Nov.–März Do. 15 Uhr www.juedisches-leben.erfurt.de

BAEDEKER MAGISCHE MOMENTE

DER GOLDENE RING

Über 600 Jahre schlummerte der Erfurter Schatz in seinem Versteck. Nun ist er in der Alten Synagoge wieder zu bestaunen. Und wie wundervoll sind die vielen Schmuckstücke aus der Zeit der Gotik gearbeitet! Was für ein Vergnügen, jedes Detail mit den bereitgestellten Lupen zu bestaunen. Und welche Braut würde nicht gerne solch einen perfekt gearbeiteten Hochzeitsring in Empfang nehmen?

Hier sprach der große Mystiker

★ Predigerkirche

Nahebei steht in der Predigerstraße eines der schönsten Gotteshäuser der Stadt, die von 1278 bis 1380 erbaute Predigerkirche mit ihrem atemberaubend schönen, von Helligkeit durchströmten gotischen Innenraum. Hier predigte der große mittelalterliche Mystiker **Meister Eckhart** (geb. um 1260–1328).

800 Jahre alte Glasfenster

Barfüßerkirche

Die frühgotische Barfüßerkirche (Baubeginn 1221) auf der anderen Seite der Gera wurde 1944 durch Bomben teilzerstört und seither nur provisorisch gesichert. Kunstgegenstände und die mittelalterlichen Glasfenster waren vor dem Angriff in Sicherheit gebracht worden und wurden hier bis 2010 als museale Objekte präsentiert. Ein Initiativkreis setzt sich für die Wiedereröffnung ein.
www.barfuesserkirche.de

Schaltstelle der Macht

Thüringer Staatskanzlei

Gegenüber der Wigbertikirche steht die ehemalige Kurfürstliche Mainzer Statthalterei. Hinter der Barockfassade des Prunkbaus (1711–1720) hat die Thüringer Staatskanzlei ihren Sitz.

Herz der Stadt

★ Anger

Wichtigste Einkaufsachse Erfurts ist der Anger, den sich die Fußgänger nur mit der Straßenbahn teilen müssen. Man flaniert an Kaufhäusern, Restaurants und Würstchenbuden vorbei, hier schlägt das Herz der Stadt. An den Häusern lässt sich Architekturgeschichte studieren: Deren Baustile umfassen alles von der Gotik über Barock, Renaissance, Neorenaissance und -gotik, Jugendstil und Art déco bis zu den städtebaulichen Leistungen der jüngsten Zeiten inklusive Bauhaus. Im **Haus Dacheröden** (Angerstr. 37/38), leicht erkennbar an seinem aufwendigen Renaissanceportal, trafen sich schon Goethe, Schiller und Wilhelm von Humboldt, Verlobter der Caroline von Dacheröden. Heute zeigt das Kulturforum hier wechselnde Ausstellungen. Im **Bartholomäusturm**, Rest der Familienkirche der Thüringer Grafen von Gleichen, hängt ein Glockenspiel mit 60 Glocken aus der Gießerei in Apolda. Der Anger selbst wird durch die wuchtige **Hauptpost** markiert, einen Neorenaissancebau (1892–1895). Gegenüber steht das **Renaissancehaus »Zum Schwarzen Löwen«** (1577; Nr. 11). Es war während des Dreißigjährigen Krieges Residenz des schwedischen Statthalters. Rund um den Brunnen gruppieren sich viele Bänkchen. In der Kaufmannskirche am Nordende des Angers wurden die Eltern von Johann Sebastian Bach getraut.

Kunst im barocken Prachtbau

Angermuseum

Das Angermuseum, Ecke Anger und Bahnhofstraße, hat im ehemaligen Kurmainzischen Packhof seinen Sitz, einem überreich verzierten Barockbau von 1706. In diesem Kunstmuseum der Stadt Erfurt werden Exponate vom Mittelalter bis zur Gegenwart gezeigt. Besonders hervorzuheben sind die Sammlungen mittelalterlicher Kunst und die 1922 bis 1924 entstandenen **»Lebensstufen« von Erich Heckel**. Bei dem Werk handelt es sich um die einzigen erhaltenen monumentalen Wandmalereien des deutschen Expressionismus.

Anger 18 | Di.–So. 10–18 Uhr | Eintritt: 6 € | www.kunstmuseen.erfurt.de

Ein Hauch von Mittelalter

★★ Krämerbrücke

Ein weiterer wichtiger Knotenpunkt in der Altstadt ist der **Benediktsplatz**. Hier liegt die Touristeninformation und der Aufgang zur Krämerbrücke (▶ Baedeker Wissen, S. 106) eine 120 Meter lange, dicht an dicht bebaute Brücke. Im Mittelalter drängelten sich hier noch 62 Häuser der Krämer. Heute quetschen kleine Cafés auch noch zwei, drei Tischchen auf die schmale Kopfsteinpflastergasse, Glas-, Keramik- und Kleiderboutiquen, Läden mit Thüringer Spezialitäten, Unstrut-Weinen und Andenken aller Art bieten ihre Waren feil. Zu touristischen Stoßzeiten ist fast kein Durchkommen. Im Mittelalter war es vielleicht auch schon so. In Nr. 31 ist die Stiftung Krämerbrücke zu Hause (▶ S. 107). An den Brückenauffahrten erhoben sich

32 Häuser, dicht an dicht, stehen auf der Krämerbrücke, die die Gera überspannt.

einst Kirchen, die wohl auch als Zahlstellen für die Händler dienten. Die Benediktikirche auf der Westseite wurde 1810 abgerissen, an der Ostseite erhebt sich die wuchtige **Ägidienkirche**.

Kirchenbesichtigung und Turmbesteigung tgl. 11–17 Uhr

Nördliche Altstadt

Kloster in traumhafter Lage

★ Augustinerkloster

1277 errichteten Augustinereremiten eine Basilika. Weitere Klostergebäude folgten im 15. Jh., dann kamen mehrfache Um- und Ausbauphasen. Im Zweiten Weltkrieg wurde es zerstört und als Tagungszentrum wiederaufgebaut. Erhalten geblieben sind die großartigen, 700 Jahre alten Glasfenster, die die Legende des hl. Augustinus zeigen. Die **Klosterbibliothek** ist wieder aufgebaut. Berühmtester Klosterinsasse war **Martin Luther**, der hier 1505 bis 1511 als Mönch lebte und 1507 seine erste Messe las. Seine Zelle kann besichtigt werden. Sehr berührend ist der **»Ort der Stille«** unter dem Kloster, wo das Nagelkreuz aus Conventry steht. Gäste können im Waidhaus nächtigen (► S. 101). Die Wohngegend zwischen Kloster und Krämerbrücke zählt derzeit zu den gefragtesten – idyllischer als an der rauschenden Gera geht es kaum.

Mo.–Fr. 10 – 16.30, Sa bis 15, So. bis 13.30 Uhr (mit Audioguide) | Eintritt: 7,50 € | www.augustinerkloster.de

KRÄMERBRÜCKE

Erfurts ganzer Stolz ist die Krämerbrücke, eine 120 Meter lange, dicht bebaute Brücke voll kleiner Boutiquen, Spezialitätenläden und Cafés. Die 62 mittelalterlichen Häuser der Krämer wurden nach und nach zu heute 32 Gebäuden zusammengebaut.

1 Fundamente
Zunächst querte eine hölzerne Brücke die Gera. Weil diese aber immer wieder abbrannte – ihre Ersterwähnung 1175 verdankt die Holzbrücke solch einem Brand –, bewilligte der Rat der Stadt 1293 den Bau einer Steinbrücke. Diese wurde 1325 vollendet. Von Anfang an hatten Krämer ihre Buden auf der hochwassersicheren Brücke. Nach dem großen Stadtbrand 1472 verließen die Krämer ihren Lieblingsplatz, bis 1486 die Fachwerkhäuser wieder aufgebaut waren.

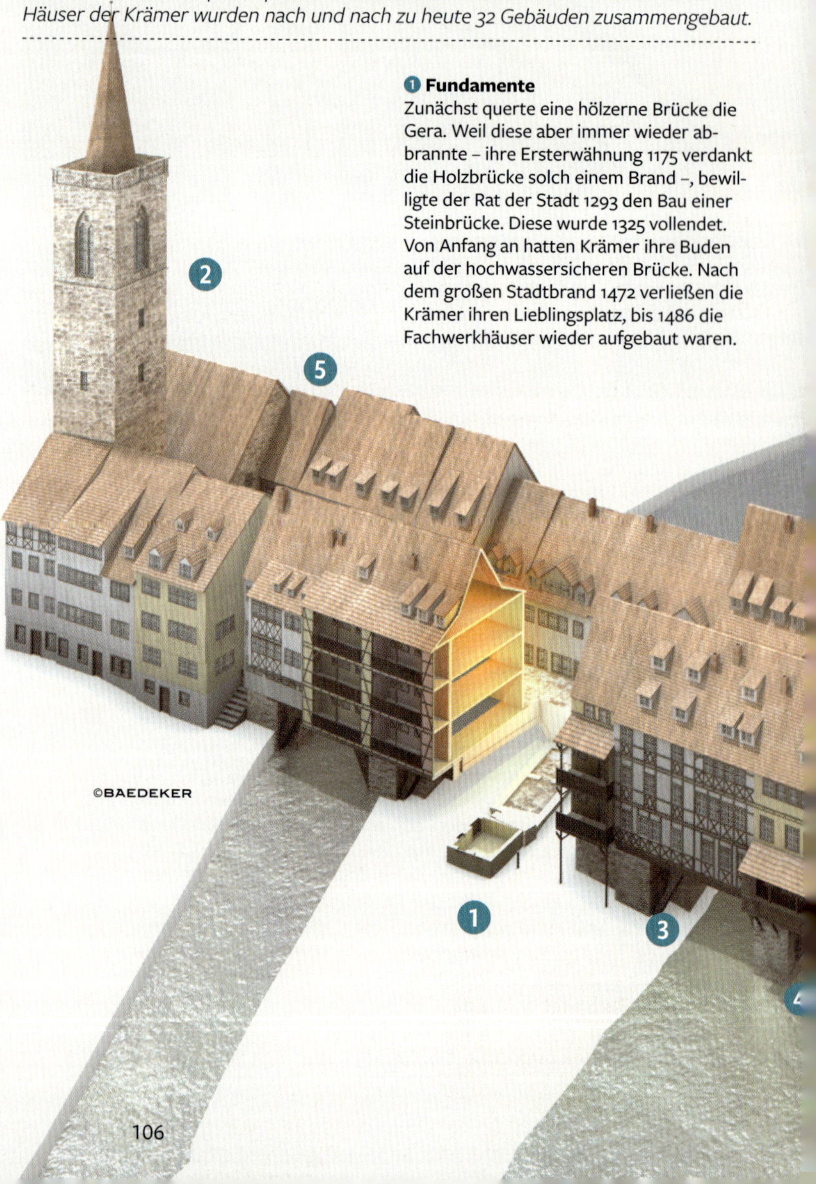

❷ Brückenköpfe
Ursprünglich stand auf jeder Seite der Brücke eine Kirche, einerseits aus religiösen Gründen, andererseits als Mautstelle für die Händler. Erhalten ist nur die Ägidienkirche, die westlich gelegene Benediktikirche musste 1810 der Rathausbrücke weichen.

❸ Tonnengewölbe
Beim Durchschreiten der Brücke fühlt man sich wie in einer engen Gasse. Der Brückencharakter kommt erst bei der Außenansicht zum Vorschein. Dann sind Fluss und Brücke mit Häusern deutlich sichtbar. Die Tonnengewölbe, die das Bauwerk tragen, sind im Schnitt 20 m breit. Die hölzernen Tragebalken vor den Gewölben (»Sprengwerke«) erlauben es, dass die Häuser drei Geschosse hoch und breiter gebaut werden konnten.

❹ Brückenpfeiler
Den Häusern auf der Brücke fehlten naturgemäß die Keller, denn unterm Boden rauschte die Gera durch. Um Stauraum zu schaffen, baute man hohle Brückenpfeiler und nutzte diese als Keller.

❺ Haus Nr. 21
Was heute wie ein Haus scheint, waren im Mittelalter zwei bis drei Häuser. Diese wurden zusammengebaut, um einigermaßen nutzbare Grundflächen zu erhalten. Einen Eindruck von der ursprünglichen Hausbreite vermittelt Haus Nr. 21.

❻ Haus Nr. 31
Im »Haus der Stiftungen« steht ein sehr informatives Brückenmodell. Recht eng wird es beim Abstieg nach unten: Hier ist noch ein Brückenpfeilerkeller zugänglich. Außerdem öffnet ein Fensterchen den Blick auf die Gera (Öffnungszeiten: tgl. 10.00–18.00 Uhr, im Winter montags geschlossen).

Älteste Wandmalereien des Landes

Nikolaiturm

Neben dem Augustinerkloster erhebt sich der um 1360 errichtete Nikolaiturm. Er ist Teil der Ende der 18. Jh.s abgebrochenen Nikolaikirche. In der Elisabethkapelle befinden sich die restaurierten **Secco-Malereien** aus dem 14. Jh. Es handelt sich um die ältesten Wandmalereien in Thüringen, die auch zu den bedeutendsten mittelalterlichen Darstellungen der thüringischen Heiligen zählen.

Besichtigung: Mai–Okt. Mo., Mi. 15.30 und nach Vereinb., Nov.–März nur nach Vereinb., Tel. 0361 57 66 00 | Eintritt: 3,50 €

Waid macht reich

Stadtmuseum

So ungewöhnlich wie auffallend ist die grau-weiß-gelbe Spätrenaissance-Fassade des **»Haus zum Stockfisch«**. Es unterstreicht, wie reich der Waid einen Erfurter machen konnte. Waidhändler Paul Ziegler ließ sich dieses Luxusanwesen 1607 als Wohn- und Geschäftshaus bauen. Überm Portal sperrt ein großer Fisch den Rachen auf – Stockfisch gehörte einst zu den wichtigsten Nahrungsmitteln. Nach der Wende richtete Erfurt hier das **Stadtmuseum** ein und zeigt darin die örtliche Geschichte von den Anfängen bis heute.
Unbedingt anschauen sollte man sich in dieser Straße auch das Fachwerkhaus **»Zum Mohrenkopf«** (Haus Nr. 168) sowie das Giebelhaus **»Zum grünen Sittich und gekrönten Hecht«**. (Nr. 178)

Museum: Johannesstr. 169 | Di.–So. 10–18 Uhr | Eintritt: 6 € www.geschichtsmuseum-erfurt.de

Blaudruck und andere Künste

Museum für Thüringer Volkskunde

Heute umgibt der Juri-Gagarin-Ring den Osten und Süden der Stadt mit lärmigem Verkehrsgetöse. Hier liegt das **Museum für Thüringer Volkskunde**. Eingerichtet im ehem. Großen Hospital (14. Jh.), geben die Sammlungen einen umfassenden Einblick in die Thüringer Alltagskultur. Sie können hier viel Zeit verbringen mit Themen wie dem Dorfleben im 19. Jh. und historischen Werkstaätten..

Juri-Gagarin-Ring 140a | Di.–So. 10.–18 Uhr | Eintritt: 6 € | www.volkskundemuseum-erfurt.de

Rund um Erfurt

Grüner Daumen

egapark

Was Gärtnerfleiß aus Blumen alles schaffen kann, zeigt der 1961 begonnene egapark am Rand von Erfurt, der sich rund um die Cyriaksburg zieht. Gartenfreunde finden hier üppige Blumenrabatten und japanische Fels- und Wassergärten. Themengärten zeigen jede Blütensaison von ihrer schönsten Seite, darunter auch die herrlichsten Rosen und Iris. Der Steppenkerzengarten entfaltet besonders im Juni und Juli seine ganze Fülle, der Liliengarten mit einer Hauptblüte von

Schloss Molsdorf sah rauschende Feste und lockt mit erotischen Grafiken.

Mitte Juni bis Anfang August. Orchideen, Kakteen und andere Exoten gedeihen in den Gewächshäusern. Im Tropenhaus leben Leguane und Wasserschildkröten. Alles rund um den Gartenbau erfährt man im **Deutschen Gartenbaumuseum** in der 1480 erbauten und 1824 zur Kaserne umgestalteten Cyriaksburg.

Der egapark (und der Petersberg) war zentraler Ort der **BUGA 21**, die auch an 25 weiteren Standorten in Thüringen unter Pandemiebedingungen stattfand. Bleiben wird davon in Erfurt v. a. das **Wüsten- und Urwaldhaus Danakil**, wo das Thema Wasser im Mittelpunkt steht – ob im Überfluss oder als Mangel.

Gothaer Str. 38 | Mitte März–Okt. tgl. 9–18, Nov.–Anfang März tgl. 10 –16 Uhr | Eintritt: 8 € | www.egapark.de

Pikant, pikant

Im noch weiter südlicheren Stadtteil Molsdorf besucht man das gleichnamig Schloss. Schon im 16. Jh. stand hier eine Wasserburg, die Reichsgraf **Gustav Adolf von Gotter** (1692 –1762) 1734 grundlegend umbauen ließ. Getreu seinem Motto »Vive la joie« feierte der Lebemann hier rauschende Feste – offenbar so üppig, dass ihm das Geld ausging und er Molsdorf 1748 wieder verkaufen musste. Geblieben sind die Innenausstattung und der herrliche Schlosspark. Zu den Sammlungen im Museum gehören Werke des Thüringer Malers Otto Knöpfer (1911–1993) und erotische Grafiken des 20. Jahrhunderts.

★ Schloss Molsdorf

Nur mit Führung: Di.–So. 10–18 Uhr | Eintritt: 6 €

Der Ofenbauer von Auschwitz

Erinnerungsort Topf & Söhne

1878 gründete der Erfurter Ofenbauer Topf eine Firma, die auch Brauereieinrichtungen herstellte. Ab 1914 wird sie Marktführer in einem ganz anderen Segment: dem Bau von Krematorien. Schon 1939 werden die Konzentrationslager der SS als neues Geschäftsfeld erkannt und erschlossen. 1942 stellt Topf & Söhne einen Patentantrag für einen »kontinuierlich arbeitenden Leichenverbrennungsofen für den Massenbetrieb«, der im Vernichtungslager Auschwitz zum Einsatz kommt. Geschäftsführer Ludwig Topf bringt sich im Mai 1945, um, Mitinhaber Ernst-Wolfgang Topf baute im Westen bis zum Firmenkonkurs 1963 Abfallvernichtungsöfen; Ermittlungen gegen ihn werden eingestellt. Ofenkonstrukteur Kurt Prüfer wird 1948 in der Sowjetunion zu 25 Jahren Lagerhaft verurteilt; er stirbt 1952. Auf dem Gelände des »Ofenbauers von Auschwitz« ist heute ein Erinnerungsort eingerichtet, der die Mittäterschaft der Wirtschaft am Massenmord der Nationalsozialisten in den KZs thematisiert.

Sorbenweg 7 | Di.–So. 10–18 Uhr | www.topfundsoehne.de

★ GERA

Einwohner: 92 100 | **Höhe:** 205 m ü. NHN

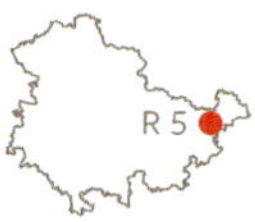

Die Otto-Dix-Stadt lockt die Kunstfreunde mit einer umfassenden Werkschau des Malers. Wer sich auf die Spuren von Henry van de Velde, dem Vorreiter des Bauhaus, begeben will, dürfte von Haus Schulenburg begeistert sein.

Dix und Bauhaus

Gera zieht Besucher an, weil der Maler **Otto Dix** (1891–1969, ▶ Interessante Menschen) hier geboren wurde. Die Stadt an der Weißen Elster hat aber weit mehr zu bieten: Lassen Sie sich bei einem **Bauhaus**-Stadtrundgang die Woll- und Seidenweberei Schulenburg und Bessler zeigen. Und besuchen Sie Haus Schulenburg selbst: Nach der Wende verfiel das Anwesen, das **Henry van de Velde** komplett gestaltet hatte. Mit Fleiß und Ausdauer rekonstruierte Volker Kielstein Haus und Garten so originalgetreu wie nur möglich. Er war in der Nähe aufgewachsen und hatte Haus Schulenburg schon als Kind bestaunt. Gemeinsam mit den Handwerkern musste er geradezu detektivischen Spürsinn entfalten auf der Suche nach den historischen Materialien. Zwei Jahre dauerte es allein, bis der kleine Steinbruch im tiefsten Bayern gefunden war, der einst den grünen Marmor für den Eingangsbereich geliefert hatte. So ist Haus Schulenburg (▶S. 116) nicht nur ein Erlebnis als Gesamtkunstwerk, sondern auch seine Instandsetzung eine bemerkenswerte Geschichte.

BAEDEKER ÜBERRASCHENDES

6X UNTERSCHÄTZT

Genau hinsehen, nicht daran vorbeigehen, einfach probieren!

1. WEIN

So weit nördlich Weinanbau? Jawohl! Die Weine aus dem **Saaletal** sind längst salonfähig. Gute Restaurants wissen das, etwa die **Weinbar in Weimar.** (▶ **S.223**)

2. SUPPENKÜCHE

Zwei Suppen, ein Hauptgericht, kleiner kann eine Speisekarte kaum sein. Wagen Sie sich trotzdem ins **Jelo in Weimar.** Hier trifft sich alles, was einen Sinn für Selbstgekochtes hat. (▶**S. 223**)

3. MODERN

Gera ist städtebaulich im Aufsteigen begriffen. Viele der bildschönen Villen werden saniert und herausgeputzt. Und Bauhaus-Architektur will ebenfalls entdeckt werden. (▶ **S. 110**)

4. BROTBERUF

Oha, was duftet da so verführerisch nach frischem Brot? In der **Backstube zu Erfurt** hat man das gute alte Backhandwerk mit Bravour wiederbelebt. Greifen Sie zu, so lange die Fahne draußen hängt! (▶ **S.98**)

5. SCHIFFBAR

Nur Wald, so weit das Auge reicht? Nein, Thüringen bietet viel Wasser und damit auch Wassersport plus Bootsverkehr. Auf zum **Hohenwarte-Stausee.** (▶ **S. 182**)

6. 360 GRAD

In der Geschäftsstelle **Erfurt** von Thüringen Tourismus erleben Sie ganz Thüringen mit Hilfe von VR-Brillen multimedial und können sich auch gleich eine App für den Erfurt-Stadtspaziergang runterladen. (▶ **S.98**)

GERA ERLEBEN

GERA-INFORMATION
Markt 1a, 07545 Gera
Tel. 0365 8 38 11 11
https://tourismus.gera.de

THEATER
Der Theaterbau (1902) von Heinrich Seeling östl. der Orangerie zeigt opulenten Jugendstil außen und innen.
Kartentelefon: 0365 82 79 105
www.tpthueringen.de

KRISTALL-SAUNA
Bad Klosterlausnitz lockt mit Wellenbad, Saunalandschaft und Thermalschwimmbecken. Ein Natronbecken bringt den Stoffwechsel in Schwung.
Köstritzer Str. 16
07639 Bad Klosterlausnitz
Tel. 036601 59 80
www.kristall-saunatherme-bad-klosterlausnitz.de
tgl. 9–21, Fr., Sa. bis 22 Uhr
Eintritt: 11 €

1 BURGRESTAURANT RONNEBURG €€
Rittermahl für die Erwachsenen, Knappenmahl für die Kinder, aber auch ein uriges À-la-carte-Restaurant mit Wild und Fisch auf der Speisekarte locken Einzelreisende wie Gesellschaften auf die Burg. Besonders heimelig: das Kaminzimmer.
63549 Ronneburg (10 km östl.)
Tel. 06048 71 30
www.restaurant-ronneburg.de
Ruhetage: Mo., Di.

2 KÖSTRITZER BIERHAUS €-€€
Das Bierhaus versteht sich nicht nur auf gutes Bier. Ein sehr nettes Ambiente und Fleischspezialitäten frisch vom Lavagrill machen das Lokal in der Innenstadt zu einem beliebten Anlaufpunkt für Hungrige.
Schloßstr. 10
Tel. 0365 77 33 71 50
www.koestritzer-bierhaus-gera.de

3 APOSTO €
Vor oder nach dem Theaterbesuch stärken? Oder einfach eine Pizza essen, die gerne auch mal einen ausgefallenen Belag haben darf? Dann ins Aposto. Es liegt zwischen Theater und Hofwiesenpark. Ein großer Parkplatz befindet sich gleich nebenan.
Parkstr. 10
Tel. 0365 83 20 08 32
www.aposto.eu

1 BIO-SEEHOTEL ZEULRENRODA €€€€
Unmittelbar am See von Zeulenroda gelegen, macht das Bio-Seehotel seinem Namen Ehre. Das luxuriöse Haus bietet Wellness- und Fitnesseinrichtungen vom Feinsten. Hervorragendes Restaurant und ein grandioses Frühstücksbuffet, das Kraft für den Tag gibt. Auch die Atmosphäre in diesem Haus, das großen Wert auf Bioprodukte und natürliche Materialien legt, wirkt wie Balsam pur.
Zeulenroda-Triebes (30 km südl.)
Bauernfeindallee 1
Tel. 036628 98-0
www.bio-seehotel-zeulenroda.de

2 MERCURE GERA CITY €€€
Otto-Dix-Haus und Orangerie liegen ganz in der Nähe des Hotels, auch der Hofwiesenpark lockt zu ein paar

Joggingrunden vor dem Frühstück. Das Business-Hotel ist ideal für alle, die gerne ein wenig abseits des Zentrums wohnen. Mit modernem Komfort, inklusive Fitness-Bereich, Lounge und Restaurants.
Gutenbergstr. 2a
Tel. 03652 90 90
https://mercure.accor.com, 164 Z.

❸ VICTOR´S RESIDENZ-HOTEL GERA €€

Direkt an der Straßenbahnhaltestelle unweit des Zentrums liegt dieses moderne Tagungs- und Familienhotel. Das Preis-Leistungsverhältnis ist ausgesprochen gut!
Berliner Str. 38
Tel. 0365 434 40, 144 Z.
www.victors.de

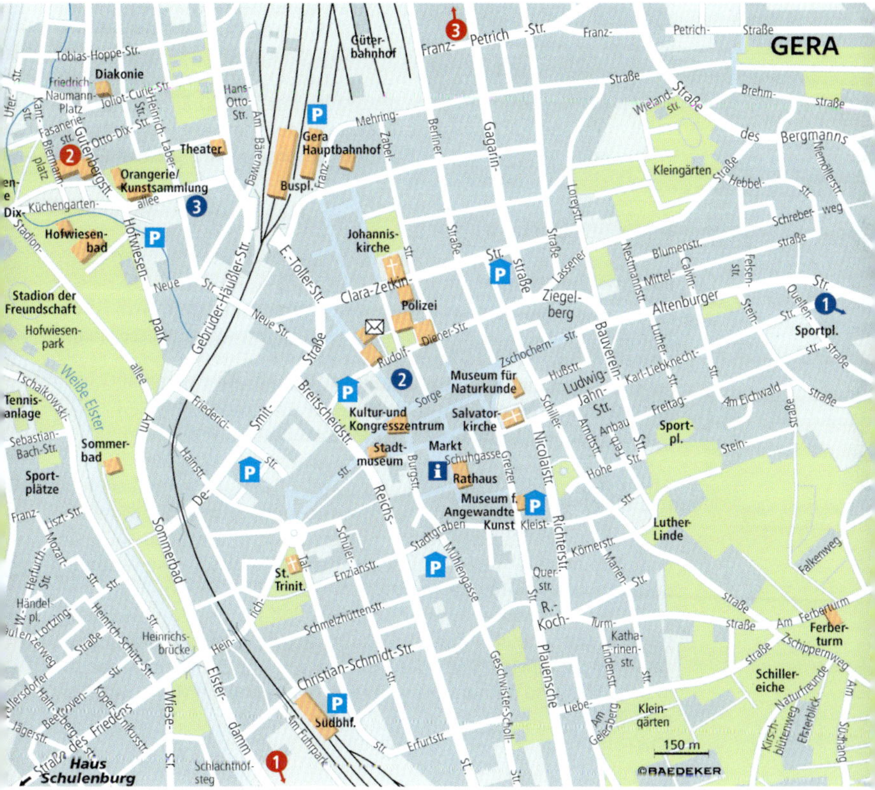

🍴

❶ Burgrestaurant Ronneburg
❷ Köstritzer Bierhaus
❸ Aposto

🏠

❶ Bio Seehotel Zeulenroda
❷ Mercure Gera City
❸ Victor's Residenz-Hotel Gera

Textilien, Uran, günstige Mieten

Kleine Stadtgeschichte

Bis 1818 war die ehemals bedeutende Gerber-, Tuchmacher- und Bierbrauerstadt **Residenz** der Reußen. Der große Brand 1780 machte das mittelalterliche Zentrum zwar fast ganz dem Erdboden gleich, doch sorgten prächtige Bürgerhäuser im späten Rokoko-Stil wieder für neuen Glanz. 1882 gründete Hermann Tietz ein Textilgeschäft, das die Keimzelle des Warenhauskonzerns **»Hertie«** wurde. Von den Nazis wurde Tietz, weil Jude, gezwungen, das Unternehmen zu einem Bruchteil seines Werts zu verkaufen. Die Familie entging dem Holocaust durch Flucht nach Palästina. Als **Maschinenbaustadt** gelang Gera nach dem Krieg ein kometenhafter Aufstieg. Gera und Ronneburg (10 km östlich) waren einst das Zentrum des **Uranerz-Bergbaus in der DDR**. Die mächtigen Industrie- und Gewerbegürtel rund um die spärlichen Reste der historischen Altstadt prägen das Ortsbild. Nach der Wende verlor die Stadt über 30 000 Einwohner. Die Tendenz scheint abgemildert: Weil in ► Jena Wohnen immer teurer wird, ziehen viele ins nur 30 Bahnminuten entfernte, günstige Gera.

Wohin in Gera?

Historische Mitte

Markt

Dank seinem alles weit überragenden achtgeschossigen Turm ist das **Rathaus** (16. Jh.) nicht zu übersehen. Das herrlich verzierte Hauptportal wird von drei Nebenportalen flankiert. Fast auf jedem Stadtporträt findet sich auch der bunte, reich verzierte Renaissanceerker der **Stadtapotheke** (16. Jh.) wieder. Nicht weniger fotogen ist der goldene **Simsonbrunnen** (1685/1686) von Caspar Junghans.

Alltagskultur der DDR

Stadtmuseum

Der Name Burgstraße zeugt noch von der alten Burg der Vögte von Gera und markiert den ältesten Teil der Stadt. Im ehemaligen Zucht- und Waisenhaus, einem schneeweißen, sehr groß erscheinenden dreigeschossigen Barockbau (1732–1738) mit spitzem Türmchen, stellt das Stadtmuseum seine umfassenden historischen Sammlungen aus. Auch Objekte der Alltagskultur aus der DDR werden gezeigt, darunter die Einrichtung eines »HO-Ladens« (Lebensmittelgeschäft in der DDR) und der von der VEB Elektronik gebaute Microcomputer »MC 80«.

Museumsplatz 1 | Di.–So., Fei. 11–17 Uhr | Eintritt: 5 €

Die Jugendstilkirche

Salvatorkirche

Östlich des Marktplatzes erhebt sich der Nicolaiberg. Von außen ganz barock, überrascht dort die dreischiffige Salvatorkirche (1717–1720) mit einer Innenausstattung im reinsten Jugendstil. Nur die bemalte Flachdecke ist älteren Datums (18. Jh.).

Fünf berühmte Ornithologen

Museum für Naturkunde

Gleich nebenan dokumentiert das Museum für Naturkunde, untergebracht im ältesten Haus der Stadt, dem ehemaligen **Schreiberschen Haus** (1687/1688), Leben und Werk der fünf ostthüringischen Ornithologen Brehm (Vater Christian Ludwig und Sohn Alfred, ▶ Interessante Menschen), Karl Theodor Liebe, Richard Hennicke und Fritz Engelmann.

Nicolaiberg 3 | Di.–So., Fei. 11–17 Uhr | Eintritt: 5 €

Geras geheimnisvoller Untergrund

Höhler

Eine der Eigenheiten Geras sind die so genannten »Höhler«: 5–11 m tiefe und insgesamt rund 9 km lange Stollen und Gänge unter den Häusern der Wohlhabenden. Zwischen dem 16. und 18. Jh. angelegt, dienten sie ursprünglich dem Lagern von Bier, im Zweiten Weltkrieg dann als Luftschutzkeller, heute als kuriose Attraktion. Im **Höhler Nr. 188** unter dem Schreiberschen Haus stellt das Naturkunde-Museum seine große Mineraliensammlung aus. Am Museumsplatz befindet sich der Abstieg zu mehreren weiteren, miteinander verbundenen Höhlern, die besucht werden können.

Höhlerbesichtigung: Museumsplatz 1 | nur im Rahmen von Führungen Di. – So., Fei. 11, 13, 15 Uhr | Eintritt: 5 €

Blüten und Steine

Botanischer Garten

Der Botanische Garten ergänzt die Schau des Naturkundemuseums um für Ostthüringen typischen Pflanzengesellschaften. Eine Lehrwand aus dem Jahre 1898, die fast schon selbst Museumsstück ist, zeigt die Geologie des Gebietes auf.

Eingang Nicolaistr./Schillerstr. | Mai–Sept. Di.–Fr. 11–17, Sa., So., Fei. 9–18 Uhr | Eintritt: frei

Kunsthandwerk kompakt

Museum für Angewandte Kunst

Kunsthandwerk und Design des 20. Jh.s, Porzellan, Glas und Zinn aus Thüringen stellt das Museum für Angewandte Kunst (MAK) aus. Sein Sitz ist **im Ferberschen Haus** südlich der Salvatorkirche.

Greizer Str. 37 | Di.–So., Fei. 11–17 Uhr | Eintritt: 5 €

Geras grüne Ecke

★ Orangerie

Jenseits der Bahnlinie sind mehrere Highlights angesiedelt: die Orangerie, eine barocke Zweiflügelanlage, wurde 1729–1732 angelegt. Die dort untergebrachten, niveauvollen **Kunstsammlungen** zeigen unter dem Motto **»Von Cranach zu Dix«** Malerei und Plastik vom 16. Jh. bis zur Gegenwart. Das Gemäldekabinett der Reußischen Kunstsammlungen ist darin aufgegangen. Vor der Orangerie steht eine alte, im Vorfrühling herrlich blühende Magnolie. Hier beginnt der »Küchengarten«, der die Fürsten von Reuß im Schloss Osterstein mit Gemüse versorgte. Heute ist er eine gut frequentierte barocke Parkanlage. Am östlichen Ende leuchtet goldgelb das **Theater** (1902 von Heinrich Seeling entworfen, Wiederaufbau 1945), eine Mischung aus Jugendstil, Klassizismus und Neorenaissance.

Kunstsammlung: Di.–So., Fei. 11–17 Uhr | Eintritt: 5 €, kombiniert mit Dix-Haus 7 €

Der schönste Stadtteil

Untermhaus

Ein Spaziergang auf der Küchengartenallee führt entlang dem **Hofwiesenpark**, der für die Bundesgartenschau 2007 nach allen Regeln der landschaftsgärtnerischen Kunst aufpoliert wurde.
Jenseits der Weißen Elster ragt der Turm von Schloss Osterstein auf, der eine der schönsten Ecken Geras markiert: den verwinkelten Stadtteil Untermhaus. Auf einer Fußgängerbrücke schlendert man über die Weiße Elster. Jenseits erhebt sich Pfarrkirche **St. Marien**, ein einschiffiger spätgotischer Bau (um 1400) mit Flügelaltar um 1440. Von **Schloss Osterstein** lugt der Bergfried fotogen über die Baumwipfel heraus. Bis auf diesen Turm fiel die Burg am 6. April 1945 Bomben zum Opfer. Im Sommer finden auf dem Areal Openair-Konzerte statt.

Geschmäht und verehrt

★ Otto-Dix-Haus

Neben St. Marien wurde der Maler Otto Dix 1891 als Sohn eines Eisenformers und einer Näherin geboren (▶ Interessante Menschen). Unbedingt sehenswert ist die eindrucksvolle Bildersammlung des kritischen Realisten. Die Sammlung gibt einen guten Überblick über das künstlerische Werk.

Mohrenplatz 4, Di.–So., Fei. 11–17 Uhr | Eintritt: 5 €, kombiniert mit Orangerie 7 €

Ein einzigartiges Anwesen

★ Haus Schulenburg

Im Südwesten der Stadt liegt Haus Schulenburg. **Henry van de Velde**, der berühmte belgische Architekt, konzipierte das 1913/1914 errichtete Gebäude samt Inneneinrichtung, Möbeln und Gartengestaltung. Die Villa wurde auf Privatinitiative vorbildlich restauriert (▶ S. 110) und bietet einen herausragenden Einblick ins Schaffen des Architekten. Außergewöhnlich ist schon das Treppenhaus mit der riesigen Oberlichtöffnung, dazu kommen zahlreiche weitere faszinierende Ausstattungsdetails. Das Haus, das auch **Van de Velde-Museum** ist, zeugt auch von einer Epoche, in der Gera dank florierender Textilindustrie zu den wohlhabendsten Städten ganz Deutschlands gehörte. Das schlug sich in den zahlreichen beachtenswerten **Villen** der Stadt nieder, die sich am besten im Rahmen einer Stadtführung entdecken lassen.

Straße des Friedens 120 | April–Okt. Mo.–Fr. 10–17, Sa., So. Fei. 14 bis 17, Nov.–März Mo.–Fr. 10–16, Sa., So. Fei. 14–16.30 Uhr | Eintritt: 8 € | Führungen: So. 14 Uhr nach Voranmeldung unter Tel. 0365 838 11 11, 10 € | www.haus-schulenburg-gera.de

OBEN: Stadtteil Untermhaus, Geras malerischer Winkel an der Weißen Elster

UNTEN: Haus Schulenburg in Gera gibt einen Eindruck vom Schaffen des belgischen Architekten und Bauhaus-Vordenkers Henry van de Velde.

Rund um Gera

Bier und Dahlien

Bad Köstritz

Sein »Köstritzer Schwarzbier« hat Bad Köstritz (9 km nordwestlich von Gera) bekannt gemacht. 1543 erstmals erwähnt, zählt die Köstritzer zu den ältesten Brauereien Deutschlands. Nach der Wende übernahm die Bitburger Holding die Brauerei.

Außerdem gilt die kleine Kurstadt an der Weißen Elster als ein Zentrum der gewerblichen Dahlienzucht. Im Dahlienzentrum wird rund um die Geschichte dieser Blumen informiert. Im angeschlossenen Dahliengarten blühen ca. ab Juni bis in den September hinein sehr seltene, teils alte Sorten und interessante Neuzüchtungen.

Brauereiführung: Heinrich-Schütz-Str. 16 | Tel. 036605 200 63 23 | www.koestritzer.de | **Dahlienzentrum**: Julius-Sturm-Str. 10 | Mai bis Okt. Mo.–Fr. 10–12, 13–16 Uhr | www.dahlienzentrum.de

Mächtig viel Stuck

Eisenberg

In dem kleinen Städtchen **Eisenberg** (18 km nordwestlich) zählt das Renaissance-Rathaus (1579–1593) zu den Schmuckstücken im örtlichen Baubestand. Die **Schlosskirche** (1680–1692) von Schloss Christiansburg gilt dank ihrer reichen Stuckdekorationen sowie Wand- und Deckengemälden als eine der schönsten Barockkirchen Thüringens. Gartenliebhabern sei der Schlossgarten (1683) mit seinem Rosengarten empfohlen. Wanderer zieht es ins Rauda-Tal, das einst auch »Mühltal« der vielen Sägemühlen wegen genannt wurde.

Schloss und Schlosskirche: April–Okt. Di. –So. 10–16, Winter Di.–Fr. 10–16, Sa., So. 13–16 Uhr | Eintritt: 2 €, mit Museum 3 €

Beim großen Brehm

Renthendorf

Südwestlich von Gera liegt mit Renthendorf der Geburtsort von »Tiervater« Alfred Edmund Brehm (▶ Interessante Menschen). Schon sein Vater Christian Ludwig, ein Pastor, hatte eine Ader für die Ornithologie, was ihm den Titel »Vogelpastor« eintrug . Das ehemalige Wohnhaus der Brehms ist heute eine **Brehm-Gedenkstätte**. Nach umfangreichen Um- und Ausbauarbeiten wurde im Sommer 2020 hier ein völlig neues Museum eröffnet.

Dorfstraße 22 | Di.– Fr. 14–17, Sa. u. So. 11–17 Uhr | Eintritt: 5 € www.brehm-gedenkstaette.com

Stippvisite im Vogtland

Weida

Südlich von Gera schließt das Vogtland an. Über Weida, 13 km von Gera entfernt, thront der mächtige Bergfried von **Schloss Osterburg**, das noch einen romanischen Kern birgt. Neu gestaltet wurde das Heimatmuseum in der Burg. Eine Multimedia-Show erzählt die Geschichte von Burgherrschern und Vogtland.

Do. –So., Fei. 10–18 Uhr | Eintritt: 5 € | www.osterburg-vogtland.eu

Zwei Schlösser und ein großer Park

Greiz

Die »Perle des Vogtlands« und Park- und Schlossstadt Greiz liegt sehr malerisch im Tal der Weißen Elster. Einst war sie Sitz zweier Linien des Fürstentums Reuß, daher gibt es auch zwei Schlösser: das das Stadtbild beherrschende **Obere Schloss** im Renaissancestil auf dem Schlossberg und in der Altstadt das **Untere Schloss** im klassizistischen Stil. Im Oberen Schloss geht es multimedial durch die Geschichte der Reußen und real in die romanische Doppelkapelle aus dem 12. Jh; das Untere Schloss präsentiert sich museals als Residenz der älteren Linie der Reußen und wirft in der Textilwerkstatt einen Blick in die Greizer Wirtschaftsgeschichte. Im Fürstlich-Greizer Park sollte man unbedingt im **Sommerpalais** (1779–1789) vorbeischauen: Die englischen Schabkunstblätter und das **Satiricum**, eine Sammlung von Karikaturen und satirischen Pressezeichnungen, darunter auch moderne wie von Titanic und Eulenspiegel, sowie die Staatliche Bücher- und Kupferstichsammlung sind berühmt.
Die **Göltzschtalbrücke** (1846–1851) südlich von Greiz gehört mit 78 m Höhe zu den größten Ziegelsteinbrücken der Welt.

Oberes und Unteres Schloss: Di.–So. 10–17 Uhr | Eintritt: Oberes Schloss 6 €, Unteres Schloss 3 €, Kombikarte für beide 8 €
Sommerpalais: April–Sept. Di.–So. 10–17, Okt.–März bis 16 Uhr | Eintritt: 4 €, Kombikarte für beide Schlösser und Sommerpalais 11 €

★★ GOTHA

Einwohner: 42 300 | **Höhe:** 310 m ü. NHN

Die Kleinstaaterei trieb in Thüringen durchaus bizarre Blüten, versuchten sich doch die Herrscher im Bau von Residenzen wie im Anhäufen von Kunstschätzen gegenseitig zu übertreffen. Herzog Ernst I. hortete auf Schloss Friedenstein alles, was wertvoll oder kurios erschien: Gemälde, Schmuck, Porzellan, auch griechische Vasen und ägyptische Mumien. Aber wieso wird der Herzog »Opa von Europa« genannt?

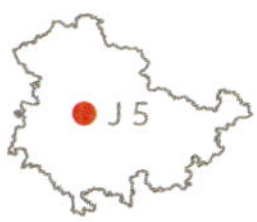

Barockes Universum

Wenn Ahnenforscher die Stammbäume von Queen Elizabeth II. von Großbritannien, Fürst Albert II. von Monaco, König Felipe VI. von Spanien, König Carl XVI. Gustaf von Schweden und sämtlicher anderer amtierender Monarchen Europas zurück bis ins 17. Jahrhundert verfolgen, stoßen sie bei allen auf einen gemeinsamen Ahnherren: Herzog Ernst I. den Frommen (1601–1676). Das hat dem Gothaer Fürsten den Beinamen »Opa von Europa« eingetragen. Seiner Stadt hat er mit Schloss Friedenstein ein gewaltiges Erbe hinterlassen. Gotha sieht sich heute als »Barockes Universum«.

Gut versichert

Alte Färberstadt

775 wird Gotha erstmals urkundlich erwähnt und ist somit **eine der ältesten Siedlungen Thüringens**. Die Lage im fruchtbaren Thüringer Becken und das Recht, die Waidpflanze zu einem Blaufärbemittel weiterzuverarbeiten, bescherte schon im Mittelalter stattlichen Wohlstand. Landkarten, Atlanten und Register von Adelsgeschlechtern (»Der Gotha«) erstellte die **»Geographische Anstalt« von Justus Perthes** (1749–1816). Gotha steht auch für **Versicherungen**: 1820 wurde hier die erste deutsche Feuerversicherung gegründet, 1827 die erste Lebensversicherung.

★★ Schloss Friedenstein

April–Okt. Di–So. 10–17, Nov.–März bis 16 Uhr | Eintritt: 10 € für alle Museen, Einzeleintritt jew. 5 € | www.stiftungfriedenstein.de

365 Gemächer, ein Theater und drei Museen

Barocker Prachtbau

Über die Stadt wachte zunächst Burg Grimmenstein. Als diese 1566/1567 geschleift worden war, folgte als erstes Schloss in Deutschland nach dem verheerenden Dreißigjährigen Krieg ein Bau, der die **Sehnsucht nach Frieden** im Namen trug: Friedenstein (1643–1654). Dem Frieden trauten die Herzöge von Sachsen-Gotha aber offenbar nicht so recht, davon zeugten die umfangreichen Befestigungen, die Ende des 18. Jh. zugunsten des Schlossparks geschleift wurden. Teile der barocken Verteidigungsanlage sind zu besichtigen. Von außen wirkt die riesigee Dreiflügelanlage massig, glatt und verschlossen, innen überwältigt die Ausstattung, die von barocker Fülle über detailverliebtes Rokoko bis zu den klaren Linien des Klassizismus reicht. 365 Räume zählt das Schloss angeblich. Besonders eindrucksvoll sind Audienzgemach und Hauptsaal. Im Schloss zu besichtigen sind darüber hinaus Schlossmuseum, Ekhof-Theater, Historisches Museum und Museum der Natur.

Ein kostbarer Elefant

Schlossmuseum

Im Schlossmuseum sind bis zum Ende der vorauss. **bis 2032 dauernden Sanierungsarbeiten** das Neue Münzkabinett und die klassizistische Wohnräume geschlossen.
Zugänglich sind aber die barocken und die Rokokoräume wie der Festsaal sowie die von Herzog Ernst I. begonnene **Kunstkammer**. Sie zeigt Kuriosa neben kostbarsten Kleinoden wie den von berühmten Goldschmied Johann Melchior Dinglinger (1664 – 1731) gefertigten Elefanten aus vergoldetem und Silber. Auch ein Hut von Napoleon Bonaparte hat hier einen Platz gefunden.

Einblicke ins barocke Universum von Schloss Friedenstein: der Festsaal

Theater aus alten Zeiten

★ Ekhof-Theater

Überaus sehenswert ist das von 1681 bis 1687 erbaute Ekhof-Theater im Westturm, das zu den ältesten deutschen Barocktheatern zählt und eines der wenigen fast vollständig erhaltenen dieser Zeit ist. Schon damals gab es Kulissen mit Schnellverwandlung, Donnerschacht und Windmaschine. Jährlich kann man sie von Juni bis August im Rahmen des Ekhof-Festivals erleben (► S. 124).

Tiere und Geschichte

Historisches Museum und Museum der Natur

Im Westturm stellt das **Museum der Natur** »Tiere im Turm« auf interaktive Weise vor. In der dritten Etage bleibt es klassisch mit Dioramen und Präparraten.

Das **Historische Museum** ist normalerweise auch im Westflügel zuhause, doch wegen der Sanierungen mit einer Interimsausstellung in den Nordflügel gezogen. Dort zeigt die »Baustelle Geschichte« ausgewählte Stücke aus Regional- und Kulturgeschichte, vom Schaber eines Neandertalers bis zum symbolischen Sarg für die DDR.

Schätze der Reichen und Schönen

★★ Herzogliches Museum

Ebenfalls ein Museum mit gigantischem Bestand ist das südlich des Schlosses gelegene Herzogliche Museum, untergebracht in einem von 1864 bis 1879 im Stil der Neorenaissance errichteten Prachtbau. Es zeigt die schönsten Stücke der Kunstsammlungen, welche die Gothaer Herzöge in drei Jahrhunderten aus aller Welt zusammengetragen haben – ein grandioser Reigen von Schönem und Wertvollem, der sich von der Antike bis in die Neuzeit spannt. Mittelpunkt ist die Gemäldesammlung mit einem bedeutenden Bestand an Cranach-Werken und an niederländischen Meistern des 16. und 17. Jh.s. Ein Höhepunkt ist das **»Gothaer Liebespaar«** (um 1480). Ein Kupferstichkabinett gehört dazu, antike Vasen und Exponate aus Ägypten (inklusive diverser Mumien, die man einst bei Hofe zur allgemeinen Unterhaltung auszuwickeln pflegte), Majolika, Fayencen und Porzellane sowie eine bemerkenswerte Ostasien-Sammlung. So ungewöhnlich wie interessant: eine der umfangreichsten Fächersammlungen Europas mit rund 1000 Exemplaren, aus der ebenso Beispiele gezeigt werden wie aus dem an Unikaten reichen Kupferstichkabinett. In der Säulenhalle werden neben frühgotischer Schnitzplastik 22 frühe Werke des französischem Bildhauers Jean-Antoine Houdon (1741 bis 1828) gezeigt, die größte Sammlung außerhalb des Louvre.

April–Okt. Di.–So. 10–17, Nov.–März bis 16 Uhr | Eintritt: 5 €

Enten besuchen

Schlosspark

Grüne Oasen der Ruhe sind der weitläufige Schlosspark, der älteste Englische Garten auf dem europäischen Festland, de barocke Orangerie mit Sommerschloss Friedrichsthal und, jenseits von Parkallee und Herzoglichem Museum, einem großen Parkteich mit einer **»Heiliger Insel«**. Hier wurden 1777 und 1779 die beiden schon als Kinder verstorbenen Söhne von Herzog Ernst II. von Sachsen-Gotha-Altenburg bestattet, später folgten weitere Mitglieder der herzoglichen Familie. Unter dem Schlosspark liegen die **Kasematten**. Auf einer ca. einstündigen, unterirdischen Führung erkunden Besucher die Büchsengalerien, Verbindungsschächte, Aufzüge und vieles mehr.

Kasemattenführung: April – Okt. tgl. 13 u. 17, Nov. – März nur 13 Uhr, 6 €, | Eingang am Elsa-Brändström-Weg

Wohin noch in Gotha?

Wasser in die Stadt

Wasserkunst

Um die Wasserversorgung zu sichern, legte man 1369 den 30 km langen Leinakanal an. Dieser speist auch die 1895 am Schlossberg erbaute Wasserkunst, die das Leina-Wasser Richtung Altstadt sprudeln lässt. Brunnen-Planer Hugo Mairich bezog sich bei der Gestaltung auf die Kaskaden des Kasseler Bergparks Wilhelmshöhe.

Ein fein verziertes Rathaus

Auf direktem Wege immer der Wasserkunst entlang geht es in die Altstadt mit ihren drei Märkten. Ungewöhnlich ist der sich in Rechteckform lang dahinstreckende und zum Schloss Friedenstein ansteigende Hauptmarkt, und ein Juwel das hier gelegene, 1577 erbaute **Renaissancerathaus**. Erst diente es als Kaufhaus, doch weil mit der Erhebung zur Residenz im Jahr 1640 nicht automatisch auch ein passendes Gebäude vorhanden war, zweckentfremdeten es die Herzöge von Sachsen-Gotha kurzerhand. Seit 1665 darf hier der Stadtrat tagen. Die verzierte Fassade des Rathauses ist einen Blick wert: der

★ Hauptmarkt

❶ Düppel
❷ Zur Tanne

❶ Am Schlosspark
❷ Landhaus Hotel Romantik
❸ Augustinerkloster

GOTHA ERLEBEN

TOURIST-INFORMATION

Brühl 4, 99867 Gotha
Tel. 03621 51 04 30
www.gotha-adelt.de

THÜRINGERWALDBAHN

Von Hauptbahnhof Gotha aus fährt tagsüber alle 30 bis 40 Min. die Thüringerwaldbahn gemütlich an Orangeriepark und Schloss Friedenstein entlang hinaus zum Boxberg. Wer mag, kann rund um den Boxberg in der bildschönen Gegend wandern oder sich ein Pferderennen anschauen. Diese »Linie 4« endet übrigens nach knapp einstündiger Fahrt in Tabarz, das schon im Thüringer Wald liegt.
www.waldbahn-gotha.de

EKHOF-FESTIVAL

Auf Schloss Friedensteins berühmter Bühne werden beim Festival jährlich neu je eine Oper und ein Schauspiel aufgeführt. Kulissenwechsel, Wind und Donner produziert die weltweit einzige noch erhaltene Bühnentechnik aus dem 17. Jh.
Juni–August
Programm, Karten: Stiftung Schloss Friedenstein Gotha
Tel. 03621 82 34 51
www.ekhof-festival.de

GOTHARDUSFEST

Stadtfest zu Ehren des Stadtheiligen Sankt Gothardus mit Feuerwerk, Markttreiben und Lichterlauf
1. Wochenende im Mai
www.gothardusfest.de

BAROCKFEST

»Lustbarkeiten und Plaisir« im Stil des Barocks verspricht das opulente Fest mit Konzerten und Feuerwerk, das jährlich auf Schloss Friedenstein steigt.
letztes Augustwochenende

GOTHA ADELT

Das gut sortierte Geschäft der Tourist-Information beim Rathaus bietet allerlei kulinarische Köstlichkeiten der Region und andere Mitbringsel.
Hauptmarkt 44
Tel. 03621 7 33 34 99
www.gotha-adelt.de
Mo.–Fr. 10–18, Sa. bis 16 Uhr

❶ DÜPPEL €

Die beliebte Ausflugsgaststätte liegt auf dem Seeberg östlich von Gotha: ein ideales Gebiet zum Spazierengehen und um mit Kindern den kleinen **Tierpark** (tgl. ab 9 Uhr) zu besuchen.
99869 Seebergen, Angerstr. 25a
Tel. 036256 3 39 72
www.derdueppel.de
Ruhetage: Mo., Di., Mi.

❷ ZUR TANNE €

Die Tanne zählt zu den bewährten Adressen der Region, deren Hausmannskost Freunde der Thüringer Küche sehr zufrieden stimmt. Was in der rustikalen Gaststube auf den Tisch kommt, stammt, sofern es sich um Fleisch handelt, aus der hauseigenen Metzgerei. Eine Besonderheit sind die Karpfenspezialitäten; an schönen Tagen lockt der Biergarten. Mit einfacher Übernachtungsmöglichkeit.

Cumbacher Str. 1
99880 Schnepfenthal
(13 km südwestl.)
Tel. 03622 6 90 05
www.zurtanne.de
Ruhetage: Mo., Di.

1 AM SCHLOSSPARK €€€€
Das ruhige Hotel liegt direkt neben dem weitläufigen Park von Schloss Liebenstein. Zur Entspannung trägt die Therme im römischen Stil bei. Das zum Haus gehörende Restaurant Orangerie punktet mit hellen Räumen im Wintergartenstil; gut speist man auch in der Lucas-Cranach-Stube.
Lindenauallee 20
Tel. 03621 44 20, 94 Z.
www.hotel-am-schlosspark.de

2 LANDHAUS & BURG HOTEL ROMANTIK €€€€
Sehr schönes Haus mit Garten, das seinem Namen alle Ehre macht. Bauernmöbel, Rosen, Rüschen, Himmelbetten – alle Zimmer sind im romantischen Landhausstil eingerichtet. In der »Burg Romantik« bietet das Unternehmen besonders edle, großzügige Zimmer an.
Gotha-Siebleben
Salzgitterstr. 76
Tel. 03621 3 64 90, 23 Z.
www.landhaus-hotel-romantik.de

3 AUGUSTINER-KLOSTER €€
Das Kloster ist heute ein Begegnungszentrum und bietet einfache, schöne Zimmer, teils mit Blick auf den Kreuzgang, die dank Abwesenheit von Fernseher, Radio und Telefon Zeit fürs Wesentliche lassen. Das Zentrum verfügt auch über ein nettes Café mit Mittagstisch.
Klosterplatz 6
Tel. 03621 30 29 01
www.augustinerkloster-gotha.de, 17 Z.
Café: Mo.–Fr. 10–17 Uhr

Kopf über der Uhr hat einen beweglichen Unterkiefer, der jede volle Stunde auf- und zuklappt. Angeblich stellt sie Ritter **Wilhelm von Grumbach** dar. Wegen eines geplanten Ritteraufstands mit der Reichsacht belegt, wurde der Schützling von Herzog Johann Friedrich II. nach der Einnahme von Gotha durch August von Sachsen zusammen mit zwei weiteren Delinquenten 1567 auf dem Marktplatz gevierteilt. Ein farbiger Pflasterstein markiert die Richtstätte.
1545 vernichtete ein Stadtbrand große Teile der mittelalterlichen Häuser, heute umringen herausgeputzte Geschäfts- und Bürgerhäuser des 16. und 17. Jh.s den Hauptmarkt. Besonders schön ist das **Lucas-Cranach-Haus** an der Ostseite des Marktes, das über dem Eingang eine gefiederte Schlange zeigt. Die Ehefrau von Lucas Cranach d. Ä. wurde im Vorgängerbau geboren. Übrigens befindet sich hier auch das Pumpwerk für die Wasserkunst. Nicht verpassen: eine Entdeckungstour durch all die Läden am **Buttermarkt**, wo einst die Bauern ihre Milchprodukte verkauften, und den **Neumarkt**.

Zeitgenössische Malerei
Östlich an den Buttermarkt zeigt das KunstForum Gotha auf drei Etagen wird vorrangig moderne und zeitgenössische Malerei. KunstForum
Querstr. 13-15 | Di.–So. 10–17 Uhr | Eintritt: 4 € | www.kultourstadt.de

Auch hier predigte Luther

Augustinerkloster

1216 begannen Zisterzienser mit dem Bau eines Klosters (Klosterplatz). Dessen Augustinerkirche wurde mehrfach verändert. Martin Luther predigte hier von 1521 bis 1529. Besonders schön: der Kreuzgang aus dem 14. Jahrhundert und die Orgel.

Zwei Mal Naturgenuss

Krahnberg, Rennbahn

Westlich der Stadt (45 Min. zu Fuß) liegt der ehemalige Galgenberg, einst Militärgelände. Heute führen schöne Spazierwerge vorbei am Müller-Tempel zum Arnoldischen Berggarten. Beste Aussicht bietet der **Bürgerturm**.

Südwestlich der Stadt liegt die ehemalige Rennbahn, die sich die Herzöge von Sachsen-Coburg und Gotha 1878 bauten. Unweit davon befindet sich am Waldrand die **»Alte Eiche«**, ein unter Naturschutz stehender, mehrere Hundert Jahre alter Baumriese.

www.buergerturm-gotha.de

HILDBURGHAUSEN

Einwohner: 11 700 | **Höhe:** 380 m ü. NHN

Ruhig strömt die junge Werra durch die ehemalige Residenzstadt der Herzöge von Sachsen-Hildburghausen. Kanuten lieben Fluss, Wanderer und Radler schätzen die bildschöne Landschaft im Naturpark Oberes Werratal.

Geballtes Wissen

Zwischen 1680 und 1826 stieg die kleine Stadt zur Residenz der Herzöge von Sachsen-Hildburghausen auf. Die wichtigsten geistigen Impulse erbrachte Joseph Meyer. Er kam 1828 von Gotha mit seinem Bibliographischen Institut hierher und verlegte Bücher, darunter von 1840 bis 1852 »Meyers Konversationslexikon«, den »Ur-Meyer«.

Wohin in Hildburghausen?

Saurier auf dem Marktplatz

Marktplatz

Sehr prachtvoll ausgefallen ist das Renaissance-Rathaus (1595), respektvoll umgeben von einer Reihe barocker Bürgerhäuser. Diese sind relativ zeitgleich nach dem großen Stadtbrand von 1779 erbaut worden. Jüngste städtebauliche Ergänzung zur Marktplatzgestaltung ist das **Chirotherium-Monument**. 1833 waren Fährtenabdrücke des 240 Millionen Jahre alten Archo-Saurus nahe Hildburghausen gefunden worden. Ein lebensgroßer, 3,8 Meter langer Saurier in Bronze

HILDBURGHAUSEN ERLEBEN

TOURISTINFORMATION
Markt 25
98646 Hildburghausen
Tel. 03685 77 41 84
www.hildburghausen.de

THERESIENFEST
Mit Festumzug, Feuerwerk und Bierzeltromantik erinnert Hildburghausen jährlich Anfang Oktober beim Theresienfest an die Hochzeit von König Ludwig I. von Bayern mit Prinzessin Therese von Sachsen-Hildburghausen am 12. Oktober 1810. Auch die Münchner tun das jedes Jahr; ihr Fest nennt sich »Oktoberfest«.

WACHOLDERSCHÄNKE €€
In Hildburghausen eine Institution nicht nur für junge Menschen: Kneipe mit Live-Events an jedem Freitag (Rock, Jazz), Cocktailbar, Burger, Pasta, Steaks. Und jeden Sonntag gibt es Thüringer Klöße.
Geschwister-Scholl-Str. 21
Tel. 03685 679 72 31
www.wacholder-schaenke.de
tgl. außer Mo. ab 17.30; So., Fei. 11 – 14 Uhr Kloßküche

ZUR SCHWARZEN HENNE €
Sie wollen Bier aus der Region probieren? Dann in die Brauereigaststätte der Dingslebener Bierbrauer. Dort gibt's aber nur Flüssiges.
Dorfstr. 27, Dingsleben
https://dingslebener.de
Fr., So. 18–22 Uhr

sowie die Rekonstruktion der Fährtenplatten erinnern an diesen Vorgänger der Dinosaurier, Vögel und Krokodile.

Ein großer Verleger

Stadtmuseum

In der Oberen Marktstraße betrieb **Joseph Meyer** (1796 – 1856) sein Bibliographisches Institut (heute Joseph-Meyer-Schule). An ihn erinnert eine Ausstellung im Stadtmuseum in der Alten Post.
Apothekergasse 11 | Mi.–Fr. 10–17, Sa., So. 13–17 Uhr | Eintritt: 3,50 €
www.museum-hildburghausen.de/

Lichte Helligkeit im Gotteshaus

Stadtkirche

Nach dem Stadtbrand von 1779 wurde die Stadtkirche (Christuskirche) neu errichtet. Ergebnis der Anstrengungen von vier Jahren Bauzeit: ein spätbarock-klassizistisches Gotteshaus mit einer 22 m hohen Kuppel. Die blendend weißen Innenräume mit ihrem vergoldeten Zierrat strahlen eine vornehme Distanziertheit aus. Das Residenzschloss steht nicht mehr; es wurde zusammen mit großen Teilenn der Stadt in den letzten Kriegsmonaten 1945 zerstört. Geblieben von der ehrwürdigen Anlage ist nur der **Schlosspark**.

Rund um Hildburghausen

Kleines Neuschwanstein

Bad Colberg-Heldburg

Ganz am äußersten Südzipfel Thüringens Richtung Franken liegt Bad Colberg-Heldburg. Das Prädikat »Bad« verdankt die Gemeinde den Thermalquellen, die in der **Terrassentherme** sprudeln. Elf Becken verteilen sich hier auf mehreren Ebenen, die aus drei Quellen gespeist werden. Entspannung versprechen diverse Saunen.

Überragend im doppelten Wortsinn ist die auf einem 403 m hohen Phonolithkegel gelegene **Veste Heldburg** (12./13. Jh.). Sie ging im 14. Jh. als »Fränkische Leuchte« in die Annalen ein, da von hier bei Gefahr Feuersignale nach Coburg gegeben wurden. Im 16. Jh. zur Residenz ausgebaut, verwirklichte 1875 Theaterherzog Georg II. von Sachsen-Meiningen seinen Traum vom Märchenschloss mit spitzem Turm – das hat der Burg den Namen »Kleines Neuschwanstein« eingebracht. 2016 eröffnete in der Veste das erste **Deutsche Burgenmuseum**, ein spannendes, informatives Museum rund um Geschichte, Burgen und Ritter, das auch für Kinder gut geeignet ist.

Terrassentherme: Bad Colberg, Parkallee 1 | Tel. 036871 2 30 | www.thueringens-terrassentherme.de | tgl. 9–21 Uhr | Eintritt: ab 6 €
Veste Heldburg mit Burgenmuseum: April–Okt. Di.–So. 10–17, Nov., Dez.–März bis 16, Jan. Feb. Sa., So. 10–16 Uhr | Eintritt: 7 € | Burgfest mit Mittelaltermarkt im September | www.deutschesburgenmuseum.de

Ganz viel Archäologie

Römhild

Freunde von Töpferwaren werden im Töpferdorf Römhild (15 km südwestlich von Hildburghausen) viel über die Geschichte dieses Gewerbes erfahren. **Schloss Glücksburg** zeigt neben landesgeschichtlichen Schaustücken auch eine äußerst interessante Sammlung moderner Keramikkunst.

Auf dem **Kleinen Gleichberg** (641 m) unweit östlich von Römhild unterhielten die Kelten von 5. Jh. bis 1. Jh. v. Chr. eine Burg. Deren Reste bilden heute das größte Bodendenkmal Thüringens. Was die Archäologen dort gefunden haben, zeigt das **Steinsburg-Museum**, das im Sattel der Gleichberge liegt. Dieses Museum für die Ur- und Frühgeschichte Südthüringens widmet sich der gesamten Zeitspanne zwischen Jungsteinzeit und Hochmittelalter. Ein archäologischer Wanderweg führt zu den keltischen Fundstellen. Wie der Kleine besteht auch der Große Gleichberg (679 m) aus Basalt, zählen sie beide doch zu den Rhön-Vulkanen. Mit dem Burgen-Ensemble der »Drei Gleichen« (► Arnstadt) haben die Gleichberge jedoch nichts zu tun.

Schloss Glücksburg: Griebelstr. 28 | April–Okt. Mo.–Fr. 10–12, 13 bis 16, So. 13–17 Uhr | Eintritt: 4 € | Keramikmarkt: 3. Wochenende im Aug. | **Steinsburg-Museum**: Waldhaussiedlung 8 | Di.–So. 9–17 Uhr Eintritt: 2 €

Zurück in die gute alte Zeit
Die heutige Schatzkammer des Hennebergischen Landes befindet sich 10 km nordwestlich von Hildburghausen im 1131 gegründeten Prämonstratenserkloster Veßra. Die **Klosterkirche** brannte 1939 nach einem Blitzschlag ab, beeindruckt aber noch durch ihre Ruinen, die wegen des verwendeten Buntsandsteins tiefrot leuchten. Auf die romanischen Grundmauern kamen später die hochgotischen Maßwerkfenster. Besonders eindrucksvoll ist die 1182 geweihte **Grabkapelle** der Henneberger Grafen. Reste der Bemalung von 1485 in Chor und Apsis, die das Jüngste Gericht darstellen, sind noch gut zu erkennen. Geheimnisumwittert ist das Geschehen in der dämmrigen **Südkapelle** (13. Jh.): Durch zwei röhrenförmige Öffnungen in der Mauer fällt nur zwei Mal im Jahr Sonnenlicht als breite Lichtsäule ins Innere der Kapelle. Man vermutet, dass diese Sonneneinfallstage (25. März, 2. Juli) mit der Marienverehrung zusammenhängen.

★ Kloster Veßra

Aus dem Kloster selbst ist ein modernes Freilichtmuseum geworden, das **Hennebergische Museum Kloster Veßra**. Es gibt einen hervorragenden Einblick in Geschichte, Volkskunst und Kultur der Region bietet. Mehrere Bauern- und Herrenhäuser aus der näheren Umgebung wurden hierher verbracht und wieder aufgebaut, dazu Brau-

Aus Kloster Veßra ist ein Freilichtmuseum geworden. Die kleine Wassermühle verbreitet einen Hauch von Nostalgie.

haus, Mühle und Backhaus, landwirtschaftliche Gebäude mit einer umfassenden Landtechniksammlung; überall auf dem Gelände stößt man auf freilaufende Hühner, Ziegen und Schafe. Die Ausstellung »Erlebnis Landwirtschaft« zeigt eine spannende Schau rund um Saat, Ernte und Tierhaltung.
Zum Bewundern oder Ideen sammeln eignen sich die weitläufigen Gartenanlagen: In den verschiedenen Bereichen wird u.a. ein typischer deutscher **Bauerngarten** mit beneidenswert schön angelegten Kastenbeeten gezeigt. Der **Klostergarten** wurde anhand von Quellen, die bis ins 9. Jh. zurückgehen, angepflanzt. Hier dominieren Heil- und Gewürzkräuter wie Liebstöckel, Salbei und Eberraute sowie die Symbolpflanzen des christlichen Glaubens, Rose und Lilie. Umfangreich ist auch das **Begleitprogramm** mit mehreren Museumsfesten und Kinderveranstaltungen.
Anger 35 | Mai–Sept. tgl. 9–18, Okt.–April Di.–So. 10–17 Uhr | Eintritt: 6 € | www.museumklostervessra.de

★★ JENA

Einwohner: 110 700 | **Höhe:** 143 m ü. NHN

Der Mangel an Bier, den die Studenten 1560 an der damals wichtigsten Universität Deutschlands beklagten, ist dauerhaft behoben, wie die quirlige Kneipenszene beweist. Jena ist bunt, lebendig und ziemlich angesagt.

Stadt der Gelehrten

Höchste Gelehrsamkeit schließt Merkwürdigkeiten aller Art nicht aus, im Gegenteil. Jede Unistadt kennt die Schrullen diverser Professoren. Die **»Sieben Wunder von Jena«** bezeichnen sieben Kuriositäten, die einst nur Eingeweihte kannten, z. B. den Draco, eine Ulkfigur aus Tierknochen, das Weigelsche Haus, in das ein rühriger Professor im 18. Jh. eine Weinleitung vom Keller unters Dach legen ließ oder die Pons, die bis zu ihrer Sprengung 1945 zu den größten Brücken Deutschlands zählte.
Kaiser Ferdinand I. erhob 1558 das Akademische Gymnasium zur Universität. Eine gute Idee, denn ihr Ruhm bestimmte den Wachstumskurs der Stadt, die sich im 18. und 19. Jh. zum Geisteszentrum Deutschlands emporschwang: **Friedrich Schiller** lehrte von 1789 bis 1793 an der Universität Geschichte und Philosophie; die (vorerst unbezahlte) Professur hatte ih Goethe vermittelt. Die Philosophen **Gottlieb Fichte** (1794–1799), **Schelling** (1798–1803) und **Hegel** (1801–1806) untermauerten den hervorragenden Ruf der Hochschule. Aufbegehrend gegen Napoleons Herrschaft, gründeten die

Der Wanderweg »Saale-Horizontale« bietet beste Blicke auf Jena.

Jenaer Studenten 1815 die **»Jenaische Burschenschaft«**. 1817 forderten sie auf der Wartburg die Einheit Deutschlands sowie die Rede- und Pressefreiheit.

Glas, Optik, Bauhaus

Industriestadt

Jenaer Glas hat die Stadt weltberühmt gemacht. Dies geht auf das Jahr 1846 zurück, als die fruchtbare Zusammenarbeit des **Physikers Ernst Abbe**, des **Chemikers August Schott** und des **Mechanikers Carl Zeiss** den Grundstein für die Jenaer Glas- und die optische Industrie legte. 1880 nahm die erste Zeiss-Fabrik die Produktion auf.
Die weit verstreuten **Bauhaus-Stätten** in Jena (Haus Auerbach und Haus Zuckerkandl von Walter Gropius sowie diverse Uni-Gebäude) lassen sich am besten im Rahmen einer geführten Tour der Touristeninformation erkunden.
Jenas Rolle als Industriestadt spiegelt auch der Bau der »Arbeiterschließfächer« in Jena-Lobeda in den 1960er-Jahren wieder: eine gigantische Plattenbauanlage. Heute steigen die Mieten rasant, mit allen damit verbundenen Herausforderungen.

JENA ERLEBEN

TOURIST-INFORMATION
Markt 16, 07743 Jena
Tel. 03641 49 80 50
www.visit-jena.de

JENAER KULTURARENA
Live-Musik aller Art unter freiem Himmel auf dem Theatervorplatz
Juli/Aug., www.kulturarena.de

VOLKSHAUS
In dem Jugendstilgebäude werden auf der größten Konzertorgel Thüringens regelmäßig Konzerte gegeben.
Carl-Zeiss-Platz 15
Tel. 03641 49 81 90
www.volkshaus-jena.de

GOETHE GALERIE
Das mit Glas überdachte ehemalige Gelände des Zeiss-Hauptwerks beherbergt eine Fülle von Läden, Cafés und Restaurants. Mittendrin: das ausgemusterte Zeiss-Projektionsgerät eines Planetariums.
Goethestr. 3

KAFFEEHAUS GRÄFE
Trüffel, Torten, Pralinen vom Allerfeinsten. Kaffee trinken Sie hier in Wiener Kaffeehausatmosphäre.
Johannisplatz 8

1 SCALA €€€€
Höher geht's nicht: Im JenTower speist man 120 Meter über der Stadt. 2019 kürte Gault&Millau Küchenchef Christian Hempfe zum besten Koch Thüringens, nicht zuletzt der originellen Speisen-Kombinationen wegen. Auch Übernachten ist möglich.
JenTower, 27–29. OG
Leutragraben 1
Tel. 03641 35 66 66
www.scala-jena.de

2 IM SACK €€€
Das gemütliche Restaurant ist in einem bildhübschen Haus beheimatet. Wild, Fisch, zudem sehr gute mediterrane und heimische Küche sowie umfangreiche Weinkarte. Auch zum Übernachten empfehlenswert – zentral gelegen, mit sechs Zimmern.
Oberlauengasse 14
Tel. 03641 63 74 00
www.haus-im-sack.de

3 LANDGRAFEN RESTAURANT €€€
Eine zauberhafte Umgebung hat sich Küchenchef Daniel Reichel ausgesucht: Durch die bodentiefen Fenster geht der Blick weit übers Saaletal hinweg. Vegetarier wie Fleischliebhaber finden hier auf der Karte viel Feines. Übernachtungsgäste dürfen sich auf drei noble Zimmer im Landhausstil freuen.
Landgrafenstieg 25
Tel. 03641 50 70 71
www.landgrafen.com
Ruhetag: Mo.

4 VENERIUS €€€
Im Hinterland verstecken sich immer wieder die schönsten Perlen. Restaurant Venerius: steht für eine kreative, kulinarisch anspruchsvolle Cross-Over-Küche.
Darnstedter Straße 23
Bad Sulza-Eckolstädt
(16 km nördl.)
Tel. 036421 3 55 56
www.restaurant-venerius.de
Ruhetage: Mo., Di., Mi.

5 BAUERSFELD €€

Hier lassen Sie sich im behaglichen Art-Déco-Ambiente nieder, wählen aus einer kleinen Karte Fleisch, Fisch oder vegetarische Kost, und dann werfen Sie einen Blick auf das gesamte Universum – das Planetarium grenzt unmittelbar an.
Am Planetarium 5
Tel. 03641 88 54 50
https://bauersfeld-jena.de
Ruhetag: Mo.

6 PAPIERMÜHLE €€

Auch Jena besitzt eine Brauerei. Am Stadtrand gelegen, ist die ehemalige Papiermühle ein bevorzugter Anlaufort für Freunde von süffigem Bier, Thüringer Küche und für alle, die eine Stärkung für Wanderungen rund um Jena benötigen: Am Parkplatz beginnen die schönsten Höhenwege rund um die Stadt.
Erfurter Straße 102
Tel. 03641 45 98 98
www.jenaer-bier.de
Brauereiführung: jeden 3. Mo. im Monat, 17.30 Uhr

7 DAHEME €–€€

Reinkommen und wie zuhause fühlen, und zwar im besten Sinne. Rustikale Holztische, gelöste Stimmung und eine durchweg selbstgemachte, gute Kost machen das Wirtshaus zu einer Institution nicht nur bei jüngeren Semestern. Ostalgiker freuen sich auf Wurstgulasch alias »Spirelli Osten«. Hackpeter, Rinderschmorgulasch, köstliche Salatkreationen und Bauernbrot begeistern Ost wie West.
Johannisplatz 15
Tel. 03641 2 69 82 25
www.daheme-jena.de

1 STEIGENBERGER ESPLANADE €€€€

Das Luxushotel befindet sich im Herzen der Stadt bei der GoetheGalerie. Modern, großzügig und ein der Preisklasse entsprechender Service. Das angeschlossene Restaurant »Kardamom« bietet unter anderem köstliche arabische Küche.
Carl-Zeiss-Platz 4, Tel. 03641 80 00
www.steigenberger.com, 140 Z.
Ruhetag Restaurant: So., Fei.

2 HAMMERMÜHLE €€€€

Ideal für Naturbewusste: am Stadtrand inmitten von Wiesen liegt die ehemalige Hammermühle. Aus dem bildschönen Fachwerkensemble ist ein Hotel geworden, das einen guten Mix aus historischen Räumen und moderner Hotelkultur bietet (inkl. Wellnessbereich mit Schwimmbad, Sauna-Landschaft und Fitness-Studio). Lokale und mediterrane Küche bietet das Restaurant »Scheune«.
07646 Stadtroda (15 km südl.)
Hammermühlenweg 2
Tel. 036428 57 90
www.hammermuehle.com
24 Z., 2 Suiten, 3 App.

3 ZUR NOLL €€€

Dieser historische Gasthof zeigt eine gute Vereinigung von Alt und Neu. Den Gast erwarten ästhetisches Wohnen in einer ruhigen Seitengasse in der Altstadt sowie im angeschlossenen Restaurant kulinarische Genüsse, darunter Thüringer Spezialitäten.
Oberlauengasse 19
Tel. 03641 59 77 10
www.zurnoll.de, 22 Z.

4 EULENSTEINS €€

In einem Altstadtgässchen versteckt liegt das kleine, 2018 eröffnete Hotel. Die Zimmer sind barrierefrei, mit schnellem WLAN und exzellenten Betten versehen; von den oberen übersieht man Jena. Ein Parkplatz kann zugebucht werden, was in der Altstadt ein echter Vorteil ist.
Oberlauengasse 26
www.eulensteins.de, 26 Z.
Tel. 03641 4 70 34 00

Wohin in Jena?

Ein wohlbeleibter Kurfürst

Markt

Viele Teile der Altstadt wurden im Zweiten Weltkrieg in Schutt und Asche gelegt. Verschont blieb der Marktplatz mit seinem spätgotischen **Rathaus** (1412/1413), zwischen dessen auffallende Walmdächer sich ein Turm mit einer Kunstuhr zwängt. Mitten auf dem Platz steht der **»Hanfried«**, ein wohlbeleibter Herr, der sich als der sächsische Kurfürst Johann (Spitzname Hanfried) Friedrich der Großmütige (1503–1554) entpuppt. Er gründete 1548 die Jenaer Hohe Schule, Keimzelle der heutigen Universität. Rings um den Markt lohnt es, sich in den Gässchen auf Entdeckungstour durch die vielen kleinen Läden zu begeben.

Moderne Kunst im alten Gemäuer

Alte Göhre

Die Nummer zwei unter den bedeutendsten mittelalterlichen Profanbauten ist nach dem Rathaus die »Alte Göhre« (um 1500). In dem schmucken Fachwerkhaus ist das **Stadtmuseum** beheimatet. Hier wird die reiche Geschichte studentischen Lebens und der Jenaer Universität aufgeblättert und die Geologie des Umlandes erläutert. Im neugotischen Erweiterungsbau hat die **Kunstsammlung** ihren Sitz mit dem Schwerpunkt auf zeitgenössischer Kunst.

Museen: Markt 7 | Di.–So. 10–17 Uhr | Eintritt: 4 € | www.stadtmuseum-jena.de

Eine der ältesten Holzskulpturen Thüringens

St. Michael

Nördlich vom Markt markiert St. Michael die Stelle, an der wohl schon bei der Stadtgründung ein romanisches Kirchlein stand. 1301 schloss man ein Zisterzienserinnenkloster an. Die heutige Stadtkirche wurde um 1380 begonnen und 1506 mit Stilelementen aus Böhmen, Oberschlesien und Süddeutschland versehen. Schwere Schäden aus dem Zweiten Weltkrieg machten eine Rekonstruktion nötig. Die Zeiten unversehrt überstanden hat das älteste Ausstattungsstück, ein Standbild des **Erzengels Michael**. Um 1240 geschnitzt, ist es eines der ältesten Holzbildwerke Thüringens. Die zweite Attraktion der sonst recht kargen Kirche ist die **Grabplatte für das Grab Martin Luthers**, die der sächsische Kurfürst 1549 in der Wittenberger Schlosskirche anfertigen ließ. Weil aber Wittenberg für Johann Friedrich verloren ging, blieb auch die Platte hier. Anstrengend ist der Aufstieg auf den **Turm**, der sich der Aussicht wegen aber lohnt.

Wo Schiller Professor war

Universität

Östlich der Stadtkirche führt eine kurze Gasse zum Hauptgebäude (1905–1908) der Friedrich-Schiller-Universität (Fürstengraben 1), die 1558 gegründet wurde. Eine ganze Wand in der Großen Aula der Universität füllt das 1908 angebrachte Gemälde des Schweizer Malers **Ferdinand Hodler** »Auszug der Jenaer Studenten zum Freiheitskampf von 1813«. Den Fürstengraben, der zwischen Universität und Botanischem Garten verläuft, flankiert eine Reihe von Denkmälern berühmter deutscher Geistesgrößen, die mit Jena verbunden sind.

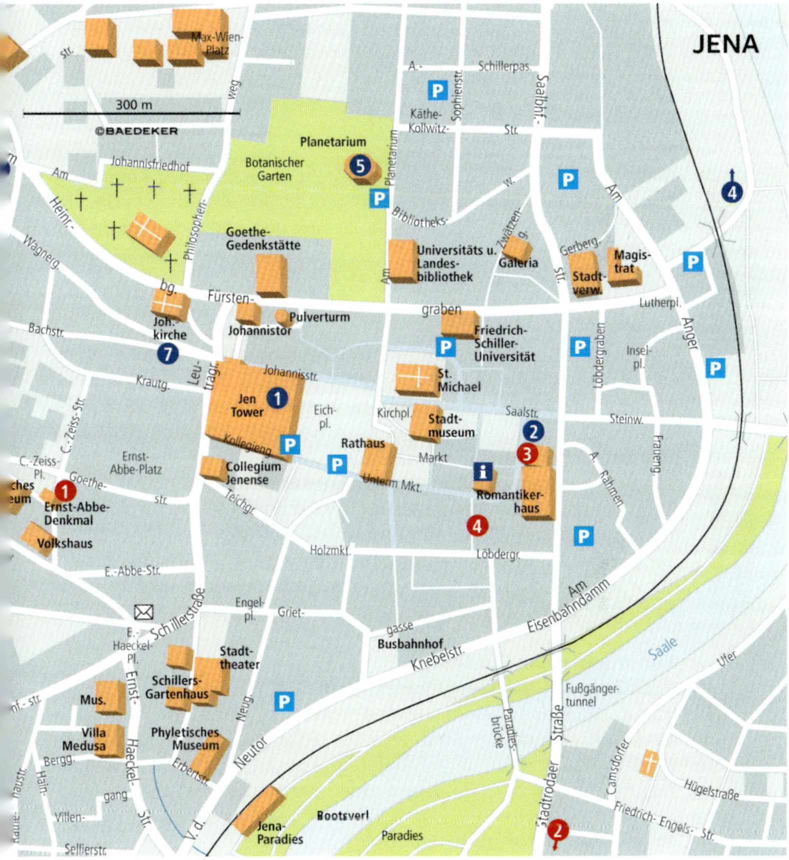

🍴

❶ Scala
❷ Im Sack
❸ Landgrafen
❹ Venerius
❺ Bauersfeld
❻ Papiermühle
❼ Daheme

🏠

❶ Steigenberger Esplanade
❷ Hammermühle
❸ Zur Noll
❹ Eulensteins

Noch ein Goethe-Ginkgo

Botanischer Garten

Die grüne Blätterwand nördlich des Fürstengrabens gehört zum Botanischen Garten mit großem Pflanzenbestand, Alpinum und Arboretum. Die **Goethe-Gedenkstätte** ist im ehemaligen Inspektorhaus eingerichtet. Der Dichterfürst verfasste hier Teile des »Westöstlichen Divans« und initiierte die Umwandlung des fürstlichen Lustgartens in den Botanischen Garten. Auch hier steht ihm zuliebe ein Ginkgo (▶Baedeker Wissen, S. 310). Gegenüber wohnte 1790/1791 der Romantiker **Novalis** als Student, woran eine Gedenktafel erinnert.

Fürstengraben 26 | April–Okt. tgl. 10–19, Nov –Määrz bis 18 Uhr | Eintritt: 4 € | Goethe-Gedenkstätte wg. Sanierung geschl.

Schwarze Löcher, helle Sterne

★ Zeiss-Planetarium

Gleich bei der Goethe-Gedenkstätte steht der auffallende Kuppelbau des Zeiss-Planetariums (1926), das heute das Publikum mit populärwissenschaftlichen Vorführungen, Laser- und Multivisionsshows in den Bann schlägt.

www.planetarium-jena.de | Eintritt: ab 11 €

Die Keksrolle

JenTower

Westlich der Stadtkirche fließt ein kleines renaturiertes Bächlein durch die Johannisstraße. Linkerhand öffnet sich eine riesige leere Fläche, der als Parkplatz genutzte **Eichplatz**. An seinem Rand ragt 128 m hoch der JenTower auf, ein Prestige-Objekt der DDR. Er wurde 1972 vom Stararchitekten Hermann Henselmann (der auch den Berliner Fernsehturm plante) als **Zeiss-Forschungszentrum** entworfen, dann aber von der Universität genutzt. Die Gestalt soll an ein Okular erinnern, Spötter bezeichnen den Turm gerne als »Keksrolle«. Den Namen JenTower und ein gründliches Face-Lifting erhielt die Glas-Beton-Konstruktion von 1999 bis 2001. Grandios ist die Aussicht von der Plattform ganz oben. Mit Hotel und Restaurant (▶ S. 132).

Für ungezogene Studenten

★ Collegium Jenense

Südlich des Eichplatzes stand einst ein Dominikanerkloster (1286), das ab 1558 als Collegium Jenense rund drei Jahrhunderte lang die **Erste Universität** der Stadt war. Die Mönchszellen hat man kurzerhand zu Karzerzellen umgewidmet, und noch heute tragen die Wände Kritzeleien von Studenten, die hier ihre Strafe absaßen.

Vom Johannistor ins Kneipenviertel

★ Johannistor, Pulverturm

Am Johannisplatz stehen zwei Türme der ehemaligen Stadtbefestigung mit verbindendem Wehrgang. Hier am **Johannistor**, das 1304 erstmals erwähnt und im 15. Jh. neu erbaut wurde, und **Pulverturm** (13./14. Jh.) lief die wichtigste Fernhandelsstraße vorbei. Die Stadtmauer sollte einerseits dem Schutz der Jenaer dienen, andererseits aber auch die Warenströme kontrollieren. Der Elfenbeinton des Gemäuers ist seinem Baustoff, dem Muschelkalk, zu verdanken. Die Szenemeile von Jena schließt sich gleich westlich an: rund um die **Wagnergasse** und **Bachstraße**. Hier reihen sich dicht an dicht Kneipen, im Sommer bei Schönwetter mit proppenvollen Außenplätzen.

Schrottig-wild

Ernst-Abbe-Platz

Am JenTower vorbei den Leutragraben südwärts breitet sich hinter den Unigebäuden der Ernst-Abbe-Platz aus. Auf der Freifläche, umgeben von Copyshops und Internetcafés, stehen hier die wunderbar skurril-wilden Schrottfiguren von **Frank Stella**. Weit weniger fällt das erste Hochhaus Deutschlands (Haus Nr. 5/ Zeiss Bau 15; Baujahr 1915) von Friedrich Pützer auf: 42 Höhenmeter sind heutzutage nun einmal leicht zu übersehen.

Sehen und staunen

★ Deutsches Optisches Museum

Am Carl-Zeiss-Platz erinnert ein achteckiger Jugendstilbau von Henry van de Velde (1911) an den Physiker Ernst Abbe. Hauptattraktion ist an diesem Platz das Deutsche Optische Museum (D.O.M.). Das naturwissenschaftlich-technische Museum ist so umfassend rund um sämtliche Gebiete der Optik bestückt, dass man Tage braucht, um alles aufzunehmen. Den drei in Jena wirkenden, großen Forschern wird viel Raum gewidmet: Physiker **Ernst Abbe**, der bahnbrechende Erfindungen auf dem Gebiet der Optik machte, Feinmechaniker **Carl**

An der Wagnergasse beginnt das studentische Keinpenviertel. Der JenTower bietet ebenfalls ein Restaurant, allerdings in einer ganz anderen Preisklasse.

Zeiss (▶ Interessante Menschen) und **Otto Schott**, Chemiker und Experte für Mikroskope und Teleskope. Es wird derzeti umfassend saniert und neu auufgestellt. Auuch nach der für 2023 geplanten Wiedereröffnung wird es ein wegweisendes Schaufenster auf dem Feld der Optik und Photonik sein, v. a. dank seiner grandiosen Sammlung historischer Instrumente und seiner Brillensammlung, die im 11. Jh. beginnt.

Carl-Zeiss-Platz 12 | www.deutsches-optisches-museum.de | Wiedereröffnung nach Snaierung vorauss. 2023

Knarzende Stufen, versteckter Garten

Schiller-Gedenkstätte

Über die Ernst-Haeckel-Straße führt der Weg Richtung Schillergässchen zum ehemaligen Sommerhaus von Friedrich Schiller, auch **Schillers Gartenhaus** genannt. Schiller lebte insgesamt zehn Jahre in Jena, davon die letzten Jahre 1797 bis 1799 in diesem Häuchen mit Frau und zwei Söhnen. Hier arbeitete an »Wallensteins Lager« und verfasste viele Balladen. Zu besichtigen sind sein Arbeitszimmer und andere Privaträume, darunter der Salon seiner Ehefrau Charlotte von Lengefeld (1766–1826). Am alten Steintisch im Garten saß Schiller oft mit seinem Freund Goethe zusammen. 1798 ließ er sich das kleine Türmchen in der Gartenecke bauen als weiteres Arbeitszimmer mit wunderbarem Blick auf die Landschaft und die Leutra. Diese Aussicht ist leider längst Vergangenheit.

Schillergässchen 2 | April–Okt. Di.–So. 11–17, Nov.–März Di.–Sa. 11–17 Uhr | Eintritt: 3,50 €

Geheimnisvolle Medusen

Phyletisches Museum

Das Thema Evolution steht in dem von dem Biologen und Mediziner Ernst Haeckel (1834 – 1919) gegründeten zoologischen Spezialmuseum im Mittelpunkt. Neben vielen Stammbäumen von Wirbeltieren, Weichtieren und Mollusken sind auch Rekonstruktionen des Urvogels Archaeopteryx zu sehen und ein Aquarium mit Quallen.

Haeckel, als Vertreter des Sozialdarwinismus und Befürworter der Euthanasie eine durchaus dubiose Figur, hatte sich die **Villa Medusa** ganz in der Nähe erbauen lassen, heute das Ernst-Haeckel-Museum. Im ganzen Haus verstreut hängen die ornamentalen Medusenzeichnungen des Forschers.

Museum: Vor dem Neutor 1, Di.–Fr. 9–13, 14–17, Sa./So. 10–16 Uhr | Eintritt: 2,50 € | www.phyletisches-museum.uni-jena.de
Villa Medusa: Berggasse 7 | bis auf Weiteres geschl.

Welt der Kristalle und Meteorite

Mineralogische Sammlung

Nahebei liegt die von Goethe mitbegründete Mineralogische Sammlung mit Mineralien und Gesteinen aus der Region – und aus dem All.

Sellierstr. 6 | Mo., Do. 13–17 Uhr | Eintritt: frei | www.minsmlg.uni-jena.de

Literarische Höhenflüge

Romantikerhaus

Am östlichen Altstadtrand erinnert das Romantikerhaus, einst Wohnhaus des Philosophen **Johann Gottlieb Fichte**, an die Jenaer Frühromantik: der junge Schelling, die Gebrüder Schlegel, Tieck und Novalis. Dieses Literaturmuseum zeigt, wie sich Jena zwischen 1785 und 1803 zuem fortschrittlichsten geistigen Zentrum Deutschlands entwickelte. Kein Museum zum schnellen Konsum – nachdenken, verweilen, erkennen.

Unterm Markt 12 a | wg. Sanierung bis auf Weiteres geschl.

Im Haus des großen Optikforschers

Schott Glas-Museum & Schott Villa

Sein Wissen rund um optische Gläser und den Wissenschaftler Otto Schott vertieft man in disem Museum westlich des Stadtzentrums.

Otto-Schott-Str. 13 | Di.–Do. 13–17 Uhr | Eintritt frei

Wo die Völker aufeinanderschlugen

Museum 1806

Bei Cospeda besiegten Napoleons Truppen in der **Schlacht von Jena und Auerstedt** die preußisch-sächsischen Truppen im Oktober 1806. Das Museum zeigt die Schlachtaufstellung in einem Diorama.

Jena-Cospeda, Jenaer Straße 12 | Feb. –Nov. Di.–So. 10–13 u. 14–17 Uhr | Eintritt: 4 € | www.jena1806.de

Rund um Jena

Der Balkon Thüringens

★★ Dornburger Schlösser

Hoch über der Saale, 12 km nordöstlich von Jena, liegen die berühmten Dornburger Schlösser. Allen voran hielt sich **Goethe** hier oft auf, »die Aussicht ist herrlich und fröhlich«, befand er. Tatsächlich ist der Blick hinunter auf die Schlingen der Saale selten idyllisch. Die drei Schlösser selbst liegen in einer Reihe am Rand eines Plateaus. Nur Rokoko- und Renaissanceschloss können besichtigt werden.

937 wird das **Alte Schloss** erstmals erwähnt und im 16. Jh. von sächsischen Fürsten auf- und umgebaut. Heute dient das wuchtige Gebäude als Begegnungsstätte der Universität in Jena.

Sehr viel gefälliger wirkt das mittlere Schloss, das sog. **Rokokoschloss,** 1736–1745 von Herzog Ernst August I. von Sachsen-Weimar als Lustschloss und Feldherrensitz errichtet. Die Beletage ist mit luxuriösem Mobiliar ausgestattet, der Festsaal zeugt mit seinen Stuckdecken und farbigen Türen vom opulenten Geschmack dieser Zeit. Niederländische Fayencen und chinesisches Porzellan zieren den Speisesaal.

2019 eröffnete pünktlich zum Jubiläum 100 Jahre Bauhaus die ehemalige **Bauhaus Keramikwerkstatt**. 1919 in Weimar eingerichtet, zog sie 1920 in den **Marstall** der Schlossanlage um. Sie ist die letzte Werkstatt aus der Bauhaus-Zeit, die wieder erlebbar ist:

Feines Rokoko in Dornburg

Maschinen zum Ton-Anrühren, Regale voller Tiegel mit Farbpigmenten, Gipsdrehscheiben, auf der Designklassiker von Theodor Bogler und Otto Lindig und anderen entstanden – man ahnt, wie die 20 Studierenden hier einst unter Werkstattmeister Max Krehan und Formmeister Gerhard Marcks gelernt und entworfen haben. Deren unkonventionelles Leben inklusive Nacktbaden in der nahen Saale hat manche Bürger durchaus verstört. Das angeschlossene **Museum** widmet sich auch den Biografien der Bauhaus-Schüler. Keramiker Ulrich Körting betreibt heute hier eine Töpferwerkstatt.

Ins Jahr 1538 datiert der Baubeginn des **Renaissanceschloss**es, in dem Goethe 1828 wohnte und seine »Dornburger Gedichte« zu Papier brachte. Kantig geschnittene und zu Spiralen gestutzte Hecken markieren den prächtigen **Schlossgarten**. Besonders herrlich sind die Rosengänge.

April–Okt. tgl. außer Mi. 10–17 Uhr | Eintritt je Schloss 3,50 €, Kombiticket 6 €, Gärten frei | www.thueringerschloesser.de

Blau mit weißen Punkten

Töpferstadt Bürgel liegt ca. 14 km östlich von Jena. Seit Jahrhunderten befindet sich hier das Zentrum des Ostthüringer Töpferhandwerks. Zu DDR-Zeiten bekannt und begehrt war das Dekor »Blaue Engobe mit weißen Punkten«, das bereits um 1800 aufkam. Auch der belgische Architekt und Jugendstilkünstler **Henry van de Velde** entwarf Gefäße für die Bürgeler Manufakturen. Einen Überblick über das Schaffen von Künstlern und Steinzeugherstellern gibt das **Keramik-Museum**. Herausragend ist die Zusammenstellung der Objekte: hier wuchtige Vasen des Historismus, dort die herrlichen Jugendstilkeramiken mit ihren typischen Laufglasuren, dazu einen spannenden Einblick in die DDR-Keramik, die zu 80 % in den Export ging. Jährlich im Juni zieht der **Töpfermarkt** Tausende Besucher an.

★ Bürgel

Am Kirchplatz 2 | März–Okt. Di.–So. 11–17, Nov.–April Mi.–So. 11–16 Uhr | Eintritt: 4 € | www.keramik-museum-buergel.de

Prachtvolle Orchideen

Rund um Jena warten botanische Besonderheiten. Im 11 km südlich gelegenen Dörfchen Leutra veranstaltet der Naturschutzbund NABU Exkursionen zu den 27 Orchideenarten im Naturschutzgebiet Leutra-Cospoth. Diese blühen im Mai und Juni an den Muschelkalkhängen des Leutratals oberhalb der A utobahn. Im Anschluss an die ca. zweistündige Wanderung wird dem Wehrkirchlein, um 1250 erbaut, noch ein Besuch abgestattet.

NSG Leutra-Cospoth

Exkursion Ende April–Mitte Juni Sa., So., Fei. 10, 14 Uhr | Start Dorfplatz Leutra | 4 € |www.nabu-jena.de/orchideenfuehrungen-leutratal

Porzellan für den Alltag

Kahla, 16 km südlich von Jena, ist überregional bekannt wegen seiner **Porzellanfabrik**. Im Werkseinkauf der »Kahla Thüringer Porzellan GmbH« packen sich die Geschirrliebhaber das Auto voll mit günstigen Angeboten. Große Teile der mittelalterlichen Stadtmauer sind noch erhalten, überhaupt ist die Altstadt sehenswert.

Kahla

Porzellanfabrik Kahla: Christian-Eckardt-Str. 38 | Werksverkauf: Mo.–Sa. 10–18 Uhr | www.kahlaporzellan.com

Weithin sichtbar

Höhepunkt im doppelten Sinn des Wortes ist die Leuchtenburg bei Seitenroda unweit von Kahla, die als eine der schönsten Burgen in Thüringen gilt. Sie liegt auf einem 395 m hohen Bergkegel und zeugt von der alten Macht der Herren von Lobdeburg. 1221 wird die Feste erstmals genannt, brennt mehrfach ab, wird erobert, verwüstet und wieder glanzvoll aufgebaut, wird 1724–1871 »Armen-, Zucht- und Irrenhaus«, belegt mit über 5000 Personen, und schließlich ein »Erlebnismuseum«. Vom Panoramafenster des Besucherzentrums genießen die Gäste einen herrlichen Blick aufs Saaletal. Über die wech-

★ Leuchtenburg

selvollen Geschicke der mächtigen Burg berichtet das Burgmuseum. In den »**Porzellanwelten**« wird in sieben Schauräumen die Welt des Porzellans vorgestellt von seinen Anfängen bis hin zu Visionen für die Zukunft. Sämtliche Thüringer Porzellanhersteller haben sich an der Umsetzung beteiligt. Zu ehen ist auch die mit 8 m Höhe größte Porzellanvase der Welt.

Im prunkvollen Rittersaal flanieren die Besucher an der Ahnengalerie der Herzöge von Sachsen-Altenburg vorbei. Wer gegen Recht und Gesetz verstieß, hatte wenig zu lachen: Im Marterturm informiert eine kleine Ausstellung über das mittelalterliche Gerichtswesen. Der Münzturm informiert über die Zeit, in der in der Burg Zucht- und Armenhaus war (s. o.). In der Burgschänke werden auch Rittergelage und Showprogramm geboten. Seit dem Jahr 2000 wachsen auch wieder Reben an den Hängen der Burg; eine Weinverkostung ist möglich.
April–Okt. tgl. 9–18, Nov.–März 10–17 Uhr | Eintritt: 13,50 € | www.leuchtenburg.de

BAEDEKER MAGISCHE MOMENTE

WÜNSCH DIR WAS

Wenn Sie einen Wunsch frei hätten, was würden Sie dann nennen? Auf der Leuchtenburg können Sie einen Porzellanteller mit Ihrem Wunsch beschriften und anschließend vom Steg der Wünsche aus in die Tiefe werfen – möge er in Erfüllung gehen! Was andere sich gewünscht haben, erfahren Sie im Archiv der Wünsche.

★ MEININGEN

Einwohner: 24 700 | **Höhe:** 285 m ü. NHN

Meiningen ist Thüringens Theaterstadt, wo internationale Schauspieler auf der Bühne stehen und vielleicht wie ihr Publikum durch die malerische Stadt schlendern. Alles wirkt großzügig und weitläufig – in ihre Residenzstadt investierten die Herzöge von Sachsen-Meiningen ein Vermögen. Nicht weniger herrlich: die Landschaft der Umgebung.

Theater-stadt

Berühmtester Gast im 18. Jh. war **Friedrich Schiller**. Er flüchtete 1782 vor seinem württembergischen Landesherrn nach Bauerbach in unmittelbarer Nähe Meiningens. Dort erlebte er im Hause von Henriette von Wolzogen eine höchst produktive Zeit und schrieb »Kabale und Liebe«. Auf die Tochter des Hauses, Charlotte, scheint der jungen Dichter mächtig Eindruck gemacht zu haben. Doch die Liebe der 16-Jährigen bleibt unerwidert, Schiller zieht im Sommer 1783 weiter.
Meiningen selbst war seit 1680 Residenzstadt des Herzogtums Sachsen-Meiningen. Den Ruf als Theaterstadt begründete **»Theaterherzog« Georg II.**, der 1866–1914 regierte. Damals entwickelte sich das Theater zu einem der angesehensten Ensembles Europas. Bedeutende Dirigenten wie Hans von Bülow (1880–1885), Richard Strauss (1885–1886) und Max Reger (1911–1914) trugen zum Ruhm der Meininger Hofkapelle bei.
Einer der bekanntesten Söhne der Stadt ist **Ludwig Bechstein** (1801–1860), der wie die Gebrüder Grimm deutsche Sagen und Märchen sammelte und veröffentlichte. Sein Ruf als feudalistische Residenzstadt und die unmittelbare Nähe zur deutsch-deutschen Grenze brachte Meiningen zu DDR-Zeiten gegenüber ▶ Suhl ins Hintertreffen. Der Vorteil: Die Altstadt fiel in einen Dornröschenschlaf, aus der sie nach der Wende mit viel Geld erweckt wurde.

Wohin in Meiningen?

Die Meininger

★ Theater

Täglich brausen Hunderte Autos am neoklassizistischen Säulenportikus des Meininger Theaters vorbei, denn das 1909 erbaute Hoftheater liegt heute unmittelbar an der B 19. Sein Vorgänger wurde 1831 errichtet, brannte aber 1908 ab. Heute gehört das Theater zu den **traditionsreichsten Häusern in Europa**. Die »Meininger« waren von 1874 an in der Theaterwelt ein fester Begriff. Unter dem derzeitigen Intendanten Ansgar Haag werden Oper, Operette, Schauspiel und Ballett auf die Bühne gebracht (▶ S. 144).

MEININGEN ERLEBEN

TOURIST-INFORMATION
Ernestinerstr. 2
98617 Meiningen
Tel. 03693 4 46 50
www.meiningen.de

HÜTESFEST
»Hütes« werden in Meiningen die Kartoffelklöße genannt, die in ganz Thüringen zur Nationalspeise geworden sind. Angeblich soll sie Frau Holle erfunden haben. Jedes Jahr wird in der Stadt das »Hütesfest« gefeiert.
Mitte Juni

DAMPFLOKTAGE
Fahren Sie selbst Lok! Fachsimpeln Sie mit Gleichgesinnten über die Stahlrösser der guten alten Zeit oder genießen Sie ganz einfach den Geruch von Kohle, Dampf und Wagenschmiere. Ganzjährig kann die 1914 gegründete Hauptwerkstätte der »Königlich-Preußischen Eisenbahn« mit Führung besichtigt werden. Noch immer werden hier Dampfloks instandgehalten.
Dampfloktage: 1. Wochenende im Sept. 9–17 Uhr, 12 €
Führungen durchs Dampflokwerk: April–Okt. Sa. 10 Uhr
Nov.–März 1. und 3. Sa. 10 Uhr
Am Flutgraben 2
www.dampflokwerk.de

STAATSTHEATER MEININGEN
Musiktheater, Schauspiel, Konzert und Puppentheater
Programm und Karten:
Tel. 03693 45 11 37
Blick hinter die Kulissen:
Tel. 03693 45 11 36
www.meininger-staatstheater.de

WOCHENMARKT
März–Nov. Di., Fr. 8–16,
Sa. 8–13 Uhr auf dem Markplatz

KANUVERLEIH
Die Werra gehört zu den besonders schönen Paddelrevieren der Region. Mieten Sie ein Kanu und vertrauen Sie sich eine Weile dem ruhig dahinströmenden Fluss an.

Kanu-Reich
98660 Henfstädt
Mittlere Dorfstr. 3
Tel. 036873 6 96 71
www.kanureich.de

Pfannstiel Outdoor-Aktiv
98590 Schwallungen
Ellenberg 15
Tel. 036848 2 29 35
www.pfannstiel-outdoor-aktiv.de

RUNDFLÜGE
Ganz neue Aussichten eröffnet ein Rundflug über Meiningen, Südthüringen und die Rhön.
Flugschule Dolmar
98547 Kühndorf
Am Flugplatz 1
Tel. 036844 4 61 02
www.flugschule-dolmar.de

SCHLOSSSTUBEN €€
Die Kreuzrippgewölbe im Erdgeschoss von Schloss Elisabethenburg prägen das stilvolle Ambiente. Gutbürgerliche Küche dominiert die Karte, Kloßgerichte sind hier in der Heimatstadt der Klöße selbstverständlich in vielen Varianten zu

finden. Bei schönem Wetter zieht es die Gäste in den Biergarten im Schlosshof.
Schlossplatz 1
Tel. 03693 50 23 44
www.schloss-stuben-mgn.de
Ruhetag: Mo.

MUSEUMSCAFÉ €

Herzog Bernhard I. von Sachsen-Meiningen ließ für seine erste Frau, Maria-Hedwig von Hessen-Darmstadt, 1705 einen kleinen Extra-Festsaal im Schloss Elisabethenburg erbauen. Heute stärken sich die Museumsbesucher in diesem sogenannten »Hessensaal« bei Kaffee und Kuchen. Den Blick über die Dächer von Meiningen gibt es umsonst dazu.
Schlossplatz 1
Tel. 03693 88 10 36
Ruhetag: Mo.

ZUM BRAUNEN ROSS €

So sympathisch wie das winzige Dörflein Bauerbach ist auch der dortige Landgasthof. Schon Friedrich Schiller war hier zu Gast, nachdem ihn die Stuttgarter vergrault hatten. Sonntags bereitet der Chef Hütes (Klöße) nach Bauerbacher Rezept zu. Kaffee und Kuchen locken nachmittags Wanderer und Schillermuseumsbesucher hierher.
Friedrich-Schiller-Str. 17
Meiningen-Bauerbach
Tel. 036945 51 94 00
www.zum-braunen-ross-bauerbach.de
Ruhetage: Mo., Di.

ROMANTIKHOTEL SÄCHSISCHER HOF €€€€

Großzügige und komfortable Zimmer, elegant und stilvoll eingerichtet, machen den Charme des Hauses aus. In unmittelbarer Nähe des Theaters gelegen, doch nicht nur darum logieren hier auch gerne Schauspieler wie Klaus Maria Brandauer. Ein gewisser Wermutstropfen für ein Romantikhotel: die Lage an der Hauptstraße. Elegantes Ambiente, umfangreiche Weinkarte und Gourmet-Küche verspricht die »Posthalterei«. Rustikaler und preiswerter geht es in der »Kutscherstube« zu, die Thüringer Küche bietet, darunter auch Sauerbraten mit Hütes (Klößen).
Georgstr. 1, Tel. 03693 45 70
www.saechsischerhof.com, 40 Z.
Restaurants: Mo. Ruhetag
Sommerpause i.d.R. Mitte Juli bis Aug.

ALTES KNASTHAUS FRONVESTE €€€

Schon mal im Knast gewohnt? Hier in Meiningen tut man dies mit Drei-Sterne-Komfort und nicht auf Staatskosten. Verfügbar sind Einzelzellen, Doppelzellen und solche mit drei Betten. Wer Wasser und Brot satt hat, besucht das »Skyline-Restaurant Monte Christo« auf dem Dach oder die Kneipe »Verlies« im Keller. Das Haus war ursprünglich ein Minoriten-Kloster und wurde erst im 19. Jh. als Gefängnis genutzt.
An der Oberen Mauer 1–3
Tel. 03693 47 86 41
www.fronveste-meiningen.de
40 Zellen

SCHLUNDHAUS €€

Wo die Gaststube war, ist heute der Frühstücksraum im zum Hotel umgebauten historischen Gasthaus, in dem die Thüringer Köße erfunden wurden, und zwar von Frau Holle höchstpersönlich – sagt man. Der pompöse Erker ist eine Kopie: Das originale Haus brannte 1597 ab.
Schlundgasse 4
Tel. 03693 81 38 38
www.uwe-klein-hotels.de

Erinnerung an die Gotik

Englischer Garten

Kaum waren 1781 die mittelalterlichen Stadtmauern niedergerissen und damit der aufstrebenden Kultur- und Dienstleistungsstadt Luft verschafft, bekam das Hoftheater 1782 einen Englischen Garten. Von der ursprünglichen Möblierung sind einzig die **»Gotischen Ruinen«** (1793/1794) erhalten, die man bei der Vorbeifahrt von der B 19 aus sieht und auf die Schnelle für echt halten mag. Die neugotische **Kapelle** (1839–1841) diente als Grablege der Herzöge. Heute präsentiert sich der Garten, der einst die Stadt mit dem Werratal verband, als recht überschaubar und durch die vielen Straßen nicht eben als Oase der Ruhe. Sehr schön ist indes der alte Baumbestand. **Denkmäler** erinnern an den Dichter Jean Paul und den Komponisten Johannes Brahms.

Was fürs Auge

Fachwerkhäuser

Auf dem Weg vom Theater in die Stadtmitte erhebt sich rechterhand das Kleine Palais, 1821 für den Erbprinzen erbaut und leicht erkennbar an dem Säulenportal. Wo die B 19 eine Kurve macht, steht der **Sächsische Hof** (1898–1902), das älteste Hotel der Stadt. Dahinter beginnt die Altstadt, die das Gebiet zwischen Werra und den »Bleichgräben« umspannt. Zwei dieser ursprünglich drei künstlich angelegten **Wassergräben** sind erhalten. Sie waren Teil der Stadtbefestigung und wurden von den Tuchmachern zum Bleichen von Stoffen genutzt. Heute führt ein sehr hübscher Spazierweg zwischen den Gräben entlang. Die Stadtbrände 1475 und 1478 haben das Erbe des Mittelalters in Meiningen fast vollständig ausgelöscht. Geblieben sind aus dieser Zeit nur das **Steinerne Haus** (1571) und das 1450 erbaute Haus am Platz »An der Kapelle«. 1874 vernichtete ein weiterer Brand zahlreiche Wohnhäuser vor allem in der nördlichen Altstadt. Den Nordzugang zur Altstadt markiert das **Henneberger Haus** (1894–1896), ein opulenter Fachwerkbau, der heute Restaurant ist. Folgt man der Georgstraße, passiert man das **Büchnersche Haus** (Nr. 20), ein reich verziertes Fachwerkhaus (1596), das den Brand von 1874 überstanden hat.

Eine Wasserburg wird elegant

★ Schloss Elisabethenburg

Das ehemalige Residenzschloss ist, neben dem Theater, die Hauptattraktion der Stadt. Auf der frisch renovierten strahlend weißen Fassade der barocken Dreiflügelanlage (1682–1692) setzen die rot gefassten Fensterreihen kräftige Akzente. Ursprünglich stand an dieser Stelle eine spätgotische Wasserburg. Teile des Nordflügels stammen noch aus dieser Zeit. Auf den ersten Blick dominiert das halbrunde Gebäude, das den Hof abschließt, das Ensemble. Ein Durchgang, in dem sich auch der Zugang zum Ratskeller befindet, führt in den Schlosshof zum Haupteingang. In Filzpantoffeln wandelt man heute durch die Räume, die im Geschmack der verschiedensten Jahrhunderte eingerichtet sind. Unter der prachtvollen Innenausstattung stechen vor allem das Treppenhaus, der Turmsaal, der Gartensaal und im Südflügel der »Johannes-Brahms-Saal« (ehemals Schlosskirche) hervor. Letzterer wird heute noch für Konzerte genutzt. Sehenswert ist das **Museum** im Schloss. Es zeigt die herzoglichen Sammlungen mit Malerei, Plastik und Kunsthandwerk.

Di.–So. 10–18 Uhr | Eintritt: 6 € (mit Literaturmuseum) | www.meinigermuseen.de

Vor und hinter den Kulissen

Gleich neben dem Schloss ist in der ehemaligen herzoglichen Reithalle (18. Jh.) das Theatermuseum eingerichtet. Besonders interessant sind die **Requisiten und Originalkulissen**, u. a. von Schillers »Wallenstein«. 275 Bühnendekorationsstücke bilden den Grundstock der herausragenden theatergeschichtlichen Sammlung in Meiningen. Jährlich wechselnd zeigt das Museum ein ausgewähltes historisches Bühnenbild, jedes von ihnen ein ausgefeiltes Kunstwerk. So lässt der

★ Theatermuseum

Die rot gefassten Fensterreihen machen Schloss Elisabethenburg unverwechselbar. Stimmungsvoll sind die Konzerte im Hof.

Prospekt für William Shakespeares »Sommernachtstraum« auf einfallsreiche Art Licht durch und taucht die Zauberwald-Szenerie in eine wundersame Atmosphäre.

Di.–So. 10–18, Präsentationen: 10, 12, 14, 16 Uhr | Eintritt: 5 € | www.meinigermuseen.de

Im Zentrum des Stadtlebens

Marktplatz

Tagsüber ist die Georgstraße mit ihren Läden belebt. Sie öffnet sich auf den erstaunlich großen Marktplatz, den Cafés, Restaurants und Eisdielen säumen. Oft bieten Imbisswagen Thüringer Bratwurst an. Der **Heinrichsbrunnen** (1872) in der Mitte des Platzes trägt ein Standbild Kaiser Heinrichs II. (reg. 1002–1024). Er hält ein Kirchenmodell in der Hand, weil er als Gründer der hiesigen Kirche gilt. Die neugotische **Stadtkirche** (1884–1889) erhebt sich auf dem Marktplatz. Ihr Chor ist ein Relikt der spätgotischen Hallenkirche. Der Unterbau des nördlichen Turms stammt von der romanischen Vorgängerkirche. Das schmucke Treppentürmchen, das sich an ihn lehnt, ist von 1594. Ins Jahr 1430 datiert das Madonnenbild am ersten nordöstlichen Langhauspfeiler innen. Unmittelbar vor dem Kircheingang lädt die Ratsstube an lauen Sommerabenden zum Draußensitzen.

Hoch auf dem gelben Wagen

Baumbachhaus

Das »Baumbachhaus« beherbergt das **Literaturmuseum**, das über die Meininger Zeit von Friedrich Schiller, Jean Paul, Ludwig Bechstein bis Rudolf Baumbach informiert. Letzterer wohnte hier in diesem Haus und dichtete das Volkslied »Hoch auf dem gelben Wagen«.

Burggasse 22 | Di.–Fr. 10–12, 13–18, Sa., So. 14–16 Uhr | Eintritt: 6 € (mit Schlossmuseum)

Rund um Meiningen

Von Stuttgart in die tiefste Provinz

Bauerbach

10 km südlich von Meiningen suchte **Friedrich Schiller** auf dem Anwesen der Henriette von Wolzogen Zuflucht. Dort schrieb er erste Entwürfe für »Don Carlos« und »Kabale und Liebe«. Seine Flucht aus Stuttgart und sein Aufenthalt in Bauerbach vom 22. September 1782 bis 24. Juli 1783 sind im dortigen, neu gestalteten Schillermuseum dargestellt. Im Dorf scheint die Zeit stehengeblieben, und die ländliche Ruhe animiert, ein wenig umherzuschlendern. Eine Einkehrmöglichkeit bietet das **Gasthaus »Zum braunen Ross«** (► S. 145). Wer noch ein wenig länger verweilen will, spaziert zum **jüdischen Friedhof** auf dem gegenüberliegenden Talhang beim Sportplatz. Lautes Gänsegeschnatter zeigt, dass das Ziel fast erreicht ist.

Schillermuseum: März–Okt. Di–So. 13–17 Uhr | Eintritt: 3,50 € | www.schiller-in-bauerbach.de

Älteste Kirche in Thüringen

Rohr

Interessante Kirchenarchitektur und bildhübsche Fachwerkhäuser verstecken sich in Rohr (8 km östl.). Heute brausen die Autos auf der A 71 vorbei, einst verlief hier eine wichtige Handelsverbindung zwischen Mainfranken und Thüringer Becken. Ein Blick in die Geschichte zeigt, dass man sich keineswegs im tiefsten Hinterland des Weltgeschehens befindet. 815 wurde bereits ein Benediktinerkloster errichtet, aus diesem ging ein ottonischer Königshof hervor. Hier wurde 984 sogar ein besonderer Reichstag abgehalten: **Theophanu**, Gemahlin des verstorbenen Kaisers Otto II., durfte damals ihren kleinen Sohn, den späteren **Otto III.**, den von Heinrich dem Zänker entführten Thronfolger, wieder glücklich in die Arme schließen. Ein Stein vor der Kirche St. Michael erinnert an dieses Ereignis.

Die **Michaelskirche** auf einer Anhöhe wurde zwischen 815 und 824 für das Kloster errichtet und ist damit die älteste Kirche Thüringens. Eine um 1200 errichtete sechs Meter hohe Mauer umschließt das Gebäude. Über Kopfsteinpflaster gelangt man, vorbei am Gedenkstein für Otto III., zum rosengesäumten Eingang. Die farbige Innenausstattung stammt größtenteils aus dem 17. Jh.; prachtvoller Abschluss ist der barocke Orgelprospekt von 1667. Nicht versäumen sollte man einen Blick in die Krypta: Sie datiert noch in die Karolingerzeit um das Jahr 895.

www.kirche-rohr.de

Burg der wackeren Ritter

Kühndorf

Die **Johanniterburg** in Kühndorf, 10 km östlich von Meiningen gelegen, wurde unter Berthold VII. der Weise, Graf von Henneberg zwischen 1291 und 1315 erbaut und ist damit die einzige Johanniterburg aus dieser Zeit im deutschsprachigen Raum. Typisch für die Johanniter-Bauweise ist die kastellartige Anlage mit zwei Breitwohntürmen. Heute wird die Burg für Feste aller Art genutzt..

Infos zu Führungen: www.johanniterburg.de

Kettensägen und Aussicht

Dolmar

Eine überwältigende Aussicht über ganz Südthüringen bietet der Dolmar, 10 km nordöstlich von Meiningen. Der 740 m hohe Basaltkegel, Rest eines erloschenen Vulkans, erhebt sich markant über dem Werra-Tal und ist über Kühndorf zu erreichen (Ausschilderung »Berggasthof Charlottenhaus«). Auch Wanderwege führen von dort aus auf den Tafelberg. Besitzern von Motorsägen ist der Name »Dolmar« ein Begriff. Dieser hat tatsächlich mit dem gleichnamigen Berg zu tun: Hier führte Unternehmensgründer und Ingenieur Emil Lerp 1927 die weltweit **erste benzingetriebene Kettensäge** der Öffentlichkeit vor. Allerdings waren zwei Mann nötig, um das 58 kg schwere Ungetüm zu bedienen. Die erste elektrisch betriebene Motorsäge hatte Firma Stihl ein Jahr zuvor vorgestellt.

★★ MÜHLHAUSEN

Einwohner: 36 800 | **Höhe:** 216 m ü. NHN

Im Sommer wirkt Mühlhausen wie in Gold gefasst: Bis unmittelbar vor seine Tore wogen die Getreidefelder des Thüringer Beckens. Elf Kirchen spitzen ihre Türme in den Himmel, und die herrliche Fachwerk-Altstadt erstand nach der Wende wie Phönix aus der Asche. Legendär ist die Kirmes, bei der die Stadt im Ausnahmezustand versinkt.

Filmreifes Stadtbild

Kirchweih wurde ursprünglich jährlich zu Ehren der Kircheneinweihung gefeiert. Erst nach und nach geriet das liturgische Fest zum trubeligen Volksfest. Weil es in Mühlhausen so viele Kirchen gab, fand von Ostern bis in den Herbst hinein ständig irgendwo eine Kirmes statt. Das wurde den Stadtoberen zu bunt, die 1877 beschlossen, sämtliche Kirchweihen auf einen einzigen Tag zu vereinen: die Mühlhäuser Kirmes war geboren. Die feiert man allerdings gleich eine Woche lang. In Mühlhausen könnte man sofort jeden Mittelalterfilm drehen, so viele Kirchen, Mauern und alte Häuser stehen noch. 967 wird die Stadt **Königspfalz** Ottos II. 1135 erhält Mühlhausen als erste Siedlung Thüringens den Status einer Stadt, wird 1251 **Reichsstadt** und ab 1286 Mitglied der Hanse. Vor allem Tuche aus Mühlhausen waren in der Handelsgemeinschaft begehrt.

Eine der größten Städte Deutschlands

52 Türme

Im 15. Jh hatte die Reichsstadt den Zenit ihrer Macht erreicht. Ein doppelter Mauerring mit 52 Türmen umgab das Zentrum, und ringsum lagen über 60 Siedlungen. Mühlhausen zählte damals zu den größten Städten Deutschlands. Einen Einschnitt brachte der Bauernkrieg. Nach **Thomas Müntzers** Niederlage bei Frankenhausen kapitulierte auch Mühlhausen. Das irritierte die Handwerker und Gewerbetreibende aber nur kurz, ab 1550 setzte die Wirtschaft zu einem zweiten Höhenflug an. Unter den zahlreichen Produkten rissen sich die Kunden nun vor allem um Leder und Felle. Doch Kriege und Pestepidemien ließen die Stadt langsam in die Knie gehen. 1803 marschierten die **Preußen** ein. Als Textilstadt schuf sie sich im 19. Jh. eine solide wirtschaftliche Basis, doch der alte Glanz war dahin.

Tragischer Held des Bauernkriegs

»Thomas-Müntzer-Stadt«

Vor allem in der DDR-Zeit blickte man mit Stolz auf Thomas Müntzer (► Interessante Menschen). Der aufmüpfige Prediger ließ sich 1524 in Mühlhausen nieder und zog als Mitinitiator des »Ewigen Rats« die Stadt mitten ins Gewirr des Thüringer Bauernaufstands hinein. Nach der blutigen Niederschlagung dieses Aufstands und seiner Gefangen-

nahme im Jahr 1525 in Frankenhausen wurde Müntzer vor den Toren Mühlhausens **enthauptet**. Die DDR feierte ihn als Revolutionär, und fortan führte Mühlhausen das Prädikat »Thomas-Müntzer-Stadt«, einen Beinamen, den sie mit der Wiedervereinigung aufgab.

Wohin in Mühlhausen?

Kirchen und Händler

Früher Siedlungskern

Wo heute der Verkehr über die B 247/249 in Nord-Südrichtung fließt, verlief einst eine alte Handelsroute. Die Kirchen St. Georgi, St. Kiliani und St. Martini liegen wie Perlen einer Schnur entlang dieser alten Achse. Bei St. Georgi führt heute wie einst die Straße über die Unstrut hinweg. Die mittelalterliche Stadt mit ihrer eindrucksvollen Stadtmauer liegt westlich. Wichtigstes »Einfallstor« zur Altstadt ist heute die Erfurter Straße. Auch auf dieser Ost-West-Achse herrschte seit alters reger Handelsverkehr.

MÜHLHAUSEN ERLEBEN

TOURIST-INFORMATION

Ratsstr. 20, 99974 Mühlhausen
Tel. 03601 40 47 70
www.muehlhausen.de

STADTKIRMES

Im August steht Mühlhausen unter Strom. Viele Straßen sind mit bunten Girlanden geschmückt, Musikkapellen ziehen durch die Gassen, und Bierzelte runden das ohnehin üppige Angebot der Wirte ab. Ein Umzug markiert einen Höhepunkt des Volksfests, der andere ist der Vergnügungspark vor der Altstadt. Geschlafen wird nicht, und wenn, dann nur kurz.
Letztes Wochenende im Aug.

THÜRINGENTHERME

Hier schwimmen Sie in Thermalwasser! Das hervorstechende Merkmal der Thüringentherme ist auch ihre große Saunalandschaft mit Qualitätssiegel.
Lindenbühl 10
Tel. 03601 4 01 23
www.thueringentherme.de
Mo. – Fr. 10 – 22 Sa. und So. 9 – 22 Uhr, Eintritt ab 4,50 €; Sanua 15 €

1 LENGEFELDER WARTE €€€

Ein Abstecher ins Umland macht generell Spaß und lohnt sich in diesem Fall auch, um kulinarische Raritäten wie Unstrut-Saibling, Hainich-Taube oder ein vorzügliches vegetarisches Menü zu genießen. Spannend sind die Kochkurse, die der junge Küchenchef Stefan Sander gibt. Hotelzimmer gehören ebenfalls zum Angebot.
Lengefelder Warte 1
Anrode (12 km nordwestl.)
Tel. 036023 5 02 06
www.lengefelderwarte.de
Ruhetage: Mo., Di.

2 ANTONIUS MÜHLE €€

Dieses rustikale Lokal in einer ehemaligen Senf- und Getreidemühle von 1323 liegt vor den Toren der Stadt. Beliebt sind die handfeste Thüringer Kost (Klöße, Rotkraut, Brätel oder eine 59 cm lange Thüringer Bratwurst) und natürlich die Senfsuppe. Gruppen ab 10 Pers. können sich auf Vorbestellung die von historischen Begebenheiten aus dem Jahr 1292 inspirierte »Henkersmahlzeit« zubereiten lassen.
Am Frauentor 7
Tel. 03601 44 90 00
www.antoniusmuehle.de
Ruhetag: Mo., Di.

3 ZUR QUELLE €€

Der Name ist Programm: Das beliebte Restaurant gehört zum Thermalbad von Mühlhausen. Mit Blick auf die Badenden geneißen Sie hier solide Speisen zu einem guten Preis-/Leistungsverhältnis.
Lindenbühl 10
Tel. 03601 40 12 53
www.thueringentherme.de/gastronomie

1 BRAUHAUS ZUM LÖWEN €€

Mit Blick auf das Treiben in den Gassen wohnt man im dazugehörigen Hotel. Umweltschutz soll gefördert werden, daher gib es für Hotelgäste Leihfahrräder umsonst. E-Mobil-Fahrer erhalten hier Saft für ihre Elektro-

Schönheiten.Die Brauereigaststätte serviert bodenständige Küche.
Kornmarkt
Felchtaer Str. 2–4
Tel. 03601 47 10
www.goebel-hotels.com, 81 Z.

❷ RAABE €€€€
Die 1886 erbaute Villa hat sich zu einem interessanten 4-Sterne-Haus inmitten der alten Stadt entwicklet. Eine interessante Mischung aus Jugendstil kombiniert mit modernem Chic dominiert in den Zimmern. Frühstück muss extra gebucht werden
Brückenstr. 9
Tel. 03601 4 03 94 18
https://rabe-muehlhausen.de
Restaurant: Mo. Ruhetag

Meister aus der Ferne

Divi-Blasii-Kirche

An der Erfurter Straße empfängt der Untermarkt, an dem sich sehr dominant die Pfarrkirche Divi Blasii in Szene setzt. So imposant sie wirkt, steht sie doch ein bisschen schief: Der Untergrund ist nicht ganz stabil, was sie mehr als 1 m aus dem Lot bringt. 1227 wird die Kirche das erste Mal erwähnt, ihre Vorgeschichte liegt im Dunkeln. Der Deutsche Orden, dem die Kirche gehörte, holte für den frühgotischen Ausbau **Meister aus Maulbronn und Walkenried** nach Mühlhausen, als es ab 1270 an die Neugestaltung der Hallenkirche mit Kreuzrippengewölben und Rundpfeilern ging. **Johann Sebastian Bach** (▶ Interessante Menschen) spielte hier 1707/1708 die Orgel. Bedeutende Ausstattungsstücke sind: zahlreiche **Grabplatten der Ordensritter**, gotischer Flügelaltar (um 1495), Chorgitter (1640) und Glasmalereien (14. Jh.).

Relikte der Ordensritter

Untermarkt

Ebenfalls am Untermarkt liegen der **Beurenhof** (Haus Nr. 7), einst der Stadthof des Eichsfeldklosters Beuren, mit spätgotischen Torbögen und das **Alte Backhaus** (Haus Nr. 15, 1631). Wenige Schritte hinter der Kirche befindet sich im Haus der Kirche die **Annenkapelle** (um 1290) des Deutschen Ordens. Sie ist der letzte verbliebene Bauteil des ehemaligen Deutschordenshofs in der Altstadt.

Licht ins Dunkel der Vorzeit

Kulturhistorisches Museum

Das wichtigste Museum der Stadt bietet drei Abteilungen: An erster Stelle steht **UNSTRUT-HAINICH** zur Ur- und Frühgeschichte. Keltischer Schmuck, fränkische Fibeln, Muscheln aus dem Mittelmeerraum, Jadebeile aus den Alpen zeigen, dass über 6000 Jahre lang ein reger Austausch quer durch Europa stattfand. Die kulturhistorische Schau widmet sich den **STADTgeschichten** wie der spannenden reichsstädtischen Geschichte sowie den Festen. Unter dem Titel **KunstLAND Thüringen** zeigt die Kunstsammlung regionale und europäische Meister mit Schwerpunkt auf der Malerei und Grafik des 20. Jahrhunderts.
Kristanplatz 7 | Di.–So. 10–17 Uhr | Eintritt: 5 € | www.mhl-museen.de

Als die Bauern sich erhoben

Kornmarkt

Nördlich liegt der Kornmarkt. Die gemessen an den anderen Mühlhäuser Kirchen schlichte **Kornmarktkirche** (ca. 1250) zählte einst zu einem Franziskanerkloster, das bis 1568 dort stand, wo heute die Neue Straße verläuft. Von 1702 bis 1722 wurde die Kirche barock umgestaltet, 1802 jedoch fand der letzte Gottesdienst hier statt. Danach wurde das Gotteshaus zum Lager umfunktioniert. Heute nimmt das ungewöhnlich geräumige Kirchenschiff das **Bauernkriegsmuseum** auf, das die Bauernaufstände des 16. Jh.s beleuchtet.

Museum: Di.–So. 10–17 Uhr | Eintritt: 5 € | www.mhl-museen.de

Luxuriöse Ratsstube

Rathaus

Der Rathauskomplex wurde zwischen 1310 und 1596 erbaut. Nicht versäumen sollte man, in das gotische Hauptgebäude zu schauen sowie die Rathaushalle und die **Große Ratsstube** zu besuchen. Dieser in schummeriges Dunkelbraun getauchte holzgetäfelte Raum enthält wundervolle Malereien (1460), die Burg- und Landgrafen als Reichsstände zeigen. Das Bildnis Kaiser Maximilians mit den sieben Kurfürsten entstand 1572. Ebenfalls eine historische Schatzkammer ist das Reichsstädtische Archiv mit dem »Mühlhäuser Rechtsbuch«.

Rathaus: Mo.–Do. 9–16, Fr. bis 13, Sa. 11–15 Uhr | Eintritt: 1 € (nur Sa.) **Archiv**: geführte Tour werktags 11 Uhr | Eintritt: 5 €

Ein mutiger Mensch erhob die Stimme

Marienkirche

Nördlich des Rathauses verläuft der **Steinweg**. Prominentestes Gebäude ist hier die Marienkirche. Sie ist nach dem Erfurter Dom die **größte Kirche Thüringens** und sticht auf jeder Stadtansicht aus dem roten Meer der Dächer heraus. Reiches Maßwerk, Fialen- und Figurenschmuck zieren die Fassade der 1975 säkularisierten Kirche. An der südlichen Querhausfassade finden sich Figuren (um 1375) von Kaiser Karl IV. und seiner Gemahlin auf dem sogenannten Kaiseraltan, vor dem der reichsstädtische Rat zur Huldigung antrat . In der fünfschiffigen Hallenkirche sind die spätgotischen Flügelaltäre und ein großes Triumphkreuz (um 1520) sehenswert. Bildliche Darstellungen zeigen Maria mit dem Einhorn sowie den Heiligen Georg, der den Drachen tötet. In dieser Kirche predigte **Thomas Müntzer** und rief die Menschen zum Widerstand gegen Missstände auf. Daran erinnert die Müntzer-Gedenkstätte.

Di.–So. 10–17 Uhr | Eintritt: 5 € | **Turmführungen**: Ostern–Okt. Mo. 14 Uhr | www.mhl-marienkirche.de

So shoppte man im Mittelalter

Brotlaube

Bei dem auffallenden Gebäude gleich neben der Marienkirche handelt es sich um ein mittelalterliches Kaufhaus: Einst verkauften die Bäcker in den Gewölben ihre Waren. Die Fassade des dreigeschossigen Gebäudes datiert ins Jahr 1722.

Von der fast vollständig erhaltenen Stadtmauer aus lässt sich die Altstadt gut überschauen. Höchstes Bauwerk und besonderer Blickfang ist die Marienkirche.

750 Jahre alte Mauer

★★ Stadtmauer

Hält man sich von St. Marien westlich, erreicht man über die Herrenstraße das Innere **Frauentor** (1654 erneuert), eines von zwei noch erhaltenen mittelalterlichen Stadttoren. Unmittelbar anbei der achteckige **Rabenturm**, vor dem das Thomas-Müntzer-Denkmal (1957) steht, und der **Hospitalturm**. Beim Inneren Frauentor befindet sich der Aufgang zur Wehrmauer. Auf diesem Weg gelangt man auch auf den Rabenturm, von dem aus die Aussicht ganz hervorragend ist. Ein schöner Spaziergang führt entlang der Stadtmauer einmal um die Altstadt herum. Bei diesem **Gang über die Mauer** streift man drei Türme und drei sehr charmante Gartenhäuser, die heute kleine Ausstellungen zur Geschichte der Stadt enthalten.

Mit dem Bau der Stadtbefestigung wurde im 13. Jh. begonnen. Zwei steinerne, durchschnittlich 8 m hohe Ringe legten sich schützend um die Stadt, der innere ist heute noch auf 3 km erhalten und damit nahezu komplett!

Wehrgang: April – Okt. tgl. 10–17 Uhr | Eintritt: 5 €

Ein alter Wasserkult

Brunnenhaus

Westlich der Stadt liegt nahe dem Erholungsgebiet Schwanenteich das **Brunnenhaus Popperode** (1614; nur von außen zu besichtigen). Die Quelle, die das Brunnenhaus speist, wird 1199 das erste Mal erwähnt. Sie war Teil der mittelalterlichen Wasserversorgung von Mühlhausen. Jährlich im Juni feiert die Stadt am Brunnenhaus Popperode das Brunnenfest. Es soll auf einen uralten Wasserkult zurückgehen, der hier zelebriert wurde.

Hier geht's um die Wurst

Bratwurstmuseum

Von Holzhausen bei Arnstadt in ein völlig neues Domizil am westlichen Stadtrand hergezogen ist das Bratwurstmuseum. Hier erfährt man alles über die Bratwurst im Allgemeinen und die Thüringer Variante im Besonderen. **Bis zur endgültigen Eröffnung** gibt es eine Interimsausstellung im Hotel Mühlhäuser Hof, Steinweg 65

Bratwurstweg 1 / Am Stadtwald | www.bratwurstmuseum.net

Rund um Mühlhausen

Besuch beim »Vogelbaron«

Vogelschutzwarte Seebach

Den Titel »älteste staatliche Vogelschutzwarte Deutschlands« beansprucht diejenige in Seebach (6 km südöstlich von Mühlhausen) für sich. In der in einer Wasserburg untergebrachten Ausstellung ist vor allem die 100 Jahre alte Eiersammlung interessant. Per Videoübertragung können die Besucher zur Brutzeit auch einen Blick in die Nisthöhlen von Turmfalke, Star und Mauersegler werfen und die Jungenaufzucht miterleben, ohne die Tiere zu stören. In der Vogelwarte pflegen Experten zudem verletzte und aus illegalen Haltungen beschlagnahmte Tiere; heimische werden, soweit möglich, wieder ausgewildert. Bis dahin leben die Vögel in Volieren und können besichtigt werden. Die weitläufige Gartenanlage des Schlosses ist ganz auf die Bedürfnisse von Vögeln abgestimmt, hatte doch auch der Gründer der Vogelwarte, »Vogelbaron« **Hans Freiherr von Berlepsch** (1857 – 1933), die berühmten Holznisthöhlen erfunden: Diese sind Spechthöhlen nachgebildet und bieten Höhlenbrütern eine Niststätte. Der Pionier des praktischen Vogelschutzes kam weit in der Welt herum und propagierte auch die Winterfütterung.

Weinbergen, OT Seebach | Lindenhof 3 | Mo.–Do. 8–15.30, Fr. bis 12 Uhr | www.vogelschutzwarte.de

Klosterwelten

Kloster Volkenroda

10 km östlich von Mühlhausen sind Alt und Neu eine interessante Verbindung eingegangen. 1131 wird das romanische Kloster Volkenroda als Zisterzienserniederlassung gegründet, nach 1525 zerfallen die Anlagen langsam. 1994 hat die Jesus-Bruderschaft eine neue

Ursprünglich stand der Christuspavillon Volkenroda in Hannover auf der EXPO 2000.

klösterliche Gemeinschaft gegründet. »Wiederaufbau und Neubelebung von Kloster und Dorf Volkenroda« war Teil des EXPO-2000-Lebensformprojekts des Freistaats Thüringen. Baulicher Ausdruck ist der kubische **Christus-Pavillon** aus Glas und Stahl, der nach der EXPO 2000 in Hannover hier aufgestellt wurde. Dieser dient nun für Konzerte, Ausstellungen und Kulturveranstaltungen. Jeden ersten Samstagvormittag im Monat findet ein Bauernmarkt mit Erzeugnissen der Umgebung statt. Im Kloster selbst finden Gäste eine Übernachtungsmöglichkeit. Unweit der Klosterkirche steht eine prachtvolle **Eiche**, die mehrere Hundert Jahre alt ist.

Klosterladen/Pforte: Mo.–Fr. 8.30–20, Sa. 9–18, So., Fei. 9–17 Uhr
Christus-Pavillon: Mai–Okt. tgl. 10–18 Uhr | www.kloster-volkenroda.de

Opfer für die Heidengötter

★ Opfermoor Niederdorla

Seit 1957 wurde im Ried zwischen Ober- und Niederdorla südwestlich von Mühlhausen Torf abgebaut. Immer wieder stießen die Torfstecher auf merkwürdige Häufungen von Knochen und Tonscherben. Wie sich herausstellte, handelt es sich um die Überbleibsel einer Kultstätte, die offenbar seit 600 v. Chr. über 1000 Jahre lang bestand. Erst nutzten sie die Kelten, dann die Germanen und errichteten auf

diesem Ritualplatz ihre Heiligtümer. Auf rund 40 Menschenopfer deuten die archäologischen Ausgrabungen hin, dazu kommen eine Unmasse von Tierknochen sowie Nachweise von Opferaltären und einer germanischen Siedlung (3. Jh.).
Wie man sich die Glaubenswelt der Kelten und Germanen vorstellt, zeigt eine kleine Ausstellung. Ein sehr sehenswertes **Freilichtmuseum** erschließt das Gelände: Am Moor, das sich heute als schöner See präsentiert, sind Teile einer germanischen Siedlung mit wuchtigen Reetdachhäusern sowie Heiligtümern mit Tierschädeln und Opferaltären nachgebaut. Bänke am See laden zum Ausruhen, Nachdenken über rätselhafte Kulte der Vorfahren und zum Vogelbeobachten ein.
Schleifweg 7, Vogtei OT Niederdorla | März –Dez.Di. –So. ab 10 Uhr | Eintritt: Museum 1,50 €, Freigelände 3,50 €, Kombi 4 € | www.opfermoor.de

Deutschlands Mitte

Mallinden

Zwischen Museum und Opfermoor liegt seit der Wende 1989/1990 genau hier der **»Mittelpunkt Deutschlands«**. Nicht zu übersehen dank großer Tafel und eigens angepflanzter »Kaiserlinde«.
Ebenfalls in unmittelbarer Nähe, ein paar Hundert Meter westlich des Opfermoors direkt an der L 1016, stehen bei Oberdorla drei beeindruckende **Linden**, die eine gemeinsame Krone bilden. Die Sommerlinde ist ca. 400 bis 500 Jahre, die beiden Winterlinden sind rund 200 Jahre alt. Einst dienten die »Mallinden« als Gerichtsstätte, heute sind sie Naturdenkmal.

★ Bad Langensalza

Wellness und Kuren

Schwefelbad

Südöstlich von Mühlhausen, noch in der Kornkammer des Thüringer Becken,s breitet sich der Kurort Bad Langensalza aus. Die Schwefelquellen waren schon seit 1811 bekannt, das bunte Bädertreiben zog jedoch so richtig erst 1928 an. Heute nutzt die Friederiken Therme die Thermalquellen. Das Schwefel-Sole-Heilbad bietet neben Bad und Sauna/Wellnessvergnügen auch eine Kältekammer, die zur Therapie verschiedener Leiden genutzt wird.
Friederiken Therme: Böhmenstr. 5 | www.friederikentherme.de | tgl. 9–22 Uhr | Eintritt: 9,50 €

Guckloch in alte Zeiten

Altstadt

Ein Schmuckkästlein ist die denkmalgeschützte Altstadt. Ein fast vollständiger **Stadtmauerring** mit zwei Toren und 17 (von einst 24) Wehrtürmen sind aus mittelalterlicher Zeit erhalten. Den besten Überblick über das Fachwerkgewirr der Innenstadt gewinnt der Besucher vom Turm der Bonifazius-Kirche (14./15. Jh.), der mit 81 Metern Höhe einen wahren Riesen unter den Kirchtürmen darstellt. Im Kloster selbst zeigt das **Stadtmuseum** allerlei Wissenswertes über Stadt und Bewohner. In Haus Rosenthal (1515), einem der schönsten und ältesten Fachwerkhäuser, führt das **Apothekermuseum** in die Welt der Pharmazie vom 18. bis 20. Jh. ein. Nicht nur für Kräutersammler spannend: der Apothekergarten mit über 80 Heilkräutern.

Stadtmuseum: Di.–So. 13–17 Uhr | Eintritt: 4 €
Apothekermuseum: Bergstr. 15a | April–Okt. Di.–So. 13–17, Nov.– März nur Mi., Sa. und So. | Eintritt: 4 €

Blumenkunst aus Fernost

Parks und Gärten

Höhepunkt eines Stadtbesuchs sind die opulenten Parkanlagen und Gärten. Der J**apanische Garten** setzt am Ende der Kurpromenade einen fernöstlichen Akzent. Schönster Bau der Kurpromenade ist das **Friederikenschlösschen** (1751). Das Tüpfelchen auf dem i bildet der Rosengarten. Schon seit 1870 werden in Bad Langensalza Rosen gezüchtet. Die Königin der Blumen erstrahlt in 450 verschiedenen Arten im großen Garten vor dem Klagetor. Einblicke in die Rosenzucht vermittelt das **Rosenmuseum** am Eingang des Gartens.

Japanischer Garten: April – Sept. tgl. 10–19, März und Okt. bis 18 Uhr | **Rosengarten:** Mai – Sept. tgl. 10–19, Okt. bis 18 Uhr | Eintritt: jew. 5 € |

★★ Nationalpark Hainich

Nationalparkzentrum und Baumkronenpfad: April–Okt. tgl. 10–19, Nov.–März tgl. 10–16 Uhr | Eintritt: 11 € | www.nationalpark-hainich.de (auch Infos und Anmeldung zu Veranstaltungen und Wanderungen) | www.baumkronen-pfad.de

Wälder wie in alter Zeit

Urwüchsiger Buchenwald

Wildkatzen schleichen südlich von Mühlhausen noch heute durch den Hainich, einen riesigen, 16 000 ha großen Buchenwald, von dem 5000 ha nicht mehr forstlich genutzt werden. Seit 1997 ist ein Teil des Hainich als Nationalpark ausgewiesen, seit 2011 gehört der Nationalpark zum **UNESCO-Weltnaturerbe** »Alte Buchenwälder und Buchenurwälder der Karpaten und anderer Regionen Europas«. Er ist einer von fünf Gebieten in Deutschland, die noch naturbelassene Buchenwälder vorweisen. Eigentlich ist Buchenwald der deutsche Wald schlechthin: Zwei Drittel des Landes würden von Natur aus davon bedeckt sein. Doch aufgrund von menschlichen Eingriffen sind es heute nur noch rund 5 %. Im Hainich wie in anderen Buchenwäldern mischen sich unter die Rotbuchen weitere Baumarten, darunter Esche, Erle, Bergahorn und Winterlinde.
Wald dominiert im Hainich das Bild. Doch an den Randbereichen breitet sich im Nationalpark auf den ehemaligen Schießbahnen ein

Magerrasen aus, der besonders artenreich ist und mit Hilfe von Schafen vor der Wiederbewaldung geschützt wird – ideal für Wildbienen und andere Insekten. Auch Gebüsche und junge Pionierwälder haben ihren festen Platz im Schutzgebiet. Sie dienen vor allem der Wildkatze als Lebensraum. Schwarzstörche, Bechstein-Fledermäuse und Neuntöter kommen im Hainich vor sowie eine Fülle von seltenen Pilzarten. Viele von diesen benötigen alten Waldboden zum Gedeihen – dieser hat in Deutschland mittlerweile Seltenheitswert.

Bäume von unten und von oben

Nationalparkzentrum

Den Hainich kennenlernen? Dann ins Nationalparkzentrum: Es hält nicht nur unter Dach zahlreiche Informationen rund um den Hainich bereit inklusive zweier interaktiven Erlebniswelten zu den Geheimnissen des Waldes bzw. zu dessen Unterwelt. nformationen zu Wanderungen auf eigene Faust, z. B. zur ca. 800 Jahre alten **Betteleiche**, sind hier auch erhältlich.

Eine weitere Attraktion ist der **Baumkronenpfad** bei Craula. Er ist gut ausgeschildert, außerdem ragt der zentrale, 44 m hohe Turm schon von Weitem sichtbar aus dem Wald heraus. Am Wochenende platzt der Parkplatz aus allen Nähten, unter der Woche ist man fast allein und kann bequem die Bäume und ihre Geheimnisse von oben studieren. Hunde dürfen nicht mit hinauf in die Wipfel, ansonsten ist

Der Baumkronenpfad führt bis zu den sonst unerreichbaren Baumwipfeln hinauf. Schautafeln zeigen, was Fledermäuse und andere Lebewesen in den Höhen tun.

Dorado für Eisenbahn- und Treckerfreunde

IFA-Museum

1992 stellten die IFA-Motorenwerke nach knapp 90 Jahren Tätigkeit ihren Betrieb ein. Was der ehemals größte ostdeutsche Hersteller von Dieselmotoren produzierte, zeigt das 2011 eröffnete Museum: den Famulus-Traktor, Gruben- und Feldbahnloks, dazu zahlreiche Modelle zu Getrieben und Antriebe. Auch die Nazizeit und die Jahre 1945 bis 1947 unter sowjetischer Ägide sind Thema.

Montaniastr. 13 | Di.–Sa. 10–16 Uhr | Eintritt: 5 € | www.ifa-museum-nordhausen.de

Rund um Nordhausen

Geschunden für Hitlers Raketen

★ Gedenkstätte Mittelbau-Dora

Am Fuß des 304 m hohen Kohnstein befand sich das **Konzentrationslager Mittelbau-Dora**. Unter dem Berg liegen rund 50 unterirdische Fabrikhallen, die zusammen eine Stollenlänge von etwa 12 km ergeben; im Lauf der Zeit wuchs das KZ auf 40 Außenlager an. Hier war von September 1943 bis März 1945 der aus Peenemünde an der Ostsee verlegte Rüstungsbetrieb untergebracht, in dem die **Rakete A 4**, die sog. Vergeltungswaffe V 2, und die Flugbombe V 1 hergestellt wurden. Die Gefangenen mussten zuerst die Stollen in den Fels treiben und anschließend untertage die Geschosse montieren. Von den ca. 60 000 Häftlingen, die das Lager durchliefen, starben rund 20 000. Bis März 1945 wurden je ca. 6000 V 2 und V 1 hergestellt. Dann wurde das Lager aufgelöst und die Häftlinge auf Todesmärschen nach Westen getrieben, wobei Kranke und Sterbende zurückblieben. Am 11. April befreiten US-Truppen Mittelbau-Dora.

Die Amerikaner sicherten rund 100 Flugkörper und brachten sie in die USA, wo der von ihnen rekrutierte Chefkonstrukteur Wernher von Braun und hundert seiner Mitarbeiter ihre Arbeit unbehelligt fortsetzen konnten. Nach dem Besatzungswechsel baute die Rote Armee die Produktionsanlagen ab, verfrachtete sie in die Sowjetunion und sprengte 1948 einen Teil des Stollensystems.

Schon 1954 wurde auf dem ehem. KZ-Gelände eine **Gedenkstätte** eröffnet, die 2005 ein neues Museumsgebäude erhielt. Dort wird u.a. mit Filmmaterial und Zeitzeugen-Interviews die Geschichte aufgearbeitet und dabei auch die Frage nach der Verantwortung der Täter und Mitwisser nicht auslgelassen. Heute kann man rund ein Zehntel des Stollensystems besichtigen (nur mit Führung) sowie die Außenanlagen mit Krematorium, Häftlingsbaracken und dem Appellplatz, wo auch Hinrichtungen stattfanden. Die Bronzeplastik vor dem **Krematorium** stammt von Jürgen von Woyski.

März–Sept. Di.–So. 10–18, Okt.–Febr. bis 17 Uhr | Führungen über das Lagergelände: Di.–Fr. 11, 14, Sa., So., Fei. 11, 12, 14, 15 Uhr | www.buchenwald.de

Eine launische Quelle

Salza-Quelle

Am nördlichen Ortsausgang von Nordhausen unweit der KZ-Gedenkstätte Mittelbau-Dora (►S. 165) führt ein geschotterter Weg mit kleinem Hinweisschild zur **größten Karstquelle Thüringens**. Die inmitten von Feldern gelegene und mit Büschen umgebene Salza-Quelle schüttet bis zu maximal 408 l/s, minimal sprudeln immerhin noch rund 180 l/s glasklares Wasser in den Quelltopf. Das Wasser stammt überwiegend aus Zorge und Wieda, die im Harzvorland versickern und hier wieder an die Oberfläche treten.

Der dankbare Müller

Flehmüllers Eiche

In Krimderode (nördlicher Stadtrand) steht 200 m nördlich von der B 4 auf einer Anhöhe »Flehmüllers Eiche«, die mind. 600 Jahre alt sein soll. Ein Müller, der einst an der Zorge lebte, soll sich der **Sage** nach bei jedem Hochwasser auf die Anhöhe geflüchtet haben und um Beistand gefleht haben. Weil seine Mühle immer verschont wurde, pflanzte er aus Dankbarkeit die Eiche.

Schneeweiße Felsen, liebliches Land

Rüdigsdorfer Schweiz

Von Krimderode sind es nur ein paar Kilometer ostwärts bis in die Rüdigsdorfer Schweiz. Der Beiname »Schweiz« verspricht mehr, als er hält. Alles, was auch nur kleinste Felsen aufweist, Schweiz zu nennen, ist aber keine Thüringer Marotte, in der Tat ist die Rüdigsdorfer Schweiz die kleinste der Schweizen. Lauschig ist die Gegend nördlich von Nordhausen mit ihren schneeweißen Felsen, jedoch auch bedroht: ein Drittel des Gipskarstgebiets ist schon dem **Gipsabbau** zum Opfer gefallen. Denn hier steht, was ungewöhnlich ist, Gipsgestein sehr oberflächennah zur Verfügung. Schützenswert ist die Gipskarstregion aufgrund ihrer einzigartigen artenreichen Magerrasen und Kalkbuchenwäldern.

Noch eine Rolandstadt

Neustadt/Harz

Das hübsche Städtchen liegt ca. 13 km nordöstl. von Nordhausen. Die mächtigen Stadttore aus dem Mittelalter stehen noch, und eine Rolandfigur bezeugt wie in Nordhausen die alten Rechte der Stadt. Ein Brand 1678 vernichtete viel historische Substanz, dennoch wirken die Gässchen sehr malerisch. Nachdem der Steinkohleabbau nicht mehr lohnte, wurde die Stadt **Luftkurort mit Badebetrieb**. Prominentester Kurgast war der Dichter Hermann Löns. Einen Hauch von Kurflair verleiht der Gondelteich am Rand der Stadt mit Springbrunnen. Ein ca. 20-minütiger Fußmarsch führt von Neustadt zur Burg Hohnstein, die auf einem Felsen über der Stadt thront. Noch immer eindrucksvoll sind die mächtigen Ruinen der um 1200 von Konrad von Sangerhausen erbauten Feste. Die spätere Stammburg der Grafen von Hohnstein, die größte Burg des Harzes, wurde im Dreißigjährigen Krieg zerstört (Restaurant ► S. 163).

BAEDEKER ÜBERRASCHENDES

6X ERSTAUNLICHES

Hätten Sie das gewusst?

1. KÜMMEL

Nördlich des Rennsteigs wird der Thüringer Bratwurst Kümmel zugegeben, südlich davon nicht. Daher trägt der **Rennsteig** auch den Beinamen »Kümmeläquator«. (▶ **S. 304**)

2. MUMIEN

Ein Höhepunkt so mancher Festgesellschaft im 18. und 19. Jahrhundert bildete das gemeinschaftliche Mumien-Auswickeln. Dieses gewisse Prickeln genoss man auch auf **Schloss Friedenstein in Gotha.** (▶ **S. 120**)

3. GLOCKEN

Berühmte Glocken bedeutender Kirchen tragen klangvolle Namen: Die »Maria Gloriosa« im **Dom zu Erfurt** ist die größte freischwingende Glocke des Mittelalters weltweit. Sie gilt manchen als die »Königin der Glocken«. (▶ **S.94**)

4. QUELLEN

Eine ziemlich launische Quelle: Mal schüttet sie ganz wenig Wasser, mal macht sie ihrem Rang als größte Karstquelle Thüringens alle Ehre, die **Salza-Quelle bei Nordhausen.** (▶ **S.166**)

5. BLITZE

1231 tobte der Sage nach ein furchtbares Gewitter am Nordrand des Thüringer Walds. Ein einziger Blitz soll drei Burgen auf einen Schlag zerstört haben, die **Drei Gleichen.** (▶ **S.57**)

6. ZWERGE

Vor gut 120 Jahren erblickten in **Gräfenroda** die ersten bunten Gartenzwerge das Licht der Gartenlaubenwelt, und noch heute werden sie im Thüringer Wald hergestellt. (▶ **S. 207**)

Geologische Kleinodien

Ilfeld

Im nördlichsten Zipfel von Thüringen liegt eingebettet in die grünen Hügel des Harzes das hübsche Ilfeld. Vom Bahnhof aus zuckelt die Harzquerbahn auf den Brocken. Ilfeld zählt zum **Geopark Harz**. Hier kommt – einzigartig im Harz – Steinkohle vor. Im **Rabensteiner Stollen** waren die Bergleute von 1737 bis 1949 auf der Suche nach ihr. Heute bietet das Besucherbergwerk Führungen an. Von der Neanderklinik am Bahnhof aus führt ein Wanderweg entlang dem Flüsschen Behre zu drei **Felsformationen**, Gänseschnabel, Mönch und Nadelöhr genannt. Der rotbraune Ilfelder Porphyrit ist sehr fotogen verwittert.

Bergwerk: April – Okt. Di.–So. 10.15, 11.30, 12.45, 14, 15.15, Nov. – 20. Dez. So. 10.15, 11.30, Jan – März Di. – Do. u. Sa., So. 10.15, 11.30, 12.45 Uhr | Eintritt: 13,50 € | www.rabensteiner-stollen.de

★ OBERHOF

Einwohner: 1600 | **Höhe:** 800 m ü. NHN

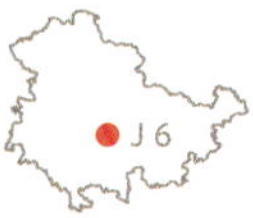

Von den Einwohnerzahlen her ein kleiner Ort, aber ausgestattet mit Hotelkomplexen, Thermalbad, Klettergarten, Trainings- und Wintersportanlagen für die Rodel-, Biathlon- und Skisprungelite: Bis heute noch sonnt sich das einstige »St. Moritz der DDR« im Glanz, den Leistungssport und Tourismus mit sich bringen.

Sportstadt

Schon 1885 besuchten Touristen Oberhof, das rasch zum Flaggschiff des gesamten ▶ Thüringer Walds wurde. Das von 1967 bis 1969 errichtete Panoramahotel, das noch heute die Landschaft dominiert ist markantestes Beispiel für den organisierten Tourismus zu DDR-Zeiten. Bei den Biathlon-Weltcuprennen steht Oberhof regelmäßig im Zentrum des internationalen Sportgeschehens.

Wohin in Oberhof?

Springen, Schießen, Trainieren

Sportstätten

Die **K 120** im Kanzlersgrund zählt zu den größten Mattenschanzen der Welt. Hier sausen die Skispringer mit bis zu 92 km/h über den Schanzentisch. Drei Anlaufspuren besitzt die K 90 (Rennsteigkanzel). Die **Rennsteig Arena** dient Biathlonwettkämpfen. Ebenfalls sehenswert: die **Bobbahn**. Sportstättentouren und die Möglichkeit, den Spitzensportlern beim Trainieren zuzuschauen, bietet die Touristeninformation.

OBERHOF ERLEBEN

OBERHOFER FREIZEIT UND TOURISMUS GMBH

98559 Oberhof, Crawinkler Str. 2
Tel. 036842 26 90
www.oberhof.de

SCHLITTENHUNDERENNEN

Im Februar treffen sich Musher und ihre Gespanne in Oberhof; die Strecke führt den Rennsteig entlang. Die Gelegenheit ist auch ideal, um all die Schlittenhunderassen einmal in Aktion zu sehen.
www.ssct.de

GUTSMUTS RENNSTEIGLAUF

Im Mai starten die Läufer je nach Streckenlänge von Eisenach, Oberhof oder Neuhaus am Rennweg mit Ziel Schmiedefeld.
www.rennsteiglauf.de

BIKEPARK OBERHOF

Fünf Trails in mehreren Schwierigkeitsstufen für Mountainbiker
Fr. 12 – 19, Sa. u. So. 10 – 17 Uhr
www.bikepark-oberhof.de
Einzelfahrt 4 €, nur mit Karte für den Fallbachlift

DKB-SKISPORT-HALLE

Das ganze Jahr über können hier auf 10 000 m² Fläche Freizeit- und Leistungssportler auf Loipen trainieren und auf den Schießständen ihr Talent fürs Biathlon erproben.
Öffnuungszeiten für Breitensportler: www.oberhof-skisport halle.de
Eintritt: ab 15 € (1 St.)

WELLNESSBAD H2 OBERHOF

Badelandschaft mit Kinderland, Saunawelt und »Rennsteig-SPA«
Dr. Curt-Weidhaas-Str. 2
Tel. 036842 29 20
www.h2-oberhof.de
Mo.–Sa. 10–21, So. bis 20 Uhr
Eintritt: ab 8 €

LUISENSITZ €€

Das Café-Restaurant mit Schweizer Esprit ist eine feste Größe in der Oberhofer Gastronomieszene, und das seit 100 Jahren. Besonders heimelig ist das Kaminzimmer im Winter. Vier Zimmer stehen für Übernachtungsgäste bereit.
Dr.-Theodor-Neubauer-Str. 25
Tel. 036842 2 21 96
www.luisensitz-oberhof.de
Ruhetag: Mi.

BERGHOTEL OBERHOF €€€€

Nur fünf Minuten vom Ortszentrum entfernt findet man das luxuriöse Berghotel. Mit einem umfangreichen Wellnessbereich und vielen Beauty- und SPA-Angeboten.
Dr.-Theodor-Neubauer-Str. 20
Tel. 036842 2 70
www.berghotel-oberhof.de, 69 Z.

SPORTHOTEL OBERHOF €€€

Dieses am Waldrand gelegene Hotel mit 63 Z. vermietet auch Ferienhäuser. Nur 400 m entfernt verläuft der Rennsteig; Tennisplätze sind am Hause.
Am Harzwald 1
Tel. 036842 28 60
www.sporthotel-oberhof.de

Ganzjährig Weihnachten

Glasstube

Christbaumschmuck, Windlichter, Vasen und allerlei Glasgegenstände offeriert die Glasstube Oberhof. Viel zu staunen gibt es in der angeschlossenen Schauglasbläserei.

Dr.-Theodor-Neubauer-Str. 17a | Di.–So. 10–17 Uhr | www.glasstube-oberhof.de

Besuch bei der Netzpython

Exotarium

Wer sich für Schlangen, Warane und Fische interessiert, kann sich im Exotarium die Zeit vertreiben. Aus dem privaten Hobby einiger Terrarienfreunde ist hier eine beachtliche Schau geworden.

Crawinklerstr. 1 | tgl. 10–18, Schlangenfütterung Mi. 15, Führung Fr. 11 Uhr | Eintritt: 8,50 € | https://exotarium-oberhof.de

Blüten der Gebirge

★ Rennsteiggarten

Über 4000 Gebirgspflanzen aus Mitteleuropa, Asien, Amerika und Neuseeland lassen sich in natura im **größten Gebirgsgarten Europas** 1 km südlich von Oberhof studieren. Die 7 ha große Anlage auf dem Pfanntalskopf wurde von Jenaer Professoren von 1968 bis 1970 aufgebaut mit dem Ziel, Studenten umfassende Studien zu ermöglichen. Das ehemalige Steinbruchgelände ist nicht nur für eingefleischte Botaniker ein besonderes Erlebnis. An den Eingängen gibt es auch einen Pflanzenverkauf.

Mai–Sept. tgl. 10–17, Okt.– Nov. 9–17 Uhr | Eintritt: 8 € | www.rennsteiggartenoberhof.de

Auch so lässt sich die Winterwelt um Oberhof erleben.

★ RHÖN

Höhe: 287–814 m ü. NHN

Ein besonderer Zauber liegt über der Rhön: Der Vulkanismus hat markante Berge geschaffen, an deren Hängen sich Laubwälder, Äcker und Wiesen ausbreiten. Schäfer ziehen mit ihren Herden durch und machen die Idylle perfekt.

Schafe und Vulkane

Alles stehen und liegen lassen, aussteigen und Schäfer werden! Der Traum begeistert viele überanstrengte Zeitgenossen, vor allem, wenn sie in der Rhön eine Weile den friedlichen Schafherden zuschauen. Die Schafzucht hat hier eine lange Tradition, allerdings, weil die Gegend vom Mittelalter bis ins 19. Jh. bitterarm war. Erst der Basalt- und Kaliabbau schufen neue Einkommensquellen. Dann wurde die Rhön Zonenrandgebiet mit allen Vor- und Nachteilen. Heute bildet die Schönheit der nur dünn besiedelten Landschaft einen wichtigen Pfeiler für den Tourismus. Viele alte Wanderwege, die einst an der deutsch-deutschen Grenze endeten, erleben nun eine Renaissance. Die Hessische und die Bayerische Rhön sind Naturparks, im Dreiländereck Bayern, Thüringen und Hessen ist seit 1991 ein Teil als **UNESCO-Biosphärenreservat** ausgewiesen.
An der Rhön haben drei Bundesländer Anteil: Der nordöstlichste Zipfel gehört zu Thüringen und wird **Thüringer Rhön** oder **Vorderrhön** genannt, der nordwestliche Teil zählt zu Hessen, der südliche und östliche zu Bayern. Höchster Berg der Rhön ist die Wasserkuppe (950 m), auf der thüringischen Seite der **Ellenbogen** (814 m). Größere Städte sind ► Meiningen und ► Bad Salzungen.

Wohin in der thüringischen Rhön?

Deutsch-deutsches Grenzland

Henneberg

Zwischen dem unterfränkischen Mellrichstadt und Henneberg passiert man den ehemaligen **Grenzübergang Eußenhausen-Henneberg**, von dem noch ein Beobachtungsturm unss ein Abfertigngsgebäude geblieben sind. Etwas oberhalb erinnert der **Skulpturenpark Deutsche Einheit** an die Maueröffnung; ansehnlichstes Stück ist die »Goldene Brücke« . Bergab grüßt als erstes Dörflein Henneberg mit seinen frisch verputzten Fassaden. Oberhalb des Dorfs ragen die Ruinen der **Henneburg** aus dem Wald hervor, der größten Festung des fränkisch-thüringischen Raums. Die 1096 erstmals erwähnte Burg wurde im Bauernkrieg 1525 zerstört. Ihr Bergfried ist heute ein Aussichtsturm. Sie war die Stammburg der Henneberger, einst ein mächtiges Grafengeschlecht, dessen Wappen (ein Berg mit einer schwarzen Henne) in Südthüringen an allen Ecken und Enden begegnet. Viele Menschen sprechen fränkischen Dialekt, der südlich des Rennsteigs zwischen Bad Salzungen und Sonneberg typisch ist.

Freie Sicht in alle Richtungen

Gebaberg

Von Helmershausen aus führen mehrere Wanderwege auf den Gebaberg (751 m) hinauf. Er gilt bei den Einheimischen als Geheimtipp wegen seiner **Aussicht**. Im Südosten sieht man den Großen Gleichberg und den markanten Kleinen Gleichberg, im Westen die Wasserkuppe, den höchsten Berg der Rhön, und an klaren Tagen sogar den Schneekopf im Thüringer Wald. Einst waren auf dem Gebaberg sowjetische Einheiten stationiert.

Relikte aus unruhigen Zeiten

Kaltensundheim

Kaltensundheim liegt schon im Feldatal, einst eine sehr stille Gegend, in der vor allem das Holzschnitzhandwerk zur Blüte kam. Eine mächtige, sechs bis sieben Meter hohe Mauer umschließt die Ortskirche. Auch das Städtchen, das sich durch **schöne Fachwerkhäuser** hervortut, war gut befestigt wie viele andere Rhöndörfer auch, lagen sie doch in der Schusslinie zwischen den beiden Feinden, dem Hochstift Fulda und den Grafen von Henneberg.

Zubrot mit Schnitzereien

Kaltennordheim

Kaltennordheim ist mit knapp 1800 Einwohnern der wichtigste Ort im Feldatal. Das **Heimatmuseum** im Schloss informiert über Schnitzerhandwerk und Leben in der Rhön einst und jetzt.

Museum: So. 15–17 Uhr

Auf den Spuren des Rhönpaulus

Dermbach

Das **Heimatmuseum** von Dermbach erzählt u. a. die Geschichte des Rhönpaulus, eine Art Robin Hood der Rhön, der sich gegen die Obrigkeit auflehnte, überdies den schönsten Hirsch im Forst des Herzogs schoss und 1780 gehenkt wurde. Zu sehen ist außerdem ein Eichenkasten, in dem der Rebell zur Richtstätte auf dem Neuberg gebracht worden sein soll. Ein Bummel durch das nette Dörfchen lohnt für Fachwerkfreunde. Wer auch noch die ca. 600 Jahre alte Eiben bestaunen möchte, besucht das **Naturschutzgebiet Ibengarten** bei Glattbach.

Museum: Di.–Fr. 13–16, Sa. 10–14 Uhr | Eintritt: 3 €

Opfer für den Flussgott

Vacha

Wenige Kilometer westlich der Mündung der Felda in die Werra liegt Vacha, die Pforte zur Rhön, 817 erstmals erwähnt. Da Vacha zu DDR-Zeiten Sperrgebiet war, verfiel es in einen städtebaulichen Dornröschenschlaf, und so manche Bausünde blieb zum Glück aus. Rund um den Marktplatz gruppieren sich zahlreiche denkmalgeschützte Fach-

Sanfte Landschaft, brave Schafe: Blick auf Hermannsfeld in der Rhön

werkhäuser. Die Perle unter ihnen ist das Rathaus (1613). Im Foyer sind Wandmalereien zu sehen, die u. a. die **Opferung eines Kindes** beim Bau der Werrabrücke 1342 zeigen. Markant erhebt sich vor dem Rathaus der Vitusbrunnen. Gleich alt wie das Rathaus, zeigt dieser den Stadtheiligen. Auf **Burg Wendelstein** (11. Jh.) erwarten den Besucher eine umfangreiche Puppensammlung, wo Ostalgiker sich an Pittiplatsch und Schnatterinchen aus dem DDR-Kinderfernsehprogramm erfreuen können, sowie eine Ausstellung zur Stadtgeschichte.
Burg: Mo., Fr. 9 –12, Di. 9 –12 u. 13–16, Do. 9 –12 u. 13–18 Uhr, Mi. geschl. | Eintritt: 3 €

Das erste Schlachtfeld des Dritten Weltkriegs?
Bei Rasdorf, 25 km nordöstl. von Fulda, schob sich die DDR am weitesten in die BRD vor. Hier am »Fulda Gap« unterhielt die US-Army den Beobachtungsposten Point Alpha, denn im Fall eines Kriegs, so die Vermutung, wäre der erste Angriff des Warschauer Pakts an dieser Stelle erfolgt, von wo der Weg zum Rhein am kürzesten war. Heute sind der Beobachtungsturm, die Unterkünfte und unmittelbar benachbarte DDR-Grenzanlagen **Museum, Mahn- und Gedenkstätte**. (★ Point Alpha)
Anfahrt: von Rasdorf über L 3170, von Geisa über Rasdorfer Str. / L 1026 | April– Okt. tgl. 10–18, Nov., März bis 16.30, Dez.–Feb. Di.–So. 10–16.30 Uhr | Eintritt: 8 € | www.pointalpha.com

RHÖN ERLEBEN

RHÖN GMBH
Marktplatz 29, 34619 Geisa
Tel. 036967 5 94 82
www.rhoen.de

HOCHRHÖNER
Quer durch die Rhön zieht sich der 175 km lange Wanderweg »Hochrhöner«, 2010 zu Deutschland schönstem Wanderweg gewählt. Er beginnt in Bad Kissingen und endet in Bad Salzungen. Als Tageswanderungen eignen sich die von 13 bis 18 km langen »Extratouren«, z. B. rund um Meiningen, Point-Alpha-Weg, Keltenweg oder auf den Gebaberg.
Streckenverlauf, Höhenprofile: www.rhoen.de, www.rhoentourist.de

STERNENPARK RHÖN
In der dünn besiedelten Rhön ist die Nacht noch stockdunkel. So ist die Region als Sternenpark ausgewiesen, der mit Nachtwanderungen und Vorträge an den fast vergessenen Sternenhimmel erinnert.
www.sternenpark-rhoen.de

EISENACHER HAUS €€
Die ehemalige Wanderherberge des Rhönklubs ist 1990 zu einem Berggasthof umgebaut worden. Er liegt auf dem Ellenbogen, dem höchsten Berg der Vorderrhön und bietet sich für die Einkehr beim Wandern an.
Frankenheimer Str. 38
Erbenhausen-Reichenhausen
Tel. 036946 14 99 15
www.primahotel-eisenacherhaus.de 44 Z.

KELTEN-HOTEL GOLDENE AUE €€
Das Hotel bietet geführte Wanderungen zu wichtigen keltischen Besiedlungspunkten an. Das Restaurant bietet Thüringer Küche.
Sünna (bei Vacha)
Tel. 036962 26 70, www.keltenhotel-rhoen.de, 22 Z.

ZUR GRÜNEN KUTTE €€€
Endlich einmal abschalten und schlafen fernab vom Großstadtlärm? Dann in die Grüne Kutte. Hier logieren Sie im winzigen Sternenwagen, in der komfortablen Ferienwohnung »Bauernhofstube« oder einem der heimeligen Zimmer des Landhotels. Der familiengeführte Betrieb verwendet im Restaurant überwiegend Produkte aus der Umgebung und hat sich der Rhöner Küche verschrieben.
Bernshausen, Hauptstr. 9
Tel. 036964 8 23 46
www.gruene-kutte.de

RHÖNER BOTSCHAFT €€–€€€€
In den Sächsischen Hof, erbaut 1623, ist 2018 wieder Leben eingekehrt: Das à-la-carte-Restaurant »Wohnzimmer« erinnert auffallend an die Gute Stube mit viel Holz und noch mehr Gemütlichkeit, vor allem, wenn sonntags der Sonntagsbraten duftet. Im nur 5 Tische großen »BjoernsOx« zeigt der Küchenchef beim Acht-Gang-Menü sein Spitzentalent: Da darf es auch gerne mal ein Tatar mit Wachtelei oder Jakobsmuschel-Blutwurst sein.
Dermbach, Bahnhofstr. 2
Tel. 036964 86 92 30
www.rhoener-botschaft.de
Ruhetage: Mo., Di.

★★ RUDOLSTADT

Einwohner: 24 600 | **Höhe:** 195 m ü. NHN

Die Heidecksburg thront hoch über der Saale und dominiert die ganze Stadt räumlich und auch ihrer musealen Schätze wegen. In Rudolstadt ließ Goethe seinen späteren Freund Friedrich Schiller zwar noch links liegen, trotzdem weht der Geist der Klassiker am Ort recht kräftig.

»Klein-Weimar«

Rudolstadt steht für zwei Lebensbegegnungen von Friedrich Schiller: Im ehemaligen Lengefeldscher Haus lernte er am 6. Dezember 1787 seine spätere Frau Charlotte und deren Schwester Caroline kennen – lange Zeit konnte sich der Dichter nicht so recht zwischen den beiden entscheiden, obwohl Caroline bereits verheiratet war. Es wird von einer Ménage à trois gemunkelt. Und hier ereignete sich, worauf Schiller schon so lange gehofft hatte: Am 7. September 1788 traf er hier erstmals Goethe. »Kühl« sei die Begegnung verlaufen, sagen die einen, andere meinen, Goethe habe Schiller gar nicht wahrgenommen. Später entwickelte sich in Weimar zwischen den beiden eine lebenslange Freundschaft.
Rudolstadt kam historisch große Bedeutung zu, sicherten doch am Nordrand des Thüringer Waldes die Franken den Übergang über die Saale hin zum slawischen Gebiet. Städtebaulichen Auftrieb erhielt die Siedlung zwischen 1571 und 1918 als **Residenz der Grafschaft Schwarzburg-Rudolstadt**. Im 18. und 19. Jh. verwandelte eine kulturelle Blütezeit die Stadt in ein »Klein-Weimar«, das Dichter und Gelehrte anzog. Unter Goethes Leitung spielte die Weimarer Theatertruppe am hiesigen, 1793 eröffneten Theater.

Wohin in Rudolstadt?

Inspirierende Glocke

Altstadt

An den Fuß der Heidecksburg schmiegt sich die Altstadt, die weniger durch urbanes Leben als durch viel Ruhe auffällt. Der großzügige Marktplatz wird vom **Neuen Rathaus** (1912) beherrscht. Wenig auffallend ist das 1735 erbaute **Schloss Ludwigsburg**. In der barocken Dreiflügelanlage mit einem prächtigen Rokokosaal kalkulieren heute die Mitarbeiter des Landesrechnungshofs Thüringen mit spitzer Feder. Die 1499 gegossene Glocke der **Stadtkirche St. Andreas** soll Friedrich Schiller neben anderen Einflüssen zu seinem berühmten Gedicht »Lied von der Glocke« inspiriert haben. Ein Blick in die Kirche lohnt der sehr bunten Ausmalung wegen, die das 17. Jh. dem spätgotischen Bau hat angedeihen lassen.

RUDOLSTADT ERLEBEN

TOURIST-INFO
Markt 8, 07407 Rudolstadt
Tel. 03672 48 64 40
www.rudolstadt.de

THÜRINGER LANDESTHEATER
Anger 1, Kartenvorverkauf:
Tel. 03672 42 27 66
www.theater-rudolstadt.de

RUDOLSTADT FESTIVAL
Jährlich am ersten Juliwochenende steigt das größte Folkfestival Deutschlands an verschiedenen Spielstätten in der ganzen Stadt.
Tickets: Tel. 03672 48 64 60
www.rudolstadt-festival.de

ÄLTESTE VOLKSTEDTER PORZELLANMANUFAKTUR
Porzellan in allen Ausprägungen für den Tisch und als Geschenke gibt es im Werksverkauf.
OT Volkstedt
Breitscheidstr. 7
Mo.–Fr. 10–17, Sa. bis 15 Uhr
www.die-porzellan manufakturen.de

PANORAMAWEG SCHWARZATAL
Der Rundwanderweg führt von der Mündung der Schwarza in die Saale bei Rudolstadt tief hinein in den Thüringer Wald. Viel Ruhe, herrliche Naturerlebnisse sowie Einblicke in die Herausforderungen einer wirtschaftsschwachen Region prägen den angenehm zu laufenden Weg. Mit der Oberweißbacher Bergbahn können Teilstrecken bequem bewältigt werden. Planen Sie jedoch das Übernachten gut vor! Unterwegs gibt es wenig Unterkünfte, Einkehr- oder Einkaufsmöglichkeiten.
Qualitätsweg Wanderbares Deutschland, 136 km in acht Tages-Etappen, Beginn Rudolstadt oder Bad Blankenburg, www.rennsteig-schwarzatal.de

PANORAMAHOTEL AM MARIENTURM €€€
Traumhafter Blick auf die Heidecksburg und das historische Rudolstadt bietet das hoch über dem Saaletal gelegene Ausflugsziel Marienturm. Im angegliederten Hotel wohnen die Gäste in gemütlichen Zimmern, den Tag ausklingen lassen kann man im Restaurant mit Kaminzimmer.
Marienturm 1
Tel. 03672 4 32 70
www.hotel-marienturm.de, 29 Z.

FERIENHOF DOMÄNE GROSCHWITZ €
Aus dem ehemaligen Kammergut Groschwitz ist ein sanierter Ferienhof geworden, der modern und doch mit Rücksicht auf den Fachwerkcharakter saniert wurde. Besonders heimelig sind die Zimmer unterm Dach mit ihren freiliegenden Balken. Auf dem weitläufigen Außengelände finden Kinder viel Platz zum Toben.
OT Groschwitz,
Tel. 03672 31 89 20
www.ferienhof-domaene-groschwitz.de
6 Z., 10 FeWo

Schillers Lebensbegegnungen

Schillerhaus

Das ehemalige Lengefeldscher Haus ist heute das Schillerhaus. Der Dichter lernte hier seine Frau Charlotte kennen – und Goethe. Im Haus wird ausführlich über diese wichtige Zeit im Leben Schillers berichtet und mit Kulturveranstaltungen der Klassiker gedacht.

Schillerstr. 25 | April–Okt. tgl. 10–18, Nov.–März Di.–So. 10–17 Uhr
Eintritt: 5 € | www.schillerhaus-rudolstadt.de

Geheimnisvolle Kräuterhändler

Freilicht-museum

Im Heinrich-Heine-Park wurden mehrere Gebäude aus der Gegend im Freilichtmuseum »Thüringer Bauernhäuser« wieder aufgebaut. Es zeigt, wie vom 17.–20. Jh. gelebt und gearbeitet wurde. Eine Sonderschau rund um die alte Dorfapotheke von Rohrbach widmet sich dem Olitätenhandel (▶ S. 24).

April–Okt. tgl. 11–18 Uhr | Eintritt: 2,50 € | https://bauernhaeuser.rudolstadt.de

Porzellan und Barock

★★ Schloss Heidecksburg

Als schier übermächtiges Bauwerk dräut Schloss Heidecksburg über Rudolstadt und drängt sich schon von weitem ins Blickfeld. Die 1340 angelegte Burg steht längst nicht mehr, Umbauten und Brände schufen Platz für ein dreiflügeliges Barockschloss, das ab 1737 an dieser aussichtsreichen Stelle entstehen konnte. Über die Lange Treppe mühen sich die Besucher von der Altstadt hinauf, um seine Schätze zu erkunden. Der Weg lohnt sich, denn hier entfaltet sich fürstliche Pracht wie sonst kaum irgendwo in Thüringen. Besonderes Entzücken erwecken der hohe Rokokosaal und der Rote Saal.

Die meisten Räume dienen heute dem **Thüringischen Landesmuseum** als Ausstellungsflächen. Gezeigt werden herrliches Zierporzellan, die umfassenden natur- und kulturgeschichtlichen Sammlungen sowie die architektonischen Modelle der Ausstellung »Rococo en miniature« im Maßstab 1 : 50, die von Hunderten Figuren bevölkert sind.

April–Okt. Di.–So. 10–18; Nov.–März bis 17 Uhr | Eintritt: 8 € | www.heidecksburg.de

Rund um Rudolstadt

Ruhige Hand gefragt

Volkstedt

Nippes aller Art bietet die **»Älteste Volkstedter Porzellanmanufaktur«** in Volkstedt. Die Figurengruppen werden noch in reiner Handarbeit hergestellt. Bei Werksführungen kann man den 35 Mitarbeitern über die Schulter schauen.

Breitscheidstr. 7 | Werksverkauf ▶ S. 176 | Führungen nach Voranmeldung, Tel. 0151 28 14 12 79 | www.die-porzellan manufakturen.de

Ein Platz für zweisame Stunden

Schloss Kochberg

Goethe hatte guten Grund, Schloss Kochberg in Uhlstädt-Kirchhasel zu besuchen, wohnte dort doch auch seine Muse Charlotte von Stein. Dort traf sich das Paar fernab des Weimarer Hofklatsches. Die **Goethe-Gedenkstätte** zeigt Mobiliar der Familie von Stein, und man fühlt sich dem berühmten Paar hier sehr viel näher als im turbulenten Weimar. Liebevoll mit üppigen Blumenrabatten angelegt ist der **Schlosspark**, den der Sohn Charlotte von Steins geplant hat. Das 1740 errichtete barocke Gartenhaus wurde 1800 zum Liebhabertheater umgebaut, dessen Bretter heute noch bespielt werden.

Gedenkstätte: April–Okt. tgl. außer Di. 10–18 Uhr Eintritt: 3,50 €, Thetaerbetrieb Mai–Okt., www.liebhabertheater.com

Kurstädtchen mit Hang zum Lavendel

Bad Blankenburg

Bad Blankenburg liegt am Ausgang des Schwarzatales. Der in Oberweißbach geborene Pädagoge **Friedrich Fröbel** gründete hier 1840 den ersten Kindergarten, der sich von den bisherigen Verwahranstalten deutlich unterschied. Heute ist der Ort ein guter Ausgangspunkt, um den **Panoramaweg Schwarzatal** zu wandern. Seit dem 19. Jh. suchen Kurgäste in dem vergleichsweise milden Klima Heilung.

Dieses Klima kommt auch einer Pflanze zugute, die man sonst eher mit der Provence verbindet: Vor 200 Jahren sorgte **Lavendelanbau** in dieser Gegend für ein gutes Einkommen, bis die Importe aus Frankreich dem ein Ende machten. Geblieben ist Lavendelschmuck überall in und um die Stadt und das Lavendelfest jährlich am zweiten Wochenende im August. Ein Erlebnis sind die Vorführungen der Falkner, die auf **Burg Greifenstein** ihre Adler und Falken aufsteigen lassen. Sehr interessant: das historische **Chrysopras-Wehr** in der Schwarza unmittelbar am Ortsausgang Richtung Schwarzburg.

Burg Greifenstein: April–Okt. Di.–So. 10–17, Flugvorführung 14 Uhr Eintritt: 3 €, mit Flugvorführung 10 € | www.burg-greifenstein.de

Fotogene Ruine

Kloster Paulinzella

In einem schattigen Waldtal liegt 16 km westlich von Rudolstadt das 1106 erbaute Benediktinerkloster Paulinzella. Einflüsse der Hirsauer Bauschule zeichnen sich deutlich in der romanischen Säulenbasilika ab. Die Grafen von Schwarzburg-Rudolstadt errichteten auf den Mauern des Abtshauses ein **Jagdschloss**, heute ein Kloster-, Forst- und Waldmuseum.

Das Kloster selbst ist längst Ruine – aber eine höchst fotogene. Besonders bei Abendlicht, wenn sich Stille über das Tal senkt, entfaltet sich der Zauber von Paulinzella. In den vergangenen Jahren wurde eine alte Tradition wiederbelebt: der Heiratsmarkt zu Christi Himmelfahrt. Einst nutzten die jungen Leute der Umgebung das Fest, um einen Ehegatten zu finden, heute ist es eine von ganzen Familien gerne besuchte Veranstaltung.

★★ SAALETAL

Höhe: 195–728 m ü. NHN

Am Ostzipfel des Thüringer Walds spielen nicht Berge und Wälder die Hauptrolle, sondern das Wasser. »Thüringer Meer« und »Land der Tausend Seen« nennt sich die landschaftlich abwechslungsreiche Ferienregion.

N-P 7/8

Wasser und Holz

Markant schneidet sich die Saale ins Thüringer Schiefergebirge ein. Jahrhunderte lang diente der Fluss als Hauptverkehrsader. Vor allem Flößer nutzten ihn, um Holz aus den Wäldern in Richtung der baufreudigen Städte weiter nördlich zu schaffen. Heute haben sich große Holzfabriken direkt am Rand des Thüringer Waldes angesiedelt, Lkws haben die Flöße abgelöst. Wasser macht den größten Reiz des Gebiets aus: Zahlreiche **Stauseen** haben den Fluss stark verändert und der Gegend den Namen »Land der Tausend Seen« eingetragen. Hinter den Saaletalsperren dehnen sich die »Thüringer Meere« aus. All dies gehört zum **Naturpark Thüringer Schiefergebirge/ Obere Saale**. Das Obere Saaletal zählt naturräumlich zum Thüringer Schiefergebirge, unterscheidet sich aber landschaftlich sehr von den dicht bewaldeten Höhen des Thüringer Walds. Dieses Kapitel beschreibt die Ferienregion Oberes Saaletal zwischen Blankenberg an der südlichen Landesgrenze und Saalfeld. Große Städte sind ► Rudolstadt, ► Jena und ► Apolda.
Bei Hirschberg passiert die Saale die Grenze zwischen Franken und Thüringen, fließt einige Kilometer parallel zu Grenzverlauf und wendet sich dann bei Blankenberg nordwärts. In Blankenberg endet der Rennsteig; hier werfen die Wanderer altem Brauch gemäß den Stein, den sie in Hörschel aus der Werra genommen haben, in die Saale.

Wohin im Oberen Saaletal?

Moorheilbad mit Tradition

Bad Lobenstein

Von 1557 bis 1918 gehörte Lobenstein zum Fürstentum Reuß j. L.und war Residenzstadt. Der **Alte Turm**, der Rest einer Burg aus dem 13. Jh., wacht über das friedliche Moorheilbad, das westlich der **Bleilochtalsperre** liegt. Bei gutem Wetter genießt man vom 30 m hohen Turm eine tolle Aussicht. Nahe dem historischen Marktplatz steht das **Barockschloss**, erbaut in den Jahren 1714 bis 1718, in dem heute Konzerten gegeben werden. Im Obergeschoss wird eine landesgeschichtliche Ausstellung zu den Fürsten von Reuß sowie eine Apotheken- und Kräutersammlung gezeigt. Noch mehr Stadtgeschichte und

Unbegradigt und in weiten Schlingen strömt die Saale bei Ziegenrück durch die waldreiche Landschaft.

SAALETAL ERLEBEN

TOURISMUSVERBUND RENNSTEIG-SAALELAND
Oschitzer Str. 4, 07907 Schleiz
Tel. 03663 42 14 66
www.rennsteigsaaleland.de

TOURIST-INFORMATION SAALFELD
Markt 6, 07318 Saalfeld
Tel. 03671 52 21 81
www.saalfeld-tourismus.de

BLEILOCHSTAUSEE
Einstündige Rundfahrten starten von Saalburg aus.
Fahrgastschifffahrt Saalburg
Am Torbogen 1
Saalburg-Ebersdorf
Tel. 036647 2 22 50
https://marina-saalburg.de

HOHENWARTE-STAUSEE
Die kleinen Ausflugsschiffe stechen tagsüber und teils sogar in Vollmondnächten in See. Am Ufer wird gecampt, gebadet und gesonnt.
An der Sperrmauer
Hohenwarte
Tel. 036733 2 15 28
www.fahrgastschiffahrt-hohenwarte.de

ARDESIA THERME
»Schiefertherme« mit mehreren Thermalbecken, Whirlpool, Außenbecken mit Strömungskanal, Kinderbecken und einer Saunalandschaft inklusive Naturmoorsauna.
Parkstr. 8
Bad Lobenstein
Tel. 036651 39 39 200
www.ardesia-therme.de
Mo.–Fr. 10–20, Sa., So. 9–22 Uhr, Eintritt: 9 €

SONNEMONDSTERNE
Beim Technofestival SonneMondSterne, kurz SMS genannt, machen zigTausend Technofans auch akustisch die Nacht zum Tage. Gezeltet und geparkt wird direkt am Festivalgelände.
Saalburg, 2. Augustwochenende
www.sonnemondsterne.de

DETSCHERFEST
Die Saalfelder laden in ihre Gute Stube, den Marktplatz, ein. Dort servieren sie »Detscher«, ein köstliches Kartoffelgebäck, das mit Zucker und Zimt bestreut genossen wird.
Saalfeld, Mitte August

SCHLUTIUS €€
In einem ehemaligen Kartonagenwerk werden heute mediterran angehauchte Speisen und Steaks serviert. Thüringer Klöße fehlen trotzdem nicht. Mit Café.
Grüne Mitte 6
Tel. 03671 4 55 33 30
www.das-schlutius.de

GÜLDENE GANS €€€
Schon Kaiser Karl V. ruhte sich in diesem ehrwürdigen Haus vom anstrengenden Regieren aus. Direkt am Marktplatz wird eine herrlich-frische Landküche geboten. Die gehobenen Preise sind jeden Euro wert.
Am Markt 25
Tel. 03671 59 91 03
www.gueldene-gans.de
Ruhetage: So., Fei.

SCHLOSSHOTEL EYBA €€€
Schöne Unterkunft in einem Schloss aus dem 16. Jh. Vom Schlosspark bis zum Wellnessbereich (Sauna, Massage) ist alles da, auch Allergikerzimmer. Besonders schön gestaltet sich auch das Speisen: Serviert wird im historischen Kreuzgewölbe oder auf der Terrasse.
Saalfelder Höhe, Eyba 23
Tel. 036736 3 40
www.schloss-hotel-eyba.de, 44 Z.

APARTHOTEL AM RENNSTEIG €€
Diese großes Familienhotel am Ortsrand ist ganz auf Kinder und die Erholung der Eltern eingestellt. Planschbecken, Babybetreuung, Spielplatz und Unterhaltung sorgen für Urlaubsgefühl bei allen Familienmitgliedern.
Wurzbach
Oßlaberg 6
Tel. 036652 4 00
www.am-rennsteig.de, 115 Z.

Einblicke ins Bergbauwesen und das spannende Uhr- und Tuchmacherhandwerk bietet das Regionalmuseum.

Neues Schloss: Kulturprogramm www.bad-lobenstein.de
Regionalmuseum: Schlossberg 20 | April–Sept. Di., Do. 10–16, Sa., So., Fei. 14–17.30, Okt.–Jan. Di. 10–13, Do., Sa., So., Fei. 13–16 Uhr
Eintritt: 4 €

Heiße Sache

Wurzbach

Jeden Mittwoch lohnt sich Wurzbach besonders: Dann darf im Technischen Schaudenkmal **Gießerei Heinrichshütte** beim Metallgießen zugesehen werden – ein heißes Spektakel.

Leutenberger Str. 44 | Schaugießen Mi. 13, Führungen Mo.–Do. 13, Fr. 10 Uhr | Eintritt: 6 € | www.heinrichshuette-wurzbach.de

Ein Fluss wird gebändigt

Saaletalsperren

Um die Hochwassergefahr im Saale-Elbe-Gebiet zu bannen, plante man schon seit 1905 die Anlage von Stauseen. Umgesetzt werden konnte das Projekt erst ab 1926 mit den Finanzspritzen von Zeiss und anderen Firmen Thüringens. Bis 1942 entstanden auf der rund 80 km langen Strecke zwischen Blankenstein und Saalfeld fünf Talsperren, der Fluss überwindet eine Höhe von 200 m. Als das Wasser der Saale aufgestaut wurde, versanken ein Viertel von Saalburg, der gesamte Ort Saaldorf sowie mehrere Gehöfte in den Fluten.
Eine der fünf, die 1932 fertig gestellte **Bleiloch-Talsperre**, ist die größte Talsperre Deutschlands. 60 m ragt die Staumauer auf, dahinter erstreckt sich der Stausee. Einst am Fluss gelegen, verwandelte sich **Saalburg** nach dem Bau der Talsperren in eine Stadt am See. Am Ufer liegen kleine Boote, ein Strandbad lockt, man badet, angelt, surft und segelt. Auch Personenschiffe verkehren (▶ S. 182).
www.bleilochstausee.com

Böse Geister bleiben fern

Schloss Burgk

Rund 11 km nördl. thront eine Schönheit in Weiß malerisch auf einem Felssporn über dem aufgestauten Fluss. Die 1403 errichtete Burg hatten sich die Fürsten von Reuß der älteren Linie im 17. Jh. als Sommer- und Jagdsitz errichtet und gaben dem markanten Roten Turm seinen Barockaufsatz. Eine Augenweide ist die Innenausstattung (18. Jh.) mit Jagdzimmer und barocken Salons, ein Ohrenschmaus die 1743 eingebaute **Silbermann-Orgel** in der Schlosskapelle, die bei öffentlichen Konzerten gespielt wird. Die Schauräume können besichtigt werden. Ausstellungen, u.a. eine **Exlibris- und Künstlerbuch-Sammlung**, lohnen den Besuch der Burg zusätzlich. Makaber: Bei den Umbauten 1739 fanden die Arbeiter einen mumifizierten Hund, der vermutlich – lebendig eingemauert – Schutz vor bösen Geistern bieten sollte. Heute verweist man mit Stolz auf das »Bauopfer«.

April–Okt. Di.–So. 10–18, Nov.–März 11–16 Uhr | Märchensonntage: Ende Juli – Ende Sept. Weihnachtsmarkt: 1. Advents-WE | Eintritt: 6 € | www.schloss-burgk.de

Schuldirektor: Konrad Duden

Schleiz

Slewitz, heute **Schleiz**, ist slawischen Wurzeln entsprungen. Die ehemalige Residenz der Herren von Reuß-Schleiz verfügt über so gut wie keine historische Bausubstanz: Mehrere Brände wüteten, und im Zweiten Weltkrieg brannte auch noch das Schloss bis auf zwei Türme nieder. Unbeschadet von den Wirren der Zeit blieb nur **St. Marien,** eine 1359 erstmals urkundlich erwähnte Bergkirche auf dem Liebfrauenberg und Begräbnisstätte des Fürstenhauses Reuß. Romanischen Ursprungs ist das Westportal (um 1150), spätgotisch sind die meisten anderen Bauteile. Eine Sensation ist der Innenraum, der von 1630 an üppig verziert wurde, vor allem das Holzinterieur. Ebenfalls sehenswert ist das **Schleizer Dreieck**, 1923 eröffnet und damit der älteste Straßenrundkurs in Deutschland. Heute werden hier noch Motorradrennen ausgetragen, darunter die Internationale Deutsche Motorrad-Straßenmeisterschaft.

Berühmtester Schleizer ist **Johann Friedrich Böttger** (1682–1719), der Mit-Erfinder des europäischen Porzellans. In der Alten Münze (16. Jh.) am Neumarkt wird seiner gedacht. Stolz ist man auch auf **Konrad Duden** (1829–1911), der von 1869 bis 1876 Direktor am Gymnasium war und die Grundlagen für eine einheitliche deutsche Rechtschreibung legte.

Hotspot für Ornithologen

Plothener Teiche

Ein netter Abstecher führt von Schleiz ins »Land der 1000 Teiche«, eine ebene Gegend, die sich gut zum Radfahren und Wandern eignet. Sogar bei regnerischem, nebligem Wetter entfaltet die amphibische Landschaft einen besonderen Zauber, wenn im Dunst die Vogelschwärme ziehen. Anfang Oktober starten hier Zehntausende Stare in den Süden – ein grandioses Schauspiel. Größter Teich ist Hausteich bei Plothen mit dem malerischen, oft abgebildeten **Ständerhaus**, drumherum gruppiert sich ein Labyrinth an großen, mittleren und winzigen Teichen. Mönche hatten die ersten Teiche für die Fischwirtschaft angelegt. Noch heute werden hier Karpfen gezogen.

Stadt der Karussellbauer

★ Neustadt an der Orla

Interessant ist in der Innenstadt das spätgotische **Rathaus**, das zu den bedeutendsten in ganz Thüringen zählt. Es wurde in zwei Bauabschnitten 1495–1520 erstellt unter Einbeziehung einer ehemaligen Kapelle. Ein Schmuckstück ist der Erker mit seinem zarten Maßwerk. Im Ratssaal ist die Original-Holzdecke noch erhalten.
An der Ostseite des Marktplatzes steht das **Lutherhaus**, in dem der Reformator gewohnt haben soll – angeblich. Die Bohlenstube, die mittelalterlichen Wandmalereien und eine gut gemachte Ausstellung sind ein Erlebnis. Vom Marktplatz aus (Markt 5) gelangt man zu den **Fleischbänken**: Diese 1475 eingerichteten Verkaufsstände dienten den Metzgern zum Auslegen ihrer Waren und erleichterten es den Kontrolleuren, schlechte Ware ausfindig zu machen. Neun der ursprünglich 17 Lauben sind noch vorhanden. Gleich daneben steht die **St.-Johannis-Kirche**, 1249 gestiftet und im 15. Jh. zur gotischen Halle umgebaut. Größter Schatz ist der Schreinflügelaltar, den Lucas Cranach d. Ä. 1512 fertigstellte.
Im **Museum für Stadtgeschichte** gegenüber lebt eine Besonderheit der Neustädter Geschichte auf: der Karussellbau. Aufschlussreich ist auch die Landkartensammlung.

Lutherhaus: Rodaer Str. 12 | Di., Do.–Sa. 10–17, So. ab 14 Uhr
Museum für Stadtgeschichte: Kirchplatz 7 | Mi.–Fr. 12–17, Sa. ab 10, So. ab 14 Uhr | Eintritt für beide Häuser zus.: 6 €

Wasser zeigt seine Kraft

Ziegenrück

Wo sich alles ums Wasser dreht, darf ein **Wasserkraftmuseum** nicht fehlen. Dieses befindet sich in Ziegenrück und zeigt, was und wieviel der Saale abgerungen wird. Bei Ziegenrück liegt auch die **Teufelskanzel**, die einen fantastischen Blick auf die Hohenwarte-Talsperre freigibt.

Wasserkraftmuseum: Mai–Okt. Di.–So. 10–17, Nov.–April Di.–Fr. 10–16, Sa., So. 13–16 Uhr | Eintritt: 5 €

Mammutjäger und Erdbebenforscher

★ Burg Ranis

1085 wird Burg Ranis südlich von Pößneck erstmals erwähnt. Sie spielte eine zentrale Rolle bei der Sicherung des Umlandes gegen die Slawen. Die immer wieder zerstörte und neu aufgebaute Festung spiegelt mehrere Bauepochen wider. Besucher genießen von hier oben einen fantastischen **Blick über das Saale-Orla-Gebiet**. Archäologen wiederum geraten beim Gedanken an die **Ilsenhöhle** ins Schwärmen, die unterhalb der Burg liegt und besichtigt werden kann. Die Karsthöhle ist eine der wichtigsten altsteinzeitlichen Fundstellen Europas. Schon vor 60 000 Jahren haben Menschen mit feuersteinbewehrten Pfeilen und Speeren Jagd auf Nashorn, Mammut und Wisent gemacht. Darüber informiert das **Museum in der Burg**. Zu Sammlung gehört auch ein einziartiges seismologisches Kabinett, das die Entwicklung der Erdbebeninstrumente darstellt.

Di.–Do., Sa., So., Fei. 10–17 Uhr | Eintritt: 6 € | www.museum-ranis.de

★ Saalfeld

Einkaufsvergnügen unter Lauben

Altstadt

Wo das Thüringer Schiefergebirge im Nordosten endet und die Saale entlässt, schmiegt sich Saalfeld in die grünen Waldausläufer. Weil in der ehemals so wichtigen Handelsmetropole Bauten aus allen Epochen inklusive Plattenbauten aus DDR-Zeiten zu finden sind, werben die Saalfelder mit dem Slogan »Steinerne Chronik Thüringens«. Die Altstadt, die von einem fast vollständig erhaltenen mittelalterlichen Stadtmauerring aus dem 13./14. Jh. eingefasst wird, gilt als Schmuckstück. Blickfang sind die **Liden** – ein Laubengang aus dem 16. Jh., der es heute erlaubt, trockenen Fußes einzukaufen. Den Titel des ältesten Hauses der Stadt verdient die noch auf romanische Zeiten datierbare **Hofapotheke** (1180). Von 1529 bis 1537 widmeten sich Handwerker dem Bau eines prachtvollen **Frührenaissance-Rathauses**.

Eine bildschöne Kirche

St. Johannis

Die Stadtkirche St. Johannis gilt als eine der schönsten Hallenkirchen Thüringens. Besonders die rot gefassten Bündelpfeiler ziehen die Blicke auf sich. Um 1380 begonnen, wurde sie mit dem Bau des Schiffes 1425 vollendet. Im 18. Jh. erfolgte die Barockisierung des Innenraums, auch die Westfassade wurde damals verändert. Um 1510 schuf Hans Gottwalt von Lohr, ein Schüler Tilman Riemenschneiders, die lebensgroße Figur **»Johannes der Täufer«**.

Trachten und Geschichten

★ Stadtmuseum

Um 1250 gründeten die Grafen von Schwarzburg in Saalfeld ein Franziskanerkloster. 1534 aufgelöst, wurde es 1904 zum Stadtmuseum umgewidmet und zählt zu den bedeutendsten kulturhistorischen Museen Thüringens. Die hervorragende Dauerausstellung zeigt neben Stadt- und Klostergeschichte sowie Trachtensammlung auch eine beeindruckende Kollektion spätmittelalterlicher Holz- und Steinplastiken aus der näheren Umgebung.

Di.–So. 10–17 Uhr | Eintritt: 5 € | www.museumimkloster.de

Zauberhafte Unterwelt: die Feengrotten und ihre farbigen Tropfsteingärten

Wahrzeichen der Stadt

Äußere Altstadt

Auf der anderen Seite der Stadt, der Saale zu, ragt der **Hohe Schwarm** auf. Der ehemalige Sitz der Vögte von Schwarzburg ist heute zwar nur noch Ruine, doch wegen seiner auffallenden Türme zum Wahrzeichen der Stadt auserkoren worden. Nördlich davon liegt das **Schlösschen Kitzstein** (1435), das direkt an die Stadtmauer angebaut ist.

Spaziergang im Schlosspark

Schloss

Ein paar Nummern größer planten die Herzöge von Sachsen-Saalfeld ihr Schloss (1677–1720), das auf dem Schlossberg im Norden der Stadt steht. Herrlich ausgemalt zeigt sich die barocke **Schlosskapelle**. Im Schloss selbst wälzen heute die Mitarbeiter des Landratsamts ihre Akten, da darf man nicht hinein. Zum Entspannen und Flanieren lockt allerdings der Schlosspark.

Bunte Tropfsteinwelt

★ Feengrotten

Überall weisen Schilder auf die Hauptattraktion von Saalfeld hin, die »Feengrotten«, ein zur Erlebniswelt umfunktioniertes **Bergwerk**. Es liegt 1 km südwestlich der Stadt und ist Ergebnis des Alaunschieferabbaus, der um 1530 einsetzte. Alaun benötigte man zum Gerben von Leder. Die ältesten Tropfsteine sind rund 250 Jahre alt, also wahre Tropfsteinbabys gemessen an den Jahrtausenden, die Stalaktiten und Stalagmiten anderswo zählen. Mit ihren bunt glänzenden Mineralien hat es das Bergwerk als farbenreichste Grotte der Welt ins Guinnessbuch der Rekorde geschafft. Heute taucht eine pathetischen Licht- und Tonschau die unterirdische Welt in kräftige Farben. Das eigens für Kinder konzipierte **Grottoneum** informiert über die Entstehung von Höhlen und bietet Mitmachstationen zur Erforschung der Welt unter Tage. Ausgesprochen köstlich: die Kuchenauswahl in der Grottenschenke; nett für kleine Kinder: das **Feenweltchen**, das nicht so überladen ist mit Kunstprodukten wie andere Freizeitparks und der Fantasie noch Raum lässt.

Mai–Okt. tgl. 10–17, Nov.–April tgl. 11–15.30, Feenwäldchen Juni bis Sept. tgl. 10–21, Mai u. Okt. bis 19 Uhr | Eintritt: Grotte 13 €, Kombiticket für Feengrotten, Grottoneum, Feenweltchen 19 € | www.feengrotte.de

★ SCHMALKALDEN

Einwohner: 19 500 | **Höhe:** 295 m ü. NHN

Schmalkalden liegt an der sonnigen Südseite des Thüringer Walds. Fachwerkhäuser, eines schöner als das andere, viele mit hellen Läden, prägen den Ortskern. Wichtigste Kulturattraktion ist Schloss Wilhelmsburg, mächtige Anziehungskraft entfaltet der Gebäudetrakt am Ortsausgang, die »Viba Nougatwelt«.

Wo der Nougat fließ

Firma Viba hat die Wende geschafft: Nach der Wiedervereinigung eroberte sich die 1893 gegründete Firma so gekonnt wie strebsam wieder einen Spitzenplatz unter den Nougatherstellern. In der Nougatwelt gibt's genau das, wovon viele Kinder träumen: einen riesigen, ständig flüssige Schokolade spendenden Brunnen, wo jeder so viel naschen darf, wie er mag und kann!

In Schmalkalden wird fränkisch-hessischer Dialekt gesprochen, also »Schmalkalden« mit Betonung auf dem ersten »a« ausgesprochen. 1531 rückte die Stadt ins Rampenlicht der europäischen Politik, als sich hier der **Schmalkaldische Bund** gründete: ein Schutzbündnis der protestantischen Reichsstände gegen den Habsburgerkaiser Karl V. Ohne die Unterstützung des Bunds wäre es Martin Luther 1537 nicht möglich gewesen, hier die **Schmalkaldischen Artikel** zu verfassen, die eine Basis des evangelisch-lutherischen Glaubens bildet. Zwar unterlag der Bund im **Schmalkaldischen Krieg** (1546/1547), doch die Reformation hatte bereits so kräftige Wurzeln geschlagen, dass sie nicht mehr ins Wanken zu bringen war.

Wohin in Schmalkalden und Umgebung?

Hände wärmen

Die Stadtkirche St. Georg (1437–150) gilt als **eine der schönsten spätgotischen Hallenkirchen Thüringens**. Luther predigte hier im Februar 1537 zwei Mal; stets soll er sich die Hände in der Lutherstube über der Sakristei aufgewärmt haben. Heute birgt diese eine kleine Kirchenausstellung. Der Taufstein datiert ins Jahr 1560. Besonders schön sind die mit **reichem Maßwerk verzierten Fenster** des Chors – am besten morgens oder am Spätnachmittag kommen, dann strahlen sie am eindrucksvollsten. Was die Stunde geschlagen hat, zeigt die gotische Sonnenuhr. Wer Schmalkalden von oben betrachten will, sollte den 40 m hohen Turm erklimmen. Einen Blick wert ist auch die **Stadtuhr** (1467) mit den Figuren Tod und Jungfrau.

★ St. Georg

Kirche: Di.–Sa. ab 10.30, Türmerstube Mai–Okt. Sa. 10.30–12.30 Uhr

500 Jahre Fachwerkkunst

Über 90 Prozent der Häuser in der denkmalgeschützten Altstadt sind Fachwerkhäuser aus dem 14. bis 18. Jahrhundert. Viele sind in der dreigeschossigen fränkischen Rähmbauweise errichtet.

★ Altstadt

Nicht zu übersehen ist am **Altmarkt** das **Rathaus**, das aus drei Gebäuden zu bestehen scheint: Das südliche, mit grüner Fassade, wurde 1905 an Stelle der abgebrannten Alten Waage erbaut, spätgotisch ist der nördliche, gelb gestrichene Teil, der im Mittelalter als Gasthof diente, und in der Mitte erstrahlt in Rot-Weiß das ehemalige Hauptgebäude, die Steinerne Kemenate (1419). Deren Erdgeschoss bildete ursprünglich eine große Halle mit offenen Arkaden, in denen Markt abgehalten wurde. Heute schmücken die Wappen der Mitglieder des Schmalkaldischen Bundes die Halle, die 1917 zur Feier von 400 Jahre Reformation gestiftet wurden. Die Mitglieder des Bundes tagten sechs Mal über dem Ratskeller.

Wahre Fachwerk-Schmuckstücke sind die **Reformierte Schule** (1658) und das **Evangelische Dekanat** (1669) zwischen Rathaus und Kirche. An der Westseite des Altmarkts fällt die **Todenwarthsche Kemenate** (1520) auf. Das **Otto Mueller Museum der Moderen** des Kunstvereins zeigt seine Wechelsausstellungen in einem gotischen Ständerfachwerkhaus,.

Kunsthaus: Mi.–Sa. 14–18 Uhr | Eintritt: 4 € | www.om-museum.de

Ein Schwan für den Reformator

Auf dem Weg zum Lutherplatz durch die Steingasse fällt rechts die **Rosenapotheke** (1520) auf, eines der velen Kemenatengebäude der Stadt. Drei Fachwerkhäuser mit hervorkragenden Geschossen markieren den Lutherplatz. Im mittleren, erbaut um 1525, wohnte Martin Luther 1537. Sonderlich wohl dürfte er sich hier nicht gefühlt haben, litt er doch gerade in diesen Tagen sehr unter Nierensteinen. Aus der

★ Lutherplatz

Fassade des **Lutherhauses** ragt ein schneeweißer Schwan hervor. Die Stuckarbeit stammt aus dem Jahr 1687 und bezieht sich auf die gerne gewählte Darstellung von Luther als einem Schwan.

Ritter der Tafelrunde aus Thüringen

Neumarkt

Der Neumarkt, 1203 angelegt, zeigt sich heute als unspektakuläre Grünanlage, an der der markante **Hessenhof** steht. 1898 wurde hier eine aufsehenerregende Entdeckung gemacht: Die »Trinkstube« im Keller ist ausgemalt mit dem **Iwein-Epos**. Vermutlich im frühen 13. Jh. entstanden, ist sie eine der ältesten noch erhaltenen Profanmalereien des Mittelalters und gehört in den Kreis der Artusdichtung. Besichtigt werden kann sie aus konservatorischen Gründen nicht, doch Schloss Wilhelmsburg zeigt eine Rekonstruktion.

Häuser (fast) für die Ewigkeit

Fachwerkerlebnishaus

Das auf den Grundmauern des abgebrannten Schmiedhofs neu errichtete Fachwerkhaus stammt aus dem Jahre 1369. Seit 2013 können Sie die Wohnräume, Keller und Treppen detailliert kennenlernen und erfahren viel Spannendes rund um den Fachwerkbau als eine Meisterleistung des Hausbaus. Im Erdgeschoss zeigen Künstler und Kunsthandwerker ihre Arbeiten.

Weidebrunner Gasse 13 | Di.–Fr. 11–17, Sa. bis 14 Uhr | Eintritt: frei

Ritter, Herrscher und ein Mops

★ Schloss Wilhelmsburg

Bombastisch erhebt sich das 1585 bis 1589 von Landgraf Wilhelm IV. erbaute Renaissance-Schloss über die verwinkelte Altstadt. Dass die vierflügelige Anlage viele Jahre in einen Dornröschenschlaf sank, ist ein Glücksfall für die Kunsthistoriker. Der **Schlossgarten** wurde nach Vorbild der französisch-italienischen Terrassengärten gestaltet. Im ersten Obergeschoss finden Sie die Beletage. Grandios präsentiert sich der **Riesensaal**, auch Festsaal oder Bankettsaal genannt, mit seinen wundervollen Bemalungen an der Kassettendecke und an allen Wänden. Ein Traum in Weiß und Gold ist der Weiße Saal, dessen Stuckverzierung sich über die Decken und fast alle Wände zieht. Ebenfalls überwiegend weiß gehalten ist die **Schlosskapelle** mit zwei umlaufenden Emporen. Hier befindet sich die älteste Orgel Thüringens (1587–1589, 252 hölzerne Orgelpfeifen), eines der wenigen noch spielbaren Musikinstrumente aus dieser Zeit. Ihre ungewöhnliche Klangfarbe kann man im Rahmen von Konzerten genießen.

Das **Schlossmuseum** informiert über die Renaissance, den Schmalkaldischen Bund, die Reformation und die Geschichte des Schlosses. Bedeutsam sind die **Iwein-Malereien**. Die schwach erhaltenen Fresken wurden im Hessenhof entdeckt und als Rekonstruktion im Schlosskeller für das Publikum zugänglich gemacht. Das Epos selbst wurde von **Hartmann von der Aue** (1170–1225) verfasst. Und noch mehr Interessantes gibt es zu entdecken: Schon zu Zeiten des Land-

SCHMALKALDEN ERLEBEN

TOURIST-INFORMATION
Auer Gasse 6–8
98574 Schmalkalden
Tel. 03683 6 09 75 80
www.schmalkalden.com

VIBA NOUGAT-WELT
Schoko- und Nougat-Spezialitäten stellt die 1893 in Schmalkalden gegründete Firma Viba her. Im Werksverkauf gibt es Pralinen, Trüffel und Schokolade in allerlei Ausführungen. Wie Nougat hergestellt wird, zeigt die **Schauconfiserie** mit Nougatbrunnen und Probierstationen.
Nougat-Allee 1, tgl. 10 – 17, Eintritt: 4 €; Mitmachkurse tgl. 12, 14, 16 Uhr nach Voranm. s. www.viba-schmalkalden.de

STADTFEST
Gaukler, Kunsthandwerker und Musiker sorgen beim historischen Stadtfest für Stimmung.
Ende August

MOMMELSTEIN-RADWANDERWEG
Zwischen Schmalkalden und Brotterode verkehrten einst Dampfloks. Heute gehört die Strecke sportlichen Radfahrern, die auf dem Weg hinauf zu den Rennsteiggipfeln einige Höhenmeter zu bewältigen haben.
Start am Parkplatz Steinerne Wiese, 28 km Länge einfach, ca. 3 Std. bis Mommelstein, Rundtour ca. 7 Std.

RATSKELLER €€€
Im Ratskeller speisen Sie gutbürgerliche Thüringer Küche in einem historischen Ambiente.
Altmarkt 2
Tel. 03683 40 27 42
Ruhetag: Fr.

JÄGERKLAUSE €€
Der Duft ist reichlich verführerisch, wenn über dem offenen Buchenholzgrill Fleischspieße und Steaks braten. Thüringer Küche sowie handfeste Brotzeiten sind ebenfalls zu haben. Sonntags sorgt ein üppiger Brunch für zufriedene Esser. Zum Restaurant gehört auch ein Hotel mit Zimmern im Landhausstil.
Pfaffenbach 45
Tel. 03683 60 01 43
https://hoteljaegerklause.de

LUTHERHAUS €€€€
Wollen Sie einmal dort nächtigen, wo schon Luther schlummerte? Die Ferienwohnung im Lutherhaus bietet weit höheren Komfort, als der große Reformator 1537 genoss.
www.schmalkalden.com/gastgeber/ferienwohnungen

AKZENT AKTIV & VITAL HOTEL €€€€
Ein Hotel in Alleinlage, umrahmt von Wäldern und Wiesen – das bietet schon einmal gute Grundvoraussetzungen für einen erholsamen Aufenthalt. Mit Tennisplätzen, Wellnessbereich und zwei Restaurants.
Notstr. 33
Tel. 03683 46 65 70
www.aktivhotel-thueringen.de
48 Z.

grafen Wilhelm IV. scheinen Hunde zur Familie gehört zu haben. Ein riesiges Gemälde im Schloss zeigt ihn im Kreise seiner 14 Kinder vom Säugling bis zum jungen Mann, flankiert von Ehefrau Juliane. Zu Füßen der Großfamilie sitzt der Haushund, ein stoisch blickender **Mops**.

April–Okt. tgl. 10–18, Nov.–März Di.–So. 10–16 Uhr | Eintritt: 6 € | www.museumwilhelmsburg.de

Zeugnisse des Bergbaus

Eisengewinnung

Rund um Schmalkalden kommt Eisenerz vor. Von der langen Tradition der Eisengewinnung und -verarbeitung seit dem 9. Jh. zeugt das Technische Museum **Neue Hütte** in Weidebrunn, eine restaurierte Eisenhütte. Der Hochofen aus dem Jahr 1835 war bis 1924 in Betrieb. Auch im 2 km östlich gelegenen Ortsteil Asbach wurde im Mittelalter Eisenerz abgebaut. Wer auf den Spuren der Kumpel wandern will, sollte das Besucherbergwerk **Finstertal** besuchen.

Neue Hütte: OT | April–Okt. Mi.–So., Fei. 10–17, Nov.–März Mi.–Fr. 10–16, So., Fei. 12–16 Uhr | Eintritt: 5 € | www.hochofenmuseum.de
Finstertal: April–Okt. Mi.–So., Fei. 10–17 Uhr | Eintritt: 5 € | Kombiticket für beide 8 €

Mächtiger Wasserfall

Trusetal

12 km nördlich von Schmalkalden liegt die Gemeinde Trusetal, die sich aus mehreren Bergarbeiterdörfern zusammensetzt. Die Attraktion von Trusetal ist ein 58 m hoher Wasserfall, der 1865 am Ortsausgang Richtung Brotterode angelegt wurde.

Ostern–Okt. tgl. 9–18 Uhr | Eintritt: 2 €

SONDERSHAUSEN

Einwohner: 21 000 | **Höhe:** 208 m ü. NHN

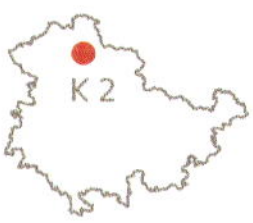

Sondershausen ist stolz auf das bedeutendste Schloss Nordthüringens. Im Sommer fiebert die ganze Stadt den Schlossfestspielen entgegen. Musik liegt schon traditionell in der Luft.

Musikstadt

Mit Stolz verweist die Hauptstadt des Kyffhäuserkreises auf ihre musikalische Tradition – im 17. Jh. entwickelte sich aus einer Hofkapelle das heute noch existierende **Loh-Orchester**, 1883 wurde ein **Musikkonservatorium** gegründet und seit 2005 hat die **Landesmusikakademie Thüringen** hier ihren Sitz. 2006 wurden die Schlossfestspiele ins Leben gerufen. Die fränkische Siedlung Sondershausen wurde 1125 erstmals urkundlich erwähnt und kam 1356 zum Gebiet

SONDERSHAUSEN ERLEBEN

TOURIST-INFORMATION
Markt 9
99706 Sondershausen
Tel. 03632 78 81 11
www.sondershausen.de
www.region-suedharz-kyffhaeuser.de

SCHLOSSFESTSPIELE
Sondershausen hält die alte Musiktradion aufrecht und gibt jungen Künstler die Chance, ihr Können zu zeigen. In den Pausen darf das Publikum hinter die Kulissen schauen.
Juni/Juli
Karten-Tel. 03632 78 81 11
www.schlossfestspiele-sondershausen.de

JAGDSCHLOSS POSSEN €€
Im Jagdschloss des Freizeitparks Possen erhalten Sie gutbürgerliche Thüringer Küche inkl. Wildgerichte.
Tel. 03632 78 28 84
www.possen.de
Ruhetag Nov.–Feb.: Mo.

THÜRINGER HOF €€
In Sondershausen gibt es nur ein Hotel, da fällt die Wahl nicht schwer. Das 1850 eröffnete Stadthotel bietet moderne Zimmer sowie ein Restaurant und einen Pub. Sonntags wird ein Brunch angeboten.
Hauptstr. 30–32, Tel. 03632 65 60
www.thueringerhof.com, 48 Z.

der Grafen von Schwarzburg-Sondershausen. Seit 1893 werden in der Umgebung **Kalisalze** abgebaut. 1989 arbeiteten noch 3700 Menschen in diesem Sektor, nach der Wende schloss das Kaliwerk. Geblieben sind mächtige **Abraumhalden**.
Zwischen Schlossberg und Trinitatiskirche lag das alte Sondershausen. Bereits bei Bränden im 15. und 16. Jh. wurde fast die gesamte mittelalterliche Bausubstanz vernichtet. Der östliche Altstadtkern um die St. Cruciskirche wurde wie die Kirche selbst im **Zweiten Weltkrieg** vollkommen zerstört. Flächensanierungen in den 1960er- und 1970er-Jahren haben das Ortsbild nicht verschönert. Dennoch gibt es ein paar hübsche Ecken zu entdecken

Wohin in Sondershausen?

Stadtmauer und Orgelkonzerte

Altstadt

Vom Rathaus aus wirkt der Aufgang (1837–1839) zum Schloss besonders bombastisch, zumal die klassizistische Hauptwache – heute Sitz der Touristeninformation – mit ihren schlanken Säulen den Aufgang noch betont. Zusammen mit dem Prinzenpalais am Nordrand des Platzes bildet das Ganze ein ansprechendes Ensemble. Die auf einen gotischen Vorgängerbau zurückgehende **Trinitatiskirche** (17. Jh.) südlich des Markts besitzt eine barocke Innenausstattung. Hier befindet sich die im 19. Jh. hinzugebaute Grablege der Fürsten zu Schwarzburg-Sondershausen. Regelmäßig finden Orgelkonzerte statt. Sehr schön restauriert wurde das **Gottschalksche Haus** gegenüber, der Komponist Max Bruch wohnte hier 1867–1870. Südlich der Trinitatiskirche und entlang der Johann-Karl-Straße ziehen sich noch Reste der alten Stadtmauer hin.

Die goldene Kutsche

★ Schloss

Mit dieser Residenz verschafften sich die mächtigen Fürsten von Schwarzburg-Sondershausen Eindruck. Oberhalb der Stadt, wo einst die Grafen von Honstein im 14. Jh. ihre Burg hatten, ließen sie eine vierflügelige Schlossanlage erbauen, umgeben von einem 30 ha großen Park. Baubeginn war 1534, umfangreiche Erweiterungen kamen, nachdem die Schlossherren 1637 in den Reichsfürstenstand erhoben worden waren. Die Gemächer spiegeln alle Bauepochen wider. Besonders schön sind die **Rokokosäle**. Im Blauen Saal, im Liebhabertheater (um 1835) und der Schlosskapelle (1645–1647) finden Konzert- und Theateraufführungen statt. Umfangreiche Sammlungen zeigt das **Schlossmuseum**. Mit Merkwürdigkeiten aus aller Herrn Länder wartet das Naturalien- und Kuriositätenkabinett auf. Der ausgeprägte Hang zur Prachtentfaltung der Fürsten von Schwarzburg-Sondershausen zeigt sich an der Goldenen Kutsche, eine vergoldete, in Paris um 1710 gebaute Luxuskarosse für Fürst Heinrich I. Musikinstrumente sowie naturkundliche, stadt- und landesgeschichtliche Abteilungen runden die Sammlungen ab.
Westlich des Schlosses liegt das **Achteckhaus**. 1709 erbaut, beherbergte es seinerzeit ein Karussell, das den fürstlichen Lustbarkeiten diente. Heute spielt hier im Sommer das Loh-Orchester. Der **Park** wandelte sich vom Renaissancegarten zum englischen Landschaftspark bis zum heutigen Stadtgarten.
Mi.–So. 10–17 Uhr | Eintritt: 5 € |
www.schlossmuseum-sondershausen.de

Mit dem Fahrrad in die Tiefe

Erlebnisbergwerk Glückauf

Das älteste Kaliwerk Thüringens (1892 angelegt) war bis 1927 in Betrieb. Über 100 Mio. t Kalisalz förderten die Bergarbeiter, ein Stoff, aus dem Düngemittel produziert wurde. Sie schufen damit einen Hohlraum von 50 Mio. m^3. Unter Tage entstand ein gigantisches, verzweigtes Grubenfeld, das von seiner Größe her mit dem Straßennetz von Erfurt vergleichbar ist. Heute können Gäste bis in knapp 700 m Tiefe einfahren. Außerdem besteht die Möglichkeit, das Bergwerk mit einer Kleinbahn zu erkunden und mit dem Kanu auf dem Salzsee zu fahren. Eine Herausforderung für Sportliche: die Untertage-**Mountainbike**-Ausfahrten.

GANZ TIEF DRUNTEN

Da spielt sich unser ganzes Leben auf der Erdoberfläche ab, im Sonnenlich und mit allem Wohl und Wehe. Doch was tut sich im Boden unter unseren Füßen? Wagen Sie den Gang in die Tiefe ins Erlebnisbergwerk Glückauf: Dort wird die Fahrt auf dem Salzsee nur noch getoppt von einem Konzert im Saal im Bauch der Erde (▶ S.194).

Schachtstr. 20 | Grubenfahrten Dauer: 2,5 Std | Di.–Fr. 11, 14, Sa. 10, 14, So. 11 Uhr | Kinder erst ab 10 J. | Führung: 23 €, am Wochenende 28 € | geolog. Führung 38 € bzw. 46 € | MTB-Tour 45 €, Details s. www.erlebnisbergwerk.com

Klettern und Tiere schauen

Possen

Der **Freizeit- und Erlebnispark Zum Possen** bietet Tiergehege und Vogelvolieren, Hochseilgarten und Indoorspielplatz. Das gleichnamige Jagdschloss, heute Gaststätte, diente einst den Fürsten von Schwarzburg-Sondershausen als Sommersitz.

Freizeitpark Possen: Possen 1 | tgl. ab 10 Uhr | Eintritt Gelände frei, einzelne Attraktionen ab 5 € | www.possen.de

Bei den Affen

Straußberg

Für Kinder nett ist der **Wildlife-Erlebnispark Straußberg**, westlich von Sondershausen. Berberaffen, Kattas, Varis und Bennettkängurus rennen hier frei herum. Eine Sommerrodelbahn rundet die Gaudi ab.

Erlebnispark Straußberg: April–Okt. tgl. 9–18 Uhr | Eintritt: 5 €
www.affenwald.info

SUHL

Einwohner: 36 400 | **Höhe:** 440 m ü. NHN

Die größte Stadt Südthüringens wird dicht vom Thüringer Wald umzingelt. So ist es sehr leicht, Wanderern und Wintersportlern die Gegend schmackhaft zu machen.

Waffen und Wald

Wälder und Wiesen inspirierten Suhls berühmtesten Sohn, **Herbert Roth** (1926–1983), der das noch immer populäre Rennsteig-Lied komponierte. In der DDR feierte Roth riesige Erfolge als Volksmusiker, bei den Älteren ist er bis heute unvergessen. Ein Rundwanderweg durch die Wälder der Stadt sowie ein Museum im lauschigen Vessertal sind ihm gewidmet (► S. 199).

Waffenfreunden ist die Stadt ein Begriff. Suhl hat sich die großen Erzvorkommen im Untergrund zunutze gemacht. 1437 gingen die Hammerwerke am Domberg in Betrieb. 1563 nahm der erste Büchsenmacher seine Arbeit auf, und Suhl entwickelte sich zur **»Waffenschmiede Europas«**. Das gute Zusammenspiel von Feinmechanikern, Graveuren und Holzschnitzern trug Suhl einen einzigartigen Ruf ein. Im 19. Jh. entstanden die großen Gewehrfabriken wie **Sauer**, **Merkel** und andere. Die europäischen Kriege ließen jedes Mal Suhls Geschäfte florieren. Vor der Wende waren noch rund 12 400 Suhler in der Waffenproduktion tätig. Mit stark reduziertem Personalstand lebt die Jagd- und Sportwaffenproduktion noch heute fort. Nach der Wende gingen insgesamt aber viele Arbeitsplätze in Suhl verloren. Über 20 000 Menschen verließen die Stadt. Keine andere Stadt in Ostdeutschland verlor nach 1990 so viele Einwohner.

Wohin in Suhl?

»Im grünen Tal die rote Stadt...«

Altstadt

Historische Häuserschönheiten sind in Suhl dünn gesät: 1634 brannte die mittelalterliche Altstadt ab. 1952 – Suhl war zur Bezirksstadt ernannt worden – ließ man die Innenstadt abreißen und unter sozialistischen Vorzeichen wieder aufbauen.

Aus alten Zeiten erhalten hat sich der **Steinweg**, so genannt, weil er die erste gepflasterte Straße der Stadt war. Diesen Weg nehmen Menschen und Waren schon jahrhundertelang, war er doch Teil der alten Handelsstraße vom Maingebiet ins Thüringer Becken. Die »Karren« der Neuzeit müssen mittlerweile außen vor bleiben, der Steinweg ist Fußgängerzone mit zahlreichen Läden und vorbildlich sanierten **Bürgerhäusern**, darunter Haus Nr. 26, einem Rokokobau mit Stuckverzierungen. Er führt zum **Marktplatz**, wo auf dem Brunnen

SUHL ERLEBEN

TOURIST INFORMATION
Friedrich-König-Str. 7
98527 Suhl
Tel. 03681 78 80
www.suhl-tourismus.de

SCHWARZEBEERFEST
In einem der lauschigsten Ecken Thüringens, im Vessertal, wird das Schwarzebeerfest gefeiert. Mit viel Heidelbeerkuchen und anderen Köstlichkeiten und der Wahl der Schwarzebeer-Königin.
jährlich am letzten Juliwochenende

FLUGSPORT
Im Suhler Ortsteil Goldlauter befindet sich ein Segel- und Motorfluggelände, das für seine besonders schöne Lage berühmt ist.
Tel. 03681 46 15 05
www.fscs.de

SCHIESSSPORTZENTRUM SUHL
Sportschießen für Anfänger, Fortgeschrittene, einzeln oder in Gruppen, mit und ohne Schießlehrer nach telefonischer Absprache. Mit Stand für Jagdwaffen.
Schützenstr. 6
(auf dem Friedberg)
Tel. 03681 88 40
www.ssz-suhl.de

HERBERT-ROTH-WANDERWEG
Dem Rennsteiglied-Komponisten aus Suhl zu Ehren wurde dieser 24 km lange Rundweg ausgewiesen.
Start: Henneberger Haus, Suhl
ca. 6 Std. Gehzeit

HOTEL MICHEL €€€
Wer es gern unkompliziert und professionell mag, ist in diesem großen Hotel richtig. Empfehlenswert ist auch das Restaurant mit gemütlichen Bistro.
Platz der Deutschen Einheit 2
Tel. 03681 76 76
www.michel-hotels.de, 124 Z.

GOLDENER HIRSCH €€€
Die Thüringer Küche ist ausgezeichnet. Freuen können sich Gäste auch auf den parkähnlichen Garten und die freundliche Atmosphäre.
Suhl-Neundorf
An der Hasel 91–93
Tel. 03681 7 95 90
www.goldener-hirsch-suhl.de
87 Z.

das Wahrzeichen Suhls thront: der Suhler Waffenschmied (1903). Auch das **Rathaus** sollte man sich näher anschauen: Die Inschrift »Im grünen Tal die rote Stadt, die ein zerschossen Rathaus hat« spielt auf den Sieg der Suhler Waffenarbeiter während der Weimarer Republik beim Kapp-Putsch 1920 an. Auf einem Hügelchen erhebt sich die **Marienkirche** (1487 bis 1491). Am westlichen Ende des Steinwegs steht die 1739 geweihte **Kreuzkirche** mit der gleichnamigen Kapelle (1642).

Eine besonders lauschige Ecke: das Vessertal

Von der Hellebarde zur Präzisionswaffe

★ Waffenmuseum

Das einzige Spezialmuseum für Handfeuerwaffen in Europa und die Hauptattraktion von Suhl ist das **Waffenmuseum**. Untergebracht ist es im ehemaligen Malzhaus, einem 1663 am Herrenteich errichteten lang gestreckten Fachwerkbau in hennebergisch-fränkischem Stil, der alle Blicke auf sich zieht. Das Museum zeigt den **Werdegang der Suhler Waffenherstellung**, die mit Rüstungen und Hellebarden ihren Anfang nimmt und bei den Präzisions-Jagdwaffen des 21. Jh.s endet. In Schauwerkstätten erleben die Besucher vor Ort, wie diffizil das Büchsenmacherhandwerk ist. Auf der Infrarot-Schießanlage können die Besucher sich im Zielen und Treffen üben.

Friedrich-König-Str. 19 | Di.–So. 10–18 Uhr | Eintritt: 6 € | www.waffenmuseumsuhl.de

Simson und Schwalbe

Fahrzeugmuseum

In Suhl wurden nicht nur Waffen, sondern auch Fahrzeuge produziert, darunter die legendären Motorräder und Mopeds Simson 425 bzw. Schwalbe. Schon seit 1908 bauten die Suhler Autos wie den Simson A und später den Simson Supra. Technikfreunde können im Fahrzeugmuseum Stunden verbringen, um die Greifzu-BMW-Rennwagen, Simson-Motorräder und die Simson-»Vögel« Schwalbe,

Sperber, Spatz und Habicht zu bestaunen. Und zu hören, unter welchen ungünstigen Bedingungen zu welch beachtlichen Leistungen der DDR-Fahrzeugbau in der Lage war.
Friedrich-König-Str. 7 | tgl. 10–18 Uhr | Eintritt: 8 € |
https://fahrzeug-museum-suhl.de

Auerochsen live

Tierpark Suhl

Es müssen nicht immer Löwen und Tiger sein, auch in den europäischen Wäldern leben hochinteressante Tiere. Am südlichen Ortsausgang Richtung Schmiedfeld lassen sich Tiere vom winzigen Sperlingskauz bis zum mächtigen Auerochsen beobachten. ein besonderer Schwerpunkt liegt in der Erhaltung der lokalen, vom Aussterben bedrohten **alten Haustierrassen**. So kann man hier Thüringer Waldziege und Rhönschaf studieren.
Carl-Fiedler-Str. 58 | April–Sept. tgl. 9–18, Okt–März 10–16.30 Uhr
Eintritt: 6 € | www.tierpark-suhl.eu

Rund um Suhl

Naturparadies mit Gütesiegel

★ Vessertal

Das südöstlich von Suhl gelegene Vessertal verströmt mit Bächlein, Blumenwiesen und Wald einen selten romantischen Reiz. Auch die Fakten sprechen dafür: Viele seltene Pflanzen- und Tierarten haben hier ihr Rückzugsgebiet, daher ist das Vessertal ein UNESCO-Biosphärenreservat. Der Ort **Vesser** selbst hat 220 Einwohner, drei Gaststätten und eine Kirche (1710–1714) aus fränkischem Fachwerk. Sehr anrührend ist die Ausstellung über den Volksmusikannten Herbert Roth im **Herbert Roth Museum**.
Herbert Roth Museum: Mo.–Do. 9–14, Fr. 9–12 Uhr |
www.herbert-roth.de/museum

Pechschwarzes Erlebnis

★ Besucherbergwerk Schwarze Crux

Unweit des Vessertals liegt das Besucherbergwerk Schwarze Crux. Hier wurde bis 1924 der begehrte Magnetit gebrochen, ein Eisenerz, aus dem die Suhler Waffenschmieden die besten Pistolenläufe und Gewehrschlösser fertigten. Das Schaubergwerk führt tief hinein in die alten Gruben: Weder Tropfsteine noch Kristalle locken hier, sondern nur kohlschwarzes, magnetisches Gestein und eine vollkommen reine Luft – ein unvergessliches Erlebnis. Im ehemaligen Zechenhaus ist ein kleines Grubenmuseum untergebracht, in dem die Mitglieder des Grubenvereins mit Begeisterung rund um das Bergwerk Auskunft geben. Hartgesottene können im Waldgasthaus hochprozentiges »Grubenwasser« kosten.
Fr. – Di. 10–18 Uhr | Eintritt: Museum 2 €, Bergwerk 8 € |
www.schwarzer-crux.com

★★ THÜRINGER WALD

Höhe: bis zu 982 m ü. NHN

Wandern, Radfahren und Klettern im Sommer, Ski und Rodeln im Winter: Sport spielt im Thüringer Wald die wichtigste Rolle. Über den gesamten Kamm verläuft der berühmte Fernwanderweg Rennsteig. Tiefe Täler führen hinab ins Vorland des Mittelgebirges, wo sich die Kultur ballt.

Ein Meer von Bäumen

Ein Meer von Fichten dehnt sich zwischen Eisenach und Saalburg aus. Dies ist **nicht die ursprüngliche Vegetation**: Sie bestand überwiegend aus Buche, Ahorn und Tanne, dazu etwas Eiche, Eberesche und Fichte. Nach einem verheerenden Windbruch im Jahr 1948 wurden die Flächen zum größten Teil mit Fichten wieder aufgeforstet. An wenigen Stellen ist das einstige Waldbild, das schon Goethe lobte, noch zu erleben. Besonders schöne Laubwälder dehnen sich z. B. zwischen Eisenach und Bad Liebenstein aus. Die alten **Handwerke** wie Glasmachen, Holzschnitzen sowie Schiefer- und Erzgewinnung bilden heute die Basis für so manche Touristenattraktion.

Zwei Landschaften, ein Name

Geografisches

Der Thüringer Wald endet eigentlich in der Gegend um Neustadt am Rennsteig. Dann beginnt das **Thüringer Schiefergebirge**. Man zählt es im Sprachgebrauch wie von der touristischen Vermarktung her zum Thüringer Wald, obwohl beide Gebiete grundverschieden sind: Im Westen herrschen rotes Gestein und Sandsteine vor, im Osten – der Name verrät es – Schiefer. Das Gestein prägt auch die Landschaft: Der Thüringer Wald ist eher »zackig« mit stark eingeschnittenen Tälern, das sanftere Schiefergebirge wird durch runde Kuppen und breite Bergrücken mit ausgedehnten Wiesen gekennzeichnet. Im Südosten geht der Thüringer Wald nahtlos in den Frankenwald über, der sich zwischen Sonneberg und Bad Lobenstein schiebt.

Westlicher Thüringer Wald

Der westliche Thüringer Wald beginnt bei ▶ Eisenach und endet an der Linie von Ohrdruf im Norden und bis Steinbach-Hallenberg im Süden.

»Landgraf, werde hart!«

Ruhla

Berühmt ist die Sage »Der Schmied von Ruhla«, der im 12. Jh. dem eher nachgiebigen Landesherrn Ludwig II. beim Schwertschmieden riet: »Landgraf, werde hart!« Fortan führte der Landgraf den Beinamen »der Eiserne«.

Im Thüringer Wald wird gewandert.

Eisenvorkommen schufen in Ruhla die Grundlage für die Herstellung von Messern. Später kam die Produktion von Pfeifen hinzu: Pfeifenbeschläge, Holz- und Meerschaumpfeifen aus Ruhla fanden guten Absatz. Einen Überblick gibt das **Tabakspfeifenmuseum** mit Heimatmuseum. Über die Uhrenindustrie am Ort informiert das **Uhrenmuseum**. Auch für Kinder spannend ist ein Besuch im **Miniaturpark »mini-a-thür«**, das berühmte Burgen, Schlösser und Kirchen Thüringens im Kleinformat darbietet. Dazu kommen Abenteuerspielplatz und ein Streichelzoo. Interessant ist die ev. Stadtkirche St. Concordia (1660–1662), eine der fünf **Winkelkirchen** Deutschlands (zwei Kirchenschiffe stehen im rechten Winkel zueinander). Im Ortsteil Kittelsthal lohnt der Besuch der **Tropfsteinhöhle**.

Tabakspfeifenmuseum: Obere Lindenstr. 29/30 | März - Okt. Di. - So. 14–17 Uhr | Eintritt: 3 € | **Uhrenmuseum**: Bahnhofstr. 27 | Mo., Mi,, Fr. 10 -15, Di. u. Do. bis 16 Uhr | Eintritt: 3 € | **Miniaturpark**: Karolinenstr. 46 | April–Sept. tgl. 10–18, Okt. bis 17 Uhr | Eintritt: 9 € | www.mini-a-thuer.de | **Tropfsteinhöhle**: April–Okt. Di.–Fr. 9–17, Sa., So. 10–18 Uhr | Eintritt: 4,50 €

THÜRINGER WALD ERLEBEN

REGIONALVERBUND THÜRINGER WALD
Bahnhofstr. 4–8, 98527 Suhl
Tel. 03681 35 30 50
www.thueringer-wald.com

RENNSTEIGBAHN
Zwischen Ilmenau und Themar schlängelt sich ein Schienenband quer durch den Thüringer Wald. Mehrfach im Jahr verkehren auf der Strecke historische Dampfzüge. Zwischen den Fahrten bleibt Zeit für Besichtigungen.
www.rennsteigbahn.de
Tel. 036782 7 06 66

OBERWEISSBACHER BERGBAHN
▶ S. 213

BERGMANNS- UND SCHÜTZENFEST
Remmidemmi im Schieferort Lehesten
Juli, www.lehesten.de

SCHLITTENHUNDERENNEN
Im Jan./Feb.zeigen Musher und Gespanne, was sie können. Austragungsorte sind ▶ Oberhof, Neuhaus am Rennweg, Masserberg und Frauenwald (Internationales Schlittenhunderennen).
www.neuhaus-am-rennweg.de
www.trans-thueringia.de
www.frauenwald.info

GUTSMUTS-RENNSTEIGLAUF
Über 10 000 Teilnehmer kämpfen sich bei diesem Crosslauf den Rennsteig entlang (Supermarathon, Marathon, Halbmarathon).
Mitte Mai, www.rennsteiglauf.de

RENNSTEIG
Der Thüringer Wald ist das Radel- und Wanderparadies schlechthin. Sein Flaggschiff, der Rennsteig, ist sowohl für Wanderer wie Radler ausgewiesen, teils mit getrennter, teils mit deckungsgleicher Routenführung. Über Fahrradverleih (auch Mountainbikes, E-Bikes) informieren die Touristeninformationen; ebenso über die Alternativ-Touren vor Ort.
Wanderstrecke: 170 km
Radroute: 195 km
Markierung: weißes »R« für Wanderer, grünes »R« mit Radfahrer-Logo für Radler
www.rennsteig.de

REITEN
Auf den weiten Wiesen rund um Meura tummeln sich mehrere Hundert Haflinger in der größten Haflingerzucht Europas. Wer Lust hat, kann hier auf den stämmigen Rossen mit den blonden Mähnen ausreiten, ein paar Tage bleiben oder sich gleich ein Pferd kaufen.
Meura, Ortsstr. 116
Tel. 036701 3 11 51
www.haflinger-in-meura.de

TABBS
Thüringens einziger Kneipp-Kurort bietet im TABBS in **Bad Tabarz** ein klassisches Wassertretbecken als auch eine Aqua-Erlebniswelt mit Sport- und Kinderbecken, Freibad, Rutschen, Whirlpool, Saunalandschaft und allerlei Beauty-Angeboten.

Medical Wellness und Kneipp Resort TABBS
Bad Tabarz, Schwimmbadweg 10
www.tabbs.de
So.–Mi. 9–21, Do.–Sa. bis 22 Uhr
Eintritt: ab 9,90 €

CAFÉ & HOTEL DAHEIM €€€

Am Rande des quirligen Urlaubsortes Masserberg thront ein bildschönes Haus mit freier Sicht über die weiten Wälder. Die einen kommen her, um die herrlichen Torten zu genießen, die anderen quartieren sich in den exklusiven Appartements ein. Das Haus hat einen besonderen Charme, was nicht zuletzt an den Inhabern liegt, die für eine angenehme Atmosphäre sorgen.
Masserberg
Kurhausstr. 10
Tel. 03680 25 98 85
www.cafe-hotel-daheim.de

FERIENDORF AUENLAND €€€

Wohnen wie die Hobbits in Erdhäusern oder im Hexenchalet – das ist nicht nur für Kinder ein echter Spaß. Urige Einrichtung mit viel Holz prägt die Räume, und abends zaubert das Kaminfeuer die richtige Stimmung, um aus »Herr der Ringe« vorzulesen. Die nahrhafte Kost im Restaurant Bergbaude bietet Stärkung für Abenteuer jeder Art.
Waffenrod-Hinterrod
(10 km südwestl. Masserberg)
Zum Burgberg 1
Tel. 03686 61 89 00
www.feriendorf-auenland.de

FLAIR HOTEL WALDFRIEDEN €€€

Essen und am besten gleich noch übernachten: Das Hotel Waldfrieden ist perfekt zu erreichen, denn es liegt direkt an der Bahnstation Schwarzmühle. Von dort aus können Sie den Schwarzatal-Panoramaweg erkunden.
Mellenbacher Str. 2
Meuselbach-Schwarzmühle
Tel. 036705 6 10 00
https://hotel-waldfrieden.com

BAUHAUSHOTEL »HAUS DES VOLKES« €€

Einst lag das »Haus des Volkes« im innerdeutschen Grenzgebiet, heute ist es ein Mekka für Architekturfans und Naturliebhaber. Der sozialreformerische Unternehmer Franz Itting (1895 – 1967) ließ das von Alfred Arndt (1898 – 1976) entworfene Gebäude im Bauhaus-Stil von 1925 bis 1927 errichtet, auch die Inneneinrichtung folgt (bis heute) dieser kreativen Umbruchzeit um 1919. Genießen Sie feine Küche im großzügigen Blauen Saal oder auf der Panoramaterrasse. Im Café-Pavillon wird geheiratet und gefeiert. Mit Sauna und Bowlingbahn.
Franz-Itting-Straße
Probstzella
Tel. 036735 4 60 57
www.bauhaushotel.com
Ruhetage: Mo., Di.

GLÜCK AUF €€

Eine Einkehr im »Glück auf«: Heimelige Atmosphäre, selbst gemachte Wurst, Sauerbraten mit Thüringer Klößen und interessante Kombinationen wie das »Spalterfrühstück« warten hier auf Gäste, die hier auch übernachten können.
Lehesten, Markt 1
Tel. 036653 2 22 16, 7 Z.
www.gasthof-glueckauf.de
Ruhetag: Do.

HOTEL GASTHAUS STEIGER €€

Viele Einheimische nehmen etliche Kilometer Anfahrt in Kauf, um in diesem familiengeführten Thüringer Landgasthaus Klöße zu essen. Die schmecken so locker-leicht wie bei Muttern. Oder fast noch besser. Mit einfachen Zimmern und vier Ferienwohnungen.

Gebersdorf Nr. 70
Gräfenthal-Gebersdorf
Tel. 036703 8 28 90
www.hotel-steiger.de
Ruhetag: Di.

BRAUEREIGASTHOF STUTZHÄUSER €€

Das Brauereigasthaus ist genau das Richtige für einen Zwischenstopp zwischen Ohrdruf und Oberhof. Empfehlenswert: das frisch gezapfte Stutzhäuser Pils und ein Blick ins Bierbraumuseum. Drei Zimmer stehen für Übernachtungsgäste bereit.
Luisenthal
Karl-Marx-Str. 8
Tel. 036257 4 02 16
www.stutzhaeuser-brauerei.de
Ruhetag: Mo.

WALDFRIEDEN €€

Rostbrätel und Klöße, Spezialitäten vom Frauenwalder Weiderind und zum Nachtisch ein selbstgemachter Blaubeerkuchen: dies gehört zu den kulinarischen Höhepunkten der freundlichen Gaststätte. Für Rennsteigwanderern stehen einfache Zimmer bereit.
Frauenwald
Nordstr. 71
Tel. 036782 6 14 67
www.waldfrieden-frauenwald.de, 9 Z.
Ruhetag: Do.

RENNSTEIGBLICK €€€€

Kein Durchgangsverkehr stört die Ruhe in Finsterbergen. Das Hotel, ein innen umfassend modernisierter Plattenbau, bietet eine grandiose Aussicht auf den Wald und die Ebene im Norden. Wander- und Radwege liegen vor der Haustür, der Rennsteig ist eine halbe Fußstunde entfernt.
Friedrichroda-Finsterbergen, Kurhausstr. 12
Tel. 03623 3 19 50
www.rennsteig.travdo-hotels.de, 124 Z.

HOTEL FRANKENBLICK €€€

Auf einer herrlichen Sonnenterrasse über dem Thüringer Schiefergebirge liegt dieses Hotel. Vor der Haustür beginnen die Wanderwege. Massagen sorgen für die nötige Entspannung nach einem langen Tag, das Restaurant hält Köstlichkeiten bereit, und der Service ist besonders zuvorkommend. Familien finden in den 24 Blockhäusern im nahen Fehrenbach ideale Bedingungen für einen Urlaub mit Kindern.
Masserberg-Schnett
Am Kirchberg 15
Tel. 036874 9 37 11
www.werrapark.de/hotel-frankenblick, 81 Z.

Sehen, staunen, klettern

★ Großer Inselsberg

Ein wichtiges Etappenziel des Rennsteigs ist von Ruhla kommend der Große Inselsberg (916 m) mit herrlicher **Aussicht in alle Himmelsrichtungen**. Bis auf etwa 2 km kann man sich ihm mit dem Auto nähern, der Rest geht nur zu Fuß ab Parkplatz Grenzwiese. Über seinen Gipfel lief einst die Grenze zwischen Sachsen-Coburg-Kassel und dem Kurfürstentum Hessen-Saalfeld, heute verläuft hier der Rennsteig. Auffallendsten »Schmuck« bilden ein großer Sendemast und der 23 m hohe Aussichtsturm. Seine Fassade dient auch als Kletterwand. Im nahe gelegenen **Brotterode** lockt die Sommerrodelbahn mit Funpark (u. a. Rennsteig-Fox, WIE Flyer, Bungee-Trampolin) in der warmen Jahreszeit. An der Südseite des Inselsbergs liegen Bad

Liebenstein (▶ Bad Salzungen) und ▶ Schmalkalden mit den Orten Trusetal und Floh-Seligenthal.
Sommerrodelbahn und Funpark: ab März bis Herbst tgl. 10–17 Uhr | www.inselsberg-funpark.de | Einzelfahrten je 3,50 €

Urlaubsmekka der DDR

Friedrichroda

Ab 1844 stieg Friedrichroda, das sich in einem weiten Talkessel am Nordrand des Thüringer Waldes ausbreitet, zu einem **bedeutenden Fremdenverkehrsort** auf. Nach 1945 wurde die Gemeinde zum zweitwichtigsten Ferienort der DDR. FDGB-Heime mit bis zu 1500 Betten entstanden, über eine Million Gäste kamen jährlich. Nach der Wende kam ein harter Schnitt, die Gästezahlen gingen um 90 % zurück. Umfassende Modernisierungen haben auch die Unterkünfte wieder attraktiver gemacht. Geblieben sind einige große Bettenburgen, aber auch Ruhe und gute Luft, durch die der Luft- und Kneippkurort einst berühmt wurde. Eine schöne Wanderung führt über den Schauenburg-Teich hinauf zur **Ruine Schauenburg** (1044–1265).
Schloss Reinhardsbrunn wurde 1827 auf den Resten eines Benediktinerklosters errichtet, das Ludwig der Springer 1085 gegründet hatte. Nach der Wende wechselte das Schloss mehrmals die Besitzer; die letzten wurden 2018 enteignet, da sie nichts für den Erhalt unternahmen. Es gehört nun dem Land Thüringen (keine Besichtigung).

Glas der Berge

★ Marienglashöhle

Zwischen Friedrichroda und Bad Tabarz liegt die Marienglashöhle. Die in der Höhle einst abgebauten Gipskristalle, **Selenit** genannt, lassen sich sehr dünn spalten und sind dann durchsichtig. Gerne wurden sie früher als Ersatz für Glasscheiben bei Marienbildern verwendet, daher der Name der Höhle. Eine prachtvolle Lightshow untermalt die Führung in der Kristallgrotte, die harten Fakten werden im Schaubergwerk geliefert. Unter Tage beträgt die Temperatur nur ca. 9 °C.
April–Okt. tgl. 10–17, Winter bis 16 Uhr | Eintritt: 7,50 € | www.marienglashoehle-friedrichroda.de

Vorlage für Dresdens Frauenkirche

Waltershausen

Schon im nördlichen Vorland liegt Waltershausen mit einem denkmalgeschützten Markt und einem Rathaus von 1441. Die Puppenherstellung, für die der Thüringer Wald berühmt ist, spielt auch hier eine wichtige Rolle. Mehr dazu zeigt das **Heimatmuseum** auf Schloss Tenneberg. Unbedingt sollte man dort einen Blick auf das illusionistische Gemälde werfen, das die Festsaaldecke ziert.
Sehenswert ist die barocke **Stadtkirche** (1719–1723), die als Vorläufer der Dresdner Frauenkirche gilt. Die Orgel ist ebenfalls etwas Besonderes.
Heimatmuseum: April – Okt. Mi.– So. 10–17, Nov. – März bis 16 Uhr | Eintritt: 5 €

Hier kommt man nur mit dem ganz großen Schraubenschlüssel bei: Der Tobiashammer ist ein erstaunliches Stück Technik.

Klettern und Wandern

Tambach-Dietharz

Ganz im Zeichen des Sports steht Tambach-Dietharz: Der **Falkenstein** ist mit 96 m der höchste Kletterfelsen Thüringens. Wanderwege führen rund um die **Schmalwassertalsperre**. Hier beginnt der 17 km lange **Luther-Wanderweg** mit Ziel Schmalkalden.

»Irrsinnige Personen aus vermögenden Häusern«

Georgenthal

In dem kleinen Ort stellt die Firma Steiner Plüschtiere her und verkauft diese auch direkt. Die **Lohmühle** ist ein Erlebnispark mit Angelteich. In den alten Mühlengebäuden werden Dampfmaschinen und Schmiedewerkstätten gezeigt, und eine Sonderschau informiert über den Begründer der Homöopathie, **Samuel Hahnemann**. Der Dresdner Arzt (1755 – 1843) gründete in Georgenthal 1792 eine »Genesungs-Anstalt für irrsinnige Personen aus vermögenden Häusern«. Anders als seinerzeit üblich, verzichtete er auf Züchtigungen und Fixierungen und heilte seinen (einzigen) Patienten, Kanzleirat Klockenbring, u.a. mit Gesprächstherapien. Dieser Ansatz sollte sich erst viel später in der Therapie von psychisch Kranken durchsetzen. Hahnemanns Leitspruch: »Der Arzt hat kein höheres Ziel, als kranke Menschen gesund zu machen, was man Heilen nennt.«

Fabrikverkauf Firma Steiner: Bahnhofstr. 40 | Mo.–Fr. 8–17, Sa. 9–12, Führungen Mo., Do. 10 – 12 Uhr | www.steiner-pluesch.de | **Lohmühle**: nach Voranmeldung Tel. 036252 460 00 o. 0152 01877462 | www.lohmuehle.info

Das ist der Hammer!

Ohrdruf

In Ohrdruf begann 723 der »Apostel der Deutschen«, Bonifatius, seine Mission in Thüringen. Das **Renaissanceschloss Ehrenstein** (1550–1590) mit reich geschmücktem Portal und prachtvollem Rokokosaal wurde 2013 bei einem Brand schwwer beschädigt. Besucherscharen drängeln sich auf dem großen Parkplatz des **Tobiashammers**. Diese Hammerschmiede wurde 1482 errichtet und ist heute ein technisches Denkmal. Es beherbergt eine der größten Dampfmaschinen Europas mit 305 t Gewicht und 1200 PS Leistung. Zu bestaunen sind bei einer Führung mit Schauschmieden wuchtige Fallhämmer sowie Poch-, Walz- und Schleifwerke.

Schloss: wegen Sanierung geschl. | **Tobiashammer:** ebenfalls wg. Sanierung bis auf Weiteres geschl. | https://tobiashammer.de

Mittlerer Thüringer Wald

Hier schwingt sich der Thüringer Wald zu seinen höchsten Höhen auf: der **Große Beerberg** ist mit 982 m der höchste Berg Thüringens. Der moderne Aussichtsturm auf dem **Schneekopf** (978 m) misst 24 m, sodass Thüringen nun Blick aus 1001 m Höhe bieten kann. Die größten Orte sind ▶ Suhl, ▶ Oberhof und Ilmenau.

Schneekopfturm: Mai.- Okt. tgl. 10 - 18, sonst bis 16 Uhr | https://schneekopf.eu |

Gräfenroda

In Gräfenroda wurde angeblich der Gartenzwerg erfunden. Das **Zwergenmuseum** zeigt und verkauft die kleinen Wichtel.

Zwergenmuseum: März- Nov. Di. - Fr. 9 - 16, Sa. 10- 15 Uhr | www.zwergen-griebel.de

Ein Geheimgang?

Steinbach-Hallenberg

An den landschaftlich abwechslungsreichen Südwestabhängen des Thüringer Waldes liegt Steinbach-Hallenberg im Haseltal. Berühmteste Bürgerin ist **Biathletin Kati Wilhelm**, die im Ortszentrum das Restaurant »Heimatlon« betreibt, bedeutendstes Bauwerk die Ruine Hallenburg (13. Jh.). Mächtige Porphyrquader formen ihren Bergfried. Angeblich soll ein geheimer Gang von hier bis in die Johanniterkomturei nach Kühndorf führen. Auf die Erzbautradition weist das **Metallhandwerksmuseum** hin.

Museum: Di.–Fr. 10–16, April–Okt. zusätzlich Sa. 10–15 Uhr | Eintritt: 3 € | **Restaurant Heimatlon:** Hauptstr. 90, Di., Mi. Ruhetag

Exoten im Aquarium

Zella-Mehlis

Die A 71 führt die Besucherströme heute an Zella-Mehlis vorbei. Berühmte Büchsenmacher wie **Carl Walther** und **Max Anschütz** wurden hier geboren. Heute informiert in der ehemals Herzoglich-

Sächsischen Beschussanstalt das **Stadtmuseum** über das Büchsenmacherhandwerk sowie über Natur- und Landeskunde der Region. Einen Hauch von Ozean bringt das **Meeresaquarium** in den Thüringer Wald, das sogar Haie »auftreten« lässt. Als Kontrastprogramm bietet sich der Streichelteich mit Koi-Karpfen an.

Stadtmuseum: Mo., Di., Do. Fr. 10–17, Sa., So. bis 16 Uhr | Eintritt: 3 € |

Meeresaquarium: tgl. 10–18 Uhr | Eintritt: 14 € | www.meeresaquarium-zella-mehlis.de

Früchte der Sammlerleidenschaft

★ Schleusingen

Feinstes hennebergisches Fachwerk kennzeichnet die Altstadt. Der Heckenturm ist der letzte Rest der Stadtbefestigung. Bis 1583 war die Bertholdsburg, ein wuchtiges Renaissance-Ensemble, Sitz der Grafen von Henneberg. Im Schloss zeigt das **Naturhistorisches Museum** alle bedeutenden naturkundlichen Sammlungen Südthüringens, u. a. von Meiningen und Schmalkalden. Fossilien, Schmetterlinge, ausgestopfte Tiere aller Art, Mineraliensammlungen und vieles mehr prägen den Fundus. Wer sich über Bergbau und die Entstehung der Landschaft informieren will, ist hier richtig.

Museum: Di.–Fr. 9–17, Sa., So. 10–18 Uhr | Eintritt: 6 € | www.museum-schleusingen.de

★ Ilmenau

Bergbaustadt wird Unistadt

Goethes Arbeitsplatz

In Ilmenau dreht sich, ganz wie in Weimar, fast alles um Goethe, der zwischen 1776 und 1831 viele Male hier weilte. Er hatte in seiner Eigenschaft als Weimarer Minister die Aufgabe, dem darniederliegenden Bergbau wieder auf die Beine zu helfen. Seit Anfang des 14. Jh.s schürften hier im Tal der Ilm die Bergmänner nach Silber und Kupfer. Aus den Wurzeln des 1894 gegründeten Thüringischen Technikums erwuchs 1992 eine der jüngsten Universitäten Deutschlands. Die 30 000 Einwohner-Gemeinde ist dank der Studenten eine aufgeweckte, auch bei Feriengästen beliebte Stadt am Fuß des Thüringer Waldes. Goethe allerdings würde im ausufernden Häusermeer sein verträumtes Ilmenau nicht wiedererkennen.

Ilmenau entdecken

Altstadt

Im von 1753 bis 1756 errichteten **Amtshaus** am Markt quartierte sich Goethe während seines Wirkens in Ilmenau stets im 1. Stock ein. Heute nimmt hier das **GoetheStadtMuseum** des Geheimen Rates Tun und Lassen unter die Lupe und informiert über den Bergbau sowie Porzellan- und Glasherstellung. Gleich gegenüber steht das mehrfach wiederaufgebaute **Rathaus**. Einen guten Überblick über

Altstadt, Plattenbausiedlungen und die waldreiche Umgebung erhält man vom Turm der 1603 erbauten Stadtkirche.

GoetheStadtMuseum: Di.–So. 10–17 Uhr | Eintritt: 3 €

Stimmungsvoller Ausblick

★ Kickelhahn

Auf dem 861 m hohen Hausberg der Stadt verewigte sich **Goethe** mit einem berühmten Graffito: Er ritzte 1780 **»Wandrers Nachtlied«** (zweite Version) in die Wand einer Waldhütte (►Baedeker Wissen, S. 210). Das Original ist 1874 zwar abgebrannt, der Nachbau aber so authentisch wie möglich gestaltet. Seit 1855 steht nahebei ein Aussichtsturm. Jährlich im August steigt das Kickelhahn-Fest.

Kickelhahnhütte: tgl. 10 –18 Uhr

»
Über allen Gipfeln
Ist Ruh,
In allen Wipfeln
Spürest du
Kaum einen Hauch.
Die Vögelein schweigen im Walde.
Warte nur
Balde ruhest du auch.
«

Goethe als Naturforscher

Jagdhaus Gabelbach

Wie war das doch gleich mit Goethes Urpflanze? Diese Frage erhellt dieses Museum zu Goethes naturwissenschaftlichen Schriften, das im Jagdhaus Gabelbach untergebracht ist. Es war im Jahr 1783 von Herzog Carl August eingerichtet worden, um Jagdgesellschaften zu beherbergen. Die Schau »Der Kickelhahn – Goethes Wald im Wandel« ergänzt die Ausstellung.

April–Okt. Di.–So. 10–17, Winter bis 16 Uhr | Eintritt: 3 €

★ Schwarzatal

Tal im Wandel

Zwischen 1880 und 1940 entwickelte sich das Schwarzatal zur Sommerfrische: Zweistöckige Hotels und Pensionen mit Balkonen, Laubengängen und Türmchen, erinnernd an die Bäderarchitektur, wurden erbaut und waren bestens frequentiert. Heute ist das Tal eher vergessen, stehen viele dieser bildschönen Häuser leer und verfallen. Das Tal leidet unter Einwohnerschwund, viele Läden schlossen. Im Zentrum des noch bescheidenen Tourismus stehen heute u.a. Masserberg und Oberweißbach, auch der umfangreiche Ausbau der Schwarzburg und die Ausweisung des »Panoramawegs Schwarzatal« soll wieder Gäste anziehen.

AUF GOETHES FÄHRTE

Nicht nur für Goethe-Liebhaber lohnt der eindrucksvolle Goethe-Wanderweg von Ilmenau nach Stützerbach, der mit der »G«-Initiale gekennzeichnet ist.

Dichterfürst Johann Wolfgang von Goethe liebte die Gegend um Ilmenau sehr. Er erfreute sich an der herrlichen Landschaft und verbrachte in jüngeren Jahren mit Herzog Carl August von Weimar hier viele Tage. So ähnelt der 20 km lange **Goethe-Wanderweg** vom Amtshaus über den Kickelhahn in 861 m Höhe und wieder hinunter nach Stützerbach fast schon einer Pilgerreise. Viele Infotafeln befassen sich mit Goethes Dichten und Denken in und um Ilmenau. An seinem Ausgangspunkt, dem Marktplatz in Ilmenau, grüßt der Dichter-Staatsmann in Denkmalsform vor dem Amtshaus auf der Bank. Sein Schreibtisch steht noch im ersten Stock als Mittelpunkt einer Ausstellung zu seinem ministerialen Wirken für den Kupfer- und Silberbergbau und die Neuordnung des Steuerwesens. Das ehemalige Bergbaugebiet ist mit dem Neuen Johannesschacht, am 24. Februar 1784 durch den Geheimen Rat Goethe eröffnet, noch zu erkennen.
Die erste Wanderetappe zielt jedoch auf den **Schwalbenstein**, markiert mit einem Goethe-Medaillon und Iphigenie-Zeilen.

Über allen Gipfeln ist Ruh

Über das Gasthaus Schöffenhaus geht es weiter über die Bornwiese mit Marienquelle nach Manebach. 1777 zeichnete Goethe dort den **Manebacher Grund** und kehrte wiederholt im Kantorhaus ein. Helenenruh heißt ein Aussichtspunkt über Manebach, gefolgt vom Großen Hermannstein, einem 22 m hohen Porphyrfelsen, der Goethes Interesse weckte und den er laut Inschrift am 6. August 1776 Charlotte von Stein zeigte. Das eigentliche Pilgerziel der Goetheanhänger aber ist der 861m hohe **Kickelhahn** mit Aussichtsturm. Dort wurden am 6. September 1780 die berühmten Zeilen »Über allen Wipfeln ist Ruh'« ins Holz der Schutzhütte geritzt. Über das Jagdhaus Gabelbach mit Exponaten zu Goethes naturwissenschaftlichen Forschungen führt der Weg zum Finsteren Loch und zur **Hirtenwiese**, wo man den Ort des Waldlagers in dem Gedicht »Ilmenau« atmosphärisch nacherleben kann: »Wo bin ich? Ists ein Zaubermärchenland? / Welch nächtliches Gelag am Fuß der Felsenwand? ...«
Auf der weiteren Strecke passiert man den Gasthof Auerhahn, bevor **Stützerbach** als Endstation erreicht ist, wo ein letztes Mal Goethe auf uns schaut im Gedenkzimmer des Gundelachschen Hauses. Sie haben wenig Zeit? Am schnellsten gelangt man vom Wanderparkplatz Herzogröderwiese auf den Kickelhahn (1,5 km).

Abendstimmung am Kickelhahn

Goldrausch

Schwarza

Zwischen Bad Blankenburg (▶ Jena) und Scheibe-Alsbach beim Rennsteig schneidet sich tief das wilde Schwarzatal ein. Der 53 km lange Fluss ist der goldreichste in ganz Deutschland. Goldwäscher gingen ihrem Handwerk u.a. bei Sitzendorf nach. Heute bezaubert die Flusslandschaft durch ihre Schönheit. Weiß schäumend rauscht die Schwarza an manchen Stellen durch ihr Bett; an den Steilwänden wachsen Eichen und Buchen, dazu kommen seltene Pflanzen wie die Gemeine Felsbirne und die Tannenmistel vor. Wasseramsel, Gebirgsstelze und Eisvogel, leben an den Uferzonen. Von Sitzendorf bis Bad Blanenburg ist die Zone als **Europäisches Vogelschutzgebiet** ausgewiesen. Auch im Fluss tummeln sich zahlreiche, vom Aussterben bedrohte Fische, darunter das bis zu 20 cm lange Bachneunauge.

Die Region beiderseits der Schwarza ist besonders reich an Heilkräutern. Schon früh haben sich hier Kräutersammler betätigt und sind als wandernde Apotheker. Die Öle und Essenzen nannte man auch Olitäten, touristisch vermarktet wird die Region als **»Olitätenland«** (▶ S. 24). Der **Olitätenwanderweg** zieht sich 177 km durch die gesamte Region. Ausgangspunkt ist Bad Blankenburg (▶ Rudolstadt).

Ein Schloss wird reanimiert

★ Schwarzburg

Umgeben von herrlicher Natur liegt Schwarzburg. 1919 unterzeichnete Reichspräsident Friedrich Ebert hier die **Weimarer Reichsverfassung**. Heute zeugen viele ehemals noble, jetzt verfallende Häuser von den Zeiten, als das Schwarzatal beliebte Sommerfrische war. In der DDR befand sich am Ort auch eine Forstschule.

Dominierendes Bauwerk ist die hoch über der Schwarza errichtete **Schwarzburg**, 1071 ersterwähnt und einst eines der eindrucksvollsten Schlösser Mitteldeutschlands. Von 1940 an ließen die Nazis große Teile der Anlage abreißen, um ein »Reichsgästehaus« zu bauen, doch 1942 wurden die Arbeiten eingestellt und die Ruinen blieben zurück. Das weiter verfallende Schloss konnte nach der Wende gerettet werden. Der Kaisersaal wurde aufwendig restauriert, und seit 2018 ist auch das Zeughaus wieder zugänglich: Die auf der Heidecksburg nach dem Krieg magazinierte **Waffensammlung** mit Schwerpunkt 17. Jh. kehrte zurück und kann bestaunt werden. Prunkharnische und edle Radschlossbüchsen zählen zu den besonderen Schmuckstücken unter den rund 4000 Objekten.

Schloss: April–Okt. Di.–So. 10–18, Nov.–März bis 17 Uhr | Eintritt: 8 € | www.schloss-schwarzburg.com

Porzellan einkaufen

Sitzdendorf

Ins enge Schwarzatal quetscht sich Sitzendorf. Hauptgrund für einen Besuch mit dem Auto statt mit dem Wanderrucksack ist der Werksverkauf der **Sitzendorfer Porzellanmanufaktur**.

Hauptstr. 26 | Mo.–Sa. 10–16 Uhr | www.porzellan-sitzendorf.de

Ein freundliches Fleckchen Erde

Oberweißbach

Oberweißbachs Kirche (1767–1779) ist mit 2000 Sitzplätzen die größte Dorfkirche Thüringens und besticht durch ihren Barocksaal. Das Memorialmuseum, das auch eine kleine **Olitätensammlung** zeigt, erinnert an den in Oberweißbach geborenen Pädagogen und Begründers der Kindergärten, **Friedrich Fröbel** (1782–1852). Vom **Fröbelturm** (1888) reicht der Blick weit über die Wälder, das Schwarzatal und die Talsperren. Eine große Kuchenauswahl und handfeste Kost für Wanderer bietet das Berggasthaus im Turm.

Museum: Mai–Okt. Mo.–Fr. 10–12, 13–17, Sa., So., Fei. 13–17 Uhr; Nov.–April Sa. geschl. | Eintritt: 3 € |

Steile Sache

★ Thüringer Bergbahn

Berühmt gemacht hat Oberweißbach die Bergbahn, die die Bergdörfer mit dem Tal verbindet. Die 1923 in Betrieb genommene Standseilbahn nach Schweizer Vorbild bringt die Passagiere in 18 Minuten von Obstfelderschmiede zur Bergstation Lichtenhain und bewältigt dabei auf 1,3 km einen Höhenunterschied von 323 m. Nach dem Umsteigen geht es von dort auf ebener Strecke weiter bis Oberweißbach und Cursdorf. Im Sommer ist ein Cabriowagen im Einsatz.

tgl. 6.30– 20 Uhr alle 30 Min. | www.thueringerbergbahn.com

Touristengemeinde an der Werraquelle

Masserberg

Masserberg ist ein guter Anlaufpunkt für Wanderer und ideal zum Ausspannen. Wichtigster Fluss am Südabfall des Schiefergebirges ist die **Werra**. Sie entspringt, hübsch gefasst, nahe dem Kurstädtchen. Der 841 m hohe Eselsberg wird von der **Rennsteigwarte** gekrönt mit einem Spitzenausblick über den Thüringer Wald bzw. das Thüringer Schiefergebirge.

Rund ums Wasser

Goldisthal

Östlich von Masserberg wird die Schwarza zu einem See gestaut. Hier ging 2003 das jüngste deutsche **Pumpspeicherkraftwerk** in Betrieb. Die Anlage Goldisthal bringt mit 1060 Megawatt nur etwas weniger Leistung als die modernsten deutschen Kernkraftwerke und zählt zu den größten Wasserkraftwerken in Europa. Am Kraftwerk selbst informiert ein Besucherzentrum über die Anlage, die nicht unumstritten war: Durch das Aufstauen des Flusses ging u. a. ein wertvoller Lebensraum der seltenen Auerhühner verloren.

Im **Haus der Natur** informieren viele gut aufgemachte Stationen rund um Fische, Insekten, Pflanzen, Sagen und den Goldbergbau im Schwarzatal. Davor gibt es mehrere spannende Außenstationen: Hier bedienen Besucher Schleusen und Wasserräder, erforschen ein Mini-Pumpspeicherwerk und beobachten Wildbienen.

Haus der Natur: Goldberrg 2 | Mi.–So. 10–17 Uhr | Eintritt: 6 € | www.hausdernatur-goldis thal.de

★ Thüringer Schiefergebirge

Östlich der Linie Gehren-Schleusingen geht der Thüringer Wald in das Thüringer Schiefergebirge über. Die größte Stadt ist Sonneberg am südlichen Rand des Schiefergebirges. Wälder wechseln sich hier mit weiten, waldfreien Kuppen ab. Interessant für Besucher sind die Glasbläsereien, Porzellanmanufakturen und Sehenswertes rund um Schiefer und Kräutersammler.

Spielzeugstadt

Sonneberg

Gen Süden blickt die 24 000-Seelen-Stadt Sonneberg schon in die Weite Oberfrankens – diese Nähe merkt man auch der Mundart an –, in ihrem Rücken erhebt sich das Thüringer Schiefergebirge. Von daher herrschte an Holz kein Mangel. Zunächst stellten die armen Waldbauern noch Löffel her, die sie dann verkauften. Die Anbindung an Nürnberg stieß im 16. Jh. einen regen Handel an, von dem beide Seiten profitierten: Die Sonneberger lieferten die Ware, die Nürnberger sorgten für den Vertrieb. Als Pappmaché Ende des 18. Jh.s. in Mode kam, ließen sich mit dieser Mischung aus Mehl, Leim und Wasser gut zu bemalende Überzüge über die Holzkörper schaffen: der Grundstein für eine industrielle Produktion war damit gelegt. 1913 wurden rund 20 % aller auf der Welt hergestellten Spielzeuge in Sonneberg und Umgebung produziert. Sonnebergs Stern glänzte hell – auch noch zu DDR-Zeiten. Heute arbeiten nur noch ca. 1000 Menschen in diesem Industriezweig.

Die Geschichte der Spielzeugproduktion wird im **Deutschen Spielzeugmuseum** erzählt, unterstützt von Blechspielzeug und Puppen aller Art sowie Modelleisenbahnen. Ein herausragendes Objekt ist die berühmte »Thüringer Kirmes«: Die Miniatur machte schon 1910 auf der Brüsseler Weltausstellung von sich reden. 60 000 Sammlungsstücke nennt das Museum heute sein Eigen, natürlich können nicht alle gezeigt werden – trotz neuem Erweiterungsbau, weshalb noch ein zusätzlicher geplant ist.

Spielzeugmuseum: Beethovenstr. 10 | Di.–So. 10–17 Uhr | Eintritt: 6 € | www.deutschesspielzeugmuseum.de

Griffelmacher und Skifahrer

Steinach

Das Steinachtal aufwärts gelangt man nach Steinach. Begehrte Produkte waren die **Griffelschiefer**, aus denen Schreibstifte hergestellt wurden. Noch bis in die 1950er-Jahre schrieb man an deutschen Schulen mit dem Schiefergriffel. Steinachs Griffelhandel blühte ab dem 16. Jh., denn mit der Reformation entstanden viele Schulen und der Bedarf an Schreibgeräten stieg stark an. Besonders begehrt war der Steinacher Schiefer, weil »der Stein aus so feinem Staube zusammengesetzt ist, dass damit, ohne Risse auf die Schiefertafel zu machen, geschrieben werden kann«, hieß es 1781. Wie Griffel hergestellt werden, wird im **Deutschen Schiefermuseum** gezeigt. Eine besondere Attraktion des im »Neuen Schloss«, einer Fabrikantenvilla, untergebrachten Museums ist eine nachgebaute Griffelmacherhütte. Thüringens größtes Skigebiet, die Skiarena Silbersattel, verwandelt sich im Sommer in eine Mountainbike-Arena.

Schiefermuseum: Dr.-Max-Volk-Str. 21, Di.–Sa. 13–17 Uhr | Eintritt: 3,50 € | **Bikearena:** MTB Ende April–Mitte Okt. www.thueringen-alpin.de

Gold!

Theuern

Goldwaschen zählt in Theuern wie auch an der Schwarza zu den bevorzugten Touristenattraktionen. 2 bis 3 Stunden dauert der Goldwaschkurs, den das Deutsche Goldmuseum für Gruppen anbietet.

Goldmuseum: April – Okt. tgl. 9–17 Uhr | Eintritt: 3 € | www.goldmuseum.de

Thüringens Glaszentrum

★ Lauscha

In einem der tiefen Taleinschnitte des Schiefergebirges liegt Lauscha, unter dessen Schieferdächern sich viele Glasbläsereien niedergelassen haben. Seit 1597 wird dieses Handwerk betrieben, das hier zur höchsten Vollendung reifte und für den gesamten Ort ein Auskommen schuf. Alle Familienangehörigen hatten in irgendeiner Form mit dem Glasmachen zu tun und sei es nur, die Spanschachteln herzustellen, die als Verpackung für das zerbrechliche Handelsgut dienten. Und ganz selbstverständlich arbeiteten auch die Kinder: 1913 waren 78 % aller Schulkinder in den Produktionsprozess eingebunden.

Die Kunst, **Glasaugen** herzustellen, wurde 1835 in Lauscha erfunden. Ludwig Müller-Uri (1811 – 1888) fertigte die ersten künstlichen Augen aus Glas an, ein wahrer Segen für viele, denn bis dahin musste man sich mit nicht sehr echt aussehenden und vor allem teuren Augen aus Halbedelsteinen begnügen. Ein »Abfallprodukt« der Glasaugenherstellung waren übrigens Murmeln

Ein Erlebnis ist das kleine, aber feine **Museum für Glaskunst**, das den Besucher in die Geschichte der Glasherstellung einführt. Anfangs konnte nur grünes Waldglas hergestellt werden. Allein die venezianischen Handwerker wussten, wie man durchsichtiges Glas produziert, doch hüteten sie das Geheimnis lange Zeit. Erst im 16. Jh. wurde allgemein bekannt, dass mit Hilfe von »Glasmacherseife« (Manganoxid) und Kreide oder Kalk dem Glas die Farbe entzogen werden konnte. Sehenswert in dem Museum sind die Biedermeierfiguren, die Kollektion von Glasaugen und der Weihnachtsschmuck, der seit dem 19. Jh. den Markt erobert hat. Einzigartig ist auch die Ausstellung moderner Glaskünstler, denn auch das Kunstblasen ist in noch Lauscha lebendig.

In der Hauptstraße Lauschas reihen sich die Glashandlungen. Zusehen beim Glasblasen ist in der neuen Glashütte im **Glaszentrum**

AUS FEUER GEBOREN

Jeden Tag nutzen wir Glas und machen uns keine Gedanken, wie es entsteht. In Lauscha zeigen Könner, wie aus der flüssigen Schmelze mit großer Kunstfertigkeit Glasgefäße geblasen werden. Auch in der industriellen Produktion ist es Quarzsand, der durch einen Schmelz- und Kühlungsprozess geführt wird, um dann in feinster Form zu erstehen. Fast ein Wunder.

möglich. Wer einkaufen will, findet hier ein reiches Angebot. Führungen bietet auch die **Farbglashütte** an, die ebenfalls einen Werksverkauf unterhält.

Museum für Glaskunst: Straße des Friedens 46 | Di.–Sa. 12 – 17, So./Fei. ab 11 Uhr | www.glasmuseum-lauscha.de | Eintritt: 2,50 €
Glaszentrum: Straße des Friedens 20 | Mo.–Fr. 10–18, Sa., So. bis 17 Uhr | www.glaszentrum-lauscha.de |
Farbglashütte: Straße des Friedens 46 | Mo.–Sa. 10–17, So. ab 11 Uhr | www.farbglashuette-lauscha.de

Älteste Holzkirche Thüringens

Neuhaus am Rennweg

In Neuhaus am Rennweg steht eine sehr schöne, schieferverkleidete **Holzkirche** (1892). Sie ist die älteste Holzkirche Thüringens und besticht vor allem durch ihre Weinblattmotive der Innenausstattung.

Gut durchatmen

Schmiedefeld

Eisenerz, Schiefer und Gold wurden einst in dem kleinen Örtchen abgebaut. Größte Attraktion ist heute das **Schaubergwerk Morassina**, das tief in den Schiefer hineingetrieben wurde. Die Luft unter Tage ist so gut, dass im Heilstollen »Sankt Barbara« Atemwegserkrankungen behandelt werden können. Nicht weniger spannend ist ein Besuch des **Kräuter- und Olitätenmuseums »Beim Giftmischer«**, wo die Tradition des Olitätenhandels hochgehalten wird (▶ S. 24). Im Haus des letzten Buckelapothekers des Thüringer Waldes, Oswald Unger, werden dessen Geräte, Salben und Tinkturen ausgestellt. Eine gute Übersicht über das ganze Gebiet bietet der **Leipziger Turm** auf dem Rauhügel. Die Straße führt direkt daran vorbei, er ist also nicht zu verfehlen.

Schaubergwerk: Mo. – Fr. 9 –17, Sa., So. 10–17 Uhr | Eintritt: 13 € | www.morassina.de | **Kräutermuseum:** Mi.–So. 13–17 Uhr | Eintritt: 3 € | **Leipziger Turm**: Mi.– So. 11 –17 Uhr

Alte Familienbetriebe

Porzellanmanufaktur

Im Nachbarort Lichte-Wallendorf besteht in der Porzellanmanufaktur die Möglichkeit, sich mit Geschirr, Vasen und sonstigem Zerbrechlichen einzudecken. Im benachbarten Lippelsdorf produziert Firma Wagner & Apel seit 140 Jahren Porzellan.

Wallendorfer Porzellanmanufaktur: Mo.–Fr. 10–17, Sa. bis 13 Uhr | wallendorfer-porzellan.eu
Wagner & Apel: Mo.–Fr. 9–17 Uhr | www.wagner-apel.de

Bauhaus in der Provinz

Probstzella

Zwischen Probstzella, dem fränkischen Ludwigstadt und Lehesten erstreckt sich das historische Schieferabbaugebiet. Das beweisen allein die Häuser, deren Fassaden und Dächer aus Schiefer bestehen. Im Örtchen Probstzella beginnt am Marktplatz der ca. 30 km lange **Schieferlehrpfad**, der interessante Informationen rund um das »Blaue Gold« vermittelt (▶ Baedeker Wissen, S. 260). Versäumen Sie nicht ein weiteres Highlight: das »Haus des Volkes«, ein Hotel komplett im Bauhaus-Stil (▶ S. 203). Im Hotel gibt es auch eine Ausstellung zur Natur der Umgebung.

www.schieferpfad.de

Alles über Schiefer

★ Lehesten

Seit dem 13. Jh. wird in dieser Region Schiefer abgebaut, was seine Blütezeit im 19. Jh. erreicht. In Lehesten hat sich alles dem »Blauen Gold« verschrieben. Straßen nennen sich hier »Glück auf«.

Eine besondere Attraktion ist das **Technische Denkmal Schieferpark** ca. 1 km außerhalb des Orts. Der ehem. Schiefersteinbruch ist der größte in Europa und steht heute unter Naturschutz. Interessant ist ein Göpelschacht, einer der wenigen, die überhaupt noch erhalten sind. In Betrieb genommen wurde er 1845 und lief bis 1964. Sehenswert ist auch die Werkstatt, in der einst bis zu 60 Schieferwerker arbeiteten und Dachziegel herstellten. Eine kleine Naturparkausstellung auf dem Gelände informiert über Flora und Fauna.

Führungen April -Nov.. Di.-Do. 10, 13, Sa. 10.30, 14, So.14 Uhr | Eintritt: 7 € | schiefer-denkmal-lehesten.de

Bester Überblick

Altvaterturm

Auf dem **Wetzstein** erhebt sich markant der 35 m hohe Altvaterturm über das Dach des Waldes. Vertriebene Ostsudeten haben den in ihrer Heimat abgerissenen Turm hier wieder nachgebaut.

Mi.-So. 10-18 Uhr

★★ WEIMAR

Einwohner: 65 100 | **Höhe:** 208 m ü. NHN

»Nach Weimar zieht es die Deutschen gewaltig hin; es ist auch einzig in der ganzen Geschichte«, schrieb Robert Schumann 1828. Der Sog hält ungebrochen an: Goethes Wahlheimat gehört zum Pflichtprogramm für Kulturreisende, Schulklassen bevölkern Straßen und Museen. Die Atmosphäre ist so angenehm wie lebendig. Mit dem Bauhaus-Jubiläum 2019 hat die Stadt die moderne Seite ihrer Geschichte bestens in Szene gesetzt.

Goethe und andere Klassiker

Was wäre Weimar ohne Goethe? Hier lebte, arbeitete, liebte und starb Deutschlands größter Dichter. Herzogin Anna Amalia brachte den Stein ins Rollen: Sie engagierte Christoph Martin Wieland als Erzieher für ihren Sohn Carl August und schuf damit einen Nährboden für die Klassik. Der Prinz freundete sich mit Johann Wolfgang Goethe an und lud ihn an den Weimarer Hof ein. Goethe kam – und blieb 57 Jahre lang. Ihm folgten Friedrich Schiller, Johann Gottfried Herder und viele andere große und kleine Dichter und Denker jener Zeit. Die gesamte Stadt steht unter Goethes Bann, jeder Fußbreit Boden wird beschrieben und erläutert in Bezug auf den Dichterfürst. Witzbolde hängen sich Schilder an die Tür, darauf geschrieben steht: »Hier war Goethe – nicht«. Die Stätten der Weimarer Klassik sind UNESCO-Weltkulturerbe. Weimar ist freilich mehr: Im Nationaltheater wurde Geschichte geschrieben, als hier 1919 die Verfassung der **Weimarer Republik** verabschiedet wurde. Walter Gropius gründete hier das **Bauhaus**. Mit der Eröffnung des neuen Bauhaus-Museums 2019 feierte Weimar 100 Jahre Bauhaus würdig.

Dunkelstes Kapitel ist **Buchenwald**, das Konzentrationslager, das die Nationalsozialisten 1937 auf dem Ettersberg errichteten. Im Zweiten Weltkrieg wurden zahlreiche Bauten der Stadt bei Luftangriffen zerstört, auch Goethes Haus am Frauenplan musste einen Treffer hinnehmen. In der DDR begann die Konzentration auf das kulturelle Erbe der Stadt, ein Trend, der sich nach der Wende deutlich intensivierte.

Wohin in Weimar?

Kennst du das Land, wo die Zitronen blühn ...

★ Frauenplan

... dichtete Goethe, und ja: Bei schönem Wetter weht ein Hauch von Italien durch Weimar. Vor allem am Frauenplan, wo Besucher wie Einheimische von den Straßencafés das immerwährende Treiben bei einem Cappuccino beobachten, die Pferdekutscher die kurzen Momente des Müßiggangs zu einem Schwatz nutzen und jeder Besucher die Schrittgeschwindigkeit drosselt angesichts des großen gelben Hauses, in dem Goethe wohnte, arbeitete und starb.

Beim Olympier zuhause

★★ Goethehaus (Goethe-Nationalmuseum)

Wichtigstes Haus in Weimar ist, gemessen an der Publikumsgunst, Goethes Wohnhaus am Frauenplan, in dem er von 1782 bis zu seinem Tod im Jahr 1832 wohnte. Der **Barockbau** (1709) wirkt groß, ist aber nicht pompös, das hätte Goethes Auffassung von einer idealen Arbeitsumgebung widersprochen. Vorneweg, um Enttäuschungen vorzubeugen: In Ruhe durch die Innenräume zu schlendern ist nicht möglich. Dazu herrscht viel zu viel Andrang. Über das Foyer des Museumsanbaus gelangt man zu Kasse und Museumsshop, wo Audio-Guides erhältlich sind – das Haus selbst enthält absichtlich keinerlei Beschilderungen! Von dort gelangt man in das große Treppenhaus,

GOETHEHAUS

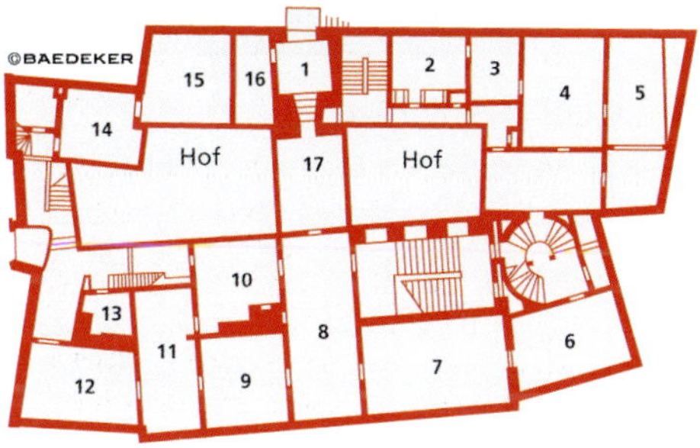

1 Gartenzimmer
2 Dienerzimmer
3 Schlafzimmer
4 Arbeitszimmer
5 Bibliothek
6 Urbinozimmer
7 Junozimmer
8 Gelber Saal
9 Deckenzimmer
10 Kleines Esszimmer
11 Majolikazimmer
12 Große Wohnstube
13 Kleine Küche
14 Wohnzimmer Christianes
15 Große Stube
16 Vorzimmer
17 Büstenzimmer

das Goethe wie viele andere Räume auch so hat umbauen lassen. Interessant ist die Farbgestaltung aller Räume – nichts hat der Dichter hier dem Zufall überlassen. Gelb kann gemäß seiner Farbenlehre das Gemüt erleichtern und gibt dem Raum Wärme.

Das ganze Haus spiegelt seinen auf vielen Wissensgebieten interessierten Geist wider: Die 20 Räume präsentieren seine **Kunstsammlungen**, die 18 000 Mineralien, Gesteine und Fossilien, die er zusammengetragen hat, eine Bibliothek mit rund 7250 Bänden und dazu zahllose »Souvenirs«. Im Junozimmer sticht die kolossale Büste der römischen Gottheit Juno Ludovisi hervor. Goethe brachte den Gipsabguss des aus dem 1. Jh. n. Chr. stammenden Originals von seiner ersten Italienreise mit. Getrennt von den Gesellschaftszimmern liegen die Privaträume der Familie, wie Christiane Vulpius' Schlafkammer, die Goethe später heiratete. Auf den Garten hinaus öffnet sich das **Arbeitszimmer**. Hier entstanden einige seiner bedeutendsten

BAEDEKER ✦ MAGISCHE MOMENTE

GOETHE PRIVAT

Lassen Sie sich vom Besucheransturm nicht abhalten, Goethes Wohnhaus am Frauenplan zu besuchen. Die Rräume sind manchmal zwar ein wenig zu perfekt restauriert und inszeniert, doch im Arbeitszimmer und im blumenbunten Garten fühlt man sich diesem so umfassend interessierten Menschen doch sehr nah.

Werke, darunter »Die Wahlverwandtschaften«, »Dichtung und Wahrheit«, »Wilhelm Meisters Wanderjahre« und »Faust II«; hier führte Goethe auch viele der überlieferten Gespräche mit Johann Peter Eckermann. Neben dem Arbeitszimmer liegt das karge Schlafzimmer, in dem Goethe am 22. März 1832 starb.
Letzte Station des Rundgangs ist der herrliche **Hausgarten**, der in dem aus der Goethezeit überlieferten Stil hergerichtet und üppig bepflanzt wurde. Im zweistöckigen barocken Gartenpavillon befindet sich heute der größte Teil seiner – nur nach Voranmeldung zu besichtigenden – Mineraliensammlung.
Im 1913/1914 bzw. 1935 zur Seifengasse hin an das Goethehaus angefügten Sammlungs- und Museumsbau ordnet die Ausstellung **»Lebensfluten – Tatensturm«** das vielschichtige Leben und Werk von Goethe in den Kontext seiner Epoche ein.
Frauenplan 1 | April–Okt. Di.–So. 9.30–18, Nov.–März Di.–So. 9.30–16 Uhr | Eintritt: 12,50 € | www.klassik-stiftung.de

Was war zwischen den beiden?

Haus der Frau von Stein

Durch die schmale Seifengasse erreicht man rasch das palaisartige Haus der Frau von Stein. Hier wohnte von 1777 bis 1827 Charlotte von Stein, langjährige Freundin, vielleicht Geliebte, jedenfalls auch die Muse Goethes. Wegen Goethes »Flucht« nach Italien von 1786 bis 1788 und erst recht wegen seiner unstandesgemäßen Verbindung mit dem »Blumenmädchen« Christiane Vulpius zerbrach ihre Beziehung. Erst im Alter söhnten sich die beiden wieder aus. 2008 wurde das Haus zum Entsetzen vieler Weimarer an einen spanischen Investor verkauft und wird seither nur sehr schleppend saniert. Die Stadt Weimar will das Haus zurückkaufen.

Phoenix aus der Asche

★★ Herzogin Anna Amalia Bibliothek

Bereits 1691 wurde die Bibliothek von Herzog Wilhelm Ernst gegründet. Der **Rokokosaal** zählt zu den schönsten Bibliotheksräumen Europas, der mit seinen kostbaren Büchern, Büsten und Gemälden als »Pantheon der deutschen Klassik« gilt. Das Gebäude geht auf das sog. Grüne Schloss zurück, erbaut zwischen 1562 und 1565. Anna Amalia, Herzogin von Sachsen-Weimar-Eisenach (▶ Interessante Menschen), veranlasste 1761 den Umbau zur Bibliothek, die bis 1819 von Goethe betreut wurde. Er selber, Herder, Schiller und Wieland nutzten sie emsig als Arbeitsbibliothek (was sie auch heute noch ist!).
Eine Katastrophe löste ein **Feuer am 2. September 2004** aus: Drei Tage lang rannte das Schloss; der Schaden ging in die Millionen. Das Feuer vernichtete 50 000 Bücher; Löschwasser, Hitze und Asche beschädigren 62 000 weitere Bände, dazu ca. 80 Porträtbüsten, darunter auch die Totenmaske Schillers. 28 000 Bände konnten gerettet wreden. 27 Restaurierungswerkstätten in ganz Europa beteiligten sich an der Rettung der **»Aschebücher«**, die teils ganz neue Verfah-

WEIMAR ERLEBEN

TOURIST-INFORMATION
Markt 10, 99423 Weimar
Tel. 03643 74 50
www.weimar.de

WOCHENMARKT
Obst, Gemüse und Zwiebelzöpfe gibt es das ganze Jahr über auf dem Marktplatz.
Mo.–Fr. 8–16, Sa. 9–12 Uhr

WEIMARER KAFFEERÖSTEREI
Hier schlürfen Insider echt röstfrischen Kaffee aus hauseigenen Spezial-Mischungen. Einen kräftigen »Goethe-Kaffee« gibt es natürlich auch.
Herderplatz 16
www.w-k-r.de

SCHAUSCHAU
Ein gut sortierter Laden am Herderplatz für Bio- und Upcycling-Kleidung, Taschen und Schuhe. Die Papeterie bietet viele nette Kleinigkeiten zum Mitnehmen.
Teichgasse 4
www.schauschau.com

GINKGO-GESCHENKE
Der kleine Laden am Frauenplan führt neben allerlei Ginkgo-Waren auch Souvenirs, darunter Weimar-Porzellan sowie Bücher und Postkarten.
Brauhausgasse 4

GINKGOHAUS WEIMAR
Das ganze Erdgeschoss ist dem Verkauf von Ginkgo-Waren gewidmet: Ginkgo-Nüsse, Keramik mit Ginkgo-Dekor, Ginkgo-Kosmetik, Ginkgo-Literatur, Ginkgo-Schmuck. Im 1. Stock das Ginkgo-Museum
Windischenstraße 1
http://ginkgoland.com

WEIMAR ATRIUM
Direkt an der Friedenstraße steht diese Shopping-Mall mit den üblichen Ladenketten.
Friedensstr. 1
weimar-atrium.de

GOETHE-WEINFEST
Goethes Geburtstag wird stets mit einem großen Weinfest begangen. Denn der Dichter schätze Wein durchaus.
Mehrere Tage rund um den 28. August

ZWIEBELMARKT
Schon Goethe pflegte anlässlich des Zwiebelmarktes geflochtene Zwiebelrispen ans Fenster zu hängen. Solche werden heute nicht nur beim Zwiebelfest auf dem Markt feilgeboten.
Mitte Oktober

WEIHNACHTSMARKT
Christbaumschmuck aus Lauscha, Räuchermännchen aus dem Erzgebirge, Geschichtenerzähler, Blockflöten und Konzerte; vier Wochen lang stimmen sich die Weimarer mit einem Weihnachtsmarkt auf das Fest der Liebe ein.
Ende Nov.–Anf. Jan.

DEUTSCHES NATIONALTHEATER
Kartentelefon: 03643 75 53 34
www.nationaltheater-weimar.de

GOETHEWANDERWEG

Der Wanderweg beginnt am Wielandplatz und führt über Buchfahrt zum Schloss Kochberg. Goethe schaffte die 28 km nach Großkochberg nach eigenen Angaben in vier Stunden – ihn trieb natürlich auch die Aussicht auf ein Treffen mit Frau von Stein an.
ca. 6 bis 8 Std. Wanderzeit
Wanderzeichen: weißes G auf grünem Grund

1 ANASTASIA €€€€

Feinschmeckerfreuden verspricht das Restaurant im Grand Hotel Russischer Hof – Andreas Scholz zählt zur Kochelite des Bundeslande. Köstliche Torten, serviert unter wuchtigen Kronleuchtern, erhalten Sie im Café.
Goetheplatz 2
Tel. 03643 77 48 14
restaurant-anastasia.info
Ruhetag: Mo.

2 ZUM WEISSEN SCHWAN €€€

Hier war schon Goethe Stammgast! Klar, er wohnte ja gleich nebenan. Heute steht auch des Geheimrats Leibgericht auf der (beruhigend kleinen) Karte: Tafelspitz.
Frauentorstr. 23
Tel. 03643 90 87 51
www.weisserschwan.de

3 WEINBAR WEIMAR €–€€€€

Genau das Richtige für Weinliebhaber, die eine gigantische Auswahl und superbe Beratung lieben. Auch Genießer, die auf exzellentes Essen aus sind, werden in der Weinbar fündig. Sie bietet Barfood für alle, die zum Wein nur einen Snack wollen sowie ein fünfgängiges Menü, für das seit 2018 Marcelo Fabbri verantwortlich zeichnet. Er ist in Weimar eine Legende, stand er doch im Elephant 25 Jahre erfolgreich am Herd.
Humboldtstr. 2
Tel. 03643 4 69 95 33
weinbar-weimar.de
Ruhetage: So., Mo.

4 RESIDENZ €€

Richtig gemütlich und dazu eine Institution ist das »Resi«, das älteste Café der Stadt, gegründet 1839. Abends essen Sie auf der Terrasse mit Blick zum Stadtschloss. Winzige Pension mit modern- angenehmen Zimmern.
Grüner Markt 4
Tel. 03643 74 32 70
www.residenz-cafe.de

5 JELO €

Hier wird stets frisch und täglich wechselnd gekocht, und zwar immer exakt zwei Suppen und ein Hauptgericht, alles in Bioqualität. Früh kommen zahlt sich aus, denn das Jelo zählt zu den besonders gefragten Lokalen fürs Mittagesssen. Das Hauptgericht ist schnell vergriffen...
Kauftsr. 26 (Herderplatz)
Tel. 03643 8 05 98 15
www.jeloweimar.de

1 DOROTHEENHOF WEIMAR €€€€

Im Anwesen des Rittmeisters Carl von Kalckreuth wohnen die Gäste in einem Hotel mit eigenem Park und stilvoll eingerichteten Zimmern. Im eleganten stimmungsvollen Restaurants »Kalckreuth« wird thüringisch und international gekocht, im Roten Salon ein Fünfgängemenü serviert. Das Hotel mit umfangreichem Wellness-Angebot liegt 4 km außerhalb des Zentrums bei Schönborn.
Dorotheenhof 1
Tel. 03643 4 59-0
www.wellnesshotel-weimar.de, 56 Z.

❷ ELEPHANT €€€€

Seit 2018 macht der Elephant, das erste Haus am Platze, mit völlig neuer Innengestaltung seinem Rang Ehre. Das Farbkonzept orientiert sich an Goethes Farbenlehre, nun ist der Lichtsaal im Erdgeschoss als Ort der Begegnung für Jedermann frei zugänglich. Die Zimmer zeigen sich im eleganten Stil der 1920er und 1930er-Jahre. Mit Johannes Wallner steht einer der besten Köche Thüringens im Restaurant »AnnA« am Herd.

Markt 19
Tel. 03643 80 20
www.hotelelephant weimar.com, 99 Z.

❸ FAMILIENHOTEL WEIMAR €€

2013 ging der Thüringer Holzbaupreis an dieses gleich hinter Goethes Wohnhaus versteckte Öko-Hotel, das fast ganz aus Holz erbaut ist. Die Zimmer sind herrlich licht, die Möbel aus Massivholz und das ganze Haus strahlt eine heimelige Atmosphäre aus. Kinder sind willkommen. Die Ferienwohnungen für 2–7 Personen können auch für einzelne Übernachtungen gebucht werden.

Seifengasse 8
Tel. 03643 4 57 98 88
www.familienhotel-weimar.de, 11 Whg.

---

ren zur Instandsetzung erfanden, u.a. durch Tiefkühlen. Bis 2021 konnte eine Million Seiten wiederhergestellt werden. In Weimar ist mittlerweile die weltweit einzige Werkstatt für brandgeschädigtes Schriftgut entstanden. Wie die Bücher behandelt werden, zeigt die Schau »Restaurieren nach dem Brand« im Erdgeschoss.
Nach abgschlossener baulicher Sanierung öffnete die Bibliothek 2007 wieder ihre Pforten. Der über drei Stockwerke reichende **Rokokosaal** wurde im alten Glanz wiederhergestellt. Im Renaissancesaal im Erdgeschoss zeigt die Schau **»Cranachs Bilderfluten«** Kunst aus der Zeit der Reformation.

Rokokosaal: Di.–So. 9.30–14.30 Uhr, Kartenreservierung empfohlen
Eintritt: 8 € | www.klassik-stiftung.de

Cranach und andere Meister

★ Stadtschloss

Kern der Stadt ist das Schloss oberhalb der Ilm, das 975 als Burg erstmals erwähnt wurde. Etwas merkwürdig wirkt der mittelalterliche Turm, der 1728 einen barocken Aufbau bekam. Von außen gibt sich die Vierflügelanlage kantig und verschlossen. Das Innere jedoch gehört zu den bedeutendsten Raumschöpfungen des deutschen Klassizismus.
Das Schloss wird noch auf Jahre hinaus saniert, und so können auch die Schätze des Schlossmuseums nicht besichtigt werden. Mit einer Ausnahme: Die **Dichterzimmer** im ersten Obergeschoss sind bereits saniert und mit Führung zugänglich. Sie wurden auf Veranlassung der Großherzogin Maria Pawlowna ab 1836 zum Gedenken an das »Weimarer Viergestirn« (Goethe, Schiller, Herder, Wieland) eingerichtet und mit Fresken im pompejanischen Stil ausgemalt.

Bis auf Weiteres geschl. | **Führungen Dichterwelten**: nur Sa. (Termine s. Website), max. 10 Personen | Tickets (8 €) an den Museumskassen der Klassikstiftung und online | www.klassik-stiftung.de

1 Anastasia
2 Zum Weißen Schwan
3 Weinbar Weimar
4 Residenz
5 Jelo

1 Dorotheenhof Weimar
2 Elephant
3 Familienhotel Weimar

Ein Park für Flaneure

★★ Park an der Ilm

Oft ritt Goethe mit Herzog Carl August die Ilm entlang und entwarf in ruhigen Stunden das gestalterische Konzept für diesen **Landschaftspark** nach englischem Vorbild, der eine Ideallandschaft in Szene setzen sollte. Aus dem Ausland ließ man sich Blutbuchen, amerikanische Eichen, Sumpfzypressen, Tulpenbäume und natürlich einen Ginkgobaum kommen. Noch heute machen die großen Solitärbäume auf den Wiesen den Park zu einer Augenweide. Geht man auf der Sterntreppe abwärts, gelangt man zur **Sphinxgrotte** und zur Quelle der Läutra, im Volksmund »Ochsenauge« genannt. In dem kristallklaren Wasser dieser **Karstquelle** wuschen einst die Weimarerinnen ihre Wäsche. Den romantischen Geist dieser Zeit spiegelt die Möblierung des Parks auf der Westseite mit Borkenhäuschen, Höhlen (1782) und künstlicher Ruine (1784), die an die Vergänglichkeit allen Seins gemahnen sollte. Schneeweiß leuchtet aus dem grünen Blätterwerk der **Schlangenstein** hervor mit der Inschrift »Genio huius loci« – »Dem Geist dieses Ortes«. Das Original befindet sich im Goethe-Nationalmuseum. Die Schlange steht für Fruchtbarkeit und die Erneuerung der Natur. Eindrucksvollstes Bauwerk ist das klassische **Römische Haus**, das Goethe für Carl August als Sommersitz entworfen hatte. Mit Führung ist die »**Parkhöhle**« zu besichtigen, die über Travertinentstehung und geologische Besonderheiten informiert.

Römisches Haus: April–Okt., tgl. außer Di. 10–18 Uhr | Eintritt: frei | **Parkhöhle:** April–Okt. tgl. außer Di. 10–18, Nov.–März bis 16 Uhr | Eintritt: 4,50 € | www.klassik-stiftung.de

Freie Sicht aufs Haus der Freundin

★ Goethes Gartenhaus

Hauptattraktion im Park ist Goethes Gartenhaus am Ostufer der Ilm, in dem er 1776 bis 1782 wohnte und in das er auch später noch flüchtete, wenn ihm der Trubel am Frauenplan zu groß wurde. Viele Werke flossen hier aus seiner Feder, auch leidenschaftliche Briefe an Charlotte von Stein. Angeblich soll er die Bäume im Park so gepflanzt haben, dass ihm immer freie Sicht aufs Haus der Frau von Stein auf der anderen Flussseite blieb. Im spärlich möblierten Haus, das allein den nachweislichen Bestand aus Goethes Besitz enthält, sehen die Besucher mehrere Zeichnungen Goethes, sein Klappbett, das er auf Reisen mit sich führte, sowie Küche, Arbeitszimmer und Schlafstube. Besonders einladend ist der Garten, in dem sich, auf einem Bänkchen sitzend, Goethes Werke so schön lesen lassen.

April–Okt. Di.–So. 10–18, Nov.–März bis 16 Uhr | Eintritt: 6,50 € | www.klassik-stiftung.de

Zwischen Bratwurststand und Nobelhotel

★ Markt

Vom Schloss aus sind es nur ein paar Schritte bis zum Marktplatz mit seinem neugotischen **Rathaus**, das nach dem Stadtbrand an Stelle eines älteren Baus entstand. Legendär ist das **Hotel Elephant**, in

Wenn es ihm am Frauenplan zu umtriebig wurde, zog sich Goethe ins Gartenhaus im Park an der Ilm zurück.

dem schon Napoleon und Richard Wagner wohnten und Thomas Mann seinen Roman »Lotte in Weimar« ansiedelt. Der Bau von 1696 wurde wegen angeblicher Baumängel von den Nazis abgerissen und 1938 nach Plänen des Architekten des Gauforums (und nach Vorstellungen Hitlers) 1938 als »Hotel ersten Ranges« neu errichtet. Hitler hatte darin eine eigene Suite – seit 1997 ist sie Udo Lindenberg gewidmet. Ältester Gasthof Weimars ist der erstmals 1540 erwähnte **»Schwarze Bär«**. Die Touristeninformation hat ihren Sitz im Stadthaus, das Mitte des 16. Jh.s entstand und 1803/1804 umgestaltet wurde. Im **Cranachhaus**, einem wunderschönen Renaissancehaus (1547 bis 1549), wohnte **Lucas Cranach d. Ä.** bis zu seinem Tod im Jahr 1553. Die Sanierer des Gebäudes hatten Mut zur Farbe, und so bilden die barbusigen Meerjungfrauen, lila Ranken und blassblau-rosa Pfeiler des Cranachhauses eine interessante Belebung der Szenerie. An der Nordseite des Markts steht die »Hofapotheke«, im Zweiten Weltkrieg zerstört und von 1988 bis 1991 rekonstruiert, mit einem Renaissance-Erker, der noch vom Vorgängerbau stammt.

Hier brachte Schiller den Tell zu Papier

★ Schillers Wohnhaus

Über die belebte Schillerstraße ist rasch Haus Nr. 12 erreicht, erbaut 1777. In dem vergleichsweise kleinen Haus wohnte Friedrich Schiller von 1802 bis zu seinem Tod 1805. Ehrfurchtsvoll steht man im Dachgeschoss vor dem **Schreibtisch**, an dem Schiller den »Wilhelm Tell«

und die »Jungfrau von Orleans« niederschrieb. Immer an Goethes Geburtstag, also am 28. August, ziert eine rote Rose den Tisch, ein Zeichen der Dichterfreundschaft. An einem Frühlingsabend, dem 9. Mai 1805, starb Friedrich Schiller hier in diesem Zimmer. Nur das Arbeitszimmer birgt Mobiliar, das auch wirklich hier stand, die anderen Räume wurden vielfach nach historischem Vorbild eingerichtet. Auffallend sind die Tapeten mit ihrem aufwendigen und sehr ästhetischen Dekor. Neben dem Wohnhaus befindet sich das **Schiller-Museum**, das Wechselausstellungen zeigt.

Schillerstr. 12 (Eingang Neugasse 1) | April–Okt. Di.–So. 9.30–18, Nov. bis März Di.–So. 9.30–16 Uhr | Eintritt: 8 € | www.klassik-stiftung.de

Würdiger Witwensitz für eine einzigartige Frau

★ Wittums-palais

Ganz in der Nähe liegt das Wittumspalais (1767), von Jakob Friedrich Freiherr von Fritsch als Wohnhaus erbaut und von **Herzogin Anna Amalia** als Witwensitz genutzt. Der Baumeister Johann Gottfried Schlegel und der Maler Adam Friedrich Oeser schufen ein spätbarock-klassizistisches Werk. Herrliche Deckenbilder und luxuriöse Wandgestaltungen zeigen, in welcher Umgebung sich in der Zeit Goethes das gesellschaftliche und literarische Leben abgespielt hat. Besonders hervorzuheben sind die Repräsentationsräume im zweiten Stock, darunter der Festsaal und der Blaue Salon. Im kleinen Festsaal hielt Goethe 1813 seine legendäre Trauerrede auf Christoph

Dominantes Gebäude am Weimarer Markt ist das neugotische Rathaus. Thüringer Bratwürste gibt es davor frisch vom Rost.

Martin Wieland. Berühmt auch das Tafelrunden-Zimmer, wo sich die geistige Elite Weimars der damaligen Zeit versammelt hat, was der Georg Melchior Kraus auf einem Gemälde festgehalten hat.
Am Palais 3 | April–Okt. Di.–So. 10–18, Nov.–März bis 16 Uhr
Eintritt: 6,50 € | www.klassik-stiftung.de

Heimstatt der ersten deutschen Demokratie

Haus der Weimarer Republik

Nicht nur das Bauhaus wurde 1919 aus der Taufe gehoben, auch die Gründung der Weimarer Republik fällt in dieses Jahr. Weimar gab dieser ersten Demokratie in Deutschland den Namen und spielte eine zentrale Rolle, tagte doch die **Nationalversammlung** mehrfach in der Stadt. Frauenwahlrecht, die erste Verfassung, aber auch äußerst unruhige Zeiten, an deren Ende die Naziherrschaft stand, stehen für diese Epoche. Das 2019 eröffnete »Haus der Weimarer Republik. Forum für Demokratie« erzählt diese Zeit nach und will Forschung und Austausch zur Zeit zwischen 1919 und 1933 fördern.
Theaterplatz 4 | tgl. 9–19 Uhr | Eintritt: 5 € | https://hdwr.de

Klassik animiert

WeimarHaus

Als Mischung aus Multimedia-Animation, Wachsfigurenkabinett und Souvenirshop zeigt sich das Erlebnismuseum im WeimarHaus, das durch 5000 Jahre Weimarer Geschichte führt. Ein großer Plastik-Goethe weist von der Schillerstraße auf den Eingang.
Schillerstr. 16 | Mo. –Sa 10–17, So. 11–16 Uhr | Eintritt: 9 € | www.weimarhaus.de

Beste Freunde

★ Goethe-Schiller-Denkmal

Goethe mit gewichtig-strengem Gestus und Schiller, nachdenklich in die Weite blickend, so präsentiert sich das berühmteste Denkmal Thüringens vor dem Deutschen Nationaltheater auf dem Theaterplatz. Den Dichterfürsten hat Bildhauer **Ernst Rietschel** 1857 um zwölf Zentimeter größer gemacht, um ihn mit dem hochgewachsenen Schiller auf Augenhöhe zu bringen, und er lässt ihn gönnerhaft eine Hand auf Schillers Schulter legen. Kopien des Denkmals stehen im Golden-Gate-Park von San Francisco, in Cleveland (Ohio) und seit 2004 in der Shanghaier Satellitenstadt Anting.

Mal Theater, mal Plenarsaal

★ Deutsches Nationaltheater

Das Deutsche Nationaltheater (1779) wurde 1907 abgebrochen und später in der heutigen Gestalt wieder aufgebaut (▶ Baedeker Wissen, S. 230). **Goethe** selbst war hier 20 Jahre Intendant. Als Tagungsort der Deutschen Nationalversammlung 1919 kam ihm auch eine bedeutende politische Rolle zu. Schließlich wurde die erste deutsche Demokratie nach der Klassikerstadt benannt. Im Zweiten Weltkrieg wurde das Gebäude zur Rüstungsfabrik umfunktioniert und bei einem Bombenangriff im Februar 1945 bis auf die Außenmauern zer-

DEUTSCHES NATIONALTHEATER

Politik und Theater an einem Ort? In Weimar durchaus! Das einstige herzogliche Hoftheater war in seiner über zweihundertjährigen Geschichte nicht nur Bühne für gefeierte Inszenierungen und umschwärmte Schauspielerinnen und Schauspieler. Der Theaterbau, bereits der dritte an dieser Stelle, war nach dem dem Ersten Weltkrieg Kulisse für große Politik: Hier tagte die Nationalversammlung und schuf die erste Republik auf deutschem Boden.

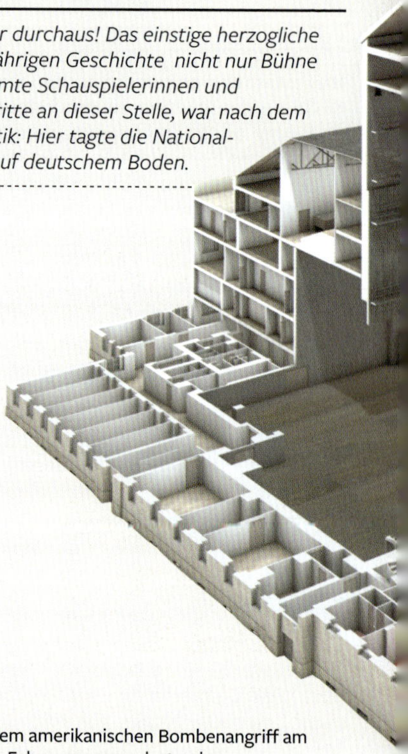

www.nationaltheater-weimar.de

1 Zuschauerraum
Genau 859 Zuschauer finden im Großen Haus einen Sitzplatz. Als vom 6. Februar bis 21. August 1919 hier die Nationalversammlung tagte, wurde der damalige Zuschauerraum zum Plenarsaal umgebaut. Am 31. Juli 1919 stimmten die Delegierten der ersten demokratischen Verfassung Deutschlands zu.

2 Orchestergraben
Der über 80 m² große Orchestergraben kann stufenlos angehoben bzw. versenkt werden – samt dem 80-köpfigen Orchester.

3 Bühne
Die fast 500 m² große Bühne bietet ausreichend Platz für weit ausgreifende Inszenierungen. Nach der Zerstörung des Theaters 1945 und Wiederaufbau wurde 1948 als erstes Stück Goethes »Faust« gegeben. Weimars Theater war das erste, das nach dem Krieg in Deutschland wieder spielte.

4 Bühnenhaus
Hier verbergen sich Vorhänge, Scheinwerfer und Maschinerien, um Bühnenbilder rasch ab- und aufzubauen.

5 Foyer I
Im festlichen Foyer, dem Vorzeigeraum des Theaters, finden manchmal auch Lesungen und Matineen statt. Foyer und Fassade waren die einzigen Gebäudeteile, die nach dem amerikanischen Bombenangriff am 9. Februar 1945 noch standen.

6 Foyer III
99 Kinder können in den »Kammerspielen« lustigen und spannenden Theaterstücken zusehen.

7 Balkon
Vom Balkon des Deutschen Nationaltheaters verkündete am 11. August 1919 der Reichspräsident Friedrich Ebert die Verfassung des ersten demokratischen Staats auf deutschem Boden.

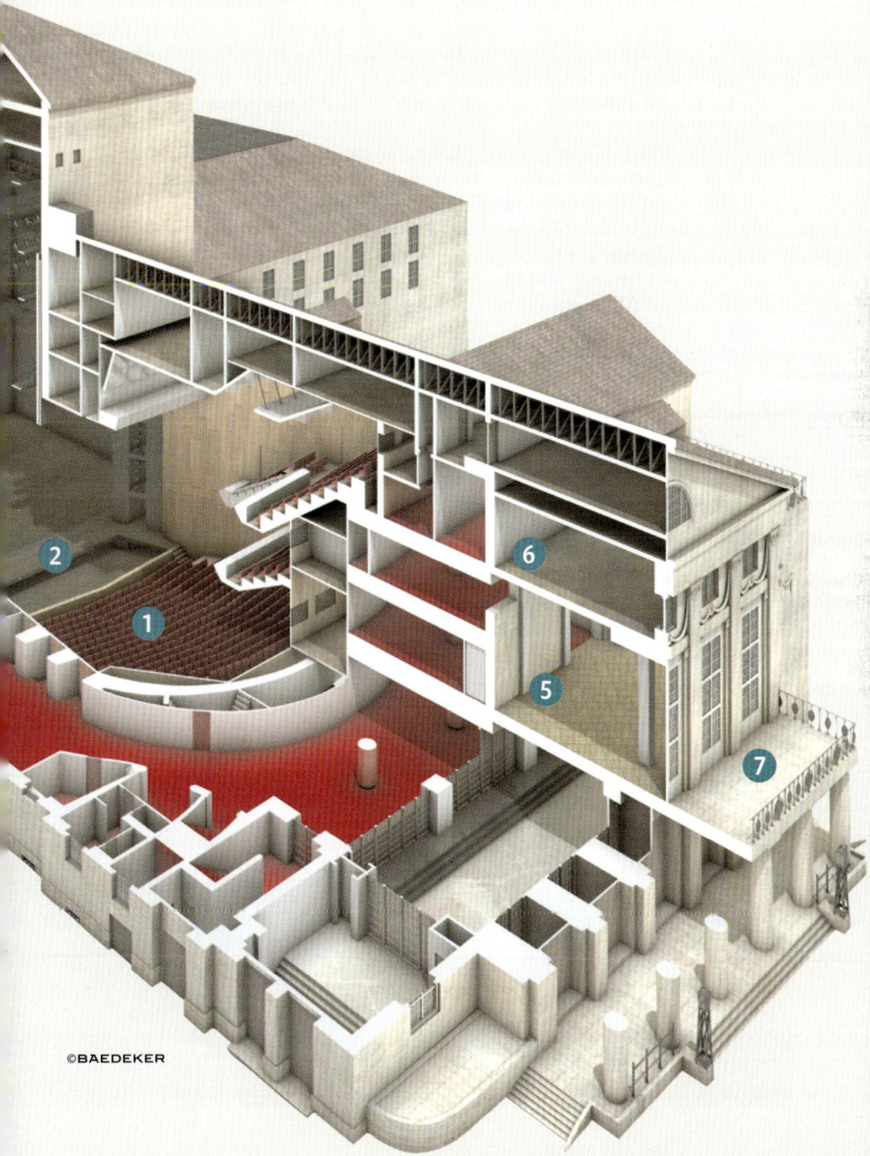
2
1
6
5
7
©BAEDEKER

stört. 1947/1948 eröffnete die wieder errichtete Bühne mit einer Inszenierung des ersten Teils von Goethes »Faust«. Nach der Wende kamen turbulente Zeiten, in denen die Zukunft des kommunalen Theaters oft auf der Kippe stand. Seit 2008 ist es Staatstheater (Programm ▶ S. 223). Auf dem Gelände des ehemaligen Weimarer **e-werks** am Kirschberg, Ecke Jenaer Straße, hat das Nationaltheater eine Bühne für experimentelles Theater eingerichtet.

Eine besonders nette Ecke der Stadt

★ Herderkirche

Durch die Rittergasse führt der Weg ins Herz der Altstadt zu St. Peter und Paul (1498–1500), genannt Herderkirche. Hier wirkte viele Jahre **Johann Gottfried Herder** als Hofprediger. Berühmt ist der **Flügelaltar** (1552–1555), von Lucas Cranach d. J. Das Denkmal vor der Kirche zeigt Herder. Der **Herderplatz** ist eine sympathische Ecke: nette Läden, kleine Cafés, immer was los.

Wohnen zu Zeiten der Klassiker

Kirms-Krackow-Haus

Die herrlichsten Rosen Weimars sollen einst im Garten des Kirms-Krackow-Hauses gewachsen sein – sein ehem. Besitzer Franz Krims gehörte zu den Weimarer »Blumisten«. Das um 1520 erbaute Haus,

Der Flügelaltar von Lucas Cranach in der Herderkirche. Unterm Kreuz ist der verstorbene Vater des Malers dargestellt, den der Blutstrahl Christi trifft.

das zu den ältesten der Stadt zählt, bietet Sehenswertes rund um berühmte Bürger und gibt Einblick in die Wohnkultur im 19. Jh. Besonders schön: die Ausstellungen zur Gartenkultur.
Jakobstr. 10 | Ende März–Ende Okt. Fr. 14–17, Sa., So. 10–17 Uhr
Eintritt: 3,50 € | www.thueringerschloesser.de

Letzte Ruhestätte

Jakobskirche

Nördlich des Herderplatzes schließt sich der **Graben** an, eine großzügige Schneise mit kleinem Grünzug durch die Altstadt. Jenseits folgen Rollplatz und die von einer Zwiebelhaube gekrönte barocke Jakobskirche (1712). Auf dem **Jakobsfriedhof** sind Lucas Cranach d. Ä., Christiane von Goethe und Georg Melchior Kraus begraben. Beim Kassengewölbe, einem Sammelgrab für die minder betuchten Mitglieder der herzoglichen Familie, handelt es sich um die erste Begräbnisstätte Schillers.

Musik am Parkrand

Liszt-Haus

Am südlichen Rand der Altstadt wohnte der Komponist **Franz Liszt** in den Sommermonaten von 1869 bis 1886 in einem Gartenhaus am Park an der Ilm. Nach seinem Tod blieb das Originalmobiliar unverändert. Das Museum befasst sich mit Leben und Werk von Franz Liszt, seinen Zeitgenossen und künstlerischen Nachfahren. Besonders eindrucksvoll ist das Musikzimmer, der sog. **Salon**, mit dem Konzertflügel, den die Berliner Firma Bechstein 1869 Liszt überlassen hatte. Zwölfmal im Jahr geben Studierende der Musikhochschule darauf ein Konzert.
Marienstr. 17 | April–Okt. tgl. außer Di. 10–18, Nov.–März bis 16 Uhr
Eintritt: 3 € | www.klassik-stiftung.de

Goldschatz aus der Vorzeit

★ Museum für Ur- und Frühgeschichte

Vorbei an der Bauhaus-Universität führt ein kurzer Weg zum Museum für Ur- und Frühgeschichte Thüringens. Höhepunkte der Ausstellung sind **Funde aus Bilzingsleben**, wo Überreste von 37 Individuen des homo erectus bilzingslebenensis ausgegraben wurden. Diese sind 370 000 Jahre alt und gehören zu den frühesten Menschenfunden in Mittel- und Nordwesteuropa. Goldene Armringe und ein Stabdolch wurden hingegen dem **Fürsten von Leubingen** in der Bronzezeit mitgegeben (▶ Baedeker Wissen, S. 264). Auch die Grabschätze der Keltenfürstin von Henfstädt und der germanischen Fürstin von Haßleben sind hier ausgestellt – Thüringen bildete eine Kontaktzone zwischen Kelten und Germanen. Weil Geschichte mit anschaulichen, zum Teil lebensgroßen Nachbildungen von Menschen, mit Rekonstruktionen von Behausungen, Werkstätten und Gräbern vermittelt wird, eignet sich der Besuch des Museums auch mit Kindern gut.
Humboldtstr. 11 | Di. 9–18, Mi.–Fr. bis 17, Sa., So. 10–17 Uhr
Eintritt: 3,50 € | http://alt-thueringen.de

Nördlich der Altstadt

Demokratie, Goethezeit und andere Stadtgeschichten

Stadtmuseum

Das Stadtmuseum zeigt seine stadtgeschichtliche Sammlung im klassizistischen **Bertuchhaus** (1780–1802), das sich der Fabrikant Friedrich Justin Bertuch errichten ließ.

Karl-Liebknecht-Str. 5 | Di.–So. 10–17 Uhr | Eintritt: 3 € | www.stadtmuseum.weimar.de

Statt Gauform neues Museumviertel

Quartier Weimarer Moderne

Die große Fläche, die heute den Jorge-Sémprun-Platz bildet, sollte nach Vorstellung der Nazis **Gauforum** sein. Hitler höchstselbst änderte die Pläne des Architekten Hermann Giesler für den Prototyp für ähnliche Verwaltungssitze anderer »Gauhauptstädte«. Geplant waren u. a. ein Aufmarschplatz für 60 000. So weit kam es nie, die Freifläche in der Jakobvorstadt ist aber geblieben wie auch Teile der Nazi-Gebäude: Die ehem. mit 20 000 Plätzen geplante »Halle der Volksgemeinschaft« beherbergt heute das Einkaufszentrum Atrium. Mit dem neuen Bauhaus-Museum und dem Neuen Museum Weimar (einst Sitz des Gauleiters) verwandelte sich das Areal in ein Museumsquartier für die Weimarer Moderne. Zwischen den Museen liegt das heutige Landesverwaltungsamt, das einst ebenfalls zum Gauforum zählte. In dessen Südflügel wird sich ab 2023 das **Museum Zwangsarbeit** diesem Thema widmen – schließlich mussten Häftlinge aus Buchenwald am Gauforum mitbauen.

»Wie wollen wir zusammenleben?«

★ Bauhaus-Museum

1919 gründete **Walter Gropius** in Weimar das Staatliche Bauhaus. Die berühmteste Schule für Gestaltung ihrer Zeit hatte bis 1925 hier ihre Heimat. 2019 zog das Bauhaus-Museum in einen Neubau, einen großen, hellgrauen Betonkubus neben dem Gauforum, entworfen von der Berliner Architektin Heike Hanada. Jetzt gibt es Platz für rund 1000 Sammlungsstücke der Weimarer Klassikstiftung, darunter die berühmte Lampe von Wilhelm Wagenfeld und viele Werke der Bauhaus-Meister. Das Museum erarbeitet die Frage „Wie wollen wir zusammenleben?" anhand zahlreicher Beispiele von Bauhaus-Künstlern. Eine Etage ist ganz dem neuen Wohnen gewidmet. Die Besucher tauchen also auch ein in die Welt der frühen 1920er-Jahre.

Stéphane-Hessel-Platz 1 | tgl. außer Di. 9.30–18 Uhr
Eintritt: 10 € | www.klassik-stiftung.de

Van de Velde, Nietzsche und die Moderne um 1900

Neues Museum Weimar

Der wuchtige Neorenaissance-Bau mit auffallender Mittelkuppel, erbaut 1869, war einer der ersten deutschen Museumsbauten. Eine 2019 eröffnete Sammlung unter dem Titel »Van de Velde, Nietzsche und die Moderne um 1900« widmet sich den **Vorläufern des Bau-**

Architektur und Innenausstattung: Haus am Horn ist durch und durch Bauhaus.

haus. Insbesondere das Werk des belgischen Jugendstilkünstlers **Henry van de Velde** (1863–1957) war eine wichtige Voraussetzung für die Bauhaus-Gründung. Viele extravagante Designklassiker sind hier zu sehen.

Jorge-Semprún-Platz 5 | tgl. außer Di. 10–18 Uhr | Eintritt: 8 € | www.klassik-stiftung.de

Südlich der Altstadt

Neues Bauen vor 100 Jahren

Blendend weiß erstrahlt das einzige Haus im Bauhaus-Stil, das in Weimar umgesetzt werden konnte: das »Haus am Horn«, erbaut 1923 und von Georg Muche entworfen. 2019 eröffnete eine neue Dauerausstellung. Alle Räume sind begehbar und mit einer rekonstruierten Bauhaus-Innenausstattung versehen, sodass die ursprüngliche Einrichtungsidee nachvollziehbar wird.

★ Haus am Horn

Am Horn 61 | April–Okt. tgl. außer Di. 10–18, Nov.–März bis 16 Uhr | Eintritt: 4,50 € | www.klassik-stiftung.de

Dichter und Fürsten

Ein weiterer Goethe-Wallfahrtsort ist der Historische Friedhof. In der **Fürstengruft** defilieren die Besucher an den Sarkophagen von Goethe († 1832), Schiller († 1805, 1827 hierher umgebettet, ▶ Baedeker Wissen, S. 236) und Großherzog Carl August († 1828) vorbei.

★ Historischer Friedhof

SCHILLERS SCHÄDEL

In der Fürstengruft auf dem Historischen Friedhof von Weimar stehen auch die Särge von Goethe und Schiller. Der von Schillers jedoch ist leer. Das war er nicht immer, es gab im Gegenteil lange Zeit sogar zwei Särge mit Schillers Knochen und auch zwei Schädel. Dahinter steckt eine fast kriminalistische Geschichte.

Als der große Dramatiker 1805 im Alter von nur 45 Jahren starb, hatte er sein geräumiges Wohnhaus in der heute nach ihm benannten Straße gerade eben abbezahlt und besaß keine Reserven für eine angemessene Grabstätte. So sprang die öffentliche Kasse ein, die auf dem **Jakobskirchhof** ein einstmals privates Mausoleum, das »Kassengewölbe«, unterhielt. Hier konnten Bürger hohen Ranges, die ohne eigene Begräbnisstätte waren, beigesetzt werden. Auch Schillers Leichnam fand hier seine vorläufige Ruhestätte.

Chaos von Moder und Fäulnis

In den folgenden zwanzig Jahren stapelten sich dort die Särge bald bis unter die Decke, bis 1826 kein Platz mehr war und das Kassengewölbe geschlossen wurde. Zuvor aber sollten die Gebeine Schillers auf Veranlassung von Bürgermeister Schwabe herausgeholt und würdig beigesetzt werden. Im Gewölbe herrschte jedoch, wie Schwabe berichtete, ein »Chaos von Moder und Fäulnis«, und Schillers Gebeine waren **nicht mehr zu identifizieren**. Nach einem Vergleich mit Schillers Totenmaske wurde nun der schönste und größte Schädel als der echte bestimmt. Diesen erhielt zunächst Goethe, der ihn fast ein Jahr lang zu Haus verwahrte und sich von ihm zu seinem Gedicht »Bei Betrachtung von Schillers Schädel« inspirieren ließ. Später gelangte er zu den umgebetteten (angeblichen) Gebeinen des Dichters in die **Fürstengruft.**

Zwei Skelette!

1883 – die Forensik hatte inzwischen Fortschritte gemacht – veröffentlichte der Anatom Hermann Welcker aus Halle eine Untersuchung, in der er feststellte, dass Totenmaske und Schädel nicht zueinander passten. Wenn aber dieser Schädel nicht der echte war, so musste die Knochenhülle des wirklichen Dichterkopfes ja noch dort ruhen, wo er 1805 bestattet worden war! Das Kassengewölbe war allerdings inzwischen verfüllt worden. So dauerte es bis 1911, ehe sich ein Forscher, der Tübinger August von Froriep, an die Arbeit machte, noch einmal zu graben und zu vergleichen – und bald präsentierte er tatsächlich einen **»neuen« Schillerschädel** mitsamt den zugehörigen Gebeinen. Aber war der nun »echter« als der alte? Die Frage blieb offen, und sicherheitshalber verwahrte man fortan in der Fürstengruft beide strittigen Skelette in zwei Särgen.
Um 1960 war die Kunst der Gesichtsrekonstruktion auf der Basis des Schädelknochens so weit fortgeschritten, dass sich der Berliner Anthropologe Herbert Ullrich und der Moskauer Michail M. Gerassimow, beide Koryphäen ihres Fachs, daran machten, die Streitfrage zu klären. Sie stellten fest, dass Hermann Welcker, der seinerzeit nur einen Schädelabguss und nicht das

Original hatte untersuchen können, unrecht gehabt hatte; der **»Schwabe-Schädel«** und die Totenmaske passten vielmehr sehr gut zusammen. Dagegen stellte sich der **»Froriep-Schädel«** als der einer Frau heraus. Der Befund hatte jedoch einen Schönheitsfehler: Sieben Zähne waren dem »Schwabe-Schädel« nachträglich eingefügt worden, und zwar so, dass sie auf den unbefangenen Betrachter wie echt wirken sollten.

Die DNA schafft Klarheit

Letzte Klarheit brachten schließlich DNA-Analysen, deren Ergebnisse die Klassik Stiftung Weimar und der Mitteldeutsche Rundfunk 2008 präsentierten. Dazu wurde Erbgut von eigens dafür exhumierten nahen Verwandten Schillers mit dem der strittigen Schädel verglichen. Das Ergebnis war ernüchternd: **Keiner passte**, und die übrigen Knochen stammten sogar von drei verschiedenen Individuen. Fortan blieb der Sarg in der Fürstengruft leer.

Wunderliches Weimar

Dass Weimar durch das ernüchternde **Forschungsergebnis** an Attraktivität für Kulturpilger eingebüßt hat, glaubt die Klassik Stiftung Weimar übrigens nicht. Ihr Präsident erklärte, die Schädelgeschichte sei »eine Wunderlichkeit mehr, die dieses Weimar einzigartig macht.«

Zwei Totenmasken Friedrich Schillers in der Ausstellung »Schillers Schädel« im Schillermuseum in Weimar

BEI DEN HONIGMACHERN

Mehr als Honig: Kaum öffnet der Imker im Bienenmuseum Weimar einen Bienenstock, steigt ein Duftgemisch aus Wachs, Honig und Sommerwärme auf, reinste Harmonie. Kein anderes Tier nutzt seine Umwelt so dezent, fliegt von Blüte zu Blüte, sammelt Nektar, füllt friedlich die Waben.

Charlotte von Stein hat ebenfalls auf diesem Friedhof ihre letzte Ruhestätte gefunden, desgleichen Goethes Sekretär Eckermann und die Mitglieder der Familie Goethes. In der benachbarten Russischen Kapelle (1860–1862), leicht erkennbar an ihren zwiebelförmigen Kuppeln, wurde Großherzogin Maria Pawlowna beigesetzt, Schwiegertochter Großherzogs Carl August.
tgl. 7 – 22 Uhr

Wohnen im Van de Velde-Look

★ Nietzsche-Archiv

Seine letzten Jahre verbrachte Friedrich Nietzsche (1844–1900), geistig umnachtet, in der **Villa Silberblick**, gepflegt ausgerechnet von seiner Schwester Elisabeth Förster-Nietzsche, zu der er zeitlebens kein gutes Verhältnis hatte. Nach dem Tod des Übermensch-Philosophen ließ seine Schwester das Haus durch den Jugendstil-Künstler **Henry van de Velde** umbauen. Ein Verdienst von Elisabeth Förster-Nietzsche ist es – bei aller Kritik an ihrer Arbeit –, ein umfangreiches Archiv mit Nietzsches Schriften und Nachlässen gesammelt und bewahrt zu haben. Die Villa Silberblick noch heute als Nietzsche-Archiv zu bezeichnen, ist eigentlich falsch, denn die Bestände

liegen jetzt im Goethe- und Schillerarchiv. Beeindruckend im Haus selber sind die Jugendstil-Möbel, sehr berührend: die hier gezeigte Totenmaske Nietzsches und die Kohlezeichnung »Friedrich Nietzsche auf dem Krankenbett«, von Hans Olde 1899 gefertigt.
Humboldtstr. 36 | April–Okt. tgl. außer Di. 10–18, Nov.–März bis 16 Uhr | Eintritt: 4,50 € | www.klassik-stiftung.de

Summ, summ!
Eine große Sammlung rund um die Honigbiene und die Kulturgeschichte der Imkerei präsentiert das Deutsche Bienenmuseum, darunter einzigartige Skulpturenbeuten – Imker hielten ihre Lieblinge teils in liebevoll gestalteten Behausungen. Am **Schaubienenstand** fliegen die fleißigen Insekten ein und aus, und Imker zeigen, wie man Honig gewinnt. Honig und Bienenprodukte verkauft der Hofladen.

Deutsches Bienenmuseum

Ilmstr. 3 | April–Okt. Di.–So. 10–18, Nov.–März 12–16 Uhr | Eintritt: 4 € | http://bienenmuseum.lvthi.de

Rund um Weimar

Treffpunkt der »Tafelrunde«
Eine halbe Stunde Fußweg führt ins 3 km nordöstlich von Weimar gelegene Tiefurt. Zeit seines Weimarer Lebens ist Goethe tausendfach diese Strecke spaziert oder in der Chaise gefahren. Ziel war **Schloss Tiefurt** an der Ilm, das Herzogin Anna Amalia von 1781 bis 1806 als Sommersitz nutzte. Dort traf sich die Weimarer Hofgesellschaft inklusive aller Dichter und Denker der »Tafelrunde« gerne. Das Schloss wirkt wie ein Gutshaus. Die vier Haupträume rekonstruieren nahezu authentisch die Wohnwelt zu Anna Amalias Zeiten und repräsentieren den Geschmack des Adels im ausgehenden 18. Jh.; die übrigen Räume entsprechen stilistisch der Zeit von Großherzog Carl Friedrich und Maria Pawlowna. Das ursprüngliche Gästezimmer wurde zu Ehren Goethes in ein **»Goethezimmer«** umgewandelt.

★ Schloss Tiefurt

Malerisch schlängelt sich die Ilm durch den 21 Hektar großen Schlosspark Tiefurt. Sanft abfallende Wiesen, unterbrochen von mehreren Baumgruppen, ziehen sich bis ans Flussufer. Zu den Gestaltungselementen zählen u.a. der Musentempel, den bunte Rabatten zieren, ein Teesalon, ein Herder-Gedenkstein und ein Mozart-Denkmal. Schloss und Park sind UNESCO-Welterbe.
Hauptstr. 14 | April–Okt. tgl. außer Di. 10–17 Uhr, Park ganzjährig zugänglich | Eintritt Schloss: 3,50 € | www.klassik-stiftung.de

Barbarei statt Kultur
Markantester Punkt des Panoramas rund um Weimar ist ein gigantischer Turm 9 km nordwestlich der Stadt. Er markiert den Standort des Konzentrationslagers Buchenwald, das die Nationalsozialisten

★ KZ Buchenwald

KONZENTRATIONSLAGER BUCHENWALD

Buchenwald, eines von zwölf sog. Stammlagern auf deutschem Boden, war ein Arbeitslager. Die Menschen wurden dort durch unmenschliche Arbeits- und Haftbedingungen, Folter und medizinische Versuche ermordet.

▶ Die Häftlinge von Buchenwald
Die Nationalsozialisten sperrten zunächst Regimegegner, Homosexuelle, Sinti und Roma, Wohnungslose und Juden ins KZ. Mit Kriegsbeginn kamen auch Kriegsgefangene und Zwangsarbeiter aus den besetzten Ländern hinzu.

Tote	Jahr	Gefangene
48 (Tote)	1937	2561 (Gefangene)
771	1938	11028
1235	1939	11807
1772	1940	7440
1522	1941	9814
2898	1942	9517
3516	1943	37319
8644	1944	
13969	1945	

Bruno Apitz
1900–1979
Schriftsteller
(»Nackt unter Wölfen«)

Willi Bleicher
1907–1981
KPD-Mitglied und Gewerkschafter

Am 11. April 1945 wird das Lager durch die 6. US-Armee befreit.

▶ Nahtloser Übergang: sowjetisches Internierungslager
Nach dem Ende des Hitlerdeutschlands internierten die Sowjets ehemalige (und vermeintliche) NS-Angehörige sowie politische Gegner aller Richtungen – manche waren schon von den Nazis eingesperrt worden.

Tote	Jahr	Gefangene
7113 Tote	1945 – 1950	28455 Gefangene

Herbst 1945 inhaftiert
1947 inhaftiert

▶ Kennzeichnung der Häftlinge
An der Kleidung jedes Häftlings waren Markierungen aufgenäht, die den Haftgrund signalisierten.

Winkelfarben	Grundmarkierung	Sondermarkierung
»Politisch«	Einfacher Winkel	»Jüd. Rasseschänder«
»Berufsverbrecher«	»Rückfällige«	»Rasseschänderin«
»Emigrant«	Strafkompanie	Fluchtgefahr
»Asozial«	Juden	Wehrmachtsangehöriger
»Homosexuell«	Häftlingsnummer 244533	»Pole« (P), »Tscheche« (T)
»Bibelforscher« (Zeugen Jehovas)		Besonderer Häftling (braune Armbinde)

Prominente Häftlinge

Rudolf Breitscheid
1874–1944 (ermordet)
SPD-Politiker

Léon Blum
1872–1950
Französischer Ministerpräsident

Elie Wiesel
1928–2016
späterer Friedensnobelpreisträger

Ernst Thälmann
1886–1944 (ermordet)
KPD-Vorsitzender

87258

Februar 1945: 120000

Joachim Ernst von Anhalt
1901–1947
NS-Gegner (1944 im KZ Dachau)

Georg Krausz
1894–1973
Journalist und Politiker (KPD/ SED)
(1941 im KZ Buchenwald)

▶ Die Außenlager
Bis Kriegsende entstanden 136 Außenlager des KZ Buchenwald, u.a. auch in Köln und Düsseldorf. Die Häftlinge hatten dort hauptsächlich Zwangsarbeit in der Rüstungindustrie zu leisten.

▶ Mittelbau-Dora
Das größte Außenlager von Buchenwald (ab Okt. 1944 Stammlager) war das seit August 1943 betriebene Mittelbau-Dora bei Nordhausen mit 60000 Häftlingen (s.a. S. 165).

In unterirdischen Anlagen mussten sie ab Januar 1944 die V2-Rakete und später die V1-Flugbombe produzieren. Diese »Vergeltungswaffen« wurden u.a. auf London, Antwerpen und Lüttich abgefeuert.

Die Täter und die Zeit danach
1947 begann in Dachau der Buchenwald-Hauptprozess gegen 31 Angeklagte. Das US-Militärtribunal sprach 22 Todesurteile aus, von denen bis 1951 neun vollstreckt wurden. Hermann Pister, der letzte Lagerkommandant, starb 1948 vor der Vollstreckung in der Haft in Landsberg. Weitere verhängte Strafen waren vier begrenzte Haftstrafen und fünf Mal lebenslänglich, u.a. für Ilse Koch, Frau des ersten Lagerkommandanten Karl Otto Koch. Sie beging 1967 in der Haft Selbstmord. Die übrigen Täter wurden bis Mitte der 1950er amnestiert.

▶ Der Schwur von Buchenwald
Am 19. April 1945 gaben sich die Überlebenden gegenseitig ein Versprechen:

»Wir stellen den Kampf erst ein, wenn auch der letzte Schuldige vor den Richtern der Völker steht! Die Vernichtung des Nazismus mit seinen Wurzeln ist unsere Losung. Der Aufbau einer neuen Welt des Friedens und der Freiheit ist unser Ziel.«

1937 auf dem Ettersberg errichteten (► Baedeker Wissen, S. 240). von den ca. 266 000 Menschen aus rund 40 Nationen – politische Gegner, Kriegsgefangene, Juden, Roma und Sinti, Zeugen Jehovas und Homosexuelle –, die das Lager durchlifeen, überlebten c. 56 000 diese Hölle nicht. Am 11. April 1945 befreiten amerikanische Einheiten Buchenwald. Nach dem Zweiten Weltkrieg wurde aus dem KZ das sowjetische **»Speziallager 2«**: Ehemalige Nazis, den Sowjets politisch Verdächtige und »Spione« saßen nun ein. Bis 1950 starben noch eimal 7000 Menschen.
Die Anfahrt zur Gedenkstätte erfolgt über die »Blutstraße«, die die Häftlinge anlegen mussten. Nach einigen Hundert Metern ist die 1958 errichtete Gedenkstätte Buchenwald erreicht An dieser Stelle befanden sich die Massengräber. Heute schlägt im riesigen Turm eine auffallend misstönende Glocke. Vor dem Turm steht eine **Figurengruppe** von Fritz Cremer zu Ehren der Widerstandskämpfer im Lager. Eine Ausstellung thematisiert die kontroverse Diskussion rund um die Errichtung des Mahnmals in der DDR-Zeit. **Museen** auf dem Lagergelände informieren über die Geschichte des KZ Buchenwald, des sowjetischen Speziallagers sowie der Gedenkstätte.

Busline 6 Ziel »Buchenwald« | Museen: April–Okt. Di.–So. 10–18, Nov.–März bis 16 Uhr; Außengelände bis Einbruch der Dunkelheit | www.buchenwald.de

Sommerresidenz der Monarchin

Schloss Ettersburg

Schloss Ettersburg (10 km nördl.) ist ein Ensemble aus dem Alten Schloss, das von 1706 bis 1711 an der Stelle eines Augustiner-Chorherrenstiftes erbaut wurde, dem Neuen Schloss (1717) und der neugotisch umgebauten Klosterkirche. Auch Ettersburg diente Herzogin Anna Amalia als Sommerresidenz. Goethe inspirierte die Umgebung zu dem Gedicht »Wandrers Nachtlied« (erste Version), Schiller brachte hier sein Drama »Maria Stuart« zu Ende. Schloss Ettersburg dient heute Tagungs- und Kulturzentrum. Öffentlich zugänglich ist nur der **Schlosspark**. Er wurde von Hermann Fürst von Pückler-Muskau entworfen. Die 1999 angelegte Zeitspur verbindet diesen Ort fröhlicher Theaterspiele und Sommerlustbarkeiten mit dem Konzentrationslager Buchenwald auf dem Ettersberg.

Insel des Glücks

★ Wielandgut Oßmannstedt

In Oßmannstedt (9 km nordöstl.) schuf sich **Christoph Martin Wieland** (1733–1813) »eine Insel des Friedens und des Glücks« in einem Gutshaus. In ihm wohnte der Erzieher der Söhne von Herzogin Anna Amalia und Dichter der Weimarer Klassik von 1797 bis 1803. Im Barockpark, den er aus dem verwilderten Garten schuf, liegt er neben seiner Frau Anna Dorothea und Sophie Brentano begraben. Das Grabmal, ausgeführt als dreiseitiger Obelisk, trägt neben den Lebensdaten der Verstorbenen die von Wieland verfasste Inschrift:

»Liebe und Freundschaft / umschlang die verwandten / Seelen im Leben, / Und ihr Sterbliches deckt / dieser gemeinsame Stein«. Heute ist das Haus eine sehenswerte, multimediale Gedenkstätte, die über Leben und Werk Wielands berichtet. .

Wielandstr. 16 | April–Okt. tgl. außer Di. 10 –17 Uhr | Eintritt: 3,50 €
www.klassik-stiftung.de

Zauber des Barock

★★ Schloss Belvedere

Eines der beliebtesten Ausflugsziele Weimars ist das auf einer Anhöhe südlich über Weimar gelegene Schloss Belvedere. Es bewahrt einen letzten Nachhall des Barock- und Rokoko-Zeitalters 1724 begonnen und mehrfach umgebaut, ist das ehemalige Jagd- und Lustschloss heute Museum. Festsaal, Silberner Salon und andere Räumen spiegeln die verspielte Pracht jener Zeit in Ausstattung und Mobiliar wider. Sehr interessant ist die **Porzellansammlung**. Rings um das Schloss erstreckt sich ein 43 ha großer Landschaftspark im englischen Stil, der jederzeit zugänglich ist. Ein Kleinod bildet die **Orangerie**. Noch heute bildet sie eine reichhaltige Sammlung von Palmen, Zedern, Agaven und anderen exotischen Gewächsen. Ein Stück Heimat holte sich Großherzogin Maria Pawlowna 1811 hierher mit dem **Russischen Garten**, der ein Abbild des Zarengartens von Pawlowsk bei St. Petersburg ist.

Ende März–Okt. tgl. außer Mo. 10–18 Uhr | Eintritt: 6,50 €, Orangerie frei | www.klassik-stiftung.de

Wie kocht man einen Kloß?

Kloßwelt Heichelheim

Warum es kein Originalrezept für Thüringer Klöße gibt, wie sie hergestellt werden und mehr zeigt das Kloßmuseum. Seinen Reiz verdankt es nicht zuletzt dem Enthusiasmus des Personals, das gerne und ausführlich in die Geschichte der goldgelben Spezialität einführt. Immer im September findet in Heichelheim das **Kartoffelfest** statt mit jeder Menge Gelegenheit, Klöße und andere Spezialitäten zu kosten. Gleich in der Nähe: ein Kloß-Werksverkauf.

Hauptstr. 3 | Mo.–Fr. 9–17, Sa., So. 10–17 Uhr |
www.thueringer-klosswelt.de

Tiere, Technik, Thermen

Hohenfelden

Historische Gebäude aus Thüringen vom stattlichen Hof bis zur Tagelöhnerkate, Dorfschule, Brauhaus, Bienenstand und Scheune versammelt das Thüringer **Freilichtmuseum Hohenfelden**. Am Stausee Hohenfelden liegt die **Avenida Therme**, ein auch für Kinder interessante Erlebnisbad mit fünf Rutschen und Wellnessangeboten.

Freilichtmuseum: Ende März–Okt. tgl. 10–18, Nov.– Dez. Mi.–So. 11 bis 17 Uhr | Eintritt: 6 € www.freilichtmuseum-hohenfelden.de
Avenida-Therme: tgl. 10–23 Uhr | Eintritt: ab 13 €
www.avenida-therme.de

H

HINTER-GRUND

Direkt, erstaunlich, fundiert

Unsere Hintergrundinformationen beantworten (fast) alle Ihre Fragen zu Thüringen.

Auf dem früheren Werksgelände der Zeiss-Werke in Jena wird nun in der Goethe-Galerie geshoppt. ►

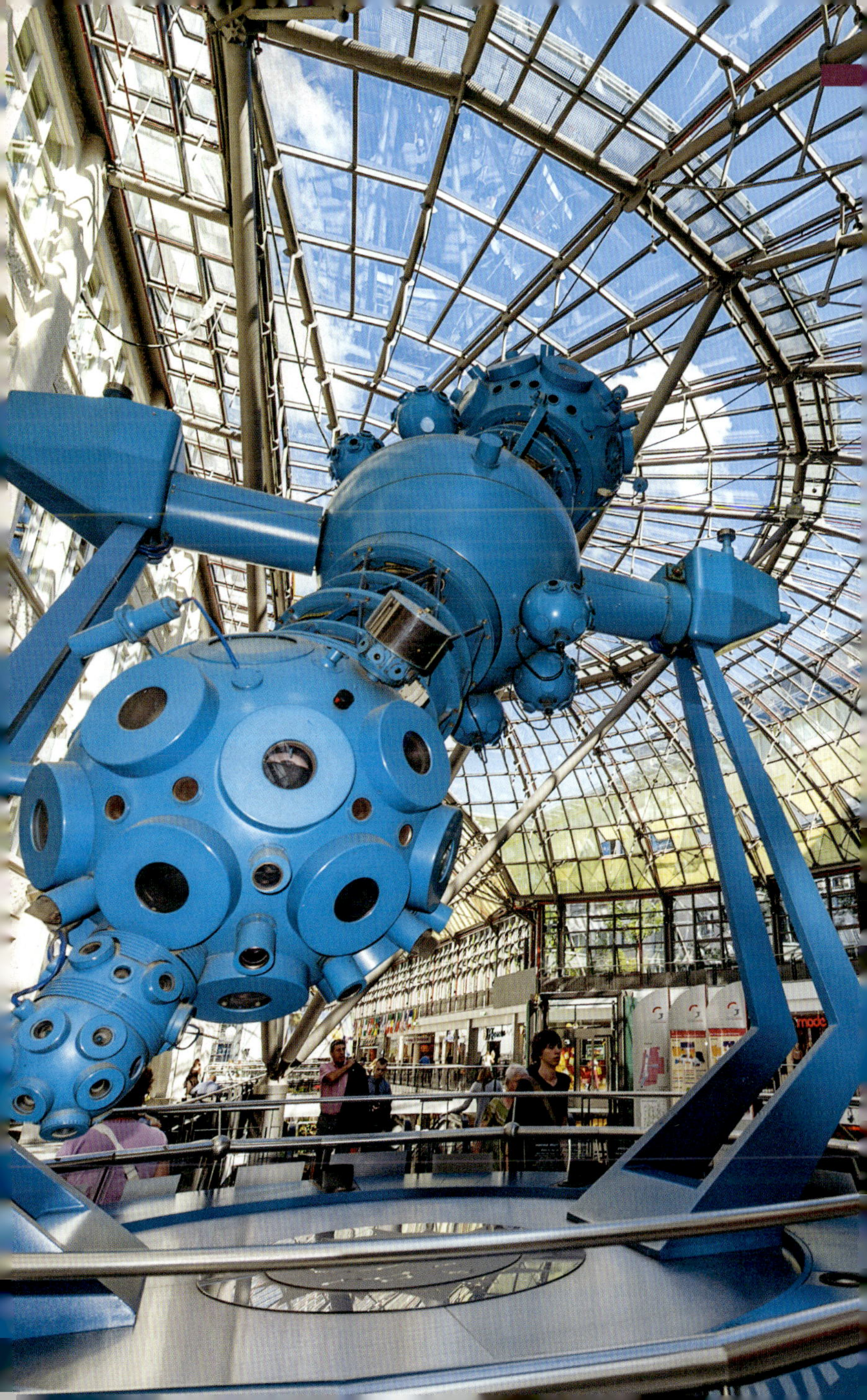

DIE REGION UND IHRE MENSCHEN

Vielfalt kennzeichnet Thüringen: raue Waldgebirge und wechseln sich ab mit sonnenwarmen Ebenen mit fruchtbaren Feldern, touristische Hot Spots wie Weimar, Jena und die Wartburg stehen neben abgeschiedenen Landstrichen, wo sich Fuchs und Has' gute Nacht sagen.

Ausflug in die Erdgeschichte

Schiefer und Kohle

Johann Wolfgang von Goethe dichtete nicht nur, sondern war ein begeisterter und präziser Naturforscher. In der enormen Vielfalt der Gesteine und Fossilien Thüringen fand er ein reiches Betätigungsfeld. Vor rund 300 Millionen Jahren, im Erdaltertum, war Thüringen Teil des variszischen Granitgebirges, das ganz Mitteleuropa durchzog. Tektonische Kräfte zogen und pressten das Material zu Schiefer, der im **Thüringer Schiefergebirge** heute eine so wichtige Rolle spielt. 40 Millionen Jahre später hatte die Erosion das Gebirge abgetragen und eingeebnet. Eisenoxid färbte die Trümmer rötlich, daher der Name »Rotliegendes« für das Gestein. 80 % des heutigen Thüringer Walds sind daraus aufgebaut. Bandblattbäume bildeten dichte Wälder. Diese lieferten den Stoff für die **Kohlevorkommen** in Manebach, die bis 1944 abgebaut wurden. Meeresablagerungen aus der Zechstein-Zeit (ca. 300 Mio. Jahre) bescherten dem **Kali-Bergbau** in der Region Südharz/Nordthüringen sein »Weißes Gold« – und der Stadt Bischofferode bis heute gigantische Abraumhalden.

Urtiere, Urmenschen

In der Zeit des Buntsandsteins vor 230 Mio. Jahren lebte im Werratal ein Wesen, über dessen handförmige Abdrücke im Gestein die Forschung über 150 Jahre beschäftigte: das **Chirotherium**. Heute geht man davon aus, dass es sich um einen 4,5 m langen Vorfahren der Krokodile handelte. In Hildburghausen werden die Abdrücke eigens auf dem Marktplatz mit einem Denkmal gewürdigt.

Die letzte »Bauphase« des Deckgebirges hob im Keuper vor 232 Mio. Jahren an. Seine Bunten Mergel prägen vor allem im Thüringer Becken den Untergrund. Von einem 6 m langen fleischfressenden Dinosaurier zeugen die Knochenreste am Großen Gleichberg bei Römhild. Aus der darauffolgenden Jura- und Kreidezeit sind in Thüringen kaum Überbleibsel zu verzeichnen. 12 000 Knochen am Strand der Ur-Werra sind das Ergebnis einer Flutkatastrophe, die im Pleistozän massenhaft Tiere dahinraffte, darunter das **Werra-Flusspferd**. Auf einen Zeitgenossen der Mammuts und Wollnashörner weisen die Se-

Kleine Pause auf dem Schneekopf, dem zweithöchsten Berg Thüringens. Im Hintergrund spannt sich der markante Bogen der Autobahnbrücke bei Oberhof auf.

dimente von Bilzingsleben am Nordostrand des Thüringer Waldes hin: den 370 000 Jahre alten Urmenschen **Homo erectus bilzingslebensis**.

Zwischen Wäldern und Ebenen: die Landschaft

Thüringer Wald

Die beiden auffälligsten Landschaftselemente des Freistaats sind der Thüringer Wald und das Thüringer Becken. Wie ein dreieckiger Keil schiebt sich der Thüringer Wald von Südosten nach Nordwesten und läuft bei Eisenach spitz aus. Höchster Berg – auch des gesamten Bundeslandes – ist der **Große Beerberg** (982 m), ein Quarzporphyrklotz, der die Landschaft überragt. Direkt daneben liegt die Nr. 2, der **Schneekopf** mit 978 m. Nur dort kommen die sog. »Schneekopfkugeln« vor, Porphyrkugeln, deren Inneres prall gefüllt ist mit den schönsten Kristallen. Sie zählen unter Mineralienfreunden zu heiß begehrten Sammlerstücken. Charakteristisch für den Nordwestteil sind die tief eingeschnittenen Täler wie die Drachenschlucht bei Eisenach. Am Südrand des Waldgebirges konzentrieren sich entlang der starken Verwerfungen wichtige Erzlagerstätten. Gen Osten geht der Thüringer Wald ins Thüringer Schiefergebirge über. Er verwandelt sich nun in eine ausgedehnte Hochfläche, in die sich Saale und Weiße Elster schneiden. Die **Saale** grub sich hier eines der eindrucksvollsten Flusstäler Deutschlands, durch das sie sich in tausendfachen Windungen nach Norden schlängelt, um nach 413 km in die Elbe zu münden. In einem breiten Tal hingegen strömt die 292 km lange **Werra** am Südrand des Thüringer Waldes dahin und schwenkt bei Eisenach Richtung Norden, wo sie in die Weser mündet.

Thüringer Becken

In Kontrast zum Thüringer Wald mit seinen kalten Wintern und einst menschenfeindlichen Wäldern steht das Thüringer Becken: Es erreicht nur Höhen von 150 bis 250 m, ist vom Klima her deutlich wärmer und trockener als das Umland und gesegnet mit **einem der fruchtbarsten Böden Deutschlands**. Entsprechend hoch stand es schon seit je in der Gunst der Siedler. Auch wenn die Landschaft monoton wirken mag, bietet sie oft herrliche Rundblicke. Die Ränder des Thüringer Beckens begrenzen die bewaldeten Muschelkalkhöhen, darunter Eichsfeld, Hainich und Hainleite; im Süden erhebt sich die blau-grüne Wand des Thüringer Walds. Den Osten prägt sanft-welliges Hügelland. Große Lössflächen machen auch das Gebiet östlich von Gera zum bevorzugten Ackerland.

Rhön und Harz

Noch relativ unentdeckt vom Tourismus ist der Thüringer Teil der **Rhön**. Die markanten Kegelberge im äußersten Südwesten des Landes sind vulkanischen Ursprungs. Sie verleihen dieser Vorder- oder Kuppenrhön genannten Region eine eindrucksvolle Szenerie. **Geba** (751 m) und **Ellenbogen** (814 m) bilden die höchsten Berge.
Auch am **Harz** hat Thüringen einen winzigen Anteil, der sich am Nordzipfel des Landes befindet. Der berühmte Brocken (1141 m) gehört allerdings schon zu Sachsen-Anhalt. Als Wanderrevier ist der Harz legendär, auch auf der Thüringer Seite.

Von Pflanzen und Tieren

Wald

Rund ein Drittel Thüringens ist von Wald bedeckt. Hätte der Mensch nicht eingegriffen, wäre dies ein Buchenmischwald oder Eichen-Hainbuchenmischwald, in höheren Lagen Buchen-Tannen-Fichtenwald. Die radikalen Holzeinschläge in der Kriegs- und Nachkriegszeit machten es notwendig, großflächig Bäume nachzupflanzen. Besonders gerne wählten die Förster dafür die schnellwachsende **Fichte** aus. Jetzt dominiert die Fichte mit 46 % die Baumartenzusammensetzung, gefolgt von 20 % Buche, 15 % Kiefer und 7 % Eiche. Damit wurden die Wälder aber auch sturmanfälliger: Orkan Kyrill richtete 2007 in den Fichtenmonokulturen des Thüringer Walds große Schäden an. Auf den größten Sturmflächen wird es Jahre brauchen, bis wieder ein Eindruck von Wald entsteht. Dennoch macht seine relati-

DAS WILDE

Sehen doch fast aus wie gut genährte Hauskatzen, nur der Schwanz ist deutlich buschiger und hat markante Ringel. Scheu sind sie, die Wildkatzen, die durch den Hainich schleichen. Achten Sie auf die Fährten im Schnee. Vielleicht haben Sie Glück und begegnen der wilden Verwandtschaft der Stubentiger. Ein faszinierender, unvergesslicher Augenblick. Und wenn nicht, gibt es noch das Wildkatzendorf bei Hütscheroda (▶ S. 161).

ve Geschlossenheit den besonderen Reiz des Thüringer Walds aus. Arm an Wäldern hingegen sind das Thüringer Becken und das Altenburger Land.

Große Artenvielfalt

Rund 2000 Pflanzenarten gedeihen in Thüringen – in ganz Deutschland sind es 3378. Thüringens Flora zeichnet sich also durch eine große Vielfalt aus. Diese kommt besonders am Harzrand und im Kyffhäusergebirge zum Tragen. Auch der Thüringer Wald ist artenreich überall dort, wo keine Fichtenmonokulturen stehen.

Lage:
Mitteldeutschland

Fläche:
16 172 km²

Einwohner:
2,12 Mio. (2020)

Größte Städte:
Erfurt: 213 700
Jena: 110 700
Gera: 92 100
Weimar: 65 100

Bevölkerungsdichte:
131 Einwohner/km²

▶ Politik

Gründung des Lands hüringen am 1. Mai 1920, Wiedergründung am 3. Oktober 1990 aus den DDR-Bezirken Erfurt, Gera und Suhl
Landtag: 90 Sitze
Stmmen im Bundesrat: 4

▶ Verwaltung

Landeshauptstadt: **Erfurt**

Landkreise: **17**

Kreisfreie Städte: **6**

Gemeinden: **664**

▶ Wappen/Flagge

»Bunter Löwe« (weiß-rot gestreif der Ludowinger mit goldener Kron auf blauem Grund, umgeben von acht silbernen Sternen. Sieben Sterne stehen für die sieben Herzog- bzw. Fürstentümer, der achte Stern für die preußischen Besitzungen Erfurt, Mühlhausen, Nordhausen, Schmalkalden und Suhl.

▶ Lage und Naturraum

Angrenzende Bundesländer: Bayern, Hessen, Niedersachsen, Sachsen-Anhalt, Sachsen

Höchster Berg:
Großer Beerberg **(983 m ü. NHN)**

Längste Flüsse:
Werra (**200 km** von insges. 292), Saale (**196 km** von insges. 427), Unstrut (**150 km** von insges. 188), Ilm (**120 km**)

Wirtschaft

Bruttoinlandsprodukt (2020):
61,5 Mrd € (Deutschland gesamt: 3367 Mrd. €)

Erwerbstätige (2020)

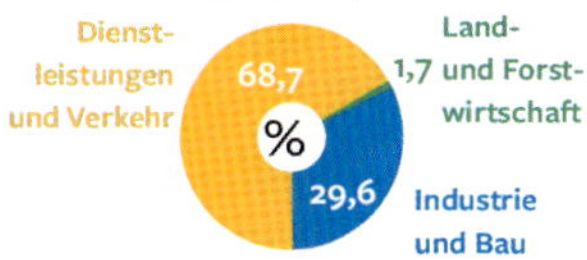

Arbeitslosenquote: 5,8 % (2020)

Bildung

Erfurt: Uni, FH

Weimar: Uni, HS

Jena: Uni, FH

Ilmenau: Uni, FH

Schmalkalden: FH

Arnstadt: FH

Nordhausen: FH

Klimastation Erfurt

Durchschnittstemperaturen

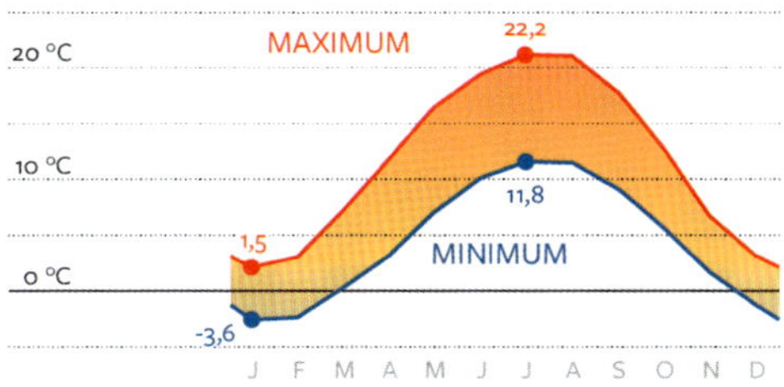

Niederschlag

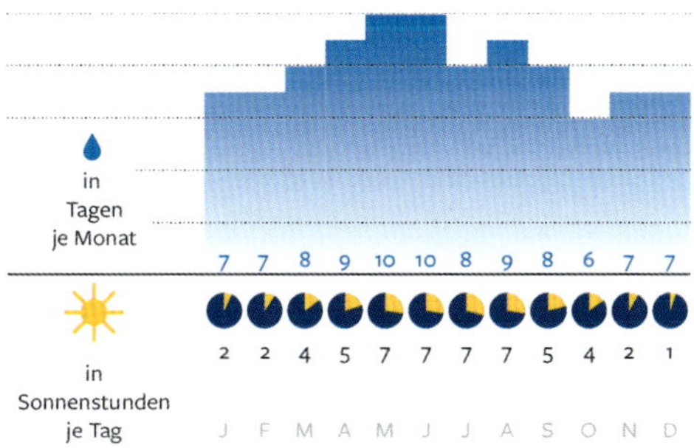

Untertunnelung Thüringer Wald

Die 107 km lange Neubaustrecke der A 71 führt ca. 70 km durch Thüringen, vor allem durch und unter dem Thüringer Wald hindurch: 22 Tunnel und 29 Talbrücken – teilweise mit Rekordspannweiten.

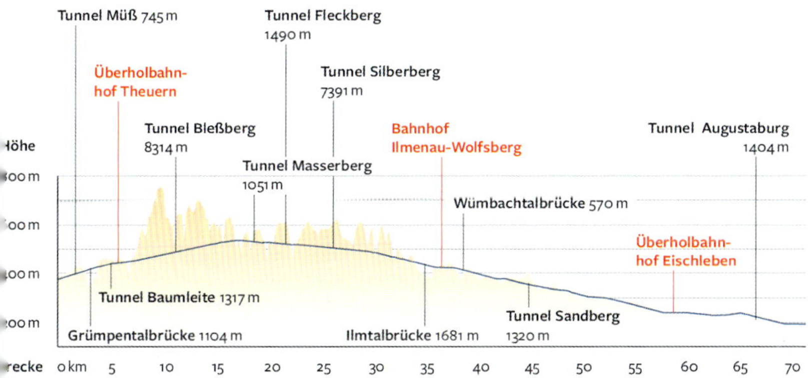

Am unteren Ende der Skala rangieren die ausgeräumten Agrarsteppen im Thüringer Becken. Sehr interessante Gebiete sind die »Badlands« am Fuß der Drei Gleichen mit ihrer wärmeliebenden Steppenflora, die Kalkmagerwiesen in der Rhön und das Naturschutzgebiet Leutratal bei Jena, wo im Mai und Juni 26 Orchideenarten blühen.

Luchs, Wildkatze und Auerhuhn

Flächenverbrauch, Zersiedlung, Rückgang natürlicher Biotope und industrialisierte, pestizidlastige Landwirtschaft machen auch der Tierwelt zu schaffen. Über die Hälfte der 422 Wildbienenarten Thüringens sind vom Aussterben bedroht. Längst ausgerottet sind Bär und Wolf. Der **Luchs** hingegen könnte vielleicht ein Comeback feiern. Einzelne, im Harz ausgewilderte Tiere überqueren zuweilen die Grenzen, und seit Sommer 2021 ist die Luchsin »Mira« im Saale-Orla-Kreis heimisch geworden. Die **Wildkatze** ist ebenfalls eine vom Aussterben bedrohte Art. Von Hauskatzen unterscheiden sie sich vor allem durch ihren buschigen Schwanz mit schwarzer Spitze. Noch 3000 bis 5000 Wildkatzen leben in Deutschland, ein Teil davon im Nationalpark Hainich und im Thüringer Wald. Im »Wildkatzendorf« Hütscheroda bei Mühlhausen sind einige Tiere in einem Schaugehege zu sehen.

Bemerkenswertester Vertreter der Vogelwelt ist der **Auerhahn**, von dem noch 20 bis 30 Tiere im Thüringer Schiefergebirge vorkommen, deren Bestand aber regelmäßig durch ausgewilderte Tiere aufgestockt werden muss. Sehenswert ist der **Zug der Kraniche** im Herbst, die sich gerne an der Talsperre Kelbra westlich des Kyffhäusers aufhalten. 30 Brutpaare des **Schwarzstorchs** nisten in Thüringen, für den Weißstorch steigen mit 91 Brutpaaren die Zahlen erfolgreicher Brutpaare derzeit wieder an. Ein Drittel dieser Population lebt im Werratal.

Grüne Schatzkammern

Nationalpark

Abgesehen von 264 kleinflächigen Naturschutzgebieten sind derzeit mehrere Großschutzgebiete in Thüringen mit unterschiedlichem Status ausgewiesen.

Der Nationalpark **Hainich** (76 km²) bei Mühlhausen besitzt das höchste Prädikat des Naturschutzes: den Titel eines **UNESCO-Weltnaturerbes**. Dieser in vielen Teilen völlig sich selbst überlassene Buchenurwald entfaltet im Herbst seinen ganzen Zauber, wenn sich die verschiedenen Baumarten – vor allem Buchen, dazu Eschen, Ahornbäume, Linden und die seltene Elsbeeren – in allen Rot- und Gelbtönen verfärben. Hier kommen noch Wildkatzen vor.

Naturparks

Der größte Naturpark Thüringens und einer der größten in ganz Deutschland ist mit 2082 km² der Naturpark **Thüringer Wald**. Zu

Es muss nicht immer Wald sein: am Saale-Stausee mit Schloss Burgk.

ihm zählen der Thüringer Wald selbst, das westliche Thüringer Schiefergebirge sowie Teile des Vorlands. Im Osten grenzt der Naturpark **Thüringer Schiefergebirge/Obere Saale** an (800 km²). Herzstück bilden die Saalekaskaden mit ihren großen Stauseen. Mit den historisch bedeutsamen Schieferbrüchen, Wiesen und Bachtälern besitzt hier das Schwarza-Sormitz-Gebiet einen ausgesprochen großen Reiz. Für Ornithologen hochinteressant ist das **Plothener Teichgebiet**, das vielen Zugvögeln als Rastplatz dient.

Zweitgrößtes Schutzgebiet Thüringens ist der rund 870 km² große Naturpark **Eichsfeld-Hainich-Werratal**. In langen Mäandern schneidet sich bei Creuzburg die Werra ins Gestein einer besonders sehenswerten Auenlandschaft. Als bedeutendes Vogelschutzgebiet hat sich der Naturpark **Kyffhäuser** (230 km²) im Norden Thüringens einen Namen gemacht. Der Durchzug der Kraniche an der Talsperre Kelbra gehört zu den Höhepunkten des Naturjahres. An den warmen Gipshängen des kleinsten Gebirges in Deutschland lebt eine Pflanzengemeinschaft, wie sie sonst nur in den Steppen Osteuropas und am Mittelmeer zu finden ist.

Weitere Schutzgebiete Auffallende Bergkuppen und weite Magerrasen prägen die Thüringer Rhön im Südwesten. Sie ist Teil des **Biosphärenreservats Rhön**, das insgesamt 1850 km² misst, davon befinden sich 485 km² auf Thüringer Boden, weiter haben Bayern und Hessen an diesem Schutzgebiet Anteil. Schmuckstück des Naturparks Thüringer Wald ist das **Biosphärenreservat Vessertal** (170 km²) in dessen Zentrum. Für geologisch Interessierte sind die drei **Geoparks** mit ihren Lehrpfaden einen Besuch wert: Geopark Kyffhäuser bei Bad Frankenhausen, der bundeslandübergreifende Geopark Harz–Braunschweiger Land–Ostfalen und Geopark Inselsberg/Drei Gleichen. Ergreifend wie spannend ist das **Grüne Band:** Auf dem Todesstreifen der DDR-Grenze konnten sich Tiere und Pflanze jahrzehntelang ungestört entwickeln – heute ein erwanderbares Naturprojekt.

Die Menschen in Thüringen

Dialekte Seit der Wende verzeichnet die Region einen dramatischen Bevölkerungsrückgang. Viele Großbetriebe wurden nach 1990 abgewickelt; heute prägt mittelständische Industrie das kleinste der Neuen Bundesländer. Wer genau hinhört, wird feststellen, dass der Hauptkamm des Thüringer Walds auch eine Sprachgrenze bildet. Nördlich davon spricht die Bevölkerung, so sie Mundart gebraucht, überwiegend »Sächsisch«, wie die **Thüringisch-Sächsische Sprachgruppe** vereinfachend genannt wird. Im Süden hingegen macht sich der fränkische Einfluss nicht nur in den Bierbrautraditionen, sondern auch im mainfränkischen Dialekt bemerkbar. Gen Westen zu ist besonders in Eisenach ein hessischer Einschlag zu vernehmen.

Religion Über zwei Drittel der Thüringer gehören keiner Religionsgemeinschaft an. Dies ist ein Erbe der DDR-Zeit, in der man jeder Art von Religionsausübung kritisch gegenüberstand; verboten war sie nicht. Eine wichtige Insel des Katholizismus bildet neben Erfurt von jeher das Eichsfeld, das als Wallfahrtsregion noch heute Bedeutung hat.

Weniger Einwohner Wie in allen neuen Bundesländern gibt auch in Thüringen die Bevölkerungsentwicklung Anlass zur Sorge. Bis 1990 lebten rund 2,6 Mio. Menschen in Thüringen, 2020 waren es nur noch etwas mehr als 2,1 Millionen. Damit hat sich der vom Statistischen Landesamt prognostizierte Bevölkerungsrückgang bestätigt. Kam nach der Wende vor allem die Abwanderung in den Westen Deutschlands zum Tragen, ist mittlerweile der Geburtenrückgang der Hauptgrund für sinkende Einwohnerzahlen. Besonders die ehemaligen Industriestädte und vor allem der Kreis Greiz, die Stadt Suhl und das Altenburger Land bluten langsam aus. Verwaiste Plattenbausiedlungen stellen Städteplaner vor Probleme; ebenso der steigende Anteil älterer Menschen.

Politik

Rechtsextremismus ist eine bleibende Herausforderung, nicht erst seit dem Auftauchen der NSU-Terrorzelle, deren Mitglieder aus Jena stammen. Im Mai 2021 erklärte der Verfassungsschutz die AfD Thüringen, in der die völkisch-nationalen Anteile besonders stark sind, zum Beobachtungsfall. Bei der Landtagswahl 2014 zog die AfD mit 10,6 % Stimmanteil erstmals in den Landtag ein, bei den Wahlen 2019 wurde sie mit 23,4 % zweitstärkste Kraft hinter der Linken – und demonstrierte im neuen Landtag gleich ihr Politikverständnis, als sie bei der Wahl des FDP-Landesvorsitzenden Thomas Kemmerich die anderen Parteien auflaufen ließ. Kemmerich trat nach drei Tagen zurück; seither führt Bodo Ramelow (Die Linke) eine Minderheitsregierung. Auch bei der Bundestagswahl 2021 landete die AfD auf Platz 1.

Aufbau Ost

»Abgewickelt« zu werden, zählte nach der Wende auch für viele Arbeitnehmer in Thüringen zu den bittersten Erfahrungen. Das betraf den Kalibergbau, die Automobilwerke in Eisenach, die Kombinate und Industriewerke in Jena, Gera, Suhl und anderen Orten. Das Wegbrechen von zwei Dritteln der Thüringer Industriearbeitsplätze aus DDR-Zeiten ließ sich nach der Wende nicht abfangen. Man bedenke: Allein im Kombinat Mikroelektronik Erfurt arbeiteten 56 000 Menschen, im Kombinat Carl Zeiss Jena 54 000!
Im Vergleich der neuen Bundesländer hat Thüringen das stärkste Wachstum zu verzeichnen. Die **»Städteachse«**, das sind die Metropolen entlang der A 4, bildet das Rückgrat der Wirtschaft, besonders der Raum Erfurt–Weimar–Jena. Zu den wichtigsten **Industriekonzernen**, die nach der Wende angesiedelt bzw. weiterbetrieben wurden, zählen Bosch und BMW in Eisenach; in Jena sind es die Carl Zeiss Jena GmbH, Jenoptik AG und Schott. Opel ist der größte Industrie-Arbeitgeber Thüringens. Doch am Standort Eisenach stehen nach der Übernahme durch die PSA (Peugeot) Veränderungen an, da die Kleinwagenproduktion 2019 auslief und künftig nur der SUV »Grandland« vom Band laufen soll. Ansonsten prägen **mittelständische Unternehmen** das Feld, die teils äußerst innovativ, hochspezialisiert und international erfolgreich agieren, sich im Kampf um qualifizierte Arbeitskräfte aber in direkter Konkurrenz insbesondere mit dem nahen, finanzstarken Bayern befinden. Für Touristen interessant sind die **traditionellen Gewerbe** wie die Glaswarenherstellung in Lauscha, Porzellanmanufakturen und Pfeifenmacher im Thüringer Wald, Leitermacher im Holzland, die Spielzeugfabrikation im Raum Sonneberg.

Weitere Zweige

Mehr als jeder dritte Arbeitsplatz in Thüringen findet sich im **Dienstleistungssektor**. Damit sind die öffentlichen und privaten Dienstleister die wichtigsten Arbeitgeber. **Tourismus** steht für Regionen wie den Thüringer Wald und das Thüringer Schiefergebirge an oberster Stelle in der Wirtschaftsbilanz. Erfurt, Weimar und Oberhof verzeichnen die meisten Übernachtungen. Jede Region entfaltet ungeheuren Elan, um für Touristen attraktiv zu werden. Die Ausgangslage ist auch für Kulturreisende sehr gut, verzeichnet doch kaum ein Bundesland so viele Schlösser, Burgen sowie historische Gärten und Bauwerke wie Thüringen, von Touristenmagneten wie Goethe und Schiller ganz zu schweigen. Die Investitionen in den Tourismus halten daher an, wie auch die trotz Pandemie veranstaltee BUGA 2021 zeigt.

Landwirtschaft

Über die Hälfte (54 %) von ganz Thüringen entfällt auf landwirtschaftlich genutzte Flächen. Wie überall im Osten fallen die riesengroßen Äcker auf, von denen ein einzelner Schlag mehrere hundert Hektar aufweisen kann. Felder der Megaklasse entstanden zu Zeiten der **DDR-LPGs** (Landwirtschaftliche Produktionsgenossenschaften). Der Vorteil dieser großen Flächen: Sie lassen sich mit großen Maschinen sehr wirtschaftlich bearbeiten. Der Nachteil: Aus gewachsenen kleinteiligen Strukturen werden öde Agrarflächen, die Vielfalt der traditionellen bäuerlichen Kulturlandschaft war dahin und mit ihr die Artenvielfalt. Nach der Wende wurden die LPGs aufgelöst und gingen oft in Agrargenossenschaften auf. Die durchschnittliche Betriebsgröße beträgt rund 165 ha. Die Kornkammer Thüringens ist das Thüringer Becken, eine weitere fruchtbare Region ist das Altenburger Land. Angebaut wird überwiegend Getreide (60 % der Fläche), gefolgt von Raps (20 %), Mais (8 %), ferner Zuckerrüben und Kartoffeln. Im Eichsfeld kultiviert man Tabak. Eine wichtige Rolle spielt auch der Gartenbau (Erfurt).

Bodenschätze

Bis 1999 spielte der Schieferabbau noch eine Rolle (▶ Baedeker Wissen, S. 260). Wichtigster Bodenschatz des Landes sind hingegen die **Kali- und Steinsalze**, das »Weiße Gold« Thüringens. Heute werden diese Salze nur noch bei Unterbreizbach (Werrakreis) abgebaut, dessen Vorkommen unmittelbar an die großen hessischen anschließen. Die Lager im Südharz-Unstrut-Gebiet werden nicht mehr abgebaut. Zu aufsehenerregenden Protestaktionen führte die Schließung des bedeutenden Kaliabbaus bei Bischofferode 1993; die Kumpel traten sogar in Hungerstreik, um 2000 Arbeitsplätze zu retten – vergeblich. Das Bergbaumuseum in Bischofferode erinnert an den Arbeitskampf. Ebenfalls Geschichte ist der Uranabbau in Ronneburg, das bis zu seiner Stilllegung das **größte Uranerzabbaugebiet der Welt** war. Im Kalten Krieg wurde in dem ehemaligen Kurort das Ausgangsmaterial für Atombomben und Kernkraftwerke gewonnen. Die »Wismut«, wie die Sowjetisch-Deutsche Aktiengesellschaft (SDAG) Wismut kurz genannt wurde, lockte mit hohen Löhnen, jedoch mussten die Arbeiter auch ihre Gesundheit aufs Spiel setzen. Zudem sorgte der Uranabbau für eine beispiellose Umweltzerstörung und -belastung Ronneburgs. Nach 1990 wurden die typischen Spitzkegelhalden eingeebnet, die geschundene Region rekultiviert und in die »Neue Landschaft Ronneburg« verwandelt.

OBEN: Mehr als die Hälfte der Fläche Thüringens ist Agrarland – wie im Saaletal unterhalb der Leuchtenburg südlich von Jena.

UNTEN: Die Spielwarenfabrik Steiner in Georgenthal stellt erfolgreich Plüschtiere her.

»STEINREICHE« HEIDE

Schiefer, das Blaue Gold Thüringens, prägte wie kein anderes Gestein über mehrere Generationen hinweg den Alltag und das Erscheinungsbild der Dörfer im Thüringer Schiefergebirge. 1999 schloss die letzte Schiefergrube.

Die größten Schiefergruben Europas lagen in Lehesten zum Ausbeuten bereit. Bis zu 20 Meter mächtig stand hier das begehrte »Blaue Gold« an. Dank seiner ausgezeichneten Spaltbarkeit war dieser Schiefer äußerst begehrt und bot den Menschen in der kargen »steinernen Heide« ein bescheidenes Auskommen.

Schiefer aufs Dach …

Schriftlich verbürgt ist der Abbau seit 1485. Burg- und Schlossherren forderten den Stein an, und sogar bis nach Wien wurde der **Deckschiefer** verkauft. Richtig in Schwung kam der Handel, als es moderne Brandschutzverordnungen ab 1860 verboten, neue Häuser nach alter Väter Sitte mit leicht brennbarem Stroh und Schindeln zu decken. Ziegel und Schiefer boten die nötige Alternative.
Auf den ersten Blick sieht Schiefer grau aus, schimmert aber im Sonnenlicht silbrig-hell. Einschlüsse von Pyrit verleihen ihm manchmal sogar ein goldenes Glitzern. So wuchtig ein Schieferdach auch wirken mag: Die nur 4 bis 5 mm dicken Platten sind leichter als Ziegel, zudem teurer, dafür aber länger haltbar. Wer durchs Schiefergebirge fährt, sollte sich die Dächer und Verkleidungen genau ansehen: Kein Dach gleicht dem anderen. Experten können an vielen Details sogar den Meister identifizieren, der am Werk war, so individuell arbeiten die Schieferhandwerker.

… und in die Schule

Die Einführung der allgemeinen Schulpflicht brachte den nächsten Schiefer-Schub: Denn die Schüler lernten noch bis in die 1970er-Jahre hinein das ABC auf Schiefertafeln und schrieben mit **Schiefergriffeln** aus Thüringen. »Steinacher Griffel sind die besten!«, stand auf den schmalen Griffelschachteln. Rund 30 Milliarden Griffel aus Steinach gingen in Schülerhände über. In den besten Jahren zwischen 1870 und 1900 arbeiteten 2500 Menschen in den 40 Schieferbrüchen Ostthüringens. Bis zum Bau der Mauer konnten dank Sonderabkommen selbst zu DDR-Zeiten noch Arbeiter aus Bayern über die Grenze kommen. Zwar wurden sie in Ostmark ausbezahlt, hatten aber Zugriff auf hoch subventionierte Lebensmittel.

Eine gefährliche Arbeit

Zahlreiche Abraumhalden im Thüringer Schiefergebirge sowie der große **Steinbruch bei Lehesten** zeugen vom Schieferbergbau, den eine Besonderheit auszeichnet: Er besitzt eine Göpelschachtanlage (1845), in der noch bis 1865 mit Hilfe von Pferden das Gestein nach oben gezogen wurde. 1865 löste Dampfkraft, 1900 ein Elektroantrieb die Pferdestärken ab. Auch die Spalthütten wurden vor dem Verfall bewahrt und in ein sehennswertes Museum umgewandelt. 60 Männer und Frauen saßen in den Spalthütten in langen Reihen dicht an dicht, spalteten den Schiefer und brachten ihn mit Schablonen und Hammer in die gewünschte Form.

Arbeitsschutz war um 1900 ein Fremdwort. Der feine graue Staub, der vor allem beim Schleifen der Schiefertafeln anfiel, richtete in der Lunge verheerende Schäden an. Zwei Drittel der Arbeiter in den Spalthütten und im Steinbruch starben schon in jungen Jahren an einer **Staublunge**. Hörschäden gehörten in den Spalthütten wie im Schieferbruch, wo mit Presslufthämmern ohne Gehörschutz gearbeitet wurde, ebenfalls bis ins 20. Jh. hinein zum Berufsalltag. Nur ein Teil des Schiefers konnte über Tag abgebaut werden. Unter Tage baute man von unten nach oben ab und ließ das unbrauchbare Material im entstandenen Hohlraum liegen. Die Ausbeute lag übrigens nur bei 5 Prozent!

Lieferten die Brüche um 1900 noch 52 000 Tonnen des Blauen Golds pro Jahr, ging die Produktion immer weiter zurück und wurde 1999 endgültig eingestellt. Nur in **Unterloquitz** wird nach wie vor Schiefer gewonnen und zu Dach- und Blähschiefer verarbeitet. Einblick in den Schieferabbau erhält man im Technischen Denkmal Lehesten (▶ S. 217) und im Deutschen Schiefermuseum Steinach (▶ S. 215).

Rund 60 Männer und Frauen arbeiteten in den Spalthütten der Schiefergrube bei Lehesten und richteten Schieferplatten zu. Die Anlage ist heute ein Museum.

DAS »BLAUE GOLD« THÜRINGENS

Schiefer prägte wie kein anderes Gestein über fünf Jahrhunderte lang den Alltag und das Erscheinungsbild der Siedlungen im Südosten Thüringens. Mehr darüber erfährt man im Deutschen Schiefermuseum in Steinach.

▶ Entstehung von Schiefer

Urzeitliches Meer
Vor über 340 Mio. Jahren erstreckte sich dort, wo heute Thüringen und Sachsen liegen, ein Ozeanbecken.

Laurasia (Nordkontinent)

Sedimentation
Vor rund 340 Mio. Jahren wurden tonige und sandige Sedimente in einem ruhigen Ozeanbecken abgelagert.

Diagenese
Vor rund 330 Mio. Jahren wurden die abgelagerten und inzwischen verfestigten tonigen Sedimente im Zuge der Variskischen Gebirgsbildung durch Druck und erhöhte Temperatur in Dachschiefer umgewandelt. Das Ozeanbecken wurde zusammengepresst, emporgehoben und vom nach Norden vordringenden Moldanubischen Kontinent überfahren; die Sedimente wurden dabei verfaltet.

▶ Verwendungen

Hausverkleidung
Schiefer ist wenig empfindlich gegen Umwelteinflüsse wie Hitze und Frost. Er wird daher oft als Hausfassaden- und Dachdeckmaterial verwendet.

Häufige Plattenformen

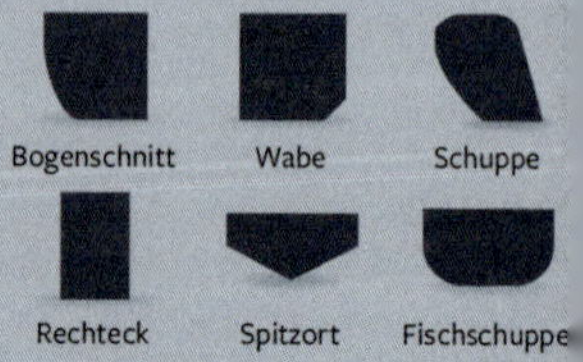

Schieferabbau in Deutschland

Schiefer wird heute nur noch an wenigen Stellen in Deutschland abgebaut. Größere Lagerstätten gibt es im Thüringer Schiefergebirge, im Hunsrück, an der Mosel und im Sauerland.

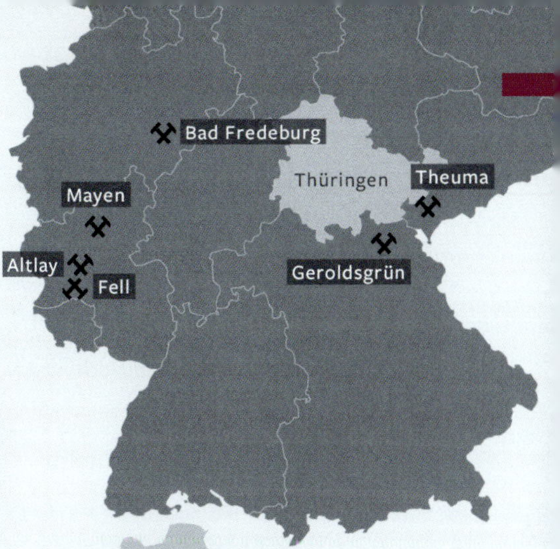

Moldanubikum (Teil des Südkontinents Gondwana)

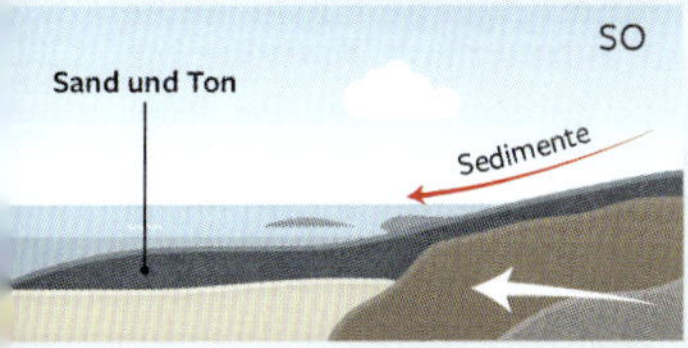

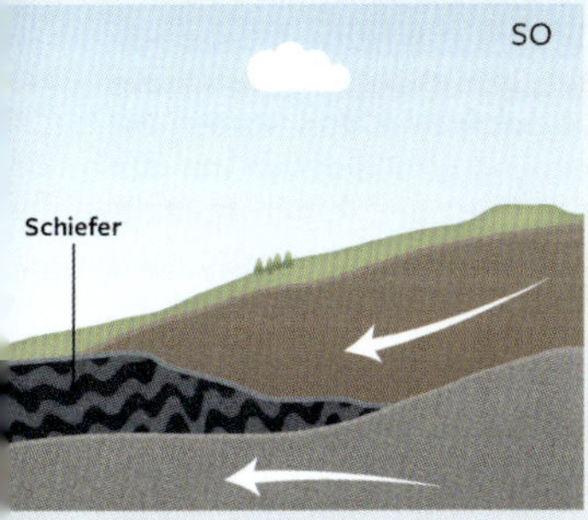

▶ Schieferabbau in Thüringen

1485 wurde in Lehesten der Schieferbergbau erstmals erwähnt. Seine Glanzzeit erlebte er in Thüringen in der zweiten Hälfte des 19. Jh.s, als in rund 40 Gruben mehrere tausend Bergleute beschäftigt waren. Heute wird nur noch in Unterloquitz Schiefer abgebaut, Lehesten und Schmiedebach sind eingestellt.

Schreibtafel, Schreibgriffe

Noch bis in die 1970er-Jahre schrieben Grundschulkinder mit Schreibgriffeln auf Schreibtafeln aus Schiefer. Allein im thüringischen Steinach wurden über 30 Milliarden Griffel gefertigt.

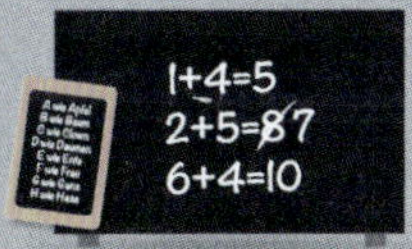

Arbeitsplatten

Witterungsbeständige und gegenüber chemischen Einflüssen unempfindliche Schieferplatten finden als Arbeitsplatten in Labor, Küche sowie als robuste Bodenbeläge Verwendung.

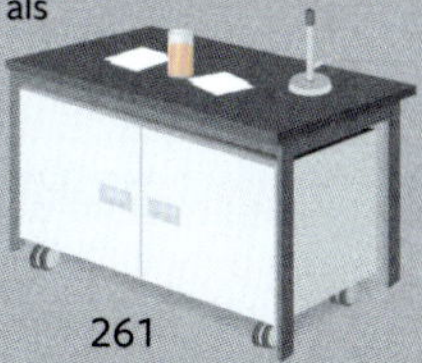

GESCHICHTE

Thüringen spielte als Landgrafschaft im Mittelalter, als Keimzelle der Reformation und Schauplatz des Bauernkriegs eine bedeutende Rolle in der deutschen Geschichte. Obwohl das Gebiet später in zahlreiche Kleinstaaten zerfiel, entwickelten sich um 1800 Weimar und Jena zu weit ausstrahlenden literarischen und geisteswissenschaftlichen Hochburgen.

Ur- und Frühgeschichte

Vorzeit

Funde bei Bilzingsleben (▶ Erfurt) wie die mehr als 370 000 Jahre alten Reste von 37 Menschen der Gattung Homo erectus belegen die Besiedlung schon in der Altsteinzeit. Herausragende Funde bietet erst wieder die frühe Bronzezeit (bis ca. 1500 v. Chr.). Hier ragt vor allem der »Fürstenhügel von Leubingen« heraus (▶ Baedeker Wissen, S. 264). Das Weimarer Museum für Ur- und Frühgeschichte zeigt eine umfangreiche archäologische Sammlung.

Großstamm der Thüringer

Im Zug von Wanderungsbewegungen gelangen zunächst Kelten, dann ab 100 v. Chr. verschiedene germanische Stämme ins Gebiet des heutigen Thüringen. Beim »Opfermoor« Niederdorla (▶ Mühlhausen) können Funde aus der Germanenzeit besichtigt werden. Mit den Römern, die nie über Thüringen herrschen, gibt es rege Handelsbeziehungen, das belegen Münzfunde und Importwaren. Von Norden her fallen im 3. Jh. Angeln und Sachsen ein und verschmelzen mit den hiesigen Germanen zum Großstamm der Thüringer. Gesichert ist die Nennung der **Thoringi** als einstiger Gefolgschaftsverband des Hunnenkönigs Attila, auf dessen Seite sie im Jahr 451 in der Schlacht auf den Katalaunischen Feldern antraten.

Königreich Thüringen

Heiratsverbindungen mit den Langobarden und den Ostgoten sichern zunächst die Existenz des Königreichs Thüringen. Nach dem Tod des Ostgotenkönigs Theoderich 526 geht der Gotenschutz verloren, so dass die merowingischen **Franken** 531 nach der Schlacht bei Burgscheidungen an der Unstrut das Reich von König Herminafried erobern. Durch Flucht, Deportation und Mord erlischt die thüringische Königsfamilie. Die letzte Angehörige, Radegundis, stirbt 587 im Exil in Frankreich, wird später heilig gesprochen und ist Schutzpatronin von Poitiers. Eine fragmentarisch überlieferte Heldensage, das sogenannte Iringlied, hat die Ereignisse festgehalten. Bei der Aufteilung des Thüringer Reichs erhalten die **Sachsen** als Bündnispartner der Franken Gebiete nördlich des Harzes, der Süden fällt an die Franken. Östlich der Saale behaupten sich die Slawen.

EPOCHEN

VOR- UND FRÜHGESCHICHTE

370 000 v. Chr.	Frühmensch Homo erectus (Bilzingsleben)
ab 1800 v. Chr.	Bronzezeitliche Siedlungen
um 400	Schriftliche Ersterwähnung der »Thoringi«
531	Zerschlagung des Thüringerreichs

MITTELALTER UND FRÜHE NEUZEIT

742	Christianisierung; Gründung des Bistums Erfurt
1130	Thüringen wird Landgrafschaft.
1485	Leipziger Teilung: Kursachsen herrscht in Thüringen.

ZEITALTER DER REFORMATION

1521/1522	Martin Luther auf der Wartburg
1525	Bauernkrieg, Hinrichtung Thomas Müntzers in Mühlhausen
1558	Gründung der Universität Jena

KLEINE STAATEN, GROSSE NAMEN

Ende 17. Jh.	Thüringen ist in 24 Teilstaaten zersplittert.
118. Jh.	Die Herzogshöfe in Gotha und Weimar entwickeln sich zu Zentren der Aufklärung.
1775	Goethe trifft in Weimar ein.
um 1800	Weimarer Klassik: Goethe, Schiller, Herder, Wieland
1806	Napoleons Truppen besetzen Thüringen.
19. Jh.	Eisenbahnbau und Industrialisierung

WENDEZEITEN IM 20. JAHRHUNDERT

1918	Abdankung aller Fürstenhäuser
1919	Nationalversammlung in Weimar
1920	Gründung des Lands Thüringen mit Hauptstadt Weimar
1933	Machtübernahme der Nationalsozialisten
1937	Errichtung des Konzentrationslagers Buchenwald
1945–1949	Thüringen unter sowjetischer Militärverwaltung
1949	Gründung der DDR am 7. Oktober
1952	Schaffung der Bezirke Erfurt, Gera und Suhl
1990	Wiedervereinigung der beiden deutschen Staaten Neugründung des Lands mit der Hauptstadt Erfurt

IM 21. JAHRHUNDERT

2014	Rot-rot-grüne Landesregierung mit dem ersten linken Ministerpräsidenten Deutschlands
2019	Großes Jubiläum »100 Jahre Bauhaus«
2020	Politfarce bei der Wahl des Ministerpräsidenten
2021	Trotz Pandemie: BUGA 2021 in Erfurt

DER ERSTE REICHE

Wendezeiten hat der Thüringer Raum viele erlebt. Eine, die nur noch archäologisch nachweisbar ist, spielte sich in der Bronzezeit ab: Die Gesellschaft spaltet sich auf in Arm und Reich. Das legt das Fürstengrab von Leubingen im Kreis Sömmerda nahe.

1877 untersuchte der Jenaer Professor Friedrich Klopfleisch, ein Doyen der Archäologie und Kunstgeschichte, den weithin sichtbaren **Grabhügel von Leubingen**. Akribisch und vorbildlich dokumentierte er die Sensation, auf die er stieß: ein unberaubtes »Fürstengrab«. Waffen, Werkzeuge, Keramik, ein zeremonieller Stabdolch aus Bronze sowie ein Goldschatz aus Armring, Fingerringen, Gewandnadeln und einem Spiralröllchen unterstreichen, welch hohen Rang der Tote zu Lebzeiten gehabt haben muss. Zudem fanden die Ausgräber Hinweise auf das Skelett eines ca. zehnjährigen Kindes, das dem Toten quer über den Leib gelegt worden sein soll. Wie die Datierung der Hölzer der Totenkammer zeigt, ist das Grab nach 1942 v. Chr. angelegt worden, stammt also aus der Zeit der **Aunjetitzer Kultur** (2200 – 1600 v. Chr.). Dieser bronzezeitliche Kulturkreis, benannt nach dem böhmischen Fundort Únetice, erstreckte sich auf den gesamten Raum zwischen dem nördlichen Harzvorland, Schlesien und Niederösterreich.

Brot und Salz

In dieser Epoche wird erstmals ein deutliches soziales Gefälle fassbar: hier die »Fürsten« oder »Häuptlinge«, dort die Bauern. Grundvoraussetzung für die Hierarchisierung der Gesellschaft und den wirtschaftlichen Reichtum war der kontinuierliche **Überschuss am täglichen Brot**. Wie hier im Raum Sömmerda, einer der fruchtbarsten Gebiete weit und breit, konnte sich ein Teil der Bevölkerung aus der Landwirtschaft ausklinken, als Handwerker arbeiten und sich dem Handel widmen. Die Gegend entwickelte sich in der Bronzezeit zu einer der **Drehscheiben des europäischen Handels**. Möglicherweise hat man den Händlern mit Zinn aus Cornwall, Kupfer aus den Alpen und Bernstein von der Ostsee auf dem Transit Schutz gewährt oder Wegzoll abgenommen. Wahrscheinlich haben aber die ortsansässigen Eliten als Zwischenhändler agiert und die verschiedenen Waren weiterverhandelt. Auch bot das **Salz** aus den nahen Solequellen einen begehrten Rohstoff, um selbst Handel zu treiben. Offenbar gelang es erstmals einer kleinen Gruppe, **Profit und Macht** in ihren Händen zu versammeln. Und der Herr von Leubingen zögerte nicht, beides zur Schau zu stellen.

Der Bronzeschatz

Über 120 Jahre nach Klopfleisch gelang es den Archäologen, weitere Puzzleteilchen zusammenzusetzen, als in Sichtweite des Hügels die Ortsumgehung von **Dermsdorf** gebaut wurde. Als Dr. Mario Küßner vom Thüringer Landesdenkmalamt und sein Team im Jahr 2011 das Baufeld genauer unter die Lupe nahmen, stießen sie auf die Überreste eines dreischiffigen Gebäudes von immensen Ausmaßen: etwa 11 m breit, 44 m lang und vermutlich mehr als 8 m

Seit ca. 4000 Jahren ruht der Fürst von Leubingen in seinem Grab.

hoch. Solch eine breite Halle, die zeitgleiche Häuser um Vieles überragte, ist für Mitteldeutschland ohne Beispiel. Aber es sollte noch besser kommen: Vor der Schwelle der Halle exakt auf der Mittelachse hatten die Menschen der Bronzezeit ein Gefäß mit rund 100 Bronzegegenständen, zumeist Beilen, im Boden versenkt, einen nach damaligen Maßstäben enormen Schatz. Wohl kaum als ein heimliches Versteck gedacht, sondern eher aus kultischen Gründen niedergelegt, vermutet Küßner. Unter Umständen habe es sich um eine Grube mit Deckel gehandelt, den man heben konnte, sofern es die Rituale erforderten.
Doch wozu diente die Halle? Nicht als Wohnhaus, da ist sich der Archäologe sicher. Möglicherweise besaß es eine Mischfunktion aus Versammlungshaus, Kulthalle und Sitz des Anführers – des »Fürsten« von Leubingen.

Die Himmelsscheibe

Auch zur Bevölkerung lassen sich nun weitere Aussagen treffen: Ein nahes Gräberfeld zeigt im Unterschied zum Prunk des Fürstenhügels 44 schlichte, meist schmucklose Bestattungen. Leubingen als Beweis für den **Beginn der gesellschaftlichen Spaltung** gilt als einer der bedeutendsten frühgeschichtlichen Grabfunde Mitteleuropas. Und der Blick der Menschen richtete sich damals offenbar auch nach oben: Die berühmte **Himmelsscheibe von Nebra**, aufgefunden in nicht einmal 30 km Luftlinie von Leubingen, datiert ebenfalls in die Zeit des »Fürsten« von Leubingen.

Wechselvolles Mittelalter

Herzogtum Thüringen

Unter der merowingisch-fränkischen Herrschaft wird um 620 Thüringen zum Herzogtum erhoben. Die angelsächsischen **Missionarbischöfe Willibrord und Bonifatius** christianisieren mit Unterstützung des Franken Karl Martell Thüringen, was zur Errichtung des Bistums Erfurt 742 führt. Im 9. Jh. lassen die karolingischen Herrscher das thüringische Grenzland mit befestigten Pfalzen und Königshöfen sichern, darunter auch die Burg Wigmara, das spätere Weimar. Als das deutsche Königtum 919 mit Heinrich I. auf die sächsischen Liudolfinger übergeht, gehört Thüringen zum **Kerngebiet des Reichs** mit Königspfalzen in Erfurt, in Tilleda am Kyffhäuser, in Wallhausen, Allstedt und Kloster Memleben.
Die einflussreichsten Fürsten während der **sächsischen Herrschaft** von 919 bis 1024 sind die Markgrafen von Meißen und die Grafen von Weimar. Im 11. und 12. Jh. ringen weitere mächtige Adelsgeschlechter und der Erzbischof von Mainz um die Vorherrschaft in Thüringen, was die Ludowinger für sich entscheiden. Ludwig der Springer gilt als Erbauer der Wartburg um 1080. Seine Nachkommen werden 1130 von Kaiser Lothar III. zu **Landgrafen von Thüringen** erhoben. Auf der Wartburg findet zu Beginn des 13. Jh. der sagenhafte Sängerkrieg statt. Landgräfin Elisabeth von Thüringen (▶ Baedeker Wissen, S. 286) wird 1235 heiliggesprochen.

1506 warf sich Martin Luther noch auf den Kirchenboden des Erfurter Augustinerklosters und legte die Gelübde ab. 1517 begehrte er gegen seine Kirche auf.

Aufblühen der Städte

Ins 13. Jh. fällt auch das Aufblühen der Städte. Neben die bedeutenden Marktzentren Erfurt und Mühlhausen, letzteres Reichsstadt und Hansemitglied, treten nun Eisenach, Nordhausen sowie Saalfeld.

Teilung

Als der letzte Ludowinger, Heinrich Raspe, 1246 als Gegenkönig zum Staufer Friedrich II. nach der deutschen Krone strebt und ein Jahr später stirbt, kommt es zum **thüringisch-hessischen Erbfolgekrieg**. Nach Kriegsende 1264 fällt der größte Teil Thüringens an den **Wettiner Markgrafen** Heinrich III. von Meißen, der Rest an die Landgrafschaft Hessen.

Die Wettiner

Schrittweise setzen sich die Wettiner gegen die heimischen Herrengeschlechter durch und übernehmen nach dem Aussterben des Askaniergeschlechts ab 1423 auch das Kurfürstentum Sachsen-Wittenberg. 1485 kommt es zur **Leipziger Teilung der wettinischen Lande** zwischen den Söhnen Friedrichs des Sanftmütigen, Ernst und Albrecht. Die territorialen Veränderungen im 15. Jh. führen dazu, dass der Name Thüringen von der politischen Landkarte zugunsten der sächsischen Teilstaaten verschwindet und erst im 19. Jh. wieder erscheint.

Reformation und Bauernkrieg

Ein rebellischer Mönch

Der Sohn des Kurfürsten Ernst, **Friedrich der Weise**, baut nach dem Verlust Leipzigs ab 1486 Wittenberg zur kursächsischen Residenz aus und gründet dort 1502 die erste Landesuniversität in Deutschland. Beflügelt vom humanistischen Zeitgeist, ruft der Kurfürst junge Gelehrte nach Wittenberg, darunter den Griechischlehrer **Philipp Melanchthon** und den Augustinermönch **Martin Luther**. Letzterer erhält die Professur für Bibelauslegung und stößt dabei auf die entscheidende Textstelle, dass Christus allein es ist, der den Gläubigen das Heil bringt. Ein damals üblicher Ablass zur Vergebung der Sünden ist also zwecklos und dient nur zum reinen Finanzierungsinstrument für den immensen Geldbedarf der Kirche in Rom. Am 31. Oktober 1517 verfasst Luther eine Denkschrift mit **95 Thesen**, die die Ablasspraxis anprangern. Da alle Verständigungsversuche mit der römischen Kirche scheitern, wird Luther nach dem Wormser Reichstag 1521 mit Kirchenbann und Reichsacht belegt. Nach einem fingierten Überfall bringen ihn Getreue des sächsischen Kurfürsten am 4. Mai 1521 auf die **Wartburg** in Sicherheit, wo er das Neue Testament ins Deutsche übersetzt (▶ Baedeker Wissen, S. 90). Mit Billigung seines Landesherrn kann Luther die Reformation vorantreiben, schafft die evangelische Gottesdienst- und Gemeindeordnung, gibt den Abendmahlskelch an Laien aus und führt Predigt und Kirchenlied in Deutsch ein.

Tübkes Panoramagemälde in Bad Frankenhausen thematisiert den Bauernkrieg.

Bauernkrieg und Religionskriege

Vielerorts suchen die unterdrückten Bauern mit den Ideen der Reformation auf ihren Fahnen ihr armseliges Daseln zu verbessern. In Mühlhausen kommt es durch die Unterstützung des Predigers **Thomas Müntzer** ab 1524 zu immer radikaleren Forderungen und Taten der Bauern. Der Bauernkrieg wird zwar mit brutaler Gewalt der Fürstenheere bis zum Frühsommer 1525 im ganzen Reich niedergeschlagen, doch die neue Glaubenslehre Luthers hat unwiderruflich ganz Thüringen und weitere Reichsteile erfasst. Zwar gewinnt Kaiser Karl V. auch den **Schmalkaldischen Krieg** 1547. Dennoch muss er im **Augsburger Religionsfrieden** (1555) die unterschiedlichen landesherrlichen Konfessionen anerkennen. Für Thüringen ist damit eine weitere Zersplitterung in Kleinstaaten verbunden. Lediglich im Eichsfeld ist die Rekatholisierung erfolgreich.

Territorialer Flickenteppich

Krieg und Hexenwahn

Der **Dreißigjährige Krieg** (1618–1648) hinterlässt in Thüringen schwere Verwüstungen und viel soziales Elend. Das Henneberger und Coburger Land ist zudem Schauplatz von **Hexenverfolgungen**, wie Mitteldeutschland insgesamt ein Zentrum der Verfolgung ist. Der Höhepunkt des Hexenwahns wird zwischen 1580 und 1650 erreicht. In Europa fallen ihm rund 60 000 Menschen zum Opfer, davon rund

40 000 im Deutschen Reich. Der Anteil der Frauen betrug etwa 80 %. Katholische und reformierte Regionen unterscheiden sich übrigens nicht in der Verfolgungsintensität; Luther selbst stellte klar: »Mit Hexen und Zauberern soll man keine Barmherzigkeit haben!«

Zwergstaaten

Am Ende des 17. Jh.s ist Thüringen in Zwergstaaten zersplittert mit allein zehn Linien der Ernestiner, neun der Reußen und drei der Schwarzburger. Hinzu kommt noch Besitz des Mainzer Erzstifts und der Brandenburger mit dem Saalekreis. Kein Wunder, dass in fast jedem Dorf und jeder Kleinstadt eine Adelsresidenz zu finden ist. Von Gotha, Altenburg und Weimar aus gelingt schließlich die Ausprägung einer neuen absolutistischen Staatsform und barocken höfischen Lebensart. Herzog **Ernst der Fromme von Sachsen-Gotha**, ein eifriger, calvinistisch geprägter Fürst, führt in seinem Land ein straff organisiertes Schulsystem ein, schafft einen effizienten Verwaltungsapparat und fördert die Universität in Jena. Seine 18 Kinder eifern ihm in zahlreichen kleineren Herzogtümern wie Meiningen, Römhild, Hildburghausen, Saalfeld und Eisenberg nach.
In Weimar geht Herzog **Wilhelm IV.** energisch an den Wiederaufbau seines geschundenen Landes. 1695 ist der Neubau des Schlosses fertig und ausgestattet mit einer ganz modernen Opernbühne. Herzog Wilhelm Ernst holt den 1685 in Eisenach geborenen **Johann Sebastian Bach** (▶Interessante Menschen) 1708 als Hoforganisten und Konzertmeister nach Weimar.

Klassik in Weimar · Romantik in Jena

Goethe, Schiller & Co.

Als Carl August I. 1775 mit 18 Jahren die Regierung in Weimar übernimmt, findet er dank seiner Mutter Anna Amalia (▶ Interessante Menschen) ein schuldenfreies Land vor. Sie hat bereits den bedeutenden Aufklärer **Christian Martin Wieland** als Prinzenerzieher an den Hof geholt. Carl August sorgt mit der umgehenden Einladung und schließlichen Bindung **Johann Wolfgang von Goethes** (▶ Interessante Menschen) an den Weimarer Hof für den Auftakt der Weimarer Klassik, einer Epoche der literarphilosophischen Blüte in Deutschland. Es folgen 1776 Johann **Gottfried Herder** und 1799 **Friedrich Schiller**, die den Herzogshof zum strahlenden Mittelpunkt ihres Schaffens machen. Besonders die Freundschaft zwischen Goethe und Schiller verleiht Weimar die Aura eines Musentempels der deutschen Literatur. Das von Goethe geleitete Theater gehört zu den epochalen Bühnen im Reich.

Universität Jena

Etwa gleichzeitig schwingt sich die Universität Jena zu einem der wichtigsten Zentren der Geisteswissenschaft auf. Daran ist die Berufung eines jungen Gelehrten nicht unschuldig: Als Professor für Phi-

Aufgeräumt: Goethes Arbeitsplatz im Ilmenauer Amtshaus

losophie hält **Friedrich Schiller** (▶ Interessante Menschen) am 26. Mai 1789 vor begeisterten Studenten seine Antrittsvorlesung an der Universität, die seit 1934 seinen Namen trägt. Zehn Jahre später hat sich in Jena ein geselliger gelehrter Zirkel etabliert, zu dem Johann Gottlieb Fichte, Georg Friedrich Wilhelm Hegel, Johann Heinrich Voß, die Brüder von Humboldt, und auch Goethe, Schiller, Herder und Wieland gehören.
Eine andere Gruppe junger Menschen schließt sich zum **Jenaer Kreis** zusammen, der zur Ausprägung der Jenaer Romantik zwischen 1796 und 1801 führt. Dazu gehören August Wilhelm Schlegel mit Gattin Caroline sowie sein Bruder Friedrich Schlegel mit seiner späteren Ehefrau Dorothea Veit, ferner Ludwig Tieck, Friedrich von Hardenberg, genannt Novalis, und Friedrich Wilhelm Joseph Schelling.

Erste Manufakturen

Im weitgehend agrarisch geprägten Thüringen mit vielen Armenhäusern gibt es ab Mitte des 18. Jh.s erste neue Wirtschaftsimpulse. In Erfurt und Apolda entsteht ein Textilgewerbe, in Sonneberg werden Spielzeug, in Steinach Schiefertafeln und Griffel hergestellt. Sitzendorf und Blankenhain sind Porzellanproduktionsstätten, in Lauscha ist die Glasbläserei im Aufschwung. Suhl ist seit langem eine Waffenschmiede.

Thüringische Staaten im 19. Jh.

Freiheitskämpfe

1806 ist Thüringen Kriegsschauplatz, als Napoleon in der **Schlacht von Jena und Auerstedt** Preußen besiegt und ein Besatzungsregime errichtet. Nach dem **Wiener Kongress** (1814/15) bleiben nur drei der Kleinstaaten erhalten, die ernestinischen, schwarzburgischen und reußischen, die übrigen Gebiete fallen an Preußen.
Im Großherzogtum Sachsen-Weimar-Eisenach geht es vergleichsweise liberal zu dank der Verfassung von 1816 und der Erlaubnis, Burschenschaften zu gründen. Diese reklamieren mit dem **Wartburgfest** 1817 den Geist der Befreiungskriege gegen Napoleon für die nationale Einheitsidee. Während der **Märzrevolution 1848** sterben bei Zusammenstößen im preußischen Erfurt zwischen Volk und Militär 27 Menschen.
Während der Regierungszeit (1853–1901) von Großherzog Carl Alexander ist **Weimar** erneut ein Musenhof. Die Musiker Franz Liszt, Richard Wagner und Richard Strauss gastieren am Hof, die Maler Böcklin und Lenbach beleben die Kunst.

Industrialisierung und Arbeterbewegung

Wirtschaftlich gesehen führt der **Eisenbahnbau** ab 1846 zur allmählichen Industrialisierung. In Ostthüringen blüht die Textilindustrie. In Jena siedelt sich mit Schott und Carl Zeiss eine heute weltbedeutende optische Industrie an, in Erfurt weitet sich die Werkzeug- und Maschinenfertigung aus, in Gotha sorgen der Waggonbau und der Sitz der Gothaer Versicherungsbank (1820) für Beschäftigung. In Eisenach etabliert sich der Fahrzeugbau. Die Arbeiterschaft strebt nach eigenen Interessenvertretungen, und so kommt es 1869 in Eisenach zur **Gründung der Sozialdemokratischen Arbeiterpartei** durch Bebel und Liebknecht. Das Gothaer Programm und das Erfurter Programm von 1891 legen die Grundsätze ihrer Politik fest.

Erster Weltkrieg

Der Hurra-Patriotismus des Ersten Weltkriegs verdeckt zunächst die sozialen Spannungen, doch führen Kriegswirtschaft, Missernten, Hungersnöte und allgemeiner Mangel ab 1917 vermehrt zu Streiks und Unruhen. Die deutsche Kriegsniederlage 1918 und die Abdankung Kaiser Wilhelms II. führen zur Auflösung des Deutschen Kaiserreichs. Auch die Herrscher der Thüringischen Staaten danken ab.

Der Weg in den Nationalsozialismus

Weimarer Republik

Da Unruhen im Januar 1919 in Berlin die Sicherheit der Abgeordneten gefährden, tritt die deutsche **Nationalversammlung** am 6. Februar 1919 im Theater zu Weimar zusammen. Am 31. Juli 1919 wird hier die Verfassung verabschiedet, die der neu gewählte Reichspräsident Friedrich Ebert am 11. August 1919 in **Schwarzburg** unterzeichnet. Auf der Grundlage eines Gemeinschaftsvertrags schließen sich die acht Thüringischen Staaten – mit Ausnahme Coburgs, das sich Bayern anschließt – am 1. Mai 1920 zum **Land Thüringen** mit der Hauptstadt Weimar zusammen.

National-sozialismus

1926 hält die NSDAP ihren zweiten **Reichsparteitag in Weimar** ab. Die thüringische Landeshauptstadt wird zum Sammelbecken konservativer und nationaler Kräfte, die u.a. die Verlegung der fortschrittlichen **Bauhaus-Hochschule** nach Dessau erzwingen. Von 1930 bis 1931 gibt es in Thüringen die **erste völkisch-nationalsozialistische Regierung in Deutschland**. Mit ihrem Gauleiter Fritz Sauckel als leitendem Staatsminister kann die NSDAP schon 1932 das Land allein regieren. Auf die Gleichschaltung der Länder mit dem Reich im Frühjahr 1933 folgt 1934 der Neuaufbau des Führerstaats u. a. mit Gauhauptstädten, zu denen auch Weimar zählt. Während in der Stadt von Goethe und Schiller ein gigantisches Gauforum des NS-Regimes entstehen soll, werden im Nordwesten der Stadt im **Konzentrationslager Buchenwald** Menschen gefoltert und ermordet (▶ Baedeker Wissen, S. 240). An mehreren Standorten in Thüringen nehmen Rüstungsbetriebe ihre Arbeit auf.

Zweiter Weltkrieg

Der Zweite Weltkrieg hinterlässt Spuren der Zerstörung in Weimar, Jena, Gera und Nordhausen,, woim KZ und Rüstungsbetrieb Mittelbau-Dora die sog. Vergeltungswaffen V 1 und V 2 produziert werden. Im April 1945 gelingt es den Häftlingen des KZ Buchenwald sich selbst zu befreien, ehe wenig später US-Truppen Thüringen besetzen, das ab Sommer 1945 der **sowjetischen Besatzungszone** zugeschlagen wird. Buchenwald wird von den Sowjetischs bis 1950 als Internierungslager weiterbetrieben. Bei den Landtagswahlen am 26. Oktober 1946 wird die von der Besatzungsmacht geförderte SED stärkste Partei.

Wendezeiten

In der DDR

Im Zug des Wiederaufbaus und weiteren Ausbaus von Staat und Gesellschaft im sozialistischen Sinn entstehen weiträumige Industrieanlagen, **Plattenbauten** sowie riesige Agrarflächen. Nur wenige Städte können im Rahmen der Modernisierungsprozesse ihre historischen Kerne bewahren, am ehesten noch Weimar als kulturelles Vorzeigeobjekt. Seit Mitte der 1950er-Jahre wird die **innerdeutsche Grenze** mit von Minenfeldern, Zäunen, Selbstschussanlagen und scharfer Bewachung Zug um Zug endgültig dichtgemacht. 736 km der insgesamt rund 1400 km langen Sperrzone verlaufen auf Thüringer Gebiet. Insgesamt werden ca. 6000 Thüringer durch den Ausbau der Grenzanlagen aus ihrer Heimat vertrieben.

EIN LEBENSSTREIFEN

Die Mauer ist gefallen, Deutschland wieder vereinigt. Wo bis 1990 die deutsch-deutsche Grenze verlief mit Wachtürmen und »Todesstreifen«, hat sich auf 1393 km an vielen Stellen ungestört eine einzigartige Fauna und Flora entwickelt. Diese Flächen wo immer möglich zu erhalten ist Ziel des Projekts »Grünes Band«, an dem Thüringen mit 737 km den größte Anteil hat. Wanderer können auf eigens ausgewiesenen Wegen diese Zone erkunden (www.bund.net/gruenes-band).

Thüringen als Bundesland

Nach den **Montagsdemonstrationen** öffnet sich am 9. November 1989 die innerdeutsche Grenze zum Auftakt der friedlichen politischen Wende. Mit der Landtagswahl am 14. Oktober 1990 ist das Bundesland Thüringen, offiziell **Freistaat Thüringen**, mit der Landeshauptstadt Erfurt neu gebildet.

Die Eröffnung der neuen Maxhütte Unterwellenborn 1995, die profitable Jenoptik von 1996 als Nachfolgerin der Zeiss-Werke sowie die Produktionsstätte von Opel bei Eisenach bringen nach schmerzlichen Rückschlägen die Wirtschaft in Schwung.

Die Terrorzelle Nationalsozialistische Untergrund (NSU) aus Jena markiert einen traurigen Höhepunkt **rechtsextremer Umtriebe**. Seit 2014 sitzt die mittlerweile vom Verfassungsschutz beobachtete AfD im Landtag, die bei der Wahl 2019 sogar zur zweitstärksten Kraft aufsteigt und bei der Ministerpräsidentenwahl 2020 die übrigen Parteien vorführt.

KUNST, MUSIK UND THEATER

Mini-Fürstentümer mögen für Regenten eine schwierige Angelegenheit sein, für die Reisenden sind sie ein Glück: Denn die Kleinstaaten sorgten für Burgen, Schlösser und Kunstobjekte in Hülle und Fülle. Mit Bauhaus und Otto Dix spielt Thüringens Moderne sogar im internationalen Vergleich eine wichtige Rolle.

Frühmittelalter und Romanik

Karolingische Kunst

Die fränkisch-höfische Kultur, die um 800 am Hof Karls des Großen in der karolingischen Renaissance gipfelt, findet in der Errichtung von Pfalzen und ersten Sakralbauten vor allem im Erfurter Raum ihren Niederschlag. Die Ruine **Mühlburg** (erb. 704) gilt als ältestes erhaltenes Bauwerk dieser Epoche. Im Dorf Rohr stehen die Überreste der Kirchenburg St. Michael (um 815) mit karolingischer Krypta.

Romanik

Zu den frühen Ringburgbauten zählen die Burg Gleichen (1034), die Henneburg (1037) und die Burg Ranis (1085). Die im 19. Jh. wieder aufgebaute **Wartburg** (Gründung um 1080) bei ► Eisenach besitzt mit dem Palas (letztes Drittel 12. Jh.) noch ein vornehmes Herrengebäude aus der Romanik. Unter den Kirchenbauten ist die 1124 geweihte Säulenbasilika der Klosterruine **Paulinzella** ein eindrückliches Beispiel. Vom Prämonstratenserkloster Veßra (12. Jh.) hat sich nur seine Grabkapelle (1182) erhalten. Einige Bauteile des Erfurter Doms stammen noch aus der Mitte des 12. Jh.s.
Auf dem Gebiet der spätromanischen **Buchmalerei** des 13. Jh.s ist die thüringisch-sächsische Malschule besonders hervorgetreten. Auftraggeber für den Landgrafenpsalter war Landgraf Hermann I. und dessen Schwiegertochter Elisabeth für den Elisabethpsalter.

Gotik

Baukunst

Von Frankreich her breitete sich der gotische Baustil im 13. Jh.s nach Thüringen aus. Dabei wurde weniger der steil aufstrebende Gliederbau nach französischem Vorbild aufgegriffen, vielmehr entstanden Kirchenräume von hallenartiger Weite. Vom bedeutendsten Beispiel frühgotischer Baukunst, der seit 1221 errichteten **Barfüßerkirche** in Erfurt, existiert nur noch der einschiffige Chor mit selten frühen

Kostbarkeiten sakraler Kunst im Erfurter Dom

Buntglasfenstern (13. Jh.) in Deutschland. Die Erfurter **Predigerkirche** (1278 – 1380) ist eine imposante, lang gestreckte dreischiffige Basilika von 15 Jochen. Die zum Hallenbau umgeformte Blasiuskirche (Divi Blasii, ab 1227) in Mühlhausen und der Nordhäuser Dom (um 1250) sind weitere bemerkenswerte Schöpfungen der Frühgotik. Eine eindrucksvolle mittelalterliche **Stadtbefestigungen** hat sich in Mühlhausen erhalten. Die **Krämerbrücke** (▶ Baedeker Wissen, S. 106) in Erfurt ist seit dem Stadtbrand von 1472 durchgehend mit Häusern bebaut und bewohnt.

Malerei In Thüringen beliebt, aber sonst ungewöhnlich ist die Darstellung der Verkündigung an Maria in der Allegorie der Einhornjagd auf der Mitteltafel des spätgotischen Flügelaltars (um 1420/1430) im Erfurter Dom. Unter den Altarwerken ragt der vierflügelige **Gothaer Tafelaltar** (Anfang 16. Jh.) mit der Lebensgeschichte Jesu im Schlossmuseum Gotha hervor. Farbenfrohe Glasfenster (1330/1360) schmücken die Divi-Blasii-Kirche in Mühlhausen. Großartige Schöpfungen des 14. Jh.s sind auch die Buntverglasungen der vierbahnigen **Maßwerkfenster des Erfurter Doms**. Die Kunst der Buchmalerei spiegelt das Gebetbuch (um 1270) der hl. Elisabeth, Landgräfin von Thüringen, im Wartburg-Museum wider.

Plastik Ein Querschnitt mittelalterlicher Schnitzplastik in Thüringen ist in der Eisenacher Predigerkirche eindrucksvoll museal präsentiert. Zu den umfangreichsten gotischen Chorgestühlen gehört das mit 89 Sitzen in Eichenholz geschnitzte Gestühl (1360 – 1370) im Chor des Erfurter Doms. Das Hochgrab (Mitte 15. Jh.) für Graf Günther XXV. von Schwarzburg und seine Gemahlin Elisabeth in der Liebfrauenkirche zu Arnstadt stammt wohl aus der Parler Bauhütte. **Rolandsfiguren** symbolisierten das Marktrecht in den Städten. Ein eindrucksvolles, 3 m hohes Beispiel findet sich am Rathaus von Nordhausen.

Renaissance

Baukunst Die von Italien im 14./15. Jh. ausgehende Ablösung der Gotik erreichte erst mit über 100 Jahren Verzögerung Thüringen. Renaissanceschlösser finden sich u. a. in Sondershausen (1533), Dornburg (um 1550). Beispielhaft sind auch **Schloss Wilhelmsburg** (1585 – 1590) in Schmalkalden und Schloss Bertholdsburg (16. Jh.) als Residenz der Grafen von Henneberg. Das **Obere und Untere Schloss in Greiz** waren Residenzen des Fürstentums Reuß.

Ein Bauboom im **Rathausbau** führte zu reich durchfensterten Neugestaltungen mit Türmen und Schmuckgiebeln u. a. in Saalfeld (1526), Gera (1573), Gotha (1577), Hildburghausen (1595), Altenburg und Arnstadt (1581).

Feinstes Rokoko: eines der Dornburger Schlösser bei Jena

Plastik

Grabmäler und Epitaphien werden mit wirklichkeitsnahen, vielfigurigen Inszenierungen verziert, darunter das Schönfeldsche Grabmal (1592) in der Rudolstädter Andreaskirche. Die Bildhauerfamilie Hans Fridemann der Ältere und der Jüngere hat mit dem turmförmigen Sakramentshaus (um 1590) und einigen Grabmälern im **Erfurter Dom** Hauptwerke hinterlassen.

Malerei

Der in Weimar 1553 verstorbene **Lucas Cranach d. Ä.**, Meister der höfisch-manierierten, linienbetonten Form, schuf mit dem dreiflügeligen Altarbild in der Herderkirche in Weimar ein eher traditionelles Alterswerk für ein evangelisches Gotteshaus. In Neustadt an der Orla überrascht in der Stadtkirche St. Johannes ein Hochaltar (1510 bis 1512) aus seiner Werkstatt.

Barock und Rokoko

Baukunst

Kuppeln und gestufte Türme verliehen den Kirchen, Schlössern und Stadtpalästen des 18. Jh.s Schwung und Bewegung. Farbiger Stuck-

marmor mit verspieltem Dekor, Figuren von verzücktem Ausdruck und großartige Illusionsmalerei steigerten das Raumerlebnis. **Schloss Friedenstein** (ab 1648) beeindruckt als riesige Dreiflügelanlage in Gotha mit reich stuckiertem Thronsaal (um 1690) und mit Europas ältestem erhaltenen Barocktheater, das Ekhof-Theater (1683). Schloss Elisabethenburg (1682 – 1692) in Meiningen zeigt frühbarockes Aussehen. In Erfurt entstanden der **Kurmainzer Packhof und die Kurmainzische Statthalterei**, heute Sitz der Staatskanzlei, beide Anfang des 18. Jh.s nach Plänen des berühmten kurmainzischen Baumeisters Maximilian von Welsch. Die Stadtkirche (1719) in Waltershausen ist ein imposanter Zentralbau mit der größten Barockorgel Thüringens von Tobias Gottfried Trost. Schloss Belvedere bei Weimar zeigt sich im frühen Rokokostil (1724 – 1732) als Schöpfung von Johann August Richter und Gottfried Heinrich Krohne. Von Krohne stammt auch das jüngste der drei Dornburger Schlösser (1736 – 1747) der Herzogsfamilie von Sachsen-Weimar. Die Fest- und Wohnräume der **Heidecksburg** (ab 1735) hoch über Rudolstadt sind eindrucksvolle Schöpfungen des Rokoko. Wiederaufgebaut nach der Brandkatastrophe von 2004 wurde der Rokoko-Bibliothekssaal der **Herzogin Anna Amalia Bibliothek**.
Unter den Bürgerhäusern seien repräsentative Anwesen wie das Fersche Haus (1760) und das Schreibersche Haus (1688) der Textilkaufleute in Gera genannt sowie die Altstadt von Schmalkalden mit seinen Bürgerhäusern vom 16. bis 18. Jahrhundert.

Kunst im 19. Jahrhundert

Klassizismus

Als Reaktion auf die spielerisch-dekorative Formsprache des Barock griff der Klassizismus im frühen 19. Jh. auf das strenge Formvokabular der griechisch-römischen Antike zurück. Der Neubau des Weimarer Stadtschlosses nach einem Brand wird ab 1787 durch Johann August Arens und ab 1797 durch Nikolaus Friedrich Thouret zum Vorzeigeobjekt des Klassizismus. Die Stadtkirche in Hildburghausen, das Marktensemble mit palazzoartigem Rathaus (1828) in Zeulenroda, Schloss Landsberg (1840) bei Meiningen und das Theater in Altenburg (1880) sind weitere Beispiele klassizistischer Baukunst. Die großbürgerliche Wohnkultur jener Epoche kann man in **Goethes Wohnhaus** sowie im Kirms-Krackow-Haus in Weimar nachempfinden.

Historismus

In der zweiten Hälfte des 19. Jh.s trat der Historismus als Gegenbewegung zum Klassizismus auf. Er orientierte sich an den geistig-sittlichen Vorstellungen großer Epochen der Vergangenheit. Von der Neuromanik, Neugotik über Neorenaissance und Neobarock reichte die Formsprache. Beim neugotischen Wiederaufbau der **Wartburg** (ab 1838) bei Eisenach entstanden als Nachahmungen Bergfried

(1853), Neue Kemenate (bis 1860), Dürnitz und Torhalle (1867), Gadem (1877) und Ritterbad (1890). Ein 80 m hoher neugotischer Turm (1894) ziert die Stadtkirche von Apolda. Das Deutsche Nationaltheater (1907) in Weimar wurde nach Plänen der Architekten Jacob Heilmann und Max Littmann mit historisierenden Stilelementen versehen. Das berühmte **Freundschaftsdenkmal** (1859) der Dichterfürsten Goethe und Schiller vor dem Weimarer Nationaltheater ist ein monumental-pathetisches Bronzewerk von Ernst Rietschel. Das **Kyffhäuser-Denkmal** (1896) diente dem zeitgeistigen Geschichtspatriotismus zur Wiederbelebung imperialer Ideen.

Jugendstil

Der Jugendstil mit seinen Naturvorbildern abgeschauten schwungvoll-fließenden Formen und ornamentalen Linienspielen setzte sich am Ende des 19. Jh.s gegen die historisierenden Formen zur Wehr. Das Kunsthaus Meyenburg (1908) in Nordhausen ist dafür ein Beispiel. Das Innere der Salvatorkirche in Gera wurde 1903 von Adolph Marsch mit Blütenornamentik im Jugendstil ausgemalt. Das Theatergebäude am Küchengarten in Gera verbindet eine reizvolle Mischung aus Historismus und Jugendstil. Einiges davon klingt auch noch nach in Henry van de Veldes Bau der großherzoglichen Kunstgewerbeschule (1905/1906) in Weimar.

Moderne

Baukunst

Verstärkt nach dem Ersten Weltkrieg tritt der Funktionalismus in der Baukunst in Erscheinung, wonach die Form eines Bauwerks zuallererst von der Funktion abzuleiten sei. Funktionalität und Gestaltung in Einklang zu bringen, letztlich Kunst und Leben miteinander zu verbinden, war das Anliegen der 1919 vom Architekten Walter Gropius in Weimar gegründeten, ab 1925 in Dessau und von 1932 bis 1933 in Berlin bis zur Schließung durch die Nationalsozialisten weitergeführten Hochschule, kurz **Bauhaus** (▶ Baedeker Wissen, S. 20, 280). Inbegriff des **Funktionalismus** ist das von Georg Muche entworfene Haus am Horn (1923) in Weimar.
Sozialistischer Realismus zeigt sich im zylindrischen, über 120 m hohen Universitätshochhaus (1972) des DDR-Stararchitekten Hermann Henselmann in Jena anstelle des abgerissenen Eichplatzes.

Malerei

Der in Untermhaus, heute Gera, 1891 geborene **Otto Dix** (▶ Interessante Menschen) ist als kritischer Realist ein schonungsloser Offenbarer der politisch-sozialen Missstände in der Weimarer Republik und zugleich ein psychologisch einfühlsamer Bildnisschöpfer. Die figürlich-expressive Maltradition findet ihre Fortsetzung in **Werner Tübkes** 1987 fertiggestellten Panoramabild zur frühbürgerlichen Revolution in Deutschland (Bauernkrieg) bei Bad Frankenhausen.

KURZE GESCHICHTE MIT LANGZEITWIRKUNG

Nicht einmal 15 Jahre hat das Bauhaus existiert. Und doch hat es unter der Leitung von Walter Gropius, Hannes Meyer und Ludwig Mies van der Rohe Meilensteine für Kunst, Kunsthandwerk, Design, Industrie und Architektur des jungen 20. Jahrhunderts gesetzt, die bis heute fortwirken.

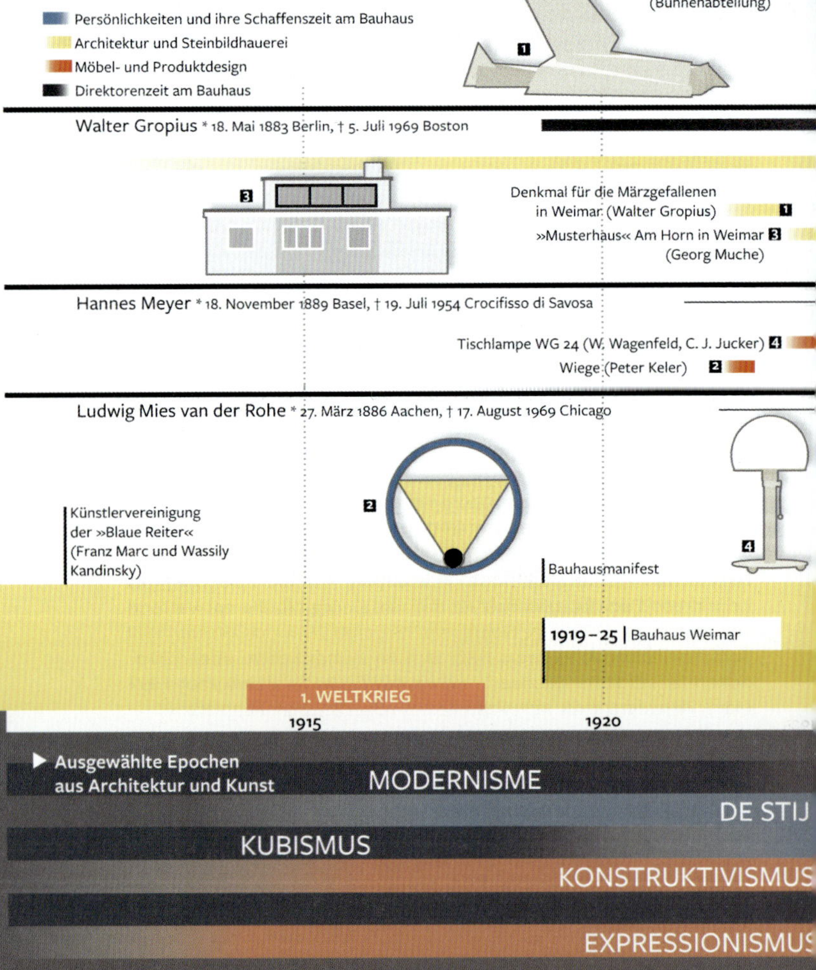

Bedeutende Bauhaus-Lehrer

ohannes Itten (Leitung es Vorkurses)

Hannes Meyer (Architekturabteilung -> Direktor)

Lyonel Feininger (Werkstatt für Malerei)

Gerhard Marcks (Werkstatt für Bildhauerei)

Georg Muche (Werkstatt Holz- und Steinbildhauerei, Dekorationsmalerei -> Weberei)

Paul Klee (Werkstatt für Buchbinderei)

Oskar Schlemmer (Werkstatt für Steinbildhauerei -> Bühnenabteilung)

Marcel Breuer (Werkstatt für Tischlerei)

Wassily Kandinsky (Werkst. f. Wandmalerei)

László Moholy-Nagy (Leitung des Vorkurses, Metallwerkstatt)

Herbert Bayer (Werkstatt für Druck und Reklame)

Alfred Arndt (Metallwerkstatt, Tischlerei, Werkstatt für Wandmalerei)

Walter Peterhans (Fotografieabteilung)

Fagus-Werke in Alfeld (Walter Gropius)

Bauhaus Dessau (Walter Gropius)

Meisterhäuser in Dessau (Walter Gropius)

Siedlung Dessau-Törten

Weißenhofsiedlung in Stuttgart

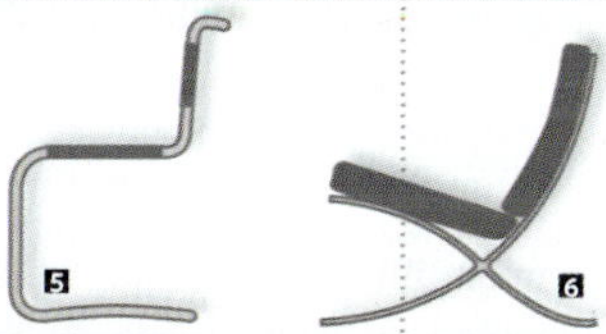

5

6

(Marcel Breuer) Wassily-Stuhl

6 Barcelona Chair (Ludwig Mies van der Rohe)

5 Stahlrohrstuhl (Marcel Breuer)

Zeitschrift »bauhaus«

Architektur als neue Abteilung am Bauhaus

Schließung durch die Nationalsozialisten

Der deutsche Pavillon zur Weltausstellung in Barcelona (L. Mies van der Rohe)

4. Dezember 1926: Einweihungsfeier des neuen Schulgebäudes in Dessau

Gründung des »New Bauhaus« (School of Design) in Chicago

1925–32 | Bauhaus Dessau

1932–33 | Bauhaus Berlin

2. WELTKRIEG

1925 1930 1935

ART DÉCO

MODERNE

Musik und Theater

Kirchenmusik Zwar ist der Minnesang-Wettstreit, der so genannte Sängerkrieg auf der Wartburg Anfang des 13. Jh.s, nur Legende. Tatsache ist hingegen, dass die zahlreichen Zwergstaaten Thüringens ein reiches Musikleben an ihren Höfen früh entfalteten. Schon Heinrich Schütz (1585 – 1672), der »Vater des evangelischen Kirchenlieds« gastierte in Gera. Georg Philipp Telemann wirkte von 1709 bis 1712 als Kapellmeister in Eisenach. Allein **vier Bach-Generationen** seit Johann Sebastian (▶ Interessante Menschen) sorgten für hochklassige Unterhaltung und seelische Erbauung mit ihren diversen Kompositionen. Die Thüringer Bachwochen halten jedes Jahr im März die Erinnerung an die Bachfamilie wach. Während des Thüringer Orgelsommers im Juli und August jeden Jahres wird besonderer Wert auf die Kirchenmusik im Land der Reformation gelegt.

Orchester Um 1565 wurde die **Weimarer Staatskapelle** gegründet und spielt heute als Orchester des Deutschen Nationaltheaters. Johann Nepomuk Hummel, Franz Liszt und Richard Strauss im 19. Jh. sowie Hermann Abendroth im 20. Jh. waren ihre berühmtesten Dirigenten. 1695 hob sich erstmals der Vorhang der Opernbühne im Weimarer Schloss, eine der ältesten in Deutschland. Im 19. Jh. tat sich besonders Großherzog Carl Alexander als Förderer der Musik hervor, indem er **Franz Liszt** an seinen Hof in Weimar verpflichtete. **Richard Wagner** folgte ihm, und beide schufen hier einige ihrer Hauptwerke. Die heutige Hochschule für Musik Franz Liszt in Weimar verbindet Tradition mit musikalischer Moderne. Die Weimarer Frühjahrstage der zeitgenössischen Musik finden ein weites Echo.

Einer der bekanntesten Liszt-Schüler war **Hans von Bülow** (1830 bis 1894), der mehrere Jahre lang als Hofmusikintendant in Meiningen wirkte und auf Gastspielreisen mit der Meininger Hofkapelle viel Erfolg hatte.

Theater Nach den Mangeljahren des Dreißigjährigen Kriegs machte sich allmählich wieder Lebensfreude breit, und dazu gehörte gute Unterhaltung bei Hof. Zwischen 1681 und 1687 entstand in Gotha das **Ekhof-Theater**, benannt nach dem Schauspieler Conrad Ekhof (1720 bis 1778), der das Hoftheater ab 1774 leitete und als »Vater der deutschen Schauspielkunst« gilt. Es ist eines der wenigen fast vollständig erhaltenen frühen Barocktheater in Deutschland mit allerlei Kulissenzauber, Donnerschacht und Windmaschine. Beim Ekhof-Festival wird jedes Jahr im Sommer die Barockwelt bei Aufführungen mit zeitgemäßen Kostümen und Bühnenbildern lebendig.

In **Weimar** gründete Herzog Carl August 1791 das Hoftheater. Erster Direktor war bis 1817 **Johann Wolfgang von Goethe**. Aufgeführt wurden hauptsächlich Werke von August Wilhelm Iffland, August von

Kotzebue, Friedrich Schiller und natürlich die Dramen Goethes. Der Theaterbau der Goethezeit existiert zwar nicht mehr, aber das Nationaltheater in Weimar, 1908 neu eröffnet, ist immer noch eine bedeutende Spielstätte.
Die **Meininger** waren in der zweiten Hälfte des 19. Jh.s europaweit bekannt für großes Theater, tourten nach London und Stockholm, nach Wien und Kiew. Der kunstverliebte Herzog von Sachsen-Meiningen, Georg II. trat selbst als Dramaturg auf, entwarf Bühnenkulissen sowie Kostüme, achtete auf historisch getreue und realistische Darstellungsweisen und verhalf so dem modernen Regietheater zum Durchbruch, von dem sogar Brecht beeinflusst war. Das Meininger Theater mit rund 730 Plätzen kann jährlich mit mehr als 90 Prozent Auslastung aufwarten. In der Landeshauptstadt **Erfurt** wurde 2003 der erste Theaterneubau Deutschlands im 21. Jh. eröffnet.

Eine Orchesterprobe in der traditionsreichen Theaterstadt Meiningen

INTERESSANTE MENSCHEN

Wegbereiterin der Weimarer Klassik: Anna Amalia

1739 – 1807
Regentin

Ohne Anna Amalia von Sachsen-Weimar-Eisenach wäre das Phänomen Weimarer Klassik nicht entstanden, setzte sie doch den Rahmen für ein Zusammentreffen der großen Geister dieser Epoche in Weimar. Schon mit 16 Jahren wird die Tochter Herzog Carls I. von Braunschweig-Wolfenbüttel 1756 mit Herzog Ernst August II. Konstantin von Sachsen-Weimar-Eisenach verheiratet. Erbprinz Carl August kommt 1757 zur Welt. 1758 wird die 19-Jährige ein zweites Mal Mutter, dann Witwe und damit auch Regentin, muss sie doch die Regierungsgeschäfte bis zur Volljährigkeit ihres Erstgeborenen übernehmen. Sie steht vor der Aufgabe, dem finanziell am Boden liegenden Herzogtum wieder eine solide Grundlage zu verschaffen. 1772 engagiert sie Christoph Martin **Wieland** als Prinzenerzieher. Er sollte der erste in einer langen Reihe von Dichtern, Denkern und Künstlern sein, die es dank Anna Amalia nach Weimar zieht. Als sie ihrem Sohn 1775 die Herrschaft übergibt, widmet sie sich ganz ihren künstlerischen Ambitionen. In ihrem Witwensitz, dem Wittumspalais, gehen Johann Wolfgang **Goethe**, Friedrich **Schiller**, Wieland und Johann Gottfried **Herder** ein und aus. Bei ihren Gesellschaften werden gelehrte Vorträge gehalten, auch der Hofkapelle wird große Aufmerksamkeit gewidmet, zählte doch die Musik zu den besonderen Vorlieben der Landesmutter. Die vielseitig interessierte Anna Amalia reist 1788 sogar für zwei Jahre nach Italien, »um sich selbst zu gehören«, wie sie sagte. Nicht unbedingt das, was man damals von einer fünfzigjährigen protestantischen Witwe erwartete.

Titan der Musik: Johann Sebastian Bach

1685 – 1750
Organist, Komponist

Bach war es durchaus in die Wiege gelegt, Musiker zu werden, stammt er doch aus einem alten Musikergeschlecht, deren weit verzweigte Verästelungen und Namensgleichheiten immer wieder zu Verwirrungen in der Genealogie führten. Johann Sebastian Bach wird am 21. März 1685 in **Eisenach** als jüngstes von acht Kindern geboren. Schon mit zehn Jahren ist er Vollwaise. In Arnstadt erhält Bach 1704 seine erste Stelle als Organist. Der junge Mann soll den strengen Maßstäben der Kirchengemeinde nicht immer entsprochen haben: So scheint sein virtuoses, mit »wunderlichen Variationes« versehenes Orgelspiel, in das er »fremde Thöne eingemischet«, manches Gemeindemitglied mehr irritiert als entzückt zu haben. In »angezeigter Ungnade« muss der 22-Jährige Arnstadt den Rücken kehren. Kurze Zeit zieht er in der Divi-Blasii-Kirche zu Mühlhausen die Register, dann führt ihn über Lüneburg, Hamburg und Celle sein Weg nach Weimar, wo er ab 1714 als Hofkapellmeister einen großen Teil seines Orgelwerks komponiert. Als er in Köthen einen Vertrag unterschreibt, ohne vorher zu kündigen, bringt ihm das ein paar Tage bei Wasser und Brot ein. Köthen, wo die »Brandenburgischen Konzerte« und das »Wohltemperierte Klavier« entstehen, ist nur Zwischenstation auf dem Weg nach Leipzig. Hier nimmt er 1723 seine Arbeit als **Thomaskantor** auf. 1750 stirbt Bach und hinterlässt über 1100 Kompositionen. Besonders seine Werke für Tasteninstrumente gelten als Höhepunkt der europäischen Musikgeschichte. Seine geistliche Musik legt Zeugnis ab von einer tiefen Religiosität. So reich sein musikalisches Werk, so fruchtbar auch sein leibliches Erdendasein: 1707 ehelicht Bach seine Cousine zweiten Grades, mit der er sieben Kinder hat. Nach ihrem Tod heiratet der Komponist die Sängerin Anna Magdalena Wilcken und wird Vater von 13 weiteren Kindern.

Exzentrischer »Tiervater«: Alfred Brehm

1829 – 1884
Zoologe,
Schriftsteller

»Brehms Tierleben« mit seinen dramatischen Zeichnungen und mitreißenden Texten ist seit 1864 ein Klassiker der zoologischen Literatur. 1829 in Renthendorf nahe Gera geboren, erweist sich Alfred Brehm nicht nur als präziser Beobachter, sondern auch als begnadeter Schriftsteller. Neben zoologischen Details zu Paarungsverhalten, Ernährung, Habitus und Lebensumfeld spart er nicht mit griffigen Vergleichen. So vermeldet er vom Känguru: »In freudige Erregung kann es geraten, wenn es nach länger währender Hirnarbeit zur Überzeugung gelangt, dass es auch unter Kängurus zwei Geschlechter gibt.« **Vater Christian Ludwig** war Pfarrer und Ornithologe; Brehm junior wuchs innmitten Tausender ausgestopfter Vögel auf. Zunächst zog es den Filius jedoch zum Architekturstudium nach Dresden. Nach nur zwei Semestern hängte er das Studium an den Nagel und nahm von 1847 bis 1852 an einer Afrika-Expedition teil. Dann studierte er Naturwissenschaften in Jena und strickte aus seinen Reisenotizen die Promotion. 1863 erschien das »Illustrirte Thierleben«, seit der 2. Auflage »Brehms Tierleben«. Brehm reiste durch Europa, Afrika und Sibirien und stand im Ruf eines Exzentrikers, der in Kairo gerne mit seiner gezähmten Löwin »Bachida« spazierenging. Was Wunder, dass er als Direktor des Hamburger Zoos (1863 – 1866) trotz beachtlicher Erfolge aneckte. Als Leiter des Berliner Aquariums (bis 1878) warf er nach fünf Jahren auch hin. 1884, von einer wiederauflebenden Malaria geschüttelt, starb Brehm in Renthendorf.

DIE »HEILIGE REBELLIN«

Elisabeth von Thüringen (1207 – 1231) ist die bekannteste deutsche Heilige. Zu Lebzeiten stieß die Ehefrau des Landgrafen von Thüringen ihre feudale Umgebung vor den Kopf, kümmerte sich um Aussätzige, tat Gutes für die notleidende Bevölkerung. Und erlitt einen beispiellosen gesellschaftlichen Abstieg.

Mit vier Jahren wurde **Elisabeth** verlobt, war mit 20 Mutter von drei Kindern, starb mit 24 und wurde vier Jahre später heiliggesprochen. Diese rasche Heiligsprechung ist ein Glücksfall, denn im Zug des Verfahrens konnten noch lebende Zeitgenossen, in diesem Fall ihre vier Dienerinnen und ihr Beichtvater, ein detailliertes Zeugnis über ihr Leben und Sterben ablegen.

Auf die Wartburg

Vermutlich am 5. Juli 1207 wurde Elisabeth als Tochter des ungarischen Königs Andreas II. und Gertrud von Andechs-Meran geboren, entstammte also den höchsten Rängen des europäischen Hochadels. Ihre Geburt, so sagt es die Legende, prophezeite schon Magier Klingsor beim Sängerkrieg auf der Wartburg. Mit nur fünf Jahren wurde sie auf die weite Reise nach Thüringen geschickt zu ihrem Verlobten, dem zehnjährigen **Ludwig**, Sohn des Thüringer Landgrafen Hermann I. Seinerzeit war es vollkommen üblich, dass Kinder aus adeligem Hause nicht daheim erzogen wurden und die zwangsverlobten Mädchen in der Familie des künftigen Ehemannes aufwuchsen. Thüringen kam dank seiner Mittellage im Reich seinerzeit durchaus Gewicht zu. Dennoch staunten die künftigen Schwiegereltern und der Hofstaat nicht schlecht über den **Schatz**, der der Prinzessin aus Ungarn mitgegeben worden war. Solchen Reichtum hatte man auf der Wartburg bis dato noch nicht gesehen.
Elisabeth wuchs hinein in ein religiöses Umfeld, in der die Armutsbewegung des Franz von Assisi gerade aufkam. Von klein an, so berichteten ihre Dienerinnen, rebellierte Elisabeth gegen das höfische Luxusleben, brachte Kranke auf die Burg und pflegte einen für eine künftige Landgräfin unüblich engen Umgang mit dem gemeinen Volke – sehr zum Missfallen ihrer nächsten Verwandten. Ihr **Ehemann Ludwig IV.**, den sie mit 14 Jahren heiratete, stärkte hingegen seiner jungen Frau den Rücken. Beide scheinen sich in inniger Liebe zugetan gewesen zu sein.

Ein Abschied für immer

Während Ludwig IV. regierte, widmete sich Elisabeth immer intensiver der religiösen Askese; sie geißelte sich und weigerte sich, prunkvolle Gewänder zu tragen. Am liebsten zeigte sie sich in einem einfachen Wollkleid, kümmerte sich um Kranke und öffnete bei einer Hungersnot die fürstlichen Kornkammern für die Armen. Ihr Beichtvater Konrad von Marburg, der später ihre Heiligsprechung betrieb, bestärkte sie wohl in ihrer rigorosen Haltung.
1227 entschied Ludwig IV. , an den Kreuzzügen teilzunehmen. Der Abschied der Eheleute in Schmalkalden scheint bitter gewesen sein. Elisabeth, mit dem dritten Kind schwanger, und Ludwig weinten herzzerreißend und mit ihnen der ganze Hofstaat und das

Heer. Tatsächlich sollte es ein Abschied für immer werden, denn Ludwig starb bereits im September 1227 fern der Heimat an Fieber.
Jetzt schlug die Stunde der Verwandtschaft. **Heinrich Raspe**, Elisabeths Schwager und neuer Landgraf, entzog ihr die Renten aus ihren Witwengütern. Elisabeth verließ daraufhin mit ihren drei Kindern die Wartburg und fand in der Scheune eines Gastwirts Unterschlupf. Erst ihr Onkel, der **Bischof von Bamberg**, erwirkte die Rückgabe des Wittumsgutes. Sein Ansinnen, sie mit Kaiser Friedrich II. zu verheiraten, wies sie rigoros ab. In Marburg gründete Elisabeth ein Spital, entsagte allen weltlichen Gütern und pflegte Alte und Kranke. Am 17. November 1231 starb sie nach kurzer Krankheit im Alter von 24 Jahren. Bestattet wurde Elisabeth im funkelnden Schrein der über ihrem Grab ab 1283 errichteten gotischen Elisabethkirche in Marburg.
Elisabeths gottgefälliges Leben wie auch die vielen Wunder, die zu ihren Lebzeiten und nach ihrem Tod geschehen sein sollen, lieferten die Grundlage für die Heiligsprechung durch Papst Gregor IX. im Jahr 1235.

Hochverehrte Heilige

In Thüringen zeugen viele Orte von ihrem Wirken: Auf der Wartburg verbrachte »Thüringens Heilige Rebellin« die glücklichsten, aber auch die finstersten Zeiten ihres Lebens. Ihren geliebten Mann ehelichte sie 1221 in der Eisenacher Georgenkirche. Auf der Creuzburg gebar sie ihren ersten Sohn. Eine kleine Nische im Erfurter Dom enthält ein Faksimile der Heiligsprechungsurkunde sowie Reliquien. Viele Bänder in den Farben Ungarns zieren die Nische – Elisabeth ist auch dort eine hochverehrte Heilige. Ihr Gedenktag ist der 19. November.

Bilder aus dem Leben der Heiligen zieren die Elisabeth-Kemenate auf der Wartburg.

Berühmt oder berüchtigt: Otto Dix

1891 – 1969
Maler

Otto Dix, 1891 in Gera-Untermhaus geboren, zählt zu den bedeutendsten Malern des 20. Jahrhunderts. Als **Arbeiterkind** wuchs er in einfachen Verhältnissen auf, hatte aber dank seiner Herkunft einen geschärften Blick für die Gesellschaft und ihre Unterschiede, was sich später in seinen Werken thematisch wiederfinden sollte. »Entweder ich werde berüchtigt oder berühmt«, sagte er voraus. Ein Stipendium des Fürstenhauses von Reuß ermöglichte ihm das Studium an der Kunstgewerbeschule in Dresden. Tiefen Eindruck machte der Erste Weltkrieg auf Dix, der als Maschinengewehrschütze die Schrecken der Schützengräben erlebte und seine Fronterlebnisse in hunderten Zeichnungen verarbeitete. Ab 1920 bildet er die Abgründe der Großstadt, Kriegskrüppel zwischen Huren und Freiern, die Gegensätze zwischen Arm und Reich und die Verrohung aller Sitten schonungslos ab. Nach Stationen in Düsseldorf und Berlin wird Dix Professor an der Kunsthochschule in Dresden. 1933 entlassen ihn die Nationalsozialisten, seine Werke stufen sie als **»entartet«** ein. Nach dem Krieg rehabilitiert, wird er vielfach ausgezeichnet und in Gera zum Ehrenbürger ernannt. Gera bezeichnet sich heute als Otto-Dix-Stadt. Der Künstler lebte bis zu seinem Tod 1969 auf der beschaulichen Bodensee-Halbinsel **Höri**, die er »zum Kotzen schön« fand, und widmet sich der Landschaftsmalerei.

Universalgenie: Johann Wolfgang von Goethe

1749 – 1832
Dichter, Naturwissenschaftler, Staatsmann

Johann Wolfgang von Goethe gilt seit über 200 Jahren als die Krone der deutschen Literatur; kein anderer vereint solch ungeteilte Verehrung zu Lebzeiten und nach dem Tod auf sich. Hineingeboren in das Haus einer Frankfurter Patrizierfamilie, wird ihm früh ein gehöriges Maß an Bildung zuteil: Er lernt mehrere Sprachen, darunter Griechisch, Hebräisch und Latein, außerdem Zeichnen, Tanzen, Klavierspielen (was er weniger mochte), Fechten und Reiten. Er studiert Jura, prägt die Epoche des Sturm und Drang mit den Werken »Götz von Berlichingen« und »Die Leiden des jungen Werthers«. Vor allem dieser Roman macht ihn schlagartig berühmt.

Schicksalhaft ist die Begegnung mit dem späteren Großherzog von Sachsen-Weimar-Eisenach, Carl August, auf dessen Einladung hin er ab 1775 in **Weimar** als Minister mit umfangreichem Aufgabengebiet wirkt. Unter anderem hat er die Finanzen, das Wegenetz und das Bergwerkswesen auf Vordermann zu bringen. Zeit und Muße zum Dichten blieb ihm offenbar genug. Sein lyrisches Werk ist gigantisch, er schreibt Romane und Novellen, seine Autobiografie, widmet sich einer ganz eigenen Naturanschauung, der die »Farbenlehre« entspringt, sammelt Mineralien (der Goethit ist nach ihm benannt) und

Goethe (links) und Schiller überblicken den Weimarer Theaterplatz.

entdeckt den menschlichen Zwischenkieferknochen. Unsterblich macht ihn sein Meisterwerk, der »Faust«. Dieses ist nicht zuletzt auch dem Kontakt mit Friedrich Schiller zu verdanken. Die lange Zeit innig gesuchte Gesellschaft der sieben Jahre älteren Hofdame **Charlotte von Stein** flieht er und reist nach Italien. Zurück in Weimar, beginnt die vom Weimarer Hof missbilligte Liaison mit der Näherin **Christiane Vulpius**, Mutter seines Sohnes, die er erst nach 18 Jahren »wilder Ehe« heiratet. Am 22. März 1832 stirbt Goethe, betagt und hochgeehrt, in seinem Haus am Frauenplan in Weimar, in dem er seit 1782 wohnte.

Genialer Freigeist: Friedrich von Schiller

1759 – 1805
Dichter, Professor

Neben Goethe ragt nur noch eine Gestalt ebenbürtig aus der Vielzahl Weimarer Dichter und Literaten heraus: Friedrich von Schiller. Geboren im schwäbischen **Marbach am Neckar**, besucht Schiller zunächst in Stuttgart die sog. Hohe Carlsschule, die »Kaderschmiede« des württembergischen Herzogs Carl Eugen, um das Handwerk des

Feldarztes zu erlernen. Als Schiller 1782 in Mannheim sein Drama »Die Räuber« uraufführen lässt und trotz herzoglichen Verbots dort anwesend ist, untersagt ihm Carl Eugen jede weitere schriftstellerische Tätigkeit. In der Nacht vom 22. auf den 23. September 1782 flieht Schiller aus Stuttgart. Über Mannheim, Braunbach, Bauerbach und Loschwitz kommt er 1787 nach Weimar, um sich eine freie Existenz als Dichter aufzubauen. Goethe weilt zu dieser Zeit in Italien.
1789 folgt Schiller einem **Ruf als Geschichtsprofessor nach Jena**; eine Besoldung erhält er allerdings nicht. Am 22. Februar 1790 heiratet er Charlotte von Lengefeld, die er bereits von seinem Aufenthalt in Bauerbach kennt. 1799 kehrt er endgültig nach Weimar zurück. Dort wohnt er zunächst in der Windischengasse, von wo er 1802 in das heutige Schillerhaus an der damaligen Esplanade umzieht. In diesem Jahr erhält er auch sein Adelsdiplom und durfte sich fortan »von Schiller« nennen.
In seinen ersten Weimarer Jahren schreibt er die großen Dramen »Maria Stuart« (1800) und »Die Jungfrau von Orléans« (1801). Im Haus an der Esplanade entstehen »Die Braut von Messina« (1803), »Wilhelm Tell« (1804) und das »Demetrius«-Drama, das Fragment blieb. Sie alle wurden in Weimar uraufgeführt.
Am 9. Mai 1805 stirbt Schiller, nur 45 Jahre alt, an **Lungenentzündung**. Goethe ist bis ins Mark getroffen, will niemand sehen, verlässt tagelang sein Haus nicht. Mit Schillers Tod endet auch die von der Freundschaft zu Goethe geprägte große Zeit der Weimarer Klassik. Warum Schillers Grab leer ist, erhellt ▶ Baedeker Wissen, S. 236.

Industriepionier: Carl Zeiss

1816 – 1888
Mechaniker, Unternehmer

In seiner Freizeit züchtet er Rosen, im Berufsleben gilt er als penibler Firmenchef, der nicht 100 % fehlerfreie **Mikroskope** seiner Mitarbeiter auf dem Amboss in Stücke hieb. 1816 wird Carl Zeiß – so die ursprüngliche Schreibung des Namens – in Weimar geboren. Nach dem Gymnasium absolviert er in Jena eine Mechanikerlehre und will sich dann in Weimar ansiedeln. Doch die Stadtväter lehnen das Ansinnen ab, es gibt ja schon zwei Mechaniker, wozu also einen dritten? Zeiss bleibt in Jena und fertigt ab 1846 Laborgeräte, seit 1847 Mikroskope an. Die sind sehr gefragt, doch Zeiss ist unzufrieden. Denn die Auswahl der Linsen ist äußerst schwierig. Mitunter müssen bis zu 500 der teuren Teile probiert und verworfen werden, denn berechnen lässt sich die optimale Linse damals nicht. Die Wende tritt 1868 ein, als Zeiss den Eisenacher **Ernst Abbe** (1840 – 1905) auf das knifflige Problem ansetzt. Der Physiker und Mathematiker fand 1872 einen Weg, Objektive exakt zu berechnen. Der nächste Geniestreich besteht darin, den Chemiker und Glasspezialisten **Otto Schott** (1851 bis 1935) mit ins Boot zu holen. Die von ihm entwickelten hochwertigen Gläser machen die Zeiss-Mikroskope zu den unschlagbaren Marktführern. Ganz nebenbei wird von ihm auch noch das feuerfeste Jenaer Glas erfunden. 1888 stirbt der Industriepionier, der selbst keine bahnbrechenden Erfindungen gemacht hat, aber ein Händchen für die richtigen Männer hatte, in Jena.

Der Erfinder des Reiseführers: Karl Baedeker

1801 – 1859
Verleger

Als Buchhändler kam Karl Baedeker viel herum, und überall ärgerte er sich über die »Lohnbedienten«, die die Neuankömmlinge gegen Trinkgeld in den erstbesten Gasthof schleppten. Nur: Wie sollte man sonst wissen, wo man übernachten könnte und was es anzuschauen gäbe? In seiner Buchhandlung hatte er zwar Fahrpläne, Reiseberichte und gelehrte Abhandlungen über Kunstsammlungen. Aber wollte man das mit sich herumschleppen? Wie wäre es, wenn man all das zusammenfasste? Gedacht, getan: Zwar hatte er sein erstes Reisebuch, die 1832 erschienene »Rheinreise«, noch nicht einmal selbst geschrieben. Aber er entwickelte es von Auflage zu Auflage weiter. Mit der Einteilung in »Allgemein Wissenswertes«, »Praktisches« und »Beschreibung der Merk-(Sehens-)würdigkeiten« fand er die klassische Gliederung des Reiseführers, die bis heute ihre Gültigkeit hat. Bald waren immer mehr Menschen unterwegs mit seinen **»Handbüchlein für Reisende, die sich selbst leicht und schnell zurechtfinden wollen«**. Die Reisenden hatten sich befreit, und sie verdanken es bis heute Karl Baedeker. Thüringen beschreibt er erstmals im 1842 erschienenen »Handbuch für Deutschland und den Oesterreichischen Kaiserstaat«.

»

... berühmt durch Luthers Aufenthalt vom 4. Mai 1521 bis den 6. März 1522. Die Zelle, welche er als Junker Georg bewohnte, ist wenig verändert. Man sieht hier seinen Tisch, einen dreibeinigen Stuhl und ein Ðintenfass. Auch der berühmte Dintenfleck an der Wand wird stets erneuert.

«

Über die Wartburg
Aus »Deutschland und der Oestereichische Kaiserstaat«, 1. Aufl. 1842

E

ERLEBEN & GENIESSEN

Überraschend, stimulierend, bereichernd

Mit unseren Ideen erleben und genießen Sie Thüringen.

Entspanntes Bummeln auf Erfurts Krämerbrücke ►

Haus zum
wilden Mann
&
güldenen
Schachtzaul
STIFTUNGSHAUS

BEWEGEN & ENTSPANNEN

Aktivurlaub bildet ein wesentliches touristische Standbein in Thüringen. Entsprechend gut ausgebaut und beständig erweitert wird das Outdoor-Angebot. Möglichkeiten gibt es im Sommer wie im Winter zuhauf, insbesondere im Thüringer Wald.

Sportlich durchs ganze Jahr

Wintersport

Der gesamte Thüringer Wald inklusive Schiefergebirge und auch die Rhön zählen zu Thüringens Wintersportgebieten. Mehr als 30 Skilifte, rund 1900 km Skiwanderwege sowie über 200 km Loipen stehen Skifahrern und Wanderern zur Auswahl. Die Bobbahn und Skisprungschanzen in Oberhof runden das Programm ab. In Oberhof haben Gäste außerdem die Möglichkeit, den Rodlern, Biathleten und anderen Wintersportgrößen beim Training zuzusehen.

Nordic Walking

Verschiedene Regionen in Thüringen haben sich auf Nordic Walking spezialisiert: Parcours bzw. Kurse mit geschulten Trainern werden angeboten in Oberhof, Tabarz, Vesser, Brotterode, Heringen und Zeulenroda. Die **Region um den Großen Inselsberg** zählt zu den besten Nordic-Walking-Destinationen des Freistaats.

Wassersport

Schwimmen, Segeln, Surfen, Bootfahren und Tauchen stehen an den Saaletalsperren Bleiloch und Hohenwarte sowie am Stausee Hohenfelden im Mittelpunkt der Aktivitäten. Für Kanu und Schlauchboot eignen sich besonders die Saale und die Werra. Der Kanuclub Sömmerda bietet auch Raftingtouren auf der Unstrut an.

Wandern

Wandern

Der **Rennsteig** (► S. 8) hat Thüringen als Wanderregion berühmt gemacht. Rechts und links des Superstars unter den deutschen Höhenwanderwegen ziehen sich auf über 6000 km herrliche, markierte Strecken durch Wälder, Felder und Wiesen.
Schritt für Schritt lässt sich das Bundesland am allerbesten kennenlernen. Auch unter den Wanderwegen gibt es solche mit Prädikat und Zertifikat. Dazu gehören der Talsperrenweg in Zeulenroda, der Gipfelwanderweg in Suhl, der Goethewanderweg von Ilmenau nach Stützerbach, der Vogtland Panoramaweg, der Hochrhöner, der Kyffhäuser-Wanderweg, der Goldpfad bei Limbach und der Wanderweg

BAEDEKER ÜBERRASCHENDES

6x DURCHATMEN

Entspannen, wohlfühlen, runterkommen

1. GANZ OBEN

Sie suchen den ganz großen Überblick? Dann genießen Sie die Aussicht vom höchsten Berg Thüringens, dem **Großen Beerberg.** (▶ **S. 207**)

2. VERWUNSCHEN

Einst Sommerfrische der Betuchten, ist das **Schwarzatal** mit all seinen feinen Villen in einen Dornröschenschlaf gefallen. Wer küsst es wach? (▶**S. 209**)

3. ENTRÜCKT

Weimar kann verdammt anstrengend sein. Aber es gibt Hoffnung! Friedlich strömt der Fluss, Vögel singen und weite Wiesen duften im **Park an der Ilm.** Aber halten Sie Abstand zu Goethes Gartenhaus, wenn Sie wirklich runterkommen wollen. (▶ **S. 226**)

4. ENTSPANNT

Schillers Zuflucht, ein winziges Bauerndorf im Hinterland von Meiningen: Gänse schnattern, ab und zu tuckert ein Traktor vorbei. Landidylle im 21. Jahrhundert findet in **Bauerbach** statt. (▶ **S. 148**)

5. STILL

Einst spuckten Vulkane Feuer, heute blöken Schafe. Die **Rhön** ist das Land für alle, die tags Ruhe und nachts den ganzen Sternenhimmel wollen. (▶ **S. 174**)

6. GEWAGT

Rucksack packen, los geht's für ein paar Tage. Wagen Sie sich auf einen Fernwanderweg: Soviel Entschleunigung wie z.B. der **Rennsteig** bietet, bekommen Sie sonst selten. (▶ **S. 294**)

»Von Bach zu Goethe« von Arnstadt nach Ilmenau. Spirituelles Wandern liegt auch in Thüringen im Trend. Auf den Spuren des Reformators wandeln ist auf dem Lutherweg möglich, der sich über 900 km durch Thüringen erstreckt. 193 km lang und ebenfalls mit geistig-religiösem Bezug ist der Elisabethpfad. Für die Strecke von Eisenach nach Marburg werden 8 bis 10 Tage veranschlagt.
Die überregionalen und örtlichen Touristenverbände informieren über Routen, geführte Wanderungen und **Wandern ohne Gepäck**.

Radfahren

Tagestouren

Familien mit Kindern, Freizeitradler wie auch ambitionierte Radsportler finden auf dem 1700 km messenden Radwegenetz in Thüringen ein breites Angebot in allen Regionen.

Fernradwege

Auf 125 km fast immer bergab geht es auf dem **Ilmtal-Radwanderweg** zwischen Allzunah bis Kaatschen. Auf das Naturerlebnis im Thüringer Wald zum Auftakt der Route folgt Kultur in und um Weimar und schließlich Genuss im Weinland Bad Sulza. Der Weg wurde vom ADFC als Qualitätsradweg ausgewiesen und gehört zu den beliebtesten in Thüringen. Der **Saale-Radwanderweg** verläuft zwischen Blankenstein und Kaatschen auf 198 km in Thüringen. Ebenfalls sehr schöne Landschaften quert der **Werratal-Radwanderweg**, der sich auf 200 km durch Land zieht.
Eine ausgefallene Möglichkeit, die Thüringer Städte kennenzulernen, ist der **Thüringer Städtekette-Radweg** (240 km), der zwischen Altenburg im Osten und Eisenach im Westen sieben Städte streift. Vorteil: An Unterkünften besteht in den Städten eine große Auswahl, und wer möchte, kann dank dank direkter Zuganbindung einzelne Abschnitte überspringen bzw. leicht an den Ausgangspunkt zurückkehren. Eine eigene Markierung sorgt für gute Orientierung. Dieser Radweg wurde zudem perfekt mit GPS-Daten aufbereitet, die im Internet zum Download bereitstehen (► S. 297). Dort können neben Gasthäusern an der Strecke auch radfahrerfreundliche Unterkünfte, teils mit Radtransport, sowie komplette Tourarrangements abgerufen werden.

Mountainbiken

Wie bei den Wanderern zählt auch bei den Radlern der **Rennsteig** zu den legendären Touren. Dieser ist aber nur Radlern mit guter Kondition und mit Mountainbike zu empfehlen, es geht nämlich kräftig auf und ab. Der 195 km lange Weg verläuft parallel zum Rennsteig, sodass sich Radler und Wanderer nicht in die Quere kommen.
Spezielle Angebote für Mountainbiker gibt es rund um Oberhof in allen Schwierigkeitsgraden sowie in der Mountainbike-Region Rhön zwischen Wasungen und Kaltennordheim.

NÜTZLICHE ADRESSEN

KLETTERN

KLETTERPARKS UND SEILGÄRTEN
www.thueringer-wald.com

FALKENSTEIN
Mit 96 m der höchste freistehende Kletterfelsen Thüringens
http://tambachdietharz-aktiv.de

RADSPORT

THÜRINGER RADSPORT-VERBAND
Schützenstr. 4, 99096 Erfurt
www.radsport-thueringen.de

ONLINE-PORTALE
Routenplanung, Radverleih:
www.radroutenplaner.thueringen.de
www.tourenportal-thueringer-wald.de
www.thueringen.info/radwege-in-thueringen.html

FERNRADWEGE
www.ilmtal-radweg.de
www.werratal.de/radeln
www.saaleradweg.de
www.thueringer-staedtekette.de

REITEN
www.thueringen.info/reiterhoefe
www.landsichten.de/thueringen

WANDERN

THÜRINGERWALD-VEREIN
Gartenstr. 15, 99891 Tabarz
www.thueringerwaldverein.de

ONLINE-PORTAL
GPS-Tracks, Routenvorschläge und individuelle Tourenplanung online:
www.tourenportal-thueringer-wald.de

AUSGEWÄHLTE WEITWANDERWEGE
Rennsteig
169 km auf dem berühmten Weg
www.rennsteig.de

Panoramaweg Schwarzatal
136 km rund um die Schwarza
www.rennsteig-schwarzatal.de

Saalehorizontale
72 km rund um Jena
www.saalehorizontale.de

Naturparkweg Leine-Werra
Thüringens Westen erkunden auf 98 km
www.naturpark-ehw.de

Elsterperlenweg
72 km in der Region Greiz
www.elsterperlenweg.de

Keltenerlebnisweg
254 km durch Franken und Südthüringen,
www.kelten-erlebnisweg.de

Lutherweg
900 km auf den Spuren des Reformators
www.lutherweg.de

WASSERSPORT

THÜRINGER KANU-VERBAND
Naumburger Str. 34, 07743 Jena
www.kanu-thueringen.de

WASSERWANDERN WERRATAL
www.werratal.de /paddeln-kanu
www.tourenportal-thueringer-wald.de

IM WELLNESS-LAND

In Thüringen gib es 19 staatlich anerkannte Heil- und Kurorte, so viel wie in keinem anderen der neuen Bundesländer.. Einen eindrucksvollen Anblick bieten die Gradierwerke in Bad Salzungen und Bad Sulza: meterhohe Gestrüppwände, über die salzhaltiges Wasser rieselt. Einst standen dienten die Anlagen der Salzgewinnung, heute schätzen Kranke und Gesundheitsbewusste die salzhaltige Luft, die ihnen entströmt.

Weiß vermummte Gestalten wandeln langsam im zarten Salzdampf auf und ab. Manchmal bleibt eine stehen und lauscht einen Moment dem immerwährenden Rieseln der Sole über die Dornengestrüppbündel, die sich als meterhohe Wände auftürmen. Dann setzt sie den Weg durch das **Gradierwerk** in Bad Salzungen fort. Einfach nur tief atmen, lautet die Aufgabe.
Wer möchte, kann laut singen, das verstärkt die Kurwirkung: Die salzhaltige Luft soll in den Atemwegen Sekrete lösen, Schleimhäute beruhigen und Bakterien abtöten. Denselben Effekt hat auch die Luft am Meer. Hier, mitten in Thüringen, holt das Gradierwerk die Seeluft ins Binnenland.

Salzig wie das Tote Meer

Ursprünglich dienten die Gradierwerke keineswegs der Gesundheit, sondern sollten den Salzgehalt der **Sole** erhöhen helfen, einen Vorgang, den man **Gradieren** nennt. Denn viele natürliche Salzquellen enthalten nur geringe Konzentrationen des begehrten Stoffes. Bad Salzungens Quelle hält mit 26 %iger Sole den Rekord in Deutschland – so hoch ist der Salzgehalt auch im Toten Meer. Je höher dieser ist, egal ob durch Gradieren oder von Natur aus, umso weniger Holz benötigt man später beim Auskochen der Sole (Solesieden), durch das reines Salz gewonnen wird. Zunächst gradierte man noch, indem man die Sole über Stroh rieseln ließ. Das löst einen Verdunstungsprozess aus, der in den offenen Anlagen noch von Wind und Sonnenwärme unterstützt wird, und hierdurch erhöhte sich die **Salzkonzentration** im Wasser. Seit dem 17. Jh. ersetzte man das rasch faulende Stroh durch Weißdorn- oder Schlehen-(Schwarzdorn-)reisig. Das Verfahren bei dieser »Dorngradierung« ist ansonsten dasselbe wie bei der »Strohgradierung«.

Robuste Gesundheit

Heute muss das Weiße Gold längst nicht mehr auf diese mühevolle Art gewonnen werden. Doch man erkannte, dass die Arbeiter im Gradierwerk eine äußerst robuste Gesundheit hatten, und man kam rasch auf den Zusammenhang von Salzluft und Gesundheit. Das rettete so manches Gradierwerk vor dem Abriss.
Die Balkenkonstruktionen des Gradierwerks bestehen aus Lärchenholz. Mürb und weich fühlt sich dieses an, ausgelaugt von der Sole, dennoch hat es seine Festigkeit bewahrt. Früher zog man Eimer um Eimer auf die Gradierwand hinauf und ließ die Sole von Hand über die Gradierwand träufeln. Heute lassen mehrere Leitungen Wasser von oben auf die dicht gepackten Zweigmauern rieseln. Übrigens: Bei den weißen Kristallen, die die Zweige teils dicht überziehen, handelt es sich nicht um Salz,

wie man fälschlich meinen könnte, sondern Verunreinigungen wie Gips.

Wellness im Wasser

Auch im **Kurort Bad Sulza** an der Nordgrenze Thüringens sprudelt Sole aus dem Boden und wird im Gradierwerk Louise zerstäubt. Längst hat ihm aber ein moderner Wellnesstempel die Schau gestohlen: In dem Bad »Toskanaworld« sorgt Liquid-Sound für eine angenehme Atmosphäre, das ist unter Wasser abgespielte sanfte Musik, der man lauscht, während man schwerelos im 33 Grad warmen Thermalwasser treibt. Es gibt wohl kaum etwas Entspannenderes. Die Solewelt in Bad Salzungen unterzog sich 2013 einer gründlichen Renovierung, was unterstreicht, wie sehr man auch in Thüringen auf die Wellness-Welle setzt. Eine solide Basis für die Gesundheit aus dem Wasser legen die 19 staatlich anerkannten Heilbäder und Kurorte, die meistens auf alte Bädertraditionen zurückblicken. Hinzu kommen zahlreiche Hotels und Resorts, die ihre Wellnesseinrichtungen umfassend ausgebaut haben und weiter entwickeln.

Gradierwerk Bad Salzungen: Die fein zerstäubte Sole wirkt heilsam auf die Atemwege. Singen unterstützt die Inhalation.

ESSEN UND TRINKEN

Weit über die Landesgrenzen hinaus bekannt ist die Thüringer Rostbratwurst, die wie die Kartoffelklöße zur Leibspeise der Einheimischen gehört. Sterne-Köche sind allerdings rar.

Restaurants Vor allem in den großen Städten wie Weimar und Erfurt können sich Feinschmeckerrestaurants halten. Ausnahmen bestätigen die Regel: 2021 führte nur das BjörnsOX in Dermbach in der Rhön (► S. 172) einen der begehrten Michelin-Sterne. Ansonsten dominieren eher rustikale Restaurants und Wandergaststätten mit hohem Anteil lokaler Spezialitäten auf der Karte, flankiert von international beliebten Gerichten rund um Pizza, Pasta und Co. Beim Imbiss um die Ecke hat Kebab der Thüringer Rostbratwurst noch lange nicht den Rang abgelaufen. Auch alte DDR-Klassiker, darunter Soljanka, eine beliebte säuerliche Suppe russischer Herkunft, tauchen auf einigen Speisekarten auf. Freunde der Slow-Food-Küche (Stiftsgut Wilhelmsglücksbrunn, ► S. 81; Kromer's, ► S. 100) sowie Vegetarier und Veganer gehören noch zu den Exoten, doch das ändert sich zusehends.

Kloß & Co. Die Thüringer Küche ist habhaft, bodenständig und geprägt von fleischlastigen Gerichten mit kräftigen Saucen – Relikte aus der überwiegend bäuerlichen Vergangenheit des Landes. Auf den Tisch kam, was der eigene Stall, Garten und Acker sowie die Wälder hergaben. Lebensmittel oder Reste von Mahlzeiten wegzuwerfen, kam überhaupt nicht in Frage. Weiterverwerten hieß die Devise. Daher sind auch die Thüringer Rezeptbücher reich an Suppen, Eintöpfen und Aufläufen. Die DDR-Zeit unterstützte diese Gegebenheiten auf ihre Weise: Allein im Lande produzierte Nahrungsmittel kamen in den Verkauf. An Schwein, Rind und Hähnchen sowie an Kartoffeln herrschte kein Mangel, das förderte die Thüringer Rostbratwurst und Kartoffelklöße. Doch auch wenn ein Kartoffelkloß nur aus Kartoffeln und Salz besteht, ist er noch lange nicht einfach herzustellen (► S. 302) – Restaurants, die noch wirklich handgemachte Klöße servieren, sind entsprechend selten. Das Beispiel Kloß zeigt aber auch, dass sich einige lokale Spezialitäten wunderbar abwandeln und verfeinern lassen. Klöße mit Füllungen aus Lachs und Spinat erzeugen beim Gast Entdeckerlust und sorgen für Begeisterung.

Regionales zieht Die Rückbesinnung aufs Regionale ist auch in Thüringen zu beobachten. Was schon immer da war und nie geändert wurde, erfährt dadurch eine willkommene Aufwertung. Engagierte Landwirte bemühen sich, alte Haustierrassen zu halten, selbst wenn sie weniger Fleisch und Milch liefern. So hat sich Ziegenhof Peter in Greußen (► S. 59) dem Erhalt der vom Aussterben bedrohten alten Rasse der

»Thüringer Wald Ziege« verschrieben, verfüttert kein Kraftfutter und vermarktet erfolgreich Ziegen-Rohmilchkäse. Auf der Ziegenalm Sophienhof im Harz (▶ S.163) wird der Käse ausschließlich von Hand in der eigenen Hofkäserei verarbeitet

Fleisch und Wurst

Fleisch spielt die wichtigste Rolle in der klassischen Thüringer Küche. An Thüringer **Rostbratwurst** und **Rostbrätel** (▶ S. 302) kommt man als Thüringenreisender nicht vorbei. Eher selten hingegen stehen der aus Ostthüringen stammenden Schmöllner Mutzbraten auf der Karte: Das ist ein am offenen Birkenfeuer gebratener Schweinespieß. »Mutz« nannte man einst die Ferkel. Auch in Bezug auf **Wurstspezialitäten** kann Thüringen mit regionaler Vielfalt punkten: Feldgieker, eine sechs Monate getrocknete, harte Mettwurst, bietet das Eichsfeld. Weitere Spezialitäten sind Greußener Salami und die Thüringer Leberwurst, die nach dem Kochen über Buchenholz kalt geräuchert wird. Sie alle tragen wie auch die Thüringer Rostbratwurst und der Altenburger Ziegenkäse als regionale Produkte das g.g.A.-Siegel (»geschützte geographische Angabe«). Das bedeu-

Auf der Ziegenalm Sophienhof bei Nordhausen wird der Ziegenkäse von Hand hergestellt und im Direktverkauf vertrieben.

TYPISCHE GERICHTE

Die Auswahl an Gerichten quer durch Thüringen ist groß. Hier stellen wir vier Klassiker vor, die zu den Leib- und Magenspeisen gehören.

Rostbrätel: Auf fast allen regionalen Speisekarten steht das Thüringer Rostbrätel, ein Schweinenacken, der in Senf (vorzugsweise in Thüringer »Born Senf«), Zwiebel und Bier über Nacht mariniert wird. Das Fleisch brät man auf dem Holzkohlegrill oder in der Pfanne. Ein guter Begleiter zu diesem rustikalen Mahl ist (Schwarz-)Bier, am besten aus einer der heimischen Brauereien. Klassischerweise werden zum Rostbrätel gebratene Zwiebeln und Graubrot gereicht und sonst nichts. Aber auch Kartoffeln oder Kartoffelsalat sind gute Begleiter.

Thüringer Bratwurst: Mindestens 15 bis 20 cm lang muss sie sein und darf für Insider immer nur frisch und niemals gebrüht oder geraucht sein. Jeder Metzger schwört auf sein Rezept. Manche verwenden Schweinefleisch, andere geben Kalbfleisch hinzu. Die Wurst erhält ihre würzige Note durch Majoran und Kümmel, manchmal kommt auch Knoblauch hinein. Traditionell wird die Rostbratwurst auf dem Grill zubereitet und mit Thüringer Senf serviert. Niemals mit Ketchup! Kenner behaupten, die frisch gestopften Würste seien die allerbesten. Einfach durchprobieren!

Kartoffelklöße: Die gekonnte Herstellung der Thüringer Klöße ist zeitaufwendig und kompliziert. Für diese Leibspeise der Thüringer werden 2/3 rohe und 1/3 gekochte Kartoffeln verwendet. Die rohen Kartoffeln müssen erst mühsam gerieben und dann vollkommen ausgequetscht werden. Das Gemisch aus rohen und mit Milch in einen Brei verwandelten gekochten Kartoffeln wird sodann zu Klößen geformt (mit Semmelwürfeln oder -bröseln in die Mitte gedrückt), und in Salzwasser gekocht. Das Ergebnis soll ein flaumiges, glattes Gebilde sein, das sich locker mit zwei Gabeln zerreißen lässt. Je nach Region werden Klöße in Thüringen auch Hütes bzw. Hebbes (Westthüringen) oder Klees (Ostthüringen) genannt. Die Klöße sind Beilage zu Rinderrouladen und Apfelrotkohl, auch zu Wildgerichten oder Martinsgans, und eine sämge Sauce gehört stets dazu.

Kuchen: Blechkuchen wird bei Familienfeiern, in regionalen Cafés und Bäckereien als »Kuchenteller« serviert: Das sind mindestens zehn verschiedene Sorten, dargeboten in vielen kleinen Schnittchen, hübsch anzusehen und höchst verführerisch. Bei Einladungen gehört es zum guten Ton, den Gästen noch für zu Hause eine Auswahl der Kuchen einzupacken.

BAEDEKER MAGISCHE MOMENTE

KULINARISCHER KOMPASS

Essen Sie gerne Bratwurst? Dann kommt sicher irgendwann der Moment, wo Sie sich eine echte Thüringer Rostbratwurst gönnen. Ihr würziger Duft prägt jeden Wochenmarkt und jedes Fest. Frisch vom Holzkohlegrill sollte sie natürlich sein. Und nach dem ersten Bissen offenbart sich zweifelsfrei, auf welcher Seite des Rennsteigs Sie sich befinden, denn der gilt als Kümmeläquator: Nördlich wird die Wurst mit Kümmel hergestellt, südlich davon ohne. Guten Appetit!

tet, dass eine Stufe der Produktion – also Erzeugung, Verarbeitung oder Herstellung – im genannten Gebiet vorgeschrieben ist. Nicht immer ist es also der Dorfmetzger, der die angebotene Wurst nach alter Väter Sitte hergestellt hat, es kann auch die große Fabrik am Ortsrand gewesen sein. Selbst das Schwein für die g.g.A.-Wurst muss nicht aus Thüringen stammen, solange die Wurst in der Region gefertigt wird. Es lohnt sich also, beim Einkauf nachzufragen, zumal derzeit in Thüringen die Metzgereien dank Supermarktkonkurrenz einen beispiellosen Schwund erfahren.

Spargel

Die Kornkammer Thüringens – das Thüringer Becken – ist gleichzeitig auch ein Dorado des Gemüse- und Obstanbaus und bietet Genüsse wie den zarten Spargel: Dieser gedeiht in den Lößböden rund um Herbsleben. Während der **Spargel-Saison** von April bis Johanni (24. Juni) ist das »königliche Gemüse« auf den Wochenmärkten der Region und in vielen Gaststätten erhältlich.

Schwarzbier

Thüringen steht bei Bierfreunden hoch im Kurs, vor allem der vielen kleinen Regionalbrauereien wegen. Deutschlandweit bekannt ist das dunkle **Köstritzer Bier** aus Bad Köstritz. Nach der Wende auch in den Westen exportiert, gehört Köstritzer zu den Marktführern unter den Herstellern dunkler Biere. Thüringen bildet zusammen mit Sachsen sogar eine Hochburg der Dunkelbiertradition. Diese Biere erhalten ihre Farbe durch die Verwendung von dunklen Spezial- oder Röstmalzen beim Brauen. Insgesamt produzieren derzeit rund 40 Brauereien verteilt über ganz Thüringen, von den Global Playern bis hin zur winzigen **Dorfbrauerei**. Im Sortiment befindet sich so ziemlich alles, was das Brauerhandwerk möglich macht, vom Pils über naturtrübes Hefeweizen zu Biermischgetränken und den saisonalen Biersorten wie Bock und Märzen.

Korn und Wein

In Nordhausen hat das Kornbrennen Tradition, während sich bei Bad Sulza **Thüringens Weinbauregion** erstreckt, die sich an die Saale-Unstrut-Region anschließt. Hier reifen überwiegend Müller-Thurgau, Kerner, Gutedel und Riesling. Unter den Rotweinen dominiert der Regent. Es überwiegen Steil- und Terrassenanlagen, die recht aufwendig in Handarbeit bearbeitet und geerntet werden müssen.

FEIERN

Theater, Konzerte, bunte Dorffeste: Nicht nur im Sommer ballen sich die Termine im Festkalender Thüringens. Im Winter machen neben den Weihnachtsmärkten in den Städten die Sportevents im Thüringer Wald viel Spaß.

Winter

Einen romantischen Zauber entfalten die **Weihnachtsmärkte**, die so mancher historischen Altstadt einen Glanz wie aus dem Märchenbuch beschert. In Lauscha, der Hochburg der Glasbläserei im ▶Thüringer Wald, wird Anfang Dezember ein eigener Markt für Christbaumkugeln veranstaltet.
Kaum ist der Weihnachtsschmuck weggeräumt, bricht die hohe Zeit der Athleten an. Zu Zehntausenden strömen die Sportbegeisterten nach ▶Oberhof, wenn dort die internationale **Langlaufmeisterschaft** »Tour de Ski« und der **Biathlon-Weltcup** ausgetragen werden. Der winzige Ort mit nicht einmal 2000 Einwohnern platzt dann aus allen Nähten. Täglich strömen um die 25 000 Zuschauer zu den Sportstätten und verwandeln Oberhof in ein großes Stadion. Am Grenzadler neben der nagelneuen Skihalle wird Jahr für Jahr ein Hüttendorf aufgebaut, in dem rund um die Weltcup-Rennen Thüringer Bratwurst, Glühwein, Bier und andere Kulinaria angeboten werden, gleich daneben steht das Partyzelt, wo DJs die Stimmung noch weiter anheizen. Bekannte Biathleten und andere Promis geraten immer mal wieder ins Blickfeld. Gefeiert wird bis zum Morgengrauen.
Zweiter Höhepunkt des Winters sind die **Schlittenhunderennen**. Musher und ihre Gespanne aus allen Teilen der Welt rennen am Rennsteig um die Wette. Die quirligen Huskys und andere Schlittenhunde sind dabei fast noch wichtiger als ihre Herrchen und Frauchen.

Musikfeste

Erfurter **Domstufenfestspiele** und Thüringer **Bachtage** bereichern den Festkalender mit zuverlässig qualitätvollen Aufführungen ebenso wie der Thüringer **Orgelsommer**. Zu den Musikevents, die Scharen

Mitte Oktober dreht sich beim Weimarer Zwiebelmarkt alles um die Zwiebel.

einer anderen Klientel anziehen, gehört das Festival **SonneMond-Sterne**, das jährlich im August Technofans nach Saalburg (▶ Saaletal) führt.

Schlössertage

Die Kleinstaaterei hat aus heutiger Sicht auch Vorteile: Keine andere Region in Deutschland besitzt so viele **Schlösser**. Jährlich an Pfingsten öffnen viele ihre Tore und zeigen während der Schlössertage ihre hochkarätigen Sammlungen und fein herausgeputzten **Parks**. Theater- und Musikaufführungen vor historischer Kulisse inklusive.
www.schatzkammer-thueringen.de/schloessertage-pfingsten

Stadtfeste

Essen, trinken, gemeinsam feiern – dieser Dreiklang charakterisiert die zahlreichen Stadt- und Dorffeste im Sommerhalbjahr, die sich teils urban geben, teils liebenswert provinziellen Charme versprühen und oft mit viel ehrenamtlichem Engagement gestemmt werden. Wohl nirgendwo sonst kommt man mit Einheimischen so locker in Kontakt. Überregionales Festpublikum ziehen der **Zwiebelmarkt in Weimar** und die **Kirmes in Mühlhausen** an. Fast zu gut besucht ist das **Krämerbrückenfest in Erfurt**.

VERANSTALTUNGSKALENDER

GESETZLICHE FEIERTAGE

Feiertage in ganz Thüringen sind Neujahr, Karfreitag, Ostersonntag und Ostermontag, Tag der Arbeit (1. Mai), Himmelfahrt, Pfingstsonntag und Pfingstmontag, Tag der Deutschen Einheit (3. Oktober), Reformationstag (31. Oktober), Weihnachten (25., 26. Dezember).
Im katholischen Eichsfeld kommen hinzu: Heilige Drei Könige am 6. Januar und Allerheiligen (1. November).

FESTE UND EVENTS

Übersicht:
www.thueringen.info
www.thueringen-kulturspiegel.de
www.thueringer-kulturspiegel.de

JANUAR/FEBRUAR

WASUNGER KARNEVAL

Der größte Karnevalsumzug jenseits des Rheins steigt am Samstag vor Aschermittwoch.

SCHLITTENHUNDERENNEN »TRANS THÜRINGIA«

Das berühmte Rennen für reinrassige Schlittenhunde führt am Rennsteig entlang.
www.trans-thueringia.de

MÄRZ/APRIL

FRÜHLINGSFEST »SOMMERGEWINN«

Eisenach feiert drei Wochen vor Ostern mit einem bunten Festzug.
www.sommergewinn-eisenach.de

THÜRINGER BACHWOCHEN

Dem großen Komponisten wird in zahlreichen Orten des Bundeslandes mit Konzerten gehuldigt.
www.thueringer-bachwochen.de

MAI

GUTSMUTHS-RENNSTEIGLAUF

Ende Mai
www.rennsteiglauf.de

JUNI

HÜTESFEST

Meiningen feiert Mitte Juni den Kloß in allen erdenklichen Variationen

KRÄMERBRÜCKENFEST

In Erfurt steigt am dritten Wochenende auf der Krämerbrücke eines der beliebtesten Stadtfeste Thüringens. Besonders sehenswert: die Handwerker auf dem bunten Mittelaltermarkt.

BÜRGELER TÖPFERMARKT

Am letzten Juni-Wochenende feiert das Töpferdorf Bürgel sein blau-weißes Steingut.
www.buergeler-toepfermarkt.de

EKHOF-THEATERFESTIVAL

Die Bretter des barocken Theaters in Schloss Friedenstein / Gotha, werden von Juni bis August bespielt.
www.ekhof-festival.de

JULI

TANZ- UND FOLKFEST

Rudolstadt glänzt am ersten Wochenende im Juli mit dem größten Folk- und Weltmusik-Festival Deutschlands.
www.rudolstadt-festival.de

DOMSTUFENFESTSPIELE

seit 1994 werden jeden Sommer werden die Erfurter Domstufen zur Bühne mit einem unvergleichlichen Flair. Auch die Bühnenbildner lassen sich immer etwas Neues einfallen.
www.domstufen-festspiele.de

AUGUST

KULTURARENA JENA
Sechs Wochen im Sommer bietet Jena Musik- und Filmveranstaltungen sowie Theaterevents.
www.kulturarena.com.

SEPTEMBER

GREIZER THEATERHERBST
Profis und Amateure auf den Brettern, die die Welt bedeuten
www.theaterherbst.de

OKTOBER

ZWIEBELMARKT
Jährlich dreht sich in Weimar Mitte Oktober alles um die Zwiebel.
www.weimar.de

DEZEMBER

WEIHNACHTSMARKT
Gotha, Eisenach, Weimar, Schmalkalden, Bad Salzungen und andere Städte feiern den Advent mit einem Weihnachtsmarkt. Der Erfurter ist der größte.

SHOPPEN

An Möglichkeiten zum Souvenireinkauf besteht kein Mangel. Kitsch und Kunst stehen in den Andenkenshops wie überall Seite an Seite. Viel Freude bereitet hochwertiges Kunsthandwerk.

Souvenirs

Kunsthandwerkliches – Keramik, Glas, Erfurter Blaudruck-Erzeugnisse – gehört zu den beliebten Mitbringseln und ist zum guten Teil auch außerhalb von Thüringen nur schwer erhältlich. In Erfurt leuchten die tiefblauen Textilien in den Auslagen der Souvenir-Shops und erinnern an die Zeit, als Erfurt noch eine Hochburg des Blaudrucks war. Aus den blau-weiß ornamentierten Stoffen werden nicht ganz billige Tischdecken, Schürzen, Servietten, Kleider und Vorhänge gefertigt. Altenburg als Hochburg der **Skatkarten** hält eine schier unendliche Fülle von Skatblättern bereit. Originell ist es sicherlich, diese auch gleich am Skatbrunnen zu taufen – das gibt dem Blatt einen unersetzlichen Touch.

Lohnend ist z. B. ein Gang ins Bachhaus Eisenach wegen seines umfangreichen Noten- und CD-Angebots. In Weimar sind natürlich **Goethe und Schiller** die Superstars der Andenkenindustrie. Klassiker-T-Shirts, Büsten, Käppis, Schreibgeräte, Poster, Plakate mit Bildnis der Großen Zwei locken Käufer. Wer mag, erhält hier auch **Zwiebelzöpfe** in allen Form, Größen und Preisklassen.

Leicht zu kaufen, aber schwer in der Natur zu finden, sind die **Mineralien**, allen voran die Schneekopfkugeln aus dem Thüringer Wald. Im Thüringer Schiefergebirge erhält man Griffel, Schieferschreibtafeln und anderes aus dem »Blauen Gold« Gefertigtes. Eine unver-

OBEN: Auf der Erfurter Krämerbrücke finden Sie viele besonders nette Geschäfte Tür an Tür.

UNTEN: Glas in vielen Variationen gehört zu den gerne gekauften Souvenirs.

WEIMAR UND DER GINKGO

Da sieht man die Macht der Literatur: Hätte Goethe nicht ein Verslein dem Ginkgoblatt gewidmet, fehlte wohl einem Dutzend Weimarer Juweliere, Andenkenhändlern und anderen Geschäftsleuten ein Hauptposten im Weimarsortiment und damit ein Pfeiler ihrer Existenz.

Fängt man beim Stadtbummel durch Weimar erst einmal an, auf das Wort »Ginkgo« und auf Darstellungen des Ginkgoblatts zu achten, so stellt man fest: Es »ginkgot« beinahe überall, wo auch nur gelegentlich ein Tourist vorbeikommt. Und, so muss man zugestehen, durchaus zu Recht, ist das Ginkgoblatt doch ästhetisch ansprechend und die Pflanze samt ihren Nüssen ein so nützliches wie besonderes Gewächs.

Der Weg nach Weimar

Alles begann damit, dass seit dem 16. Jahrhundert immer mehr fernöstliche Zier- und Nutzpflanzen nach Europa gelangten. Dazu zählte auch der Ginkgobaum (Ginkgo biloba), dessen recht eigentümliche Schreibweise von einem Schreib- beziehungsweise **Lesefehler** herrührt. Denn sie lautet nicht »Gingko«, wie man vermuten würde. Obwohl die Pflanze ursprünglich aus China kommt, geht das uns geläufige Wort auf die japanische Bezeichnung »ginkyô« (wörtlich: Silberaprikose) zurück. Der aus Lemgo gebürtige frühe Japanforscher Engelbert Kaempfer (1651 bis 1716), der die Pflanze erstmals beschrieb, machte aus dem »y« jedoch ein Zeichen, das wie ein »g« aussah. Im Laufe des 18. Jahrhunderts wurden auch in Parks und Gärten Europas verschiedentlich Ginkgobäume gepflanzt. Über England gelangte die Pflanze um 1800 nach Weimar, wo man heute am Fürstenhaus (Hochschule für Musik Franz Liszt, Südostecke) das älteste Exemplar bewundern kann. Es gilt als **»Goethe-Ginkgo«**, dasjenige, das den Olympier zu seinem Gedicht »Ginkgo biloba« inspirierte. Darin spielt er auf die häufige Zweiteilung des Blatts an. Der ungewöhnlichen, fächerförmigen Blattform eignet in der Tat ein besonderer ästhetischer Reiz. Das Blatt bietet daher eine willkommene Vorlage für Schmuck und Dekore, die sowohl natürlich-elegant als auch unaufdringlich-schlicht und zeitgemäß wirken. Der Ginkgo wird darüber hinaus für Kosmetik verwendet und seine Nüsse (die »Silberaprikosen«) auch gegessen. Zu seinem emotionalen Wert trägt bei, dass er als ältestes lebendes Fossil gilt: Ginkgos ganz ähnlich den heutigen wuchsen schon zur Zeit der Dinosaurier. Keine zweite Baumart blickt auf ein solches Alter zurück.

Ginkgomanie

Dieses und noch mehr Wissenswertes erfährt man im GinkgoHaus am Markt (▶ S. 222), dem Zentrum der mitunter etwas ins Esoterische abhebenden, aber stets liebenswerten Weimarer Ginkgomanie. Vielfältigste Waren rund um die Pflanze gibt es hier, und so handelt es sich auch eher um einen Verkaufsladen. Im Obergeschoss aber informiert eine Ausstellung sowohl über die künstlerische als auch die kommerzielle Verwertung des Baumes.

Der »Goethe-Gingko« neben dem Fürstenhaus

20
ZONE
ZONE

BAEDEKER ÜBERRASCHENDES

6X FÜR KINDER

Abenteuer erleben und Spaß haben

1. KATZEN

Im Nationalpark Hainich schleichen noch Wildkatzen durch den Wald. Beobachten kann man diese scheuen Tiere von ganz nahe aber nur im **Wildkatzendorf Hütscheroda**. Und Luchse hat es jetzt auch. (▶ **S. 161**)

2. FEEN

Eine riesige Grotte, ein Erlebnismuseum und ganz viel rund um die Welt unter der Erde, das gibt es in den **Feengrotten bei Saalfeld**. (▶ **S. 187**)

3. DRACHEN

Hausen in der düsteren **Drachenschlucht bei Eisenach** wirklich noch diese geschuppten Fabelwesen? Einfach nachschauen und durch die 200 m lange Klamm laufen, die an der engsten Stelle nur 70 cm misst. Wer traut sich? (▶ **S. 84**)

4. SCHÄFCHEN

Die **Kinderwelt im Erfurter egapark** bietet viele Highlights. Vom Matschbecken sind die Kleinen kaum noch loszubekommen. Und erst der Schau-Bauernhof mit Lämmern, Schafen, Ziegen und Hühnern! (▶ **S. 109**)

5. BÄUME

Was tut sich ganz weit oben in den Baumwipfeln, wo sonst nur die Eichhörnchen und Vögel hinkommen? Spannende Dinge, wie der **Baumkronenpfad bei Craula** beweist. (▶ **S. 160**)

6. HOBBITS

Bekanntlich lebten die Hobbits im Auenland in runden Wohnhöhlen. Wie fühlt sich das wohl an? Das erleben Familien in der **Ferienwelt Auenland.** (▶ **S. 203**)

wüstliche Erinnerung an den Gang durch den Schieferpark Lehesten stellen die Schieferdachziegel dar, die der Museumsführer mit ein paar gekonnten Schlägen persönlich herstellt und sich damit als wahrer Experte ausweist.

Kulinarische Mitbringsel

Das Land der **Würste und Klöße** steht für essbare Mitbringsel in Gestalt von regionaltypischen Würsten und Thüringer Klößen zum Selbermachen. Das Rohmaterial für Klöße gibt es z. B. in der Kloßwelt Heichelheim (▶ S. 243). Der in Nordhausen hergestellte **Korn** eignet sich ideal zum Transport, während die **Schnapspralinen** aus Nordhausen ebenso wie die **Schokoladenspezialitäten** aus Erfurt und Saalfeld die richtige Lagerung auf der Reise benötigen. Etwas Besonderes ist der Besuch bei der Firma Viba (▶ S. 191). Dort können Sie im Werksverkauf viele Köstlichkeiten aus Nougat und Schokolade erstehen und davor (oder danach) in der Schau-Confiserie erleben, wie die feinen Dinge hergestellt werden. Zum Mitnehmen geeignet sind ferner **Weine** aus dem Saale-Unstrut-Gebiet.

ÜBERNACHTEN

Thüringen hat als Kultur- und Ferienland eine lange Tradition und bietet eine große Palette von Unterkünften für jeden Geldbeutel an. Nach der Wende hat sich auch so manches ostdeutsche Plattenbauhotel zu einer annehmbaren Bleibe gemausert. Hotelneubauten mit vielen Annehmlichkeiten entstehen vor allem in den Städten.

Hotels

Rund 1000 Hotels und Gasthöfe stehen in Thüringen **in allen Preisklassen** zur Verfügung von der Wanderherberge bis zum Luxusschloss. Nicht alle Hotels entsprechen dem modernen Standard, daher sehen viele Gastgeber die Angabe des Jahres der letzten Renovierung mit Recht als Marketingargument. **Luxushotels** konzentrieren sich überwiegend auf Erfurt und Weimar.

Anders wohnen

Wie witzig und kreativ Hoteliers sein können, zeigt ein ganz neues Segment von Unterkünften. Dazu zählt das »Erdhaus Feriendorf Auenland« in Eisfeld, wo man im Stil der Hobbits in einem von acht Erdhäusern übernachten kann. Bislang hat sich in ganz Deutschland noch kein Nachahmer gefunden (▶ S. 203). Im Alten Knasthaus Fronveste testen Übernachtungsgäste, wie es sich hinter Schwedischen Gardinen lebt (▶ S. 146). In der Historischen Mühle Eberstedt (▶ S. 51) legen sich die Gäste in einer der schwimmenden Hütten aufs Ohr.

BAEDEKER MAGISCHE MOMENTE

WENIGER IST MEHR

Ein paar Tage ins Kloster zieht's nicht nur Manager. In den Gästezimmern regiert die Einfachheit: Bett, Tisch, Stuhl, Schrank, kein Fernseher und kein Internet, keine Ablenkungen durch opulente Dekoration und Minibar, dafür Bibel auf dem Nachttisch und Kreuz an der Wand. Wie wohltuend und erholsam kann das Einfache doch sein. In Thüringen geht das in den Augustinerklöstern von Erfurt (► S. 101) und Gotha (► S. 125).

Wohnen im Kloster Eine uralte Tradition ist die Übernachtung im Kloster. Traditionell gewährten die Klöster frommen Pilgern auf ihrem Weg mindestens eine Nacht unter ihrem Dach. Heute, wo die meisten Klöster einer breiten Öffentlichkeit zugänglich sind und teils sogar als Tagungs- und Exerzitienhäuser fungieren, gehören einfache Holzpritschen zwar der Vergangenheit an, doch beziehen sich viele Häuser hinsichtlich ihrer Ausstattung bewusst auf die klösterliche Traditionen.

Wohnen im Schloss Ein Kontrastprogramm zum Klosterleben bietet das Residieren im Luxusschloss. Renovierte Schlösser, Landhäuser und Burgen bieten gediegene Unterkünfte außerhalb der Metropolen in landschaftlich einzigartiger Umgebung (► Meiningen, Saaletal, Eisenach).

Weimar und Oberhof Während der Hauptsaison von April bis Oktober ist in Weimar der Andrang groß, hier empfiehlt sich eine rechtzeitige Buchung. Richtig Geld sparen kann man gerade in Weimar durchs Ausweichen ins Umland. Nicht zuletzt bietet sich dann die Möglichkeit zum Wandern und Radfahren im Weimarer Land.
Oberhof hingegen ist während der Biathlon-Weltcup-Rennen im Winter besonders gut besucht. Auch hier muss rechtzeitig gebucht – oder ins Umland ausgewichen werden.

Camping Sowohl in Stadtnähe als auch auf dem Land bietet Thüringen 65 Campingplätze mit guten Qualitätsstandards. Besonders attraktiv sind die idyllischen Plätze im Thüringer Wald, Harz und Kyffhäuser, an den Saalestauseen, im Eichsfeld und Vogtland. Das Angebot an Einstellplätzen mit Infrastruktur für Wohnmobilfahrer wird immer besser ausgebaut. Thüringen Tourismus bietet umfangreiches Infomaterial rund um Campingplätze und Wohnmobil-Stellplätze.

NÜTZLICHE ADRESSEN

PREISKATEGORIEN

€€€€ über 120 €
€€€ 90–120 €
€€ 60–90 €
€ unter 60 €

Die im Reiseteil angegebenen Preise beziehen sich auf die Übernachtung für zwei Peronen im DZ mit Frühstück während der Hauptsaison von April bis Okt. In den Wintermonaten können sie deutlich reduziert sein. Viele Unterkünfte bieten günstige Komplettangebote für mehrere Tage bzw. Wochenendpauschalen.

HOTELS

Online buchbar über die Thüringer Touristeninformation
https://buchen.thueringen-entdecken.de

JUGENDHERBERGEN

DJH Thüringen
Zum Wilden Graben 12
99425 Weimar
Tel. 03643 77 95 20
www.thueringen-jugendherberge.de

CAMPING UND CARAVANING

Platzübersicht: Broschüre »Camping« der Thüringer Touristeninformation und beim Campingverband:
www.camping verband-thueringen.de

FERIEN AUF DEM LAND

Landesarbeitsgemeinschaft
»Ferien auf dem Lande
in Thüringen« e. V.
Alfred-Hess-Str. 8 , 99094 Erfurt
Tel. 0361 26 25 32 30
www.landsichten.de/thueringen

Ferien auf dem Bauernhof

Eine gute und günstige Möglichkeit, Urlaub in Thüringen zu machen, sind Ferien auf dem Bauernhof bzw. auf dem Land. Unter diesem Titel finden sich neben den klassischen Beherbergungen auf dem Bauernhof auch Ferienhäuser und -wohnungen sowie Privatzimmer. Viele Anbieter halten Zusatzarrangements bereit, wie z. B. Reiten, Radwandern und behindertenfreundliche Ferien.

Jugendherbergen

34 Jugendherbergen stehen derzeit in Thüringen zur Verfügung. Sie liegen im Thüringer Wald und den größeren Städten. In Weimar gibt es sogar vier an der Zahl. Wer übernachten will, muss (altersunabhängig) Mitglied im Jugendherbergsverband sein.

P

PRAKTISCHE INFOS

Wichtig, hilfreich präzise

Unsere Praktischen Infos helfen in (fast) allen Situationen in Thüringen weiter.

Scherben bringen hoffentlich Glück: Auf der Leuchtenburg darf man Teller in die Tiefe werfen und sich etwas wünschen. ▶